W9-CGU-448

Folly Quarter Middle School
13500 Triadelphia Rd.
Ellicott City, MD 21042
410 - 313 - 1506

PRENTICE HALL
Realidades ①

Peggy Palo Boyles
Oklahoma City, OK

Myriam Met
Rockville, MD

Richard S. Sayers
Longmont, CO

Carol Eubanks Wargin
Glen Ellyn, IL

PEARSON

Prentice
Hall

Boston, Massachusetts
Upper Saddle River, New Jersey

Front and back covers: Dancers from the state of Jalisco, Mexico

Copyright © 2004 by Pearson Education, Inc., publishing as **Pearson Prentice Hall, Boston, Massachusetts 02116.** All rights reserved. Printed in the United States of America. This publication is protected by copyright, and permission should be obtained from the publisher prior to any prohibited reproduction, storage in a retrieval system, or transmission in any form or by any means, electronic, mechanical, photocopying, recording, or likewise. For information regarding permission(s), write to: Rights and Permissions Department, One Lake Street, Upper Saddle River, New Jersey 07458.

Pearson Prentice Hall™ is a trademark of Pearson Education, Inc.
Pearson® is a registered trademark of Pearson plc.
Prentice Hall® is a registered trademark of Pearson Education, Inc.

ISBN 0-13-101687-3

16 17 VH 11 10 09 08 07

PRENTICE HALL

Realidades ①

Realidades authors

Peggy Palo Boyles

During her foreign language career of over thirty years, Peggy Palo Boyles has taught elementary, secondary, and university students in both private and public schools. She currently serves as the Foreign Language/ESL Curriculum Coordinator for the Putnam City Schools in Oklahoma City, OK. She was a member of the ACTFL Performance Guidelines for K–12 Learners task force and served as a Senior Editor for the project. Ms. Boyles is currently President of the National Association of District Supervisors of Foreign Language (NADSFL). She frequently conducts foreign language workshops for state and national organizations, public school districts, and private schools throughout the country.

Myriam Met

For most of her professional life, Myriam (Mimi) Met has worked in the public schools, starting as a high school teacher in New York City. Other positions include supervisor of language programs in the Cincinnati Public Schools, K–12, and Coordinator of Foreign Languages, K–12, for Montgomery County Public Schools, MD. She is currently deputy director of the National Foreign Language Center, where she is responsible for K–12 language education policy analysis. Dr. Met has served on the Advisory Board for the National Standards in Foreign Language Learning, the task force that developed national standards in Spanish, and co-chaired the Pacesetter Spanish task force for the College Board.

Richard S. Sayers

Rich Sayers has been an educator in world languages for 25 years. He taught Spanish at Niwot High School in Longmont, CO, for 18 years, where he also served as department chair, Teacher on Special Assignment coordinating the district foreign language department, and board member of the Colorado Congress of Foreign Language Teachers. In 1991, Mr. Sayers was selected as one of the Disney Company's Foreign Language Teacher Honorees for the American Teacher Awards. He presently serves as a board member of the Southwest Conference on Language Teaching. Mr. Sayers is Senior National Consultant for Pearson Prentice Hall.

Carol Eubanks Wargin

Carol Eubanks Wargin has taught Spanish for 20 years at Glen Crest Middle School, Glen Ellyn, IL, and has also served as Foreign Languages department chair. In 1997, Ms. Wargin's presentation "From Text to Test: How to Land Where You Planned" was honored as the best presentation at the Illinois Conference on the Teaching of Foreign Languages (ICTFL) and at the Central States Conference on the Teaching of Foreign Languages (CSC). She was twice named Outstanding Young Educator by the Jaycees.

Contributing Writers

Eduardo Aparicio
Chicago, IL

Daniel J. Bender
New Trier High School
Winnetka, IL

Marie Deer
Bloomington, IN

Leslie M. Grahn
Howard County Public Schools
Ellicott City, MD

Thomasina Hannum
Albuquerque, NM

Nancy S. Hernández
World Languages Supervisor
Simsbury (CT) Public Schools

Patricia J. Kule
Fountain Valley School
  of Colorado
Colorado Springs, CO

Jacqueline Hall Minet
Upper Montclair, NJ

Alex Paredes
Simi Valley, CA

Martha Singer Semmer
Breckenridge, CO

Dee Dee Drisdale Stafford
Putnam City Schools
Oklahoma City, OK

Christine S. Wells
Cheyenne Mountain
  Junior High School
Colorado Springs, CO

Michael Werner
University of Chicago
Chicago, IL

National Consultants

Yvonne Cádiz
Tampa, FL

María R. Hubbard
Braintree, MA

Jan Polumbus
Tulsa, OK

Patrick T. Raven
Milwaukee, WI

Joseph Wieczorek
Baltimore, MD

Tabla de materias

Para empezar

Go Online
PHSchool.com

For: Online Table of Contents
Visit: www.phschool.com
Web Code: jck-0001

Tema 3 La comida

Tema 4 Los pasatiempos

Tema 5 Fiesta en familia

Tema 7 De compras

Tema 8 Experiencias

Capítulo 8A
De vacaciones

Objectives

- Talk about things to do on vacation
- Describe places to visit while on vacation
- Talk about events in the past
- Understand cultural perspectives on travel and vacations

Video Highlights

- **A primera vista:** *¿Qué te pasó?*
- **GramActiva Videos:** the preterite of *-er* and *-ir* verbs; the preterite of *ir;* the personal *a*
- **Videomisterio:** *¿Eres tú, María?,* Episodio 7

Capítulo 8B
Ayudando en la comunidad

Objectives

- Discuss volunteer work and ways to protect the environment
- Talk about what people say
- Talk about what people did for others
- Understand cultural perspectives on volunteer work

Video Highlights

- **A primera vista:** *Cómo ayudamos a los demás*
- **GramActiva Videos:** the present tense of *decir;* indirect object pronouns; the preterite of *hacer* and *dar*
- **Videomisterio:** *¿Eres tú, María?,* Episodio 8

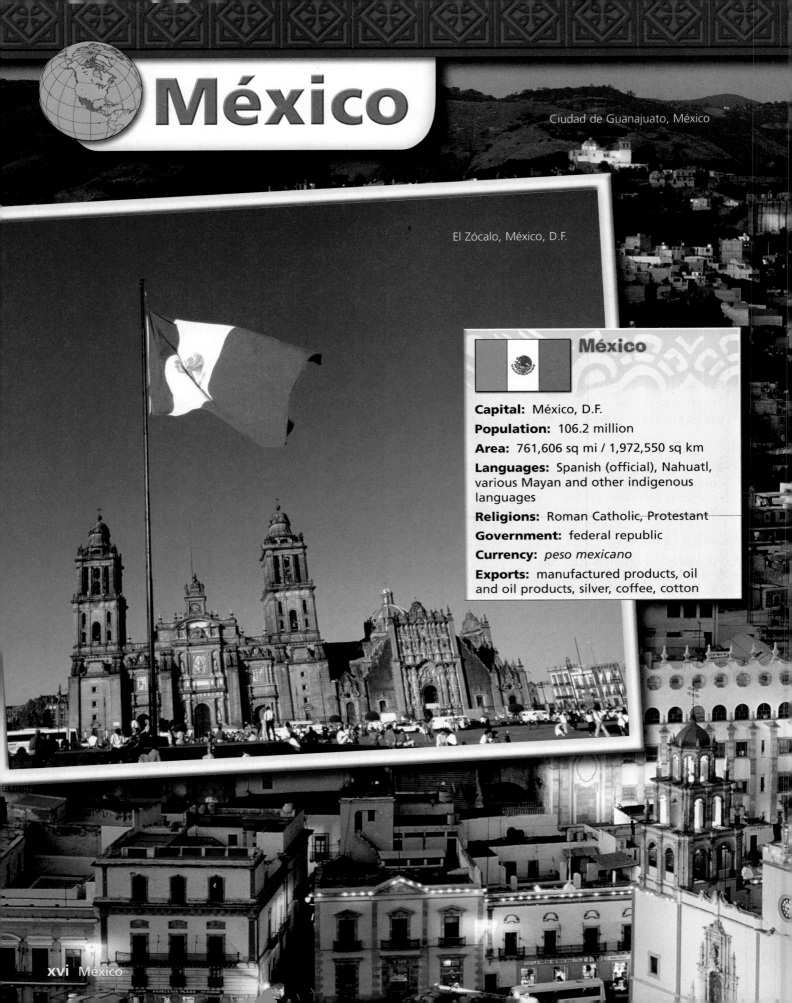

México

Ciudad de Guanajuato, México

El Zócalo, México, D.F.

México

Capital: México, D.F.

Population: 106.2 million

Area: 761,606 sq mi / 1,972,550 sq km

Languages: Spanish (official), Nahuatl, various Mayan and other indigenous languages

Religions: Roman Catholic, Protestant

Government: federal republic

Currency: *peso mexicano*

Exports: manufactured products, oil and oil products, silver, coffee, cotton

Go Online
PHSchool.com

For: Online Atlas
Visit: www.phschool.com
Web Code: jce-0002

Estados Unidos

Tijuana

Ciudad
Juárez

Chihuahua

Nuevo
Laredo

Monterrey

SIERRA MADRE OCCIDENTAL

SIERRA MADRE ORIENTAL

México

Golfo de México

OCÉANO PACÍFICO

Guadalajara

Querétaro

Paricutín ▲

Ciudad
de
México ⊛

Iztaccíhuatl
▲
Popocatépetl

Púebla

Veracruz

Mérida

SIERRA MADRE DEL SUR

Oaxaca

Acapulco

**ISTMO DE
TEHUANTEPEC**

Belice

Guatemala

norte

oeste ✦ este

sur

▬·▬·▬	Frontera nacional
⊛	Capital
●	Ciudad
▲	Volcán o montaña

0   300   600 millas

0   300   600 kilómetros

Sierra Tarahumara

México **xvii**

América Central

Guatemala

Capital: Guatemala

Population: 14.7 million

Area: 42,043 sq mi / 108,890 sq km

Languages: Spanish (official), Quiche, Cakchiquel, Kekchi, Mam, Garifuna, Xinca, and other indigenous languages

Religions: Roman Catholic, Protestant, traditional Mayan beliefs

Government: constitutional democratic republic

Currency: *quetzal,* U.S. dollar *(dólar)*

Exports: fuels, machinery and transport equipment, construction materials, grain

El Salvador

Capital: San Salvador

Population: 6.7 million

Area: 8,124 sq mi / 21,040 sq km

Languages: Spanish (official), Nahua

Religions: Roman Catholic, Protestant

Government: republic

Currency: U.S. dollar *(dólar)*

Exports: offshore assembly parts, equipment, coffee, sugar, shrimp, textiles, chemicals, electricity

Honduras

Capital: Tegucigalpa

Population: 7 million

Area: 43,278 sq mi / 112,090 sq km

Languages: Spanish (official), indigenous languages

Religions: Roman Catholic, Protestant

Government: democratic constitutional republic

Currency: *lempira*

Exports: coffee, bananas, shrimp, lobster, meat, zinc, wood

Canal de Panamá

México

Parque Nacional Tikal ■

Belice

Lago Petén Itzá

Golfo de Honduras

Lago de Izabal

San Pedro Sula

Guatemala

Quetzaltenango

Copán

Honduras

⊛ Guatemala

Santa Rosa de Copán

Antigua

▲ *Cerro El Pital*

⊛ Tegucigalpa

Volcán de Santa Ana

Santa Ana

▲

El Salvador

San Salvador

La Líbertad

Santa Rosa de Lima

CORDILLERA ISABELIA

Golfo de Fonseca

Lago de Managua

Nicaragua

CORDILLERA CHONTALEÑA

Managua ⊛

Masaya

Granada

Lago de Nicaragua

Los Chiles

Mar Caribe

norte

oeste ✴ este

sur

Canal de Panamá

Colón

⊛ Panamá

Costa Rica

Limón

San José

Panamá

Golfo de Panamá

PARQUE NACIONAL DARIÉN ■

OCÉANO PACÍFICO

Golfo de Nicoya

Golfo Dulce

Go Online
PHSchool.com
For: Online Atlas
Visit: www.phschool.com
Web Code: jce-0002

- - - - Frontera nacional
⊛ Capital
● Ciudad
▲ Volcán o montaña
■ Zona arqueológica

0   200   400 millas
0   200   400 kilómetros

Nicaragua

Capital: Managua

Population: 5.5 million

Area: 49,998 sq mi / 129,494 sq km

Languages: Spanish (official), English, Miskito, other indigenous languages

Religions: Roman Catholic, Protestant

Government: republic

Currency: *córdoba oro*

Exports: coffee, shrimp, lobster, cotton, tobacco, meat, sugar, bananas, gold

Costa Rica

Capital: San José

Population: 4 million

Area: 19,730 sq mi / 51,100 sq km

Languages: Spanish (official), English

Religions: Roman Catholic, Protestant

Government: democratic republic

Currency: *colón de Costa Rica*

Exports: coffee, bananas, sugar, textiles, electronic components

Panamá

Capital: Panamá

Population: 3 million

Area: 30,193 sq mi / 78,200 sq km

Languages: Spanish (official), English

Religions: Roman Catholic, Protestant

Government: constitutional democracy

Currency: *balboa*, U.S. dollar *(dólar)*

Exports: bananas, sugar, shrimp, coffee

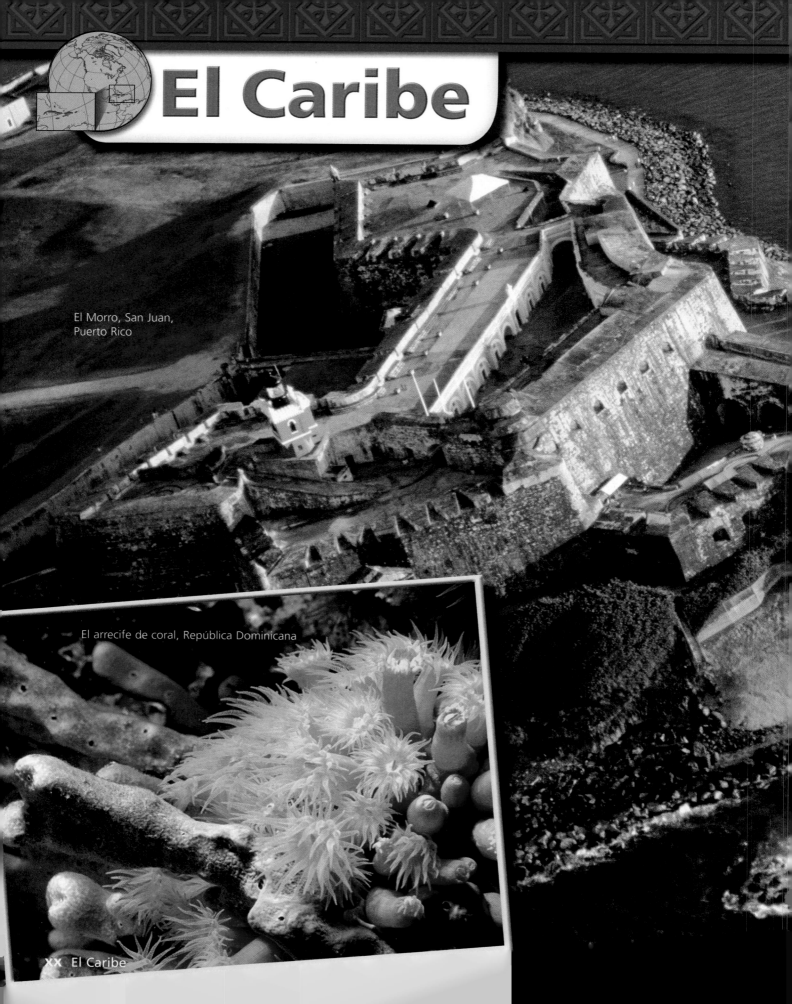

El Caribe

El Morro, San Juan,
Puerto Rico

El arrecife de coral, República Dominicana

Go Online
PHSchool.com

For: Online Atlas
Visit: www.phschool.com
Web Code: jce-0002

Estados
Unidos

Golfo de
México

Islas Bahamas

OCÉANO
ATLÁNTICO

norte

oeste — este

sur

Estrecho de Florida

La Habana

Cuba

Isla de la
Juventud

Santiago
de Cuba

Guantánamo

República
Dominicana

Bahía de
Samaná

Puerto
Rico

San Juan

Vieques

El Yunque

Ponce

Haití

Santo
Domingo

Jamaica

Mar Caribe

| 0 | 150 | 300 millas |
| 0 | 150 | 300 kilómetros |

Frontera nacional
Capital
Ciudad
Volcán o montaña

República Dominicana

Capital: Santo Domingo
Population: 9 million
Area: 18,815 sq mi / 48,730 sq km
Languages: Spanish (official)
Religions: Roman Catholic, Protestant
Government: representative democracy
Currency: *peso dominicano*
Exports: ferronickel, sugar, gold, silver, cocoa, tobacco, meat

Cuba

Capital: La Habana
Population: 11.3 million
Area: 42,803 sq mi / 110,860 sq km
Languages: Spanish (official)
Religions: Roman Catholic, Protestant, and other religions
Government: Communist state
Currency: *peso cubano*
Exports: sugar, nickel, tobacco, shellfish, medical products, citrus, coffee

Puerto Rico

Capital: San Juan
Population: 3.9 million
Area: 3,515 sq mi / 9,104 sq km
Languages: Spanish and English (both official)
Religions: Roman Catholic, Protestant
Government: commonwealth of the United States
Currency: U.S. dollar
Exports: manufactured goods, oil and oil products, silver, coffee, cotton

América del Sur
(Parte norte)

Colombia

Capital: Bogotá

Population: 43 million

Area: 439,736 sq mi / 1,138,910 sq km

Languages: Spanish (official)

Religion: Roman Catholic

Government: republic

Currency: *peso colombiano*

Exports: textiles, oil and oil products, coffee, gold, emeralds, bananas, tobacco, cotton, wood, hydroelectricity

Ecuador

Capital: Quito

Population: 13.4 million

Area: 109,483 sq mi / 283,560 sq km

Languages: Spanish (official), Quechua, and other indigenous languages

Religion: Roman Catholic

Government: republic

Currency: U.S. dollar (*dólar*)

Exports: oil, textiles, bananas, shrimp, cocoa, sugar, meat

Perú

Capital: Lima

Population: 27.9 million

Area: 496,226 sq mi / 1,285,220 sq km

Languages: Spanish (official), Quechua (official), Aymara, and other indigenous languages

Religion: Roman Catholic and other religions

Government: constitutional republic

Currency: *nuevo sol*

Exports: gold, zinc, copper, fish and fish products, textiles

Las ruinas de Machu Picchu, Perú

Mar Caribe

Maracaíbo
Cartagena
Caracas
Río Orinoco

Venezuela

Medellín
Bogotá
Cali

Colombia

Ecuador

Ecuador

Quito

ISLAS
GALÁPAGOS
(Ecuador)

Chimborazo
Guayaquil

Golfo de
Guayaquil

Perú

CORDILLERA DE LOS ANDES

Río Magdalena

Brasil

Callao
Machu
Picchu
Cuzco
Lima

Bolivia

Lago
Titicaca
La Paz
Cochabamba
Sucre
Potosí

Chile

Paraguay

OCÉANO
PACÍFICO

Trópico de Capricornio

Trópico de Capricornio

OCÉANO
ATLÁNTICO

Argentina

Uruguay

Frontera nacional
Capital
Ciudad
Volcán o montaña
Zona arqueológica

0   400   800 millas
0   400   800 kilómetros

norte

oeste — este

sur

Go Online
PHSchool.com

For: Online Atlas
Visit: www.phschool.com
Web Code: jce-0002

Bolivia

Capital: La Paz, Sucre
Population: 8.9 million
Area: 424,164 sq mi / 1,098,580 sq km
Languages: Spanish, Quechua, Aymara (all official)
Religions: Roman Catholic, Protestant
Government: republic
Currency: *boliviano*
Exports: soy, natural gas, zinc, wood, gold

Venezuela

Capital: Caracas
Population: 25.4 million
Area: 352,144 sq mi / 912,050 sq km
Languages: Spanish (official), various indigenous languages
Religions: Roman Catholic, Protestant
Government: federal republic
Currency: *bolívar*
Exports: oil and oil products, sugar, bananas, steel, aluminum, hydroelectricity

América del Sur
(Parte sur)

Monte Fitz Roy, Patagonia, Argentina

Paraguay

Capital: Asunción

Population: 6.3 million

Area: 157,047 sq mi / 406,750 sq km

Languages: Spanish and Guaraní (both official)

Religions: Roman Catholic, Protestant

Government: constitutional republic

Currency: *guaraní*

Exports: sugar, meat, tapioca, hydroelectricity

Chile

Capital: Santiago

Population: 16 million

Area: 292,260 sq mi / 756,950 sq km

Languages: Spanish (official)

Religions: Roman Catholic, Protestant

Government: republic

Currency: *peso chileno*

Exports: copper, fish, transport equipment, fruit, paper and pulp, chemicals, hydroelectricity

Argentina

Capital: Buenos Aires

Population: 39.5 million

Area: 1,068,302 sq mi / 2,766,890 sq km

Languages: Spanish (official), English, French, Italian, German

Religions: Roman Catholic, Protestant, Jewish

Government: republic

Currency: *peso argentino*

Exports: meat, edible oils, fuels and energy, cereals, feed, motor vehicles

Venezuela

Colombia

Ecuador

Ecuador

Perú

OCÉANO
PACÍFICO

Lago
Titicaca

ALTIPLANO

Bolivia

Paraguay

GRAN CHACO

Asunción

Cataratas
del Iguazú

CORDILLERA DE LOS ANDES

Trópico de Capricornio

Trópico de Capricornio

Chile

Argentina

Uruguay

OCÉANO
ATLÁNTICO

Viña del Mar
Valparaíso
Santiago

Cerro
Aconcagua

Rosario

Montevideo
Punta del Este

Buenos Aires

Río de
la Plata

PAMPAS

norte

oeste   este

sur

Mar del Plata

PATAGONIA

Cerro de
San Valentín

Torres del
Paine

TIERRA DEL
FUEGO

Estrecho de
Magallanes

Cabo de Hornos

	Frontera nacional
⊛	Capital
●	Ciudad
▲	Volcán o montaña

0   400   800 millas

0   400   800 kilómetros

Uruguay

Capital: Montevideo

Population: 3.4 million

Area: 68,039 sq mi / 176,220 sq km

Languages: Spanish (official),
Portunol/Brazilero

Religions: Roman Catholic, Protestant, and
other religions

Government: constitutional republic

Currency: peso uruguayo

Exports: foods, vehicles, meat, rice, timber

España
Guinea Ecuatorial

España

Capital: Madrid

Population: 40.3 million

Area: 194,897 sq mi / 504,782 sq km

Languages: Castilian Spanish (official), Catalan, Galician, Basque

Religion: Roman Catholic

Government: parliamentary monarchy

Currency: *euro*

Exports: food, machinery, motor vehicles

El Alcázar de Segovia, Segovia, España

Mapa: España

norte
oeste · este
sur

OCÉANO ATLÁNTICO

Santiago de Compostela
Galicia
Asturias
Cantabria
Golfo de Vizcaya
Bilbao
País Vasco
Pamplona
Navarra
La Rioja
Río Ebro
PIRINEOS
Francia

Castilla-León
Valladolid

Zaragoza
Aragón
Cataluña
Barcelona

España
Madrid

Mar Mediterráneo

Portugal

Extremadura
Mérida

Castilla-La Mancha

Valencia
Valencia
Alicante

Menorca
Mallorca
Ibiza
ISLAS BALEARES

SIERRA MORENA

Córdoba
Río Guadalquivir
Sevilla
Andalucía
Granada
Málaga
Murcia

Estrecho de Gibraltar

- - - Frontera nacional
⊛ Capital
• Ciudad

0   100   200 millas
0   100   200 kilómetros

ISLAS CANARIAS

La Palma
Lanzarote
Fuerte-ventura
Tenerife
El Hierro
La Gomera
Gran Canaria

OCÉANO ATLÁNTICO

0   50 millas
0   50 kilómetros

Go Online
PHSchool.com
For: Online Atlas
Visit: www.phschool.com
Web Code: jce-0002

Guinea Ecuatorial

Capital: Bata

Population: 535,881

Area: 10,831 sq mi / 28,051 sq km

Languages: Spanish and French (both official), Fang, Bubi, Ibo, pidgin English

Religions: Roman Catholic, traditional African religions, and other religions

Government: republic

Currency: *franco CFA*

Exports: oil, timber, cocoa, coffee

Mapa: Guinea Ecuatorial

Malabo
Isla Bioko
Golfo de Guinea

0   25   50 millas
0   25   50 kilómetros

norte
oeste · este
sur

Camerún

Guinea Ecuatorial

OCÉANO ATLÁNTICO

Mbini
PARQUE NACIONAL MONTE ALEN
Ebebiyin
Gabón

- - - Frontera nacional
⊛ Capital
• Ciudad

Playa, Guinea Ecuatorial

Estados Unidos

Estados Unidos

Capital: Washington, D.C.

Population: 296 million

Area: 3,717,813 sq mi / 9,631,418 sq km

Languages: English, Spanish, other Indo-European languages, Asian and Pacific Islander languages, other languages

Religions: Protestant, Roman Catholic, Jewish, Muslim, and other religions

Government: federal republic

Currency: U.S. dollar

Exports: motor vehicles, aerospace equipment, telecommunications, electronics, consumer goods, chemicals, food, wheat, corn

Las grandes llanuras

Caras de los Estados Unidos

Frontera nacional
★ Capital
• Ciudad

0 300 600 millas
0 300 600 kilómetros

Go Online
PHSchool.com
For: Online Atlas
Visit: www.phschool.com
Web Code: jce-0002

Canadá

Seattle

MONTAÑAS ROCOSAS

GRANDES LLANURAS

Grandes Lagos

Boston

Minneapolis

Detroit

Nueva York

Cleveland

Chicago

Filadelfia

MONTES APALACHES

★ Washington, D.C.

San Francisco

Denver

St. Louis

Estados Unidos

Los Ángeles

San Diego

Phoenix

OCÉANO PACÍFICO

Atlanta

OCÉANO ATLÁNTICO

Dallas

Río Grande

Houston

San Antonio

Golfo de México

México

Miami

Estrecho de Florida

Trópico de Cáncer

Alaska **Canadá**

Mar de Bering

Golfo de Alaska

0 250 500 millas
0 250 500 kilómetros

OCÉANO PACÍFICO

Hawaii

0 50 100 millas
0 100 kilómetros

La Estatua de la Libertad, Nueva York

El Monte Rushmore, Dakota del Sur

Estados Unidos **xxix**

Why Study Spanish?

Over 340 million people who live in Spain, 18 Latin American countries, Puerto Rico, Equatorial Guinea, the Philippines, and the United States speak Spanish. It is the second most common language in the United States and the third most commonly spoken language in the world. Studying Spanish helps you to:

Understand culture The Spanish-speaking world is rich in music, food, art, literature, history, and everyday traditions. Learning about culture helps you understand other people's perspectives, patterns of behavior, and contributions to the world at large. ▶

Don Quijote (1955), Pablo Picasso. Pen and Ink. Private Collection. Erich Lessing / Art Resource, NY © 2004 Estate of Pablo Picasso / Artists Rights Society (ARS), NY.

▲ **Expand career opportunities** Your career options expand as businesses in the twenty-first century look for employees who can communicate in Spanish.

Enjoy your Spanish experiences Climb the Incan ruins of Machu Picchu. Volunteer to build a school in Mexico. Enjoy a meal at a Mexican restaurant. Speaking Spanish enriches your experience whether at home or in another country. ▶

Improve your language skills Studying Spanish improves your first-language skills: vocabulary, grammar, reading, and writing. Research shows your test scores may improve!

Study Tips

Go Online
PHSchool.com

For: More tips for studying Spanish
Visit: www.phschool.com
Web Code: jce-0003

Take risks, relax, and be patient. The goal of studying Spanish is to communicate! So don't wait until you get it perfect. Just start talking, and you'll get better and better! You'll make some mistakes, but the longer you practice, the more improvement you'll see.

Here are some easy tips to help you learn Spanish!

Use what you already know. You already know lots of Spanish words such as *rodeo, hasta la vista, tacos, armadillo, sombrero, piñata, mesa,* and *tango.* Use your knowledge of English to help you figure out new words such as *comunicación, delicioso, limón,* and *oficina.* You'll find Spanish is easier if you use what you already know.

You don't need to understand everything. As you hear or read Spanish, you'll come across words or expressions you don't know. Try to figure out what the meaning might be. Above all, don't stop! Keep on listening or reading. You'll be surprised how much you can understand without knowing every word.

Look for Strategy and ¿Recuerdas? boxes. Throughout **Realidades**, you'll see boxes that provide strategies or remind you of something you've already learned. The information in the boxes will help you learn.

Make flashcards. One way to learn a new word is to make a flashcard. Create a picture of the word on an index card. On the back, write the word in Spanish. Then use the card to study: look at the picture and say the word or look at the picture and write the word.

Have fun! You'll find lots of activities that allow you to work with other students, play games, act out skits, explore the Internet, create projects, and use technology. Try out all of the activities and you'll have fun.

Strategy

Using graphic organizers
Drawing diagrams can help you understand how things are related.

¿ ?
madre
yo

¿Recuerdas?

In Capítulo 2B you learned that *de* shows possession and is the equivalent of -*'s* and -*s':*
•el regalo **de** Esteban
You also learned *mi(s)* and *tu(s)*

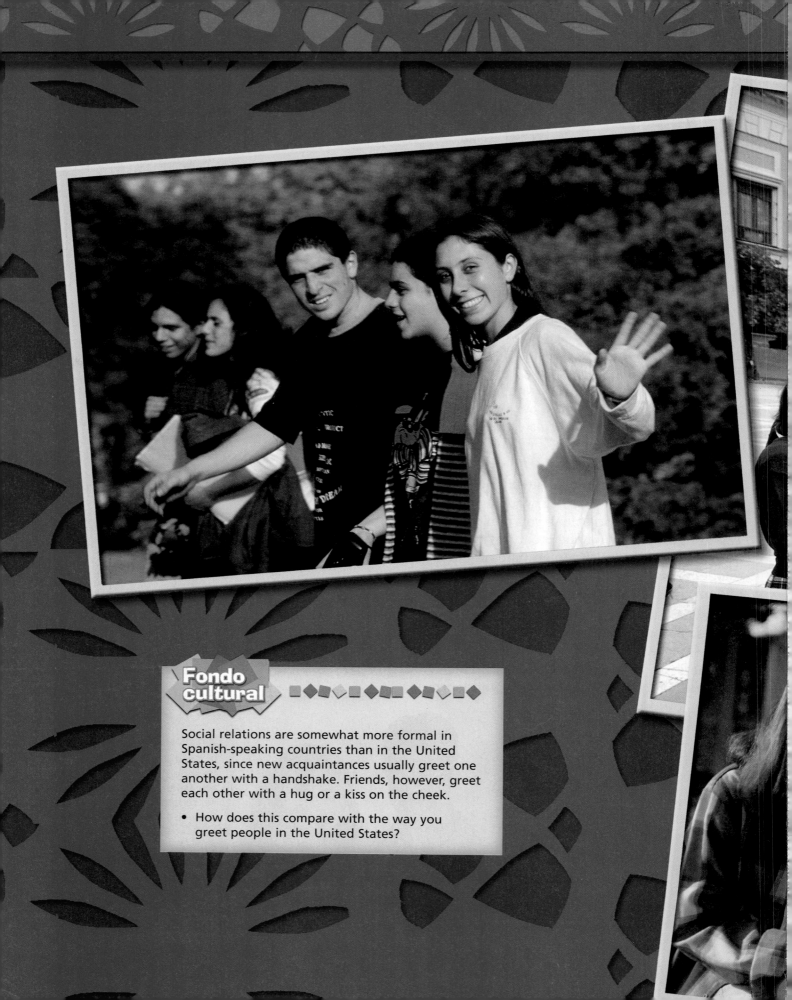

Fondo cultural

Social relations are somewhat more formal in Spanish-speaking countries than in the United States, since new acquaintances usually greet one another with a handshake. Friends, however, greet each other with a hug or a kiss on the cheek.

• How does this compare with the way you greet people in the United States?

Para empezar

Objectives

1 En la escuela

- Greet people at different times of the day
- Introduce yourself to others
- Respond to classroom directions
- Begin using numbers
- Tell time
- Identify parts of the body

2 En la clase

- Talk about things in the classroom
- Ask questions about new words and phrases
- Use the Spanish alphabet to spell words
- Talk about things related to the calendar
- Learn about the Aztec calendar

3 El tiempo

- Describe weather conditions
- Identify the seasons
- Compare weather in the northern and southern hemispheres

1 En la escuela

¡Hola! ¿Cómo te llamas?

Objectives

- Greet people at different times of the day
- Introduce yourself to others
- Respond to classroom directions
- Begin using numbers
- Tell time
- Identify parts of the body

—**¡Buenos días, señor!**
—¡Buenos días! **¿Cómo te llamas?**
—**Me llamo** Felipe.

—**¡Buenas tardes, señora!**
—¡Buenas tardes! ¿Cómo te llamas?
—Me llamo Beatriz.
—**Mucho gusto.**
—**Encantada.**

> **Nota**
> A woman or girl says *encantada*.
> A man or boy says *encantado*.

—**¡Buenas noches!** ¿Cómo te llamas?
—**¡Hola!** Me llamo Graciela. **¿Y tú?**
—Me llamo Lorenzo.
—Mucho gusto.
—**Igualmente.**

Exploración del lenguaje

Señor, señora, señorita

The words *señor, señora,* and *señorita* mean "sir," "madam," and "miss" when used alone. When they are used with people's last names they mean "Mr.," "Mrs.," and "Miss," and are abbreviated *Sr., Sra.,* and *Srta.* Note that the abbreviations are capitalized.

In Spanish you should address adults as *señor, señora,* or *señorita,* or use the titles *Sr., Sra.,* and *Srta.* with their last names.

Actividad 1

 Escuchar ·

Buenos días

Listen as people greet each other. Then point to the clock that indicates the time of day when the greetings are probably taking place.

a.   **b.**   **c.**

8:00 AM   4:00 PM   10:00 PM

Actividad 2

 Hablar ·

¿Cómo te llamas?

Your teacher will divide the class in half. Students in one half of the class will introduce themselves and shake hands, and students in the other half will say they are pleased to meet the others. Move quickly from person to person until time is called. Then switch roles.

Modelo

A —¡Hola! ¿Cómo te llamas?
B —Me llamo David. ¿Y tú?
A —Me llamo Antonio. Mucho gusto.
o: Encantado.
B —Igualmente.

> **¿Recuerdas?**
>
> If you are a girl, you say encantada.

Actividad 3

 Hablar ·

¡Hola!

Work with a partner. Choose a clock from Actividad 1 and greet each other appropriately for the time of day. Then find out your partner's name. Follow the model. Change partners and repeat.

Modelo

A —Buenas tardes.
B —Buenas tardes. ¿Cómo te llamas?
A —Me llamo Paco. ¿Y tú?
B —Me llamo Lourdes. Mucho gusto.
A —Encantado.

 Más práctica ·
Practice Workbook P-1

For: List of Spanish names
Visit: www.phschool.com
Web Code: jcd-0001

Los nombres

Chicas
Alicia
Ana
Beatriz
Carmen
Cristina
Dolores (Lola)
Elena
Gloria
Inés
Isabel (Isa)
Juana
Luisa
Luz María (Luzma)
Margarita
María
María Eugenia (Maru)
Marta
Teresa (Tere)

Chicos
Alejandro
Antonio (Toño)
Carlos (Chacho, Cacho)
Diego
Eduardo (Edu)
Federico (Kiko)
Francisco (Paco)
Guillermo (Guille)
Jorge
José (Pepe)
Juan
Manuel (Manolo)
Miguel
Pablo
Pedro
Ricardo
Roberto
Tomás

tres 3
Para empezar

¡Hola! ¿Cómo estás?

—Buenos días, Adela.
¿Cómo estás?

—**Bien, gracias,** Sr. Ruiz.
¿Y usted?

—Bien, gracias.

—Buenas tardes, Sr. Ruiz.
¿Cómo está Ud.?

—**Muy** bien, gracias. ¿Y tú?

—Bien, gracias.

—Buenas noches, Miguel.
¿Qué tal?

—**Regular.** ¿Y tú, Carlos?
¿Qué pasa?

—**Nada.**

—**¡Adiós, Srta.** Moreno!
¡Hasta luego!

—**¡Hasta mañana!**

—¡Hasta luego, Juan!

—**¡Nos vemos!**

¿Recuerdas?

Señor, señora, and *señorita* are abbreviated to **Sr., Sra.,** and **Srta.** before a person's last name.

Exploración del lenguaje

Tú vs. *usted*

For most Spanish speakers there are two ways to say "you": *tú* and *usted*. Use *tú* when speaking to friends, family, people your own age, children, and pets. *Usted* is formal. Use it to show respect and when talking to people you don't know well, older people, and people in positions of authority. In writing, *usted* is almost always abbreviated *Ud.*, with a capital *U*.

Would you say *tú* or *Ud.* when talking to the following people?
• your brother
• your teacher
• your best friend
• your friend's mother
• your cat
• your principal
• a new acquaintance who is your age

 Actividad 4 **Escuchar**

¿Hola o adiós?

Make a chart on your paper with two columns. Label one *Greeting,* the other *Leaving.* Number your paper from 1–8. As you hear each greeting or leave-taking, place a check mark in the appropriate column next to the number.

	Greeting	Leaving
1.		
2.		
3.		

  Actividad 5 **Hablar**

¡Hola! ¿Qué tal?

Work with a partner. Greet each other and ask how your partner is. Say good-bye. Then change partners and repeat.

Modelo
A —*Hola, Luisa. ¿Qué tal?*
B —*Bien, Lupe. ¿Y tú?*
A —*Regular. ¡Hasta luego!*
B —*¡Adiós!*

 Actividad 6 **Leer**

Mucho gusto

Read the conversation and then reply *sí* or *no* to the statements.

Profesor: Buenos días. Me llamo José Guzmán. ¿Y tú?

Estudiante: Me llamo María Hernández. Mucho gusto.

Profesor: Igualmente. ¿Cómo estás, María?

Estudiante: Bien, gracias. ¿Y Ud.?

Profesor: Muy bien, gracias. Hasta luego.

Estudiante: Adiós, señor.

1. The people knew each other.
2. The teacher is a man.
3. We know the last names of both people.
4. The student talks to the teacher in a formal tone.
5. Neither person is feeling well today.

● **Más práctica**
Practice Workbook P-2

¡Atención, por favor!

—¡Silencio, **por favor!** Abran el libro en la página 10.

—¡Atención! Cierren el libro.

—Repitan, por favor:
Buenos días.
—Buenos días.

—Levántense, por favor.

—Siéntense, por favor.

—Saquen una hoja de papel.
Escriban los números.

—Entreguen sus hojas
de papel.

Actividad 7 Escuchar . . . .

¡Siéntense!

You will hear some classroom commands. Listen carefully and act them out.

● **Más práctica** . . . .

Practice Workbook P-3

Los números

cero	uno	dos	tres	cuatro

cinco	seis	siete	ocho	nueve

10	diez		21	veintiuno, . . .
11	once		30	treinta
12	doce		31	treinta y uno, . . .
13	trece		40	cuarenta
14	catorce		50	cincuenta
15	quince		60	sesenta
16	dieciséis		70	setenta
17	diecisiete		80	ochenta
18	dieciocho		90	noventa
19	diecinueve		100	cien
20	veinte			

Actividad 8 — Hablar

Los números

Supply the missing number. Then read the sequence in Spanish.

1. 1, ___, 3
2. 6, ___, 8
3. 7, ___, 9
4. 10, ___, 12
5. 14, ___, 16
6. 17, ___, 19
7. 23, ___, 25
8. 29, ___, 31

Actividad 9 — Pensar/Hablar

Más números

With a partner, provide the missing numbers in each sequence. Then say the number sequence aloud in Spanish.

1. 1, 2, 3, . . . 10
2. 2, 4, 6, . . . 20
3. 1, 3, 5, . . . 19
4. 5, 10, 15, . . . 60
5. 3, 6, 9, . . . 39
6. 10, 20, 30, . . . 100

Actividad 10 — Hablar/Escuchar/Escribir

Números y más números

Tell your partner these numbers in Spanish. He or she will write them using numerals, not words. Then check your partner's work.

1. the phone numbers used to dial for information and emergencies
2. the bar code number on the back of your Spanish book
3. your house or apartment number
4. number of minutes it takes you to get from your home to school
5. number of months until your next birthday

Go Online PHSchool.com

For: More practice: *los números*
Visit: www.phschool.com
Web Code: jcd-0002

2014

Azulejos *(tiles)* de cerámica

¿Qué hora es?

In Spanish, to ask what time it is, you say *¿Qué hora es?* Here are some answers:

Es la una.

Son las dos.

Son las tres y cinco.

Son las cuatro y diez.

Son las cinco y cuarto.

Son las seis y media.

Son las siete menos veinte.

Son las ocho y cincuenta y dos.

Actividad 11 · Hablar

¿Qué hora es?

Work with a partner to ask and answer questions about the time. Use these clocks.

10:00

Modelo
A —*¿Qué hora es?*
B —*Son las diez.*

1. **7:00**

2. **3:30**

3. **1:15**

4. **2:20**

5. **9:40**

6. **12:50**

Actividad 12 · Escuchar

La hora

Write the numbers 1–8 on a sheet of paper. Write the times you hear with numerals—1:00, 2:15, and so on.

● **Más práctica**
Practice Workbook P-4

La persistencia de la memoria / The Persistence of Memory (1931), Salvador Dalí

Oil on canvas, 9 1/2 x 13 in. (24.1 x 33 cm). Given anonymously. © 2004 Salvador Dalí, Gala-Salvador Dalí Foundation/Artists Rights Society (ARS), New York.† A.K.

El cuerpo

la cabeza

el ojo

la nariz

la boca

el brazo

el dedo

el estómago

la mano

la pierna

el pie

"¡Ay! Me duele el pie."

Actividad 13 · Escuchar

Señalen

You will hear some commands. Listen carefully and act out the commands. When you hear the word *señalen*, you should point to that part of the body.

Actividad 14 · Escuchar

Juego

Play the game *Simón dice . . .* (Simon Says). Listen and follow the leader's directions. Remember that if the leader does not say *"Simón dice,"* you should not do the action.

● **Más práctica**
Practice Workbook P-5

For: More practice: *el cuerpo*
Visit: www.phschool.com
Web Code: jcd-0003

2 En la clase

La sala de clases

Objectives

- Talk about things in the classroom
- Ask questions about new words and phrases
- Use the Spanish alphabet to spell words
- Talk about things related to the calendar
- Learn about the Aztec calendar

el estudiante el profesor

—¿Qué quiere decir *lápiz*?
—Quiere decir *pencil*.

la estudiante la profesora

—¿Cómo se dice *book* en español?
—Se dice *libro*.

el pupitre el bolígrafo la carpeta el lápiz

el cuaderno la hoja de papel el libro

Actividad 1 · Escuchar

El libro, el lápiz, . . .

You will hear the names of classroom objects. After you hear each word, hold up the object if you have it on your desk or point to it if it is somewhere in the classroom.

También se dice . . .

In many Spanish-speaking countries or regions, you will hear different words for the same thing. Words like these are highlighted in the *También se dice . . .* sections.

For example, in Spain a classroom is *el aula,* while in Mexico, it is *el salón de clases.*

Actividad 2 · Hablar

¿Cómo se dice . . . ?

Talk with a partner about items and people in your classroom.

> **Modelo**
> **A** —*¿Cómo se dice* book *en español?*
> **B** —*Se dice* libro.

1. 　**2.** 　**3.** 　**4.** 　**5.**

> **Modelo**
> **mano**　**A** —*¿Qué quiere decir* mano?
> **B** —*Quiere decir* hand.

6. cuaderno　　**7.** hoja de papel　　**8.** cabeza　　**9.** carpeta　　**10.** brazo

Gramática

Nouns

Nouns refer to people, animals, places, things, and ideas. In Spanish, nouns have gender. They are either masculine or feminine.

Most nouns that end in *-o* are masculine. Most nouns that end in *-a* are feminine.

Masculine	Feminine
el libro	la carpeta
el bolígrafo	la hoja de papel

The definite articles *el* and *la* also point out if a word is masculine or feminine. They both mean "the."

Spanish nouns that end in *-e* or a consonant must be learned as masculine or feminine. You should practice them with their definite articles, *el* or *la*.

Masculine	Feminine
el profesor	la noche
el lápiz	la conversación

Actividad 3 · Gramática · Pensar/Escribir

¿Masculino o femenino?

Look at these words and decide whether each one is masculine or feminine. Rewrite each word and add the appropriate definite article *(el* or *la).*

1. pierna　　**5.** pupitre

2. nariz　　**6.** pie

3. cuaderno　　**7.** profesora

4. hora　　**8.** estudiante

● **Más práctica**
Practice Workbook P-6

For: More practice: *en la clase*
Visit: www.phschool.com
Web Code: jcd-0004

El alfabeto

 a
 be
 ce
 de
 e
 efe

 ge
 hache
 i
 jota
 ka
 ele

eme
ene
eñe
o
pe
cu

 ere
 erre
 ese
 te
 u
ve *or* uve

 doble ve *or* doble u
 equis
 i griega *or* ye
zeta

—¿Cómo se escribe *libro*?

—Se escribe ele-i-be-ere-o.

Actividad 4 Escuchar/Escribir

Escucha y escribe

On a sheet of paper, write the numbers 1–8. You will hear several words you know spelled aloud. Listen carefully and write the letters as you hear them.

Actividad 5 Hablar/Escribir

Pregunta y contesta

Work with a partner. Use the pictures to ask and answer according to the model. As Student B spells the words, Student A should write them out. When you are finished, check your spelling by looking at p. 10.

1.
2.
3.

4.
5.

> **Modelo**
>
> A —¿*Cómo se escribe* lápiz?
> B —*Se escribe* ele-a acento-pe-i-zeta.

Actividad 6

 Hablar ·

¿Cómo te llamas?

Work with a partner. Follow the model to find out each other's names and how they are spelled. Then change partners and repeat.

Modelo

A —¿Cómo te llamas?
B —Me llamo _María_.
A —¿Cómo se escribe _María_?
B —Se escribe _eme-a-ere-i acento-a_.

Strategy

Sustaining a conversation
If you need your partner to spell a word again, say _Repite, por favor._

Fondo cultural ■◆■◇◇■◆■◇■◆

The Maya were among the early civilizations in the Western Hemisphere to develop a form of writing with symbols, known as hieroglyphics _(los jeroglíficos)_. Each symbol, or glyph, represents a word or an idea.

• With what other hieroglyphic writing are you familiar?

Jeroglíficos mayas

Exploración del lenguaje

Punctuation and accent marks

You have probably noticed that in Spanish, questions begin with an upside-down question mark (¿) and exclamations with an upside-down exclamation point (¡). This lets you know at the beginning of a sentence what kind of sentence you are reading.

You have probably also noticed the accent mark _(el acento)_ on words like _días_ and _estás_. When you write in Spanish, you must include these accents and punctuation marks.

Try it out! Rewrite these sentences and insert the correct punctuation and accents.

Como estas   Que tal   Hasta luego   Y tu

Actividad 7

 Escribir/Hablar/Escuchar · · · ·

Juego

❶ Play this game in pairs. Each player makes a list of five Spanish words that you have learned. Don't let your partner see your words.

❷ Spell your first word aloud in Spanish. Don't forget any accent marks. Your partner will write the word as you spell it. Then your partner will spell a word for you to write. Take turns until you have spelled all the words on your lists.

❸ Check each other's papers. The winner is the player with the most words spelled correctly.

El calendario y la fecha

el mes

AGOSTO

lunes	martes	miércoles	jueves	viernes	sábado	domingo
el día				1	2	3
4	5	6	7	8	9	10
11	12	13	14	15	16	17
18	19	20	21	22	23	24
25	26	27	28	29	30	31

la semana

—¿Qué día es hoy?
—Hoy es lunes. **Mañana** es martes.
—¿**Cuántos** días **hay en** el mes de agosto?
—Hay treinta y un días.

Los meses del año

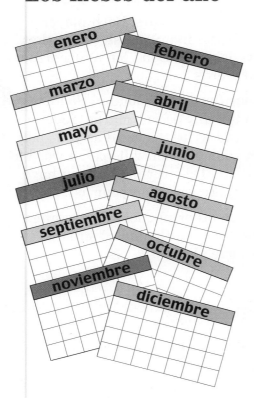

enero
febrero
marzo
abril
mayo
junio
julio
agosto
septiembre
octubre
noviembre
diciembre

Nota

Notice that the days of the week and the months of the year are not capitalized in Spanish, except at the beginning of sentences.

The first day of the week in a Spanish-language calendar is *lunes.*

—¿Cuál es la fecha?

—Es el 22 de agosto.

—¿Cuál es la fecha?

—Es **el primero** de agosto.

Nota

To say the first day of the month, use *el primero*. For the other days, use the numbers *dos, tres,* and so on.

  Actividad 8 **Hablar** ·················

Hoy y mañana

Ask and answer according to the model.

Modelo

lunes

A —*¿Qué día es hoy?*

B —*Hoy es _lunes_. Mañana es _martes_.*

1. martes
2. sábado
3. jueves
4. miércoles
5. viernes
6. domingo

El Cinco de Mayo es un día festivo en México.

 Actividad 9 **Leer/Escribir** ·················

Días de fiesta

Read the following sentences and rewrite them, making the necessary corrections.

1. El Día de San Patricio es el 14 de enero.
2. El Día de San Valentín es en junio.
3. Januká es en febrero.
4. La Navidad *(Christmas)* es el 25 de noviembre.
5. El Día de la Independencia de los Estados Unidos *(United States)* es el 4 de junio.
6. El Año Nuevo *(New Year's Day)* es en diciembre.
7. Hoy es el 3 de agosto.

Escribir

El calendario

julio

lunes	martes	miércoles	jueves	viernes	sábado	domingo
	1	2	3	4	5	6
hoy — 7	8	9	10	11	12	13
14	15	16	17	18	19	20
21	22	23	24	25	26	27
28	29	30	31			

Answer the questions based on the calendar page above.

1. ¿Cuál es la fecha hoy?
2. ¿Qué día de la semana es?
3. ¿Qué día es mañana?
4. ¿Cuál es la fecha de mañana?
5. ¿Cuántos días hay en este *(this)* mes?
6. ¿Cuántos días hay en una semana?

Fondo cultural

Los sanfermines, or the "Running of the Bulls," is a popular two-week festival in Pamplona, Spain, named for the town's patron saint, San Fermín, who is commemorated on July 7 each year. The celebration includes daily bullfights, but before they begin the real fun starts! As the bulls are released from their pens and run through the streets, many people run ahead or alongside them to the bullring.

• What festivals are you familiar with in which animals play a role?

● **Más práctica**
Practice Workbook P-7, P-8

Go Online
PHSchool.com

For: More practice: *el calendario*
Visit: www.phschool.com
Web Code: jcd-0005

11 Leer

El calendario azteca

The Aztecs were a nomadic tribe that finally settled in the valley of central Mexico in 1325. They established their capital, Tenochtitlán, on a swampy lake and built a mighty empire that dominated most of Mexico. The Aztec empire flourished until 1521, when it was defeated by the Spaniards, led by Hernán Cortés.

México

Conexiones | La historia

One of the most famous symbols of Mexico is the monolith, or huge stone, carved by the Aztecs in 1479. Known today as the Aztec calendar or the Sun Stone, the carving weighs almost 24 tons and is approximately 12 feet in diameter. The Aztecs dedicated it to the sun, represented by the face in the center. The calendar represents a 260-day year.

Representation of the sun, or Tonatiuh

One of the previous four world creations

This band shows the 20 days of the month.

12 Pensar

Los símbolos aztecas

Here are several glyphs representing days found on the Sun Stone. Match the glyph with the Spanish word. What do you think each of the glyphs represents? Why do you think the Aztecs included those symbols on their calendar?

1.

2.

3.

a. Jaguar
b. Perro
c. Movimiento
d. Serpiente
e. Cráneo
f. Agua

4.

5.

6.

3 El tiempo

Objectives
- Describe weather conditions
- Identify the seasons
- Compare weather in the northern and southern hemispheres

¿Qué tiempo hace?

Hace sol.

Hace calor.

Hace frío.

Hace viento.

Llueve.

Nieva.

Las estaciones

la primavera

el verano

el otoño

el invierno

Actividad 1 Escuchar

El tiempo

You will hear six descriptions of different weather conditions. Write the numbers 1–6 on a sheet of paper. Then, next to each number, write the letter of the photo for which the weather is being described.

a.

b.

c.

d.

Actividad 2 Hablar

¿Qué tiempo hace?

Work with a partner. Ask and answer the questions based on the city and weather information for each item.

1. Denver / enero /

2. Chicago / octubre /

3. San Francisco / noviembre /

Modelo

Miami / julio /

A —*¿Qué tiempo hace en Miami en julio?*
B —*Hace sol.*

4. Washington, D.C. / junio /

5. Minneapolis / diciembre /

6. Dallas / agosto /

Actividad 3 Hablar/Escribir

Las estaciones

Answer the questions based on where you live.

1. ¿Qué tiempo hace en la primavera? ¿En el otoño? ¿En el verano? ¿En el invierno?

2. ¿En qué estación hace frío? ¿Calor? ¿Sol? ¿Viento?

3. ¿En qué estación llueve?

4. ¿En qué estación nieva?

● **Más práctica**
Practice Workbook P-9

Dos hemisferios

Read about the seasons in the northern and southern hemispheres and then answer the questions.

Conexiones La geografía

Did you know that the seasons for the northern and southern hemispheres are reversed? When it's winter in the northern hemisphere, it's summer in the southern hemisphere and vice versa. So if you want to ski all year round, go from the slopes of the Rockies in Colorado in December to those of the Andes in Bariloche, Argentina in July. Or for a December getaway to a warmer climate, go to one of the coastal resorts at Viña del Mar, Chile.

Colorado
(Estados Unidos)

enero

julio

norte
oeste — este
sur

enero

Chile

julio

1. En febrero, ¿qué tiempo hace en Chile?

2. En junio, ¿qué tiempo hace en Colorado?

3. En tu comunidad, ¿qué tiempo hace en diciembre? ¿Y en agosto?

Ciudad	diciembre	julio
Chicago	36°F / 2°C	75°F / 24°C
Los Ángeles	67°F / 19°C	88°F / 31°C
Miami	76°F / 24°C	97°F / 36°C
Nueva York	41°F / 5°C	74°F / 23°C
Seattle	41°F / 5°C	66°F / 19°C
St. Louis	36°F / 2°C	81°F / 27°C
Asunción, Paraguay	85°F / 29°C	75°F / 24°C
Bogotá, Colombia	66°F / 19°C	64°F / 17°C
Buenos Aires, Argentina	78°F / 26°C	50°F / 10°C
Caracas, Venezuela	80°F / 27°C	80°F / 27°C
Ciudad de México, México	70°F / 21°C	74°F / 23°C
Guatemala, Guatemala	72°F / 22°C	74°F / 23°C
La Habana, Cuba	76°F / 24°C	82°F / 28°C
La Paz, Bolivia	58°F / 15°C	55°F / 13°C
Lima, Perú	76°F / 24°C	67°F / 19°C
Quito, Ecuador	65°F / 18°C	67°F / 19°C
San José, Costa Rica	78°F / 26°C	78°F / 26°C
San Juan, Puerto Rico	74°F / 23°C	80°F / 27°C
Santiago, Chile	82°F / 28°C	50°F / 10°C
Tegucigalpa, Honduras	70°F / 21°C	81°F / 27°C

Nota

In most parts of the world, people express temperatures in Celsius. A simple way to convert from Celsius to Fahrenheit is to multiply the temperature by $\frac{9}{5}$, then add 32.

$$30°C = \underline{?} F$$
$$30 \times \tfrac{9}{5} = 54 + 32$$
$$30°C = 86°F$$

Actividad 5   **Hablar/Escribir** ·

¿Hace calor o hace frío?

Work with a partner. Discuss the weather in six different places on the chart.

Modelo

A —¿Qué tiempo hace en <u>Chicago</u> en <u>diciembre</u>?
B —Hace <u>frío</u>.

Actividad 6   **Hablar** ·

¿Y qué tiempo hace en . . . ?

Work with a partner. Ask about the temperature in six different places on the chart.

Modelo

A —¿Cuál es la temperatura en <u>Quito</u> en <u>diciembre</u>?
B —<u>Sesenta y cinco</u> grados.
o: <u>Dieciocho</u> grados.

Para decir más . . .

la temperatura temperature
grados degrees

For: More practice: el tiempo
Visit: www.phschool.com
Web Code: jcd-0006

Repaso del capítulo

To prepare for the test, check to see if you . . .
- recognize the vocabulary
- can perform the tasks on p. 23

Vocabulario

En la escuela

to greet someone

Buenos días.	Good morning.
Buenas noches.	Good evening.
Buenas tardes.	Good afternoon.
¡Hola!	Hello!
¿Cómo te llamas?	What is your name?
Me llamo . . .	My name is . . .
Encantado, -a.	Delighted.
Igualmente.	Likewise.
Mucho gusto.	Pleased to meet you.
señor, Sr.	sir, Mr.
señora, Sra.	madam, Mrs.
señorita, Srta.	miss, Miss

to ask and tell how someone is

¿Cómo está Ud.? *(formal)*	How are you?
¿Cómo estás? *(familiar)*	How are you?
¿Qué pasa?	What's happening?
¿Qué tal?	How are you?
¿Y tú? / ¿Y usted (Ud.)?	And you?
(muy) bien	(very) well
nada	nothing
regular	okay, so-so
gracias	thank you

to say good-bye

¡Adiós!	Good-bye!
Hasta luego.	See you later.
Hasta mañana.	See you tomorrow.
¡Nos vemos!	See you!

to tell time

¿Qué hora es?	What time is it?
Es la una.	It's one o'clock.
Son las . . . y / menos . . .	It's . . . *(time).*
y cuarto / menos cuarto	quarter past / quarter to
y media	thirty, half-past

to count up to 100 (Turn to p. 7.)

to talk about the body (Turn to p. 9.)

En la clase

to talk about the classroom

el bolígrafo	pen
la carpeta	folder
el cuaderno	notebook
el estudiante, la estudiante	student
la hoja de papel	sheet of paper
el lápiz	pencil
el libro	book
el profesor, la profesora	teacher
el pupitre	(student) desk
la sala de clases	classroom

to say the date

el año	year
el día	day
el mes	month
la semana	week
¿Qué día es hoy?	What day is today?
¿Cuál es la fecha?	What is the date?
Es el *(number)* de *(month).*	It's the . . . of . . .
Es el primero de *(month).*	It's the first of . . .
hoy	today
mañana	tomorrow

to say the days of the week and the months of the year (Turn to p. 14.)

other useful words

¿cuántos, -as?	how many?
en	in
hay	there is / there are
por favor	please

to ask for help

¿Cómo se dice . . . ?	How do you say . . . ?
Se dice . . .	You say . . .
¿Cómo se escribe . . . ?	How is . . . spelled?
Se escribe . . .	It's spelled . . .
¿Qué quiere decir . . . ?	What does . . . mean?
Quiere decir . . .	It means . . .

● **Más práctica**

Practice Workbook Puzzle P-10

Practice Workbook Organizer P-11

El tiempo

to talk about the weather		to talk about the seasons	
¿Qué tiempo hace?	What's the weather like?	la estación	season
Hace calor.	It's hot.	el invierno	winter
Hace frío.	It's cold.	el otoño	fall, autumn
Hace sol.	It's sunny.	la primavera	spring
Hace viento.	It's windy.	el verano	summer
Llueve.	It's raining.		
Nieva.	It's snowing.		

Preparación para el examen

1 Escuchar On the exam you will be asked to listen to and understand people as they greet each other and introduce themselves. To practice, listen to some students greet people in the school halls. Answer these questions about each greeting: Is it morning or afternoon? Was the greeting directed to an adult? How did that person respond?

To review, see pp. 2–5 and Actividades 1, 4.

2 Escuchar You will be asked to listen to and understand someone announcing the current date and time. To practice, listen to the message and answer the questions: What is the time of day? What is the date?

To review, see pp. 7–8 and Actividad 12; pp. 14–16 and Actividad 10.

3 Leer You will be asked to read and understand a description of the weather for a given day. To practice, read the weather forecast below. Answer the questions: What is the date? What are the high and low temperatures? What is the weather like?

> *El dos de septiembre*
> *Hoy en San Antonio hace sol. La temperatura máxima es*
> *75 grados y la mínima es 54. No llueve.*

To review, see pp. 18–21 and Actividades 2–6.

4 Leer You will be asked to read a list of school supplies and identify them. To practice, copy the school supply list below onto a sheet of paper. Please note: *un, una* mean "a" or "an." Then look to see whether you have any of the items on your desk right now. Make a check mark next to each item you have.

un cuaderno	un lápiz	una hoja de papel
un bolígrafo	una carpeta	un libro

To review, see p. 10.

Fondo cultural

Pablo Picasso (1881–1973), one of the best-known Spanish artists of the twentieth century, had a long, productive career creating art in a wide range of styles and forms. He showed remarkable artistic talent as a child and had his first exhibition when he was 13 years old. *Three Musicians* is an example of Picasso's cubist painting style.

• Study this painting and list some characteristics that show why this style is known as "cubism."

Musiciens aux masques / Three Musicians (1921), Pablo Picasso

Oil on canvas, 6' 7" x 7' 3 3/4". Mrs. Simon Guggenheim Fund. (55.1949). Digital Image © The Museum of Modern Art / Licensed by SCALA/ Art Resource, NY. Museum of Modern Art, New York, N.Y., U.S.A. © 2004 Estate of Pablo Picasso / Artists Rights Society ARS, New York.

Concierto de
Carlos Santana

¿Qué te gusta hacer?

Chapter Objectives

- Talk about activities you like and don't like to do
- Ask others what they like to do
- Understand cultural perspectives on favorite activities

Video Highlights

A primera vista: *¿Qué te gusta hacer?*
GramActiva Videos: infinitives; making negative statements

Country Connection

As you learn to talk about what you and your friends like to do, you will make connections to these countries and places:

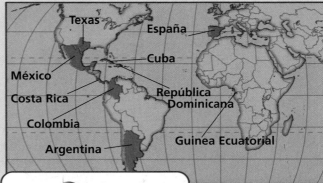

- Texas
- España
- Cuba
- México
- República Dominicana
- Costa Rica
- Colombia
- Argentina
- Guinea Ecuatorial

Go Online
PHSchool.com

For: Online Atlas
Visit: www.phschool.com
Web Code: jce-0002

A primera vista

Vocabulario y gramática en contexto

Objectives

Read, listen to, and understand information about

• activities people like and don't like to do

bailar

escuchar música

practicar deportes

nadar

correr

esquiar

—**¡Me gusta mucho** bailar!

—**A mí también. Y también me gusta** escuchar música.

—¡Hola, Beatriz! **¿Qué te gusta hacer? ¿Te gusta** practicar deportes?

—**¡Sí!** Me gusta mucho practicar deportes. Me gusta correr, nadar y esquiar. **¿Y a ti?** ¿Qué te gusta hacer?

escribir cuentos

montar en monopatín

ver la tele

usar la computadora

dibujar

cantar

montar en bicicleta

jugar videojuegos

—A mí me gusta mucho escribir cuentos y dibujar. **¡No me gusta nada** cantar!

—¡Uy! **A mí tampoco.**

—**¿Qué te gusta más,** ver la tele **o** montar en bicicleta?

—**Pues, no me gusta ni** ver la tele **ni** montar en bicicleta. Me gusta usar la computadora y jugar videojuegos. Y a ti, ¿qué te gusta más?

 Actividad 1 Escuchar . . . .

¿Te gusta o no te gusta?

You will hear Rosa say what she likes to do and doesn't like to do. Give a "thumbs-up" sign when you hear her say something she likes to do and a "thumbs-down" sign when she says something she doesn't like to do.

● **Más práctica** . . . .
Practice Workbook 1A-1, 1A-2

 Actividad 2 Escuchar . . . .

Me gusta . . .

Listen to what some people like to do. Point to the picture of the activity each describes.

Go Online
PHSchool.com

For: Vocabulary practice
Visit: www.phschool.com
Web Code: jcd-0101

¿Qué te gusta hacer?

You're going to meet eight students from around the Spanish-speaking world and find out what they like and don't like to do. You'll be able to figure out where they live by looking at the globes on the page.

Strategy

Using visuals
Look at the pictures with each postcard to help you understand the meaning of the new words.

• Can you predict what each student likes to do?

Saludos desde Madrid

66 Y yo me llamo Ana. A mí me gusta **hablar por teléfono. 99**

66 Soy Ignacio. Me gusta mucho **tocar la guitarra. 99**

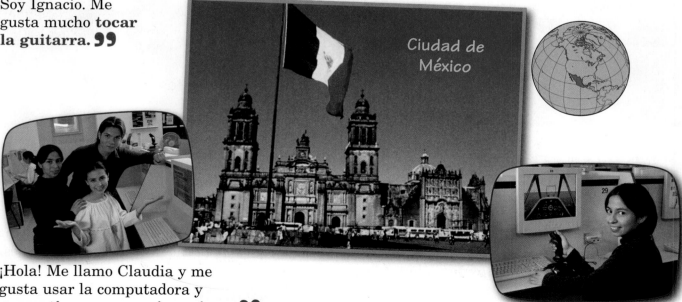

Ciudad de México

66 ¡Hola! Me llamo Claudia y me gusta usar la computadora y **pasar tiempo con mis amigos. 99**

66 Yo soy Teresa. También me gusta usar la computadora, pero **me gusta más** jugar videojuegos. **99**

Recuerdos de San Antonio

66 Yo soy Esteban. A mí me gusta **patinar.** 99

66 ¡Hola, amigos! Me llamo Angélica y me gusta mucho montar en bicicleta. 99

San José, Costa Rica

66 ¿Qué tal, amigos? Soy Gloria. A mí me gusta **ir a la escuela,** y también me gusta **trabajar.** 99

66 Me llamo Raúl. Me gusta ir a la escuela . . . más o menos . . ., pero me gusta más **leer revistas.** 99

Actividad 3 · Leer

¿Comprendes?

On a sheet of paper, write the numbers 1–6. Read the following statements by the characters in the *Videohistoria* and write *C (cierto)* if the statement is true, or *F (falso)* if it is false.

1. **Angélica:** No me gusta montar en bicicleta.
2. **Raúl:** Me gusta mucho leer revistas.
3. **Esteban:** Me gusta patinar.
4. **Claudia:** Me gusta pasar tiempo con mis amigos.
5. **Teresa:** No me gusta usar la computadora.
6. **Gloria:** Me gusta trabajar.

● **Más práctica**
Practice Workbook 1A-3, 1A-4

Actividad 4 · Escribir/Hablar

Y tú, ¿qué dices?

Write your answers to these questions.

1. ¿Qué te gusta más, leer revistas o montar en monopatín?
2. ¿Qué te gusta más, jugar videojuegos o bailar?
3. ¿Qué te gusta hacer en junio? ¿Y en diciembre?

Go Online
PHSchool.com

For: Vocabulary practice
Visit: www.phschool.com
Web Code: jcd-0102

Manos a la obra

Vocabulario y gramática en uso

Objectives
- Talk about activities
- Say what you like and don't like to do
- Ask others what they like to do
- Learn about infinitives and negative statements

Actividad 5 Escribir

¿Te gusta o no te gusta?

Complete the following sentences with one of the activities shown, or with any of the other activities shown on pp. 26–29.

1. Me gusta ___.
2. No me gusta ___.
3. Me gusta mucho ___.
4. No me gusta nada ___.
5. Me gusta ___.
6. No me gusta ni ___ ni ___.

> **Modelo**
>
> *Me gusta* <u>*practicar deportes*</u>.

¡Respuesta personal!

Actividad 6 Escribir

Me gusta o no me gusta

Find four activities on pp. 26–29 that you like to do and four that you don't like to do. Copy this chart on your paper and write the activities in the corresponding columns.

> **Modelo**
>
> | Me gusta | No me gusta |
> |----------|-------------|
> | correr | cantar |

Actividad 7 Hablar

¡A mí también!

Using the information from Actividad 6, tell your partner three activities that you like to do. Your partner will agree or disagree with you. Follow the model. Then switch roles and repeat the activity.

> **Modelo**
>
> A —*Me gusta correr.*
> B —*¡A mí también!*
> o: *¡A mí no me gusta!*

Actividad 8 **Hablar** ·

¿Qué te gusta hacer?

Ask your partner whether he or she likes
doing the activities below. Your partner will
answer using one of the two responses shown.
Then switch roles and answer your partner's
questions.

Modelo

A —¿Te gusta montar en
   monopatín?
B —Sí, me gusta mucho.
o: No, no me gusta nada.

Estudiante A
¿Te gusta . . . ?

Estudiante B

¡Respuesta personal!

En el verano, me gusta pasar tiempo con mis
amigos en la Plaza Mayor de Madrid, España.

Fondo cultural

Outdoor cafés are popular gathering places
throughout the Spanish-speaking world. Friends
go there to enjoy a snack or light meal, catch up
with one another, or just watch people go by.

• Where do you go to spend time with friends or
  to meet new ones? How does your experience
  compare with that of the Spanish teens shown
  here at a café in Madrid's Plaza Mayor?

También se dice . . .

no me gusta nada = no me gusta para nada
                    (muchos países)

treinta y uno 31
Capítulo 1A

Gramática

Infinitives

Verbs are words that are most often used to name actions. Verbs in English have different forms depending on who is doing the action or when the action is occurring:

I **walk,** she **walks**, we walk**ed**, etc.

The most basic form of a verb is called the infinitive. In English, you can spot infinitives because they usually have the word "to" in front of them:

to swim, **to** read, **to** write

Infinitives in Spanish, though, don't have a separate word like "to" in front of them. Spanish infinitives are only one word, and always end in *-ar, -er,* or *-ir:*

nad**ar**, le**er**, escrib**ir**

GramActiva VIDEO

To learn more about infinitives, watch the **GramActiva** video.

hablar

9 Gramática Escribir

¿Cuál es?

On a sheet of paper, make a chart with three columns for the headings *-ar, -er,* and *-ir.* Then look at these pictures of activities. Write the infinitive for each activity under the corresponding head. Save your chart to use in Actividad 11.

Modelo

-ar	-er	-ir
nadar		

10 Gramática Escuchar/GramActiva

Tres papeles

Tear a sheet of paper into three equal parts. Write *-ar* on one piece, *-er* on another piece, and *-ir* on the third piece. You will hear several infinitives. Listen carefully to the endings. Hold up the paper with the ending that you hear.

Actividad 11 **Gramática** **Escribir**

El verbo es . . .

Here are some verbs in English. Look them up in the English-Spanish glossary at the back of the book and write down the Spanish infinitives on the chart you made in Actividad 9.

to walk   to live   to eat   to study   to have

It's easy to talk about the things you like to do once you know the infinitive, because you just add the infinitive to *Me gusta*. Try writing this sentence in Spanish: *I like to sleep.*

Strategy

Using a dictionary or glossary
When you need to look up a verb, always look under the infinitive form.

Actividad 12   **Escribir/Hablar**

Encuesta: ¿Qué te gusta hacer?

① Ask four classmates to tell you two things they like to do (*¿Qué te gusta hacer?*) and two things they don't like to do (*¿Qué no te gusta hacer?*). Record their names and responses on a chart like this one.

② Work in groups of four. Add up the results of your interviews to see which activities are the most popular and which ones are the least popular.

③ Share your results with the class.

   1. Las actividades más (*most*) populares:

   2. Las actividades menos (*least*) populares:

Modelo

	Me gusta	No me gusta
Beto	nadar ir a la escuela	patinar usar la computadora

Actividad	Me gusta	No me gusta
tocar la guitarra	I I I	I
cantar	I	I I I
trabajar	I I	I I

Actividad 13   **Escuchar/Escribir**

Escucha y escribe

Write the numbers 1–7 on a sheet of paper. You will hear Raúl say seven things that he likes to do. Write them down as he says them. Spelling counts!

¿Recuerdas?

Remember to include any accent marks when you spell a word.

● **Más práctica**
Practice Workbook 1A-5

For: Practice with infinitives
Visit: www.phschool.com
Web Code: jcd-0103

treinta y tres 33
Capítulo 1A

Exploración del lenguaje

Cognates

Words that look alike and have similar meanings in English and Spanish are called **cognates** *(cognados)*. Here are examples from this chapter:

Spanish	English
popular	popular
usar	to use
guitarra	guitar
computadora	computer

Try it out! Look at pp. 26–29 and make a list of seven cognates from the vocabulary on those pages.

Strategy

Recognizing cognates
Becoming skilled at recognizing cognates will help you understand what you read and will increase your vocabulary.

Fondo cultural

Jaime Antonio González Colson (1901–1975) was an artist from the Dominican Republic. His works usually focused on the people and culture of his homeland.

The *merengue*, the dance shown in this painting, originated in the Dominican Republic in the nineteenth century. One of the instruments used to accompany it is the *güiro* (shown at the top right), made from a gourd and played by scraping it with a forked stick.

• What instruments set the rhythms in the music that you listen to?

Merengue (1937), Jaime Antonio González Colson
Courtesy of Museo Bellapart, Dominican Republic.

Las maracas, el güiro, la cabassa y las claves son instrumentos típicos de la música del Caribe.

Actividad 14 Leer/Escuchar/Escribir

El baile y la música del mundo hispano

Each country in the Spanish-speaking world has distinct musical styles and traditions. Many of the unique rhythms and dances of Spanish-speaking countries are now popular in the United States. This music features instruments such as guitars, violins, accordions, and various types of percussion such as *güiros,* sticks, cymbals, cow bells, and drums. As you read the captions, see how many words you can understand due to their similarity to English words. After you read, your teacher will play examples of each type of music. Listen for the different instruments used.

Conexiones | La música

El flamenco es un baile típico de España. El instrumento más importante en el flamenco es la guitarra.

En Argentina, el tango es muy popular. Es un baile romántico.

En la República Dominicana, el baile tradicional es el merengue. El merengue tiene muchos ritmos africanos.

En Puerto Rico, la salsa es el baile preferido. El ritmo de la salsa es popular en la música de los Estados Unidos también.

La cumbia es el baile más famoso de Colombia.

- Reread each of the captions and make a list of seven cognates.

- Make a list of instruments you heard in the different songs. You might need to listen to the music again.

Gramática

Negatives

To make a sentence negative in Spanish, you usually put *no* in front of the verb or expression. In English you usually use the word "not."

No me gusta cantar.	*I do **not** like to sing.*

To answer a question negatively in Spanish you often use *no* twice. The first *no* answers the question. The second *no* says, "I do *not . . . (don't).*" This is similar to the way you answer a question in English.

¿Te gusta escribir cuentos?	*Do you like to write stories?*
No, no me gusta.	*No, I don't.*

In Spanish, you might use one or more negatives after answering *"no."*

¿Te gusta cantar?	*Do you like to sing?*
No, no me gusta **nada**.	*No, I **don't** like it **at all**.*

If you want to say that you do not like either of two choices, use *ni . . . ni:*

No me gusta **ni** nadar **ni** dibujar.	*I **don't** like **either** swimming **or** drawing.*
	*I like **neither** swimming **nor** drawing.*

> **¿Recuerdas?**
>
> Did you remember that *nada* has another meaning?
>
> • ¿Qué pasa? **Nada.**
>
> In this case, *nada* means "nothing."

GramActiva VIDEO

To learn more about negatives, watch the **GramActiva** video.

ni bailar ni nadar

15 **Gramática** **Leer/Escribir**

Una persona muy negativa

Fill in the blanks in the dialogue with one of these expressions:
no, nada, tampoco, ni . . . ni.

Tomás es un nuevo estudiante en la clase y es una persona muy negativa.

Ana: Hola, Tomás. ¿Te gusta escuchar música?

Tomás: No, **1.** me gusta.

Ana: Pues, ¿qué te gusta más, jugar videojuegos o usar la computadora?

Tomás: No me gusta **2.** jugar videojuegos **3.** usar la computadora.

Ana: ¿Te gusta practicar deportes?

Tomás: No, no me gusta **4.** practicar deportes.

Ana: Pues, Tomás, no me gusta pasar tiempo con personas negativas.

Tomás: ¡A mí **5.** !

36 treinta y seis
Tema 1 • Mis amigos y yo

Actividad 16 Gramática 👥 Hablar ·

¡No, no me gusta!

Today you feel as negative as Tomás. With a partner, respond to each question saying that you don't like to do any of these activities.

Modelo

A —¿*Te gusta ver la tele?*
B —*No, no me gusta ver la tele.*

Estudiante A

1.
2.
3.

4.
5.
6.

Estudiante B

No, no me gusta . . .

Actividad 17 Gramática 👥 Hablar ·

¿Qué te gusta más?

Find out what your partner likes more. Then switch roles.

Modelo

A —¿*Qué te gusta más, nadar o esquiar?*
B —*Pues, me gusta más nadar.*
o: *Pues, no me gusta ni nadar ni esquiar.*

1.
3.

2.
4.

Go Online
PHSchool.com

For: Practice with negatives
Visit: www.phschool.com
Web Code: jcd-0104

● **Más práctica** ·
Practice Workbook 1A-6

Gramática

Expressing agreement or disagreement

To agree with what a person likes, you use *"a mí también."*
It's like saying "me too" in English.

Me gusta pasar tiempo con amigos.	*I like to spend time with friends.*
A mí también.	*Me too.*

If someone tells you that he or she dislikes something, you can agree by saying *"a mí tampoco."* It's like saying "me neither" or "neither do I" in English.

No me gusta nada cantar.	*I don't like to sing at all.*
A mí tampoco.	*Me neither.*

---

18 Gramática Escribir/Hablar

¿También o tampoco?

Write a list of three things that you like to do and three things that you don't like to do. Tell your partner the activities on your list. Your partner will agree or disagree based upon his or her personal preferences. Follow the model.

Modelo

A —*Me gusta mucho bailar.*
B —*A mí también.*
o:
A —*No me gusta nada cantar.*
B —*A mí tampoco.*
o: *Pues, a mí me gusta cantar.*

---

19 Leer/Escribir

Opiniones

Read the opinions of two students on snowboarding. Then answer the questions.

1. Who thinks that snowboarding is "neither a fad nor a sport"? What does he or she consider it to be?
2. What does the other person consider snowboarding to be? What else does this person say about snowboarding?
3. ¿A ti te gusta el *snowboard?* En tu opinión, ¿es un deporte o una moda?

EL "SNOWBOARD" ¿DEPORTE O MODA?

Ni lo uno ni lo otro
"El snowboard no es ni moda[1] ni deporte. Lo practico como hobby."
Rafael

¿Moda?
"El snowboard es un deporte de invierno como el esquí. A mí me gusta mucho y lo practico mucho. ¡No es una simple moda, es todo un deporte! Y es buen ejercicio."[2]
Alicia

[1] fad   [2] good exercise

Go Online
PHSchool.com
For: Practice with agreement or disagreement
Visit: www.phschool.com
Web Code: jcd-0105

 Más práctica
Practice Workbook 1A-7

Pronunciación

The vowels *a*, *e*, and *i*

The vowel sounds in Spanish are different from those in English. In Spanish, each vowel has just one sound. Spanish vowels are also quicker and shorter than those in English.

The letter *a* is similar to the sound in the English word *pop*. Listen to and say these words:

andar	cantar	trabajar
hablar	nadar	pasar

The letter *e* is similar to the sound in the English word *met*. Listen to and say these words:

tele   me   es   Elena   deportes

The letter *i* is similar to the sound in the English word *see*. As you have already seen, the letter *y* sometimes has the same sound as *i*. Listen to and say these words:

sí   escribir   patinar   lápiz   ti   mí

Try it out! Listen to and say this rhyme:

A E I El perro canta para ti.
A E I El tigre baila para mí.

Try it again, substituting *el gato* for *el perro* and *la cebra* for *el tigre*.

El español en la comunidad

Hispanics in the United States make up approximately 13 percent of the total population and are the fastest-growing minority group. By the year 2050, the Hispanic population is expected to be almost 25 percent of the total United States population. Because of this, many Spanish-language media sources—magazines, newspapers, television, radio, and Internet—are available throughout the country.

• Make a list of Spanish-language media sources in your community. Try to find local, regional, national, or even international sources. If possible, bring in examples. How much can you understand?

These sources will help you improve your Spanish, and you'll learn about Spanish-speaking cultures as well.

¡Adelante!

Objectives

- Read about favorite activities of some teenagers
- Understand cultural perspectives regarding dancing
- Give an oral presentation about your activities
- Learn facts about Spain

Lectura

¿Qué te gusta hacer?

Here are some notes that four students have written to a popular teen magazine. All four are looking for e-pals. As you read their notes, think about how their likes and interests compare to yours.

Strategy

Using cognates
Use what you already know about cognates to figure out what new words mean.

Puerto Rico
Marisol, 14 años

"¿Te gusta practicar deportes y escuchar música? ¡A mí me gusta mucho! También me gusta jugar al básquetbol. ¡Hasta luego!"

Colombia
Daniel, 13 años

"Me gusta mucho ver la tele y escuchar música clásica. También me gusta tocar el piano y pasar tiempo con amigos en un café o en una fiesta. ¿Y a ti?"

España
Silvia, 17 años

"Me gusta leer revistas, bailar y cantar. Soy fanática de la música alternativa. También me gusta hablar por teléfono con amigos. ¿Y a ti? ¿Qué te gusta hacer?"

Guinea Ecuatorial
Pablo, 15 años

"Me gusta mucho jugar al vóleibol y al tenis. Me gusta escribir cuentos y también me gusta organizar fiestas con amigos. No me gusta ni jugar videojuegos ni ver la tele. ¡Hasta pronto!"

¿Comprendes?

1. Draw a bar graph. Indicate on the graph how many of the four young people like each of these types of activities: *televisión, música, deportes, pasar tiempo con amigos*. Which are the most popular?

2. Of the four students, with whom do you have the most in common?

3. Write a personal message similar to those in the magazine. Use one of them as a model.

Go Online
PHSchool.com
For: Internet link activity
Visit: www.phschool.com
Web Code: jcd-0106

¿Te gusta bailar?

Thanks to the worldwide popularity of Latin music, Latin dances have captured the attention of people of all ages. As a result, people all around the United States are learning dances such as the merengue, tango, and salsa. Here is a dance you can learn. It is called the mambo, and it originated in Cuba in the 1940s.

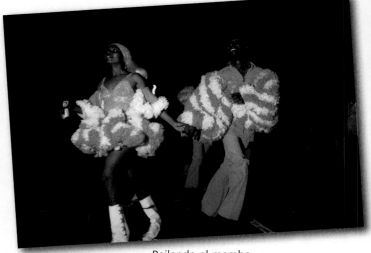

Bailando el mambo

El mambo

Directions

Beat 1 (of the music): Step forward with the left foot and slightly raise the right foot in a rocking motion.

Beat 2: Step back down on the right foot.

Beat 3: Place the left foot next to the right foot.

Beat 4: Hold both feet in place with the left and right feet next to each other.

Repeat the same motion, now moving backwards.

Beat 5: Step backward with the right foot and slightly raise the left foot in a rocking motion.

Beat 6: Step back down on the left foot.

Beat 7: Place the right foot next to the left foot.

Beat 8: Hold both feet in place with the left and right feet next to each other.

These steps are repeated throughout the music. If partners dance together, then the male should start with his left foot going forward and the female should start with her right foot going backward.

Think about it! How is doing the mambo with a partner different from dances you might do? What dances do you know from the United States that are danced with a partner?

Presentación oral

A mí me gusta mucho . . .

Task
You are a new student at school and have been asked to tell the class a little bit about your likes and dislikes.

❶ **Prepare** Copy this diagram on a sheet of paper. Write a list of at least five activities that you can include in the three different ovals.

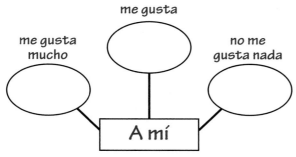

me gusta

me gusta mucho

no me gusta nada

A mí

Using your list, create a poster or other visual aid to illustrate the three categories and at least five activities. To illustrate the activities, you can make drawings, cut pictures out of magazines, or show photos of yourself doing the activity. Make sure that each activity is easy to identify. You will use this visual as part of your presentation.

Strategy
Creating visuals
Making a diagram can help you organize a presentation.

❷ **Practice** Go through your presentation with a few class members. You can use your notes the first time or two, but then practice using only the visuals.

Modelo
Me gusta mucho . . .
Me gusta . . .
No me gusta nada . . .

❸ **Present** Talk about yourself using the visual you have created. Remember to look at the Evaluation list below so you know what you need to emphasize in your presentation. Be sure to begin the presentation with your name. During the presentation, try to:
- use complete sentences
- speak clearly
- use the visuals to keep yourself focused

❹ **Evaluation** Your teacher may give you a rubric explaining how your presentation will be graded. You might be graded on:
- how much information you communicate
- how easy it is to understand you
- how clearly and neatly your visuals match what you are saying

España

The Spanish empire once included parts of Italy and the Netherlands, much of the Americas and the Caribbean, the Philippines, and colonies in Africa. Today, Spain is a country of rich regional and cultural traditions with a population of more than 40 million people.

Spain was one of the most important provinces of the ancient Roman empire. The Spanish language is very closely related to Latin, the language of that empire. Roman engineering also left its mark on the Spanish landscape, and some Roman bridges are still in use after almost 2,000 years! This photo shows the Roman aqueduct in Segovia, which was constructed entirely without mortar or clamps.

¿Sabes que . . . ?

Spain has five official languages: Spanish, Catalan, Basque, Galician, and Valencian. Originally the language of Castile in central Spain, Spanish is the primary national language and is also spoken in most of Spain's former empire in North, Central, and South America.

Para pensar

Spain has been influenced by many civilizations, including those of the ancient Greeks, Romans, and Moors. What civilizations have most affected the language, culture, and customs of the United States?

For: Online Atlas
Visit: www.phschool.com
Web Code: jce-0002

Originally a royal retreat, the Parque del Buen Retiro is now a favorite place for the traditional Sunday-afternoon *paseo* (stroll). Throngs of people come to enjoy the Retiro's lakes, gardens, and museums, or simply to spend time with friends or family. What are your favorite places to go walking with friends? Why?

△ Arabic-speaking Moors from North Africa ruled much of Spain for nearly 800 years. Córdoba in southern Spain became one of the most important cities in Islam, and its mosque, the Mezquita, was one of the largest in the world. The Alhambra in Granada (shown above) is a strongly fortified and beautiful complex of palaces and gardens. It was also the last stronghold of the Moors in Spain, falling to Spain's Catholic monarchs in 1492.

The Bilbao Guggenheim Museum opened in October 1997 and houses a collection of modern and contemporary art. The building's titanium-paneled curves and concrete blocks imitate the harbor of Bilbao, a principal seaport and former shipbuilding center in the heart of the Basque country in the north.

Repaso del capítulo

Vocabulario y gramática

Chapter Review

To prepare for the test, check to see if you . . .
- know the new vocabulary and grammar
- can perform the tasks on p. 47

to talk about activities

bailar	to dance
cantar	to sing
correr	to run
dibujar	to draw
escribir cuentos	to write stories
escuchar música	to listen to music
esquiar	to ski
hablar por teléfono	to talk on the phone
ir a la escuela	to go to school
jugar videojuegos	to play video games
leer revistas	to read magazines
montar en bicicleta	to ride a bicycle
montar en monopatín	to skateboard
nadar	to swim
pasar tiempo con amigos	to spend time with friends
patinar	to skate
practicar deportes	to play sports
tocar la guitarra	to play the guitar
trabajar	to work
usar la computadora	to use the computer
ver la tele	to watch television

to say what you like to do

(A mí) me gusta ___.	I like to ___.
(A mí) me gusta más ___.	I like to ___ better. (I prefer to ___.)
(A mí) me gusta mucho ___.	I like to ___ a lot.
A mí también.	I do too.

to say what you don't like to do

(A mí) no me gusta ___.	I don't like to ___.
(A mí) no me gusta nada ___.	I don't like to ___ at all.
A mí tampoco.	I don't (like to) either.

For *Vocabulario adicional,* see pp. 472–473.

to ask others what they like to do

¿Qué te gusta hacer?	What do you like to do?
¿Qué te gusta más?	What do you like (prefer) better?
¿Te gusta ___?	Do you like to ___?
¿Y a ti?	And you?

other useful words and expressions

ni . . . ni	neither . . . nor, not . . . or
o	or
pues . . .	well . . .
sí	yes
también	also, too
y	and

● **Más práctica** . . . .
Practice Workbook Puzzle 1A-8
Practice Workbook Organizer 1A-9

Preparación para el examen

For: Test preparation
Visit: www.phschool.com
Web Code: jcd-0107

On the exam you will be asked to . . .	Here are practice tasks similar to those you will find on the exam . . .	If you need review . . .

 1 Escuchar Listen to and understand a description of what someone likes to do

Listen to a voice mail from a student looking for a "match-up" to the homecoming dance. a) What are two things this person likes doing? b) What is one thing this person dislikes doing?

pp. 26–29 *A primera vista*
p. 27 Actividades 1–2
p. 33 Actividad 13

 2 Hablar Talk about yourself and what you like and don't like to do and ask the same of others

You agreed to host a student from the Dominican Republic for a week. What can you tell him or her about yourself in a taped message? Include a brief description of what you like to do. How would you ask the student to tell you something about himself or herself?

p. 30 Actividad 7
p. 31 Actividad 8
p. 33 Actividad 12
p. 37 Actividades 16–17
p. 43 *Presentación oral*

 3 Leer Read and understand someone's description of himself or herself

Read this pen pal e-mail from a Spanish-language magazine. What types of things does the person like to do? Does this person have anything in common with you? What is it?

pp. 26–29 *A primera vista*
p. 29 Actividad 3
p. 36 Actividad 15
p. 38 Actividad 19
pp. 40–41 *Lectura*, no. 3

¡Hola! A mí me gusta mucho usar la computadora y tocar la guitarra. No me gusta ni ir a la escuela ni leer. En el verano me gusta nadar y en el invierno me gusta esquiar. ¿Y a ti? ¿Qué te gusta hacer?

 4 Escribir Write about yourself with a description of things you like and don't like to do

A school in the Dominican Republic wants to exchange e-mails with your school. Tell your e-pal your name and what you like to do and don't like to do.

p. 30 Actividades 5–6
p. 33 Actividad 12
p. 38 Actividad 18
p. 41 *¿Comprendes?*

 5 Pensar Demonstrate an understanding of cultural differences regarding dancing

How would you describe the Latin dances that have become popular in the United States? With what countries do you associate each dance? With what type of music or rhythms do you associate each dance?

p. 34 *Fondo cultural*
p. 35 Actividad 14
p. 42 *La cultura en vivo*

Fondo cultural

Frida Kahlo (1907–1954) is one of the best-known Mexican painters. In spite of a childhood illness, a crippling traffic accident, and many hospital stays throughout her life, Kahlo was a successful painter and led a very active social life. She used her artwork as an outlet for her physical and emotional suffering.

• Frida Kahlo painted over fifty self-portraits. What is she saying about herself through this painting?

Autorretrato con mono (1938), Frida Kahlo
Oil on Masonite, overall: 16" x 12" (40.64 x 30.48 cm). © Banco de México Diego Rivera & Frida Kahlo Museums Trust. Av. Cinco de Mayo No. 2, Col. Centro, Del. Cuauhtemoc 06059, México, D.F. Reproduction authorized by the *Instituto Nacional de Bellas Artes y Literatura.* Courtesy of Albright-Knox Art Gallery, Buffalo, New York. Bequest of A. Conger Goodyear, 1966.

Y tú, ¿cómo eres?

Chapter Objectives

- Talk about personality traits
- Ask and tell what people are like
- Use adjectives to describe people
- Understand cultural perspectives on friendship

Video Highlights

A primera vista: *Amigos por Internet*

GramActiva Videos: adjectives; definite and indefinite articles; word order: placement of adjectives

Country Connection

As you learn how to describe yourself and your friends, you will make connections to these countries and places:

Texas
México
Guatemala
Colombia
Ecuador
Perú
Bolivia
Cuba
República Dominicana
Puerto Rico
Venezuela

Go Online
PHSchool.com

For: Online Atlas
Visit: www.phschool.com
Web Code: jce-0002

A primera vista

Vocabulario y gramática en contexto

66 ¿El chico? **Es mi amigo. ¿Cómo se llama?** Se llama Marcos. **¿Cómo es?** Pues . . .

... él es **deportista. Le gusta** mucho practicar deportes.

la chica

Pero a veces es impaciente . . .

. . . también es **un chico desordenado.** 99

66 Mi amiga Sarita es **una buena** amiga. **Ella** no es **muy** deportista . . .

. . . pero es una chica **artística** . . .

el chico

. . . y muy **ordenada.**

Es una chica muy **inteligente.** 99

66 Hola, me llamo Luz. **¿Yo?**
¿Cómo **soy?** Pues . . .

Más vocabulario	
atrevido, -a	daring
paciente	patient
reservado, -a	shy
simpático, -a	nice, friendly
talentoso, -a	talented

. . . soy **estudiosa** . . .

. . . y **trabajadora** . . .

. . . y también **graciosa** . . .

. . . pero **según mi familia**
¡a veces soy **perezosa!** Y
tú, ¿cómo eres? **99**

1 **Escuchar** •

¿Marcos o Sarita?

Look at the pictures of Marcos and Sarita. Listen to
the descriptions. If a word describes Marcos, point
to his picture. If a word describes Sarita, point
to her picture.

2 **Escuchar** • • • • • • • • • • • • • • • • • •

¿Cierto o falso?

You will hear some statements about Luz. Give a
"thumbs-up" sign if the statement is true, or a
"thumbs-down" sign if it is false.

● **Más práctica** • • • • • • • • • • • • • • • • •
Practice Workbook 1B-1, 1B-2

Go Online
PHSchool.com
For: Vocabulary practice
Visit: www.phschool.com
Web Code: jcd-0111

Amigos por Internet

See what happens when *Chica sociable* sends an e-mail message to Esteban.

Strategy

Using cognates
You will see some unfamiliar words in this story. Many of these are cognates. Use their similarity to English words to determine their meaning.

• What does *sociable* mean?

• What does *ideal* mean?

Esteban

Claudia

México

Pedro

Teresa

1 **Pedro:** Esteban, escucha: "Hola, ¿cómo eres? ¿Qué te gusta hacer? Me gusta mucho hablar con mis amigos. Me llamo *Chica sociable.* Escríbeme."

Esteban: ¡Ja! *Chica sociable.* A responder. Escribe, Pedro. . . .

5 **Teresa:** "Soy muy desordenada. Me gusta hablar por teléfono. Y no me gusta ir a la escuela. Escríbeme. *Chica sociable.*"

6 **Claudia:** Un momento . . . uno más de mí. Escribe. . . "Yo soy *Chica misteriosa.* Soy amiga de *Chica sociable.* Soy muy simpática."

7 **Claudia:** "Y me gusta ir a la escuela. Soy estudiosa y trabajadora. Yo no soy tu chica ideal. *Chica misteriosa.*"

2 **Pedro:** "Hola. Me llamo *Chico sociable.* ¡Qué coincidencia!"

3 **Pedro:** "Me gusta pasar tiempo con mis amigos. **No soy** muy **serio.** Según mis amigos, soy gracioso."

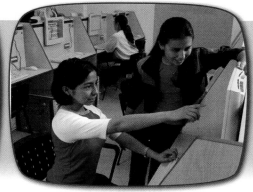

4 **Claudia:** ¡*Chica sociable*! ¡Ja!

Teresa: Yo soy *Chica sociable.*

Claudia: ¡No! ¿Tú **eres** *Chica sociable*? ¡¿Mi buena amiga . . . ?!

3 **Escribir/Hablar** ·

¿Comprendes?

Read each of the sentences below and indicate which character is being described: *Chica sociable* or *Chica misteriosa.*

1. Me gusta hablar por teléfono.
2. Me gusta ir a la escuela.
3. Soy simpática.
4. No soy muy ordenada.
5. Soy trabajadora.

8 **Esteban:** Pues, Pedro. ¿*Chica sociable* o *Chica misteriosa*?

Pedro: *Chica misteriosa.* Me gusta la escuela y a ella le gusta la escuela también.

Esteban: Perfecto. A mí me gusta más *Chica sociable.*

● **Más práctica** · · · · · · · · · · · ·
Practice Workbook 1B-3, 1B-4

Go Online
PHSchool.com
For: Vocabulary practice
Visit: www.phschool.com
Web Code: jcd-0112

4 **Escribir/Hablar** ·

Y tú, ¿qué dices?

1. Find five cognates in the *Videohistoria* and write what you think they mean in English.
2. Write an activity that goes with each of these characteristics.
   sociable   estudioso   trabajador
3. ¿Qué te gusta más, usar la computadora o hablar por teléfono?

Manos a la obra

Vocabulario y gramática en uso

Objectives
- Talk about what people are like
- Ask people to talk about themselves and others
- Describe your own personality traits

Actividad 5 Escribir

¿Cómo es el chico o la chica?

Choose the correct word to describe each of the people in the pictures.

Modelo
El chico es
(_impaciente_ / estudioso).

1. La chica es
(reservada / artística).

2. La chica es
(graciosa / perezosa).

3. El chico es
(reservado / deportista).

4. El chico es
(desordenado / atrevido).

5. La chica es
(artística / atrevida).

6. El chico es
(estudioso / desordenado).

Actividad 6 Escribir

Mi amigo José

Maritza is talking about her friend José. Read the sentences, then choose
the appropriate word to fill in each blank.

Modelo
_No es un chico impaciente. Es muy _paciente_._

trabajador	deportista	bueno
paciente	estudioso	sociable
gracioso	desordenado	

1. Le gusta mucho practicar deportes.
Es ___.

2. A veces no es serio. Es un chico ___.

3. Le gusta pasar tiempo con amigos.
Es muy ___.

4. No es un chico ordenado. Es ___.

5. Le gusta ir a la escuela. Es ___.

6. No es perezoso. Es un chico muy ___.

7. Es simpático. Es un amigo muy ___.

Gramática

Adjectives

Words that describe people and things are called adjectives *(adjetivos)*.

- In Spanish, most adjectives have both masculine and feminine forms. The masculine form usually ends in the letter *-o* and the feminine form usually ends in the letter *-a*.

- Masculine adjectives are used to describe masculine nouns.

  Marcos es ordenado y simpático.   *Marcos is organized and nice.*

- Feminine adjectives are used to describe feminine nouns.

  Marta es ordenada y simpática.   *Marta is organized and nice.*

- Adjectives that end in *-e* describe both masculine and feminine nouns.

  Anita es inteligente.   *Anita is smart.*

  Pedro es inteligente también.   *Pedro is also smart.*

Masculine	Feminine
ordenado	ordenada
trabajador	trabajadora
paciente	paciente
deportista	deportista

- Adjectives whose masculine form ends in *-dor* have a feminine form that ends in *-dora*.

  Juan es trabajador.   *Juan is hardworking.*

  Luz es trabajadora.   *Luz is hardworking.*

- Some adjectives that end in *-a*, such as *deportista*, describe both masculine and feminine nouns. You will need to learn which adjectives follow this pattern.

  Tomás es deportista.   *Tomás is sports-minded.*

  Marta es deportista también.   *Marta is also sports-minded.*

GramActiva VIDEO

Want more help with adjectives? Watch the **GramActiva** video.

talentoso

---

7 **Gramática**   **Escribir**

Roberto y Yolanda

Copy the Venn diagram on a sheet of paper. Which words from the list below could only describe Roberto? Write them in the oval below his name. Which words could only describe Yolanda? Write them in the oval below her name. Which words could describe either Roberto or Yolanda? Write them in the overlapping area.

| Modelo |

Roberto   Yolanda

artístico   *atrevida*

artístico	atrevida	deportista	estudiosa
graciosa	impaciente	simpático	inteligente
ordenada	paciente	perezosa	reservado
serio	sociable	talentosa	trabajador

8 Gramática **Hablar** . . . .

¿Cómo es Paloma?

Work with a partner to ask and answer
questions about the people shown below.

Modelo

Paloma
A —¿Cómo es *Paloma?*
B —*Paloma es trabajadora.*

1. Elena

2. Marisol

3. Felipe

4. Juan

5. Lola

6. Gloria

9 Gramática **Hablar** . . . .

Juego

Choose an adjective and act it out for a small group or the class. The other
students take turns asking you questions. The first to ask a question with
the correct adjective (in the correct form) gets to do the next charade.

Modelo

A —¿Eres ordenada?
B —Sí, soy ordenada.
o: No, no soy ordenada.

10 Gramática **Escribir** . . . .

Yo soy . . .

Make a chart like the one on the right. Write
at least two adjectives in each column to say
what you are like and are not like. Include
muy and *a veces* when they are appropriate.
Save your work to use in later activities.

Modelo

Soy	No soy
estudiosa	perezosa
muy trabajadora	impaciente
deportista	

11 Gramática **Hablar/Escribir** ·

¿Eres estudioso(a)?

Use your chart from Actividad 10. Talk with your partner about your personality traits. Take notes on what your partner tells you. Make another two-column chart, but with the headings *Es* and *No es*. Fill it in with information about your partner. You will use this chart in the next activity.

Modelo

A —*¿Cómo eres?*

B —*Soy estudiosa y muy trabajadora. También soy deportista. ¿Y tú?*

A —*Soy artístico. Según mis amigos, soy talentoso. No soy perezoso.*

12 Gramática **Escribir/Hablar** ·

Mi amigo(a)

Use the information from the previous activity to write a short description of yourself and your partner. Read your description to a small group or the class.

Modelo

Me llamo Luisa. Soy estudiosa y trabajadora. Y soy deportista. Mi amiga se llama Susana. Ella es simpática. También es deportista y trabajadora.

Exploración del lenguaje ·

Cognates that begin with *es* + consonant

Many words in Spanish that begin with *es* + consonant are easy to understand because they have the same meaning as English words. Knowing this pattern helps you recognize the meaning of new Spanish words and learn them quickly.

Try it out! Look at these words, then cover up the *e* at the beginning. Name the English words that come from the same root word.

estudiante	**es**tudioso	**es**cuela	**es**tómago
esquiar	**es**pecial	**es**tricto	**es**cena

Es muy deportista. Le encanta esquiar.

¿Qué te gusta hacer?

Trabaja con otro(a) estudiante. Pregunta
y contesta según el modelo.

Modelo

A —¿*Te gusta correr?*
B —*Sí, soy deportista.*
o: *No, no soy deportista.*
o: *Sí, pero no soy muy deportista.*

Estudiante A

Estudiante B

¡Respuesta
personal!

Fondo cultural ■◆◇▨▽◼◆◇◇◻◆

Simón Bolívar (1783–1830) liberated the
territory that is now Venezuela, Colombia,
Ecuador, Peru, and Bolivia from Spanish
rule. A daring military commander and
statesman, Bolívar is revered in South
America as *el Libertador* (the Liberator).

• **Name three leaders who had a similar
influence on events of their time.**

Simón Bolívar (siglo xix), Anónimo
Chromolitho. Private Collection / Archives Charmet / Bridgeman Art Library.

● **Más práctica**..................................
Practice Workbook 1B-5

Go Online
PHSchool.com

For: Practice with adjective agreement
Visit: www.phschool.com
Web Code: jcd-0114

Actividad 14 · Leer/Escribir ·····························

El poema "Soy Elena"

The following poem is called a *diamante*. Can you guess why?
After you've read the poem, answer the questions.

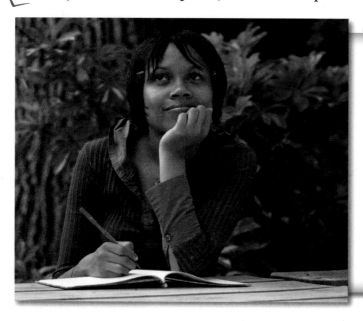

Conexiones | **La literatura**

Soy Elena

En general, soy
reservada y ordenada.
A veces, soy atrevida,
graciosa o impaciente.
No soy ni deportista
ni artística.
¡Yo soy yo!

1. Which activity would you invite Elena to do based on what she has told you about herself?

  dibujar   montar en monopatín   escuchar música

2. Rewrite the poem replacing *Soy Elena* with *Soy Tomás*.

Actividad 15 · Escribir ·····························

Y tú, ¿qué dices?

Write *un poema diamante* about yourself.
Choose adjectives that best describe you.
Look back at Actividad 10 for some ideas.
Substitute your adjectives in the poem above.
Be sure to write the poem in the form of a
diamond. You might want to use calligraphy or
an appropriate font on the computer and add
pictures to illustrate your work.

Gramática

Definite and indefinite articles

El and *la* are called definite articles and are the equivalent of "the" in English. *El* is used with masculine nouns; *la* is used with feminine nouns. You've already seen words with definite articles:

el libro   *the book*   **la** carpeta   *the folder*

Un and *una* are called indefinite articles and are the equivalent of "a" and "an" in English. *Un* is used with masculine nouns; *una* is used with feminine nouns:

un libro   *a book*   **una** carpeta   *a folder*

el	the
la	the

un	a, an
una	a, an

Strategy

Learning by repetition
When you learn a new noun, say it aloud, along with its definite article, as often as you get a chance. Eventually, you will find that words just "sound right" with the correct definite article and you will know whether nouns are masculine or feminine.

GramActiva VIDEO

Want more help with definite and indefinite articles? Watch the **GramActiva** video.

el, la
un, una

Actividad 16   Gramática   Escuchar/GramActiva

¿El o la?

Write the word *el* in large letters on a sheet of paper or an index card. Write *la* in large letters on another sheet. You will hear eight words you already know. When you hear a masculine word, hold up the paper with *el*. When you hear a feminine word, hold up the paper with the word *la* on it.

Gramática ..... **Hablar** .....

¿Qué es?

Tell your partner the names of the things pictured below.

Modelo

A —¿Qué es?
B —Es un brazo.

1.

2.

3.

4.

5.

6.

7.

8.

Gramática **Escribir** ....

La escuela de Diego

Diego is talking about people at his school. Read the sentences and complete each one with *un* or *una*.

1. La Sra. Secada es ___ profesora simpática.
2. Alicia es ___ estudiante trabajadora.
3. Juan Carlos es ___ chico perezoso.
4. Germán es ___ chico sociable.
5. El Sr. Guzmán es ___ profesor gracioso.
6. Adriana es ___ chica muy seria.
7. La Srta. Cifuentes es ___ profesora paciente.
8. Arturo es ___ estudiante talentoso.

● **Más práctica** ....
Practice Workbook 1B-6

Go Online
PHSchool.com
For: Practice with articles
Visit: www.phschool.com
Web Code: jcd-0113

Pronunciación

The vowels *o* and *u*

In Spanish, the pronunciation of the letter *o* is similar to the vowel sound in the English word "boat" but is always cut very short. Say these words, concentrating on making a short *o* sound.

bolígrafo	gracioso	cómo
teléfono	tampoco	otoño

In Spanish, the pronunciation of the letter *u* is similar to the vowel sound in the English word "zoo." Say these words.

mucho	lunes	usted
octubre	estudioso	según

¡Ojo! Careful! Sometimes the words we mispronounce most are the ones that remind us of English words.

Try it out! Pronounce these words, concentrating on the Spanish vowel sounds:

agosto	regular	tropical	música
gusto	universidad	Uruguay	Cuba

El mundo

Word order: Placement of adjectives

In Spanish, adjectives usually come after the noun they describe. Notice how *artística* follows *chica* in the Spanish sentence.

Margarita es **una chica artística.** *Margarita is an artistic girl.*

Did you notice that in the English sentence the adjective comes before the noun?

Here's a simple pattern you can follow when writing a sentence in Spanish.

Subject	Verb	Indefinite Article + Noun	Adjective
Margarita	es	una chica	muy artística.
Pablo	es	un estudiante	inteligente.
La Sra. Ortiz	es	una profesora	muy buena.

¿Recuerdas?

To make a sentence negative you place the word *no* before the verb.

- Eduardo **no es** un chico serio.
- **No** me **gusta** jugar videojuegos.

19 **Gramática** Escribir

Frases desordenadas

Rewrite these scrambled words to create a sentence. Follow the "building-blocks" pattern above and be sure to add a period at the end of each sentence.

Modelo

perezoso Antonio es chico un
Antonio es un chico perezoso.

1. artística es una chica Marina
2. es un Tito perezoso chico
3. deportista chica una es Paquita
4. Marcos chico un es reservado no
5. chico no Rafael es estudioso un
6. no una Teresa chica es inteligente

20 **Gramática** Escuchar/Escribir

Escucha y escribe

You will hear a description of Arturo, Marta, and Belinda. Write what you hear.

Actividad 21 · Gramática · Escribir

¿Cómo es . . . ?

You are sitting in your school cafeteria with a new exchange student from Costa Rica. Describe the other students based on their activities.

Modelo

Emilia es una chica talentosa.

Actividad 22 · Escribir/Hablar

Y tú, ¿qué dices?

1. Según tu familia, ¿cómo eres?
2. Según tu mejor *(best)* amigo(a), ¿cómo eres?
3. Y tú, ¿cómo eres?

El español en el mundo del trabajo

Paciente, inteligente, trabajador, ordenado . . . These four qualities will make you a good candidate for any job. And if you add *bilingüe* to the list, your job qualifications will be enhanced.

Make a list of careers in which your knowledge of Spanish would be an asset. Which of these careers are of interest to you?

● **Más práctica**
Practice Workbook 1B-7

Go Online PHSchool.com

For: Practice with placement of adjectives
Visit: www.phschool.com
Web Code: jcd-0115

¡Adelante!

- **Read and understand an article about personality traits**
- **Understand cultural perspectives on friendship**
- **Write a letter to a pen pal**
- **Learn facts about the Caribbean**

Lectura

Un *self-quiz*

¿Hay una relación entre los colores y la personalidad? Según un *self-quiz* de la revista *Amigos,* tus colores favoritos revelan perfectamente cómo eres.

Strategy

Using visual clues to get meaning

You have not yet learned the Spanish words for colors, but see if you can figure out what they are from the visual clues in the article.

¿Cómo eres tú?
¡Los colores revelan tu personalidad!

¿Eres una chica? ¿Te gusta el rojo? ¿Eres un chico? ¿Te gusta el rojo?	Eres muy apasionada. Eres atrevido.
¿Eres una chica? ¿Te gusta el verde? ¿Eres un chico? ¿Te gusta el verde?	Eres una chica natural. Eres muy generoso.
¿Eres una chica? ¿Te gusta el azul? ¿Eres un chico? ¿Te gusta el azul?	Eres muy talentosa. Eres un chico sociable.
¿Eres una chica? ¿Te gusta el anaranjado? ¿Eres un chico? ¿Te gusta el anaranjado?	Eres una chica artística. Eres gracioso.
¿Eres una chica? ¿Te gusta el violeta? ¿Eres un chico? ¿Te gusta el violeta?	Eres una chica muy independiente. Eres un chico romántico.
¿Eres una chica? ¿Te gusta el amarillo? ¿Eres un chico? ¿Te gusta el amarillo?	Eres una chica muy trabajadora. Eres muy serio.

¿Comprendes?

1. You probably were able to understand most of the words in the quiz. Write the English meaning for these Spanish cognates from the reading:

   - revelan
   - natural
   - independiente
   - generoso
   - apasionada
   - romántico

2. According to the "self-quiz," what should be the favorite colors of these teenagers?

   a. A Beto le gusta estar con amigos.

   b. A Margarita le gusta dibujar.

   c. A Lorenzo le gusta el trabajo voluntario.

   d. A Lupe le gusta estudiar. Es muy seria.

   e. A Isabel le gusta estar con amigos, pero también le gusta estar sola *(alone)*.

3. Which of the colors in this reading best matches your personality? Why?

Modelo

   Amarillo: *Soy una chica trabajadora. Me gusta ir a la escuela.*

Fondo cultural

Huipil is the word for the colorful, hand-woven blouse worn by female descendants of the Maya. The color, design, and style of weaving are unique to each *huipil* and identify the background and specific village of the weaver. Hundreds of designs and styles of weaving have been identified in the Mayan regions, which are located principally in Guatemala and parts of Mexico.

• What do you wear that might represent your personality or likes and dislikes?

Una niña con huipil

Go Online
PHSchool.com
For: Internet link activity
Visit: www.phschool.com
Web Code: jcd-0116

¿Qué es un amigo?

Marcos, a Costa Rican student on an exchange program in the United States writes:

66 When I arrived in the United States, I was amazed at all the friends my host brother and sister had. They knew a lot of people. These friends came to the house frequently, and we went out in groups. People were very open when meeting me. We'd spend some time together and get to know each other in a short amount of time. And once you got to know them, you ended up talking about everything! 99

Brianna, a United States student on an exchange program in Colombia writes:

66 After I spent my year in Colombia, I learned that the concept of friendship is a little different than in the United States. My host brother and sisters spent a lot of time with their family. They knew people at school and from after-school activities, but they had just a few close friends and we'd do things with them. It was definitely a smaller group than I was used to. It seems that it took longer to become close friends with people too. 99

In Spanish, two expressions are used frequently to describe friendly relationships: *un amigo,* which means "friend," and *un conocido,* which means "acquaintance." You already know the word *amigo. Conocido* comes from the verb *conocer,* which means "to meet." Each expression implies a different type of relationship.

Dos amigas estudiando en Cozumel, México

Check it out! In many Spanish-speaking countries you'll find lots of expressions for someone who is your friend: *hermano, cuate (México), amigote (España),* and *compinche (Uruguay, Argentina, España).* Make a list of the expressions for "a friend" that are popular in your community. How would you explain them to someone from a Spanish-speaking country?

Think about it! Compare how the United States perspective on friendship is different from that of a Spanish-speaking country. Use the terms *amigo* and *conocido* as you make the comparison.

Amigos en una fiesta en España

Amigo por correspondencia

Task
Write an e-mail in which you introduce yourself to a prospective pen pal.

1 Prewrite Think about information you want to give. Answer these questions to help you organize your e-mail message.
- ¿Cómo te llamas?
- ¿Cómo eres?
- ¿Qué te gusta hacer?
- ¿Qué no te gusta hacer?

2 Draft Write a first draft of your e-mail message using the answers to the questions above. Begin by introducing yourself: *¡Hola! Me llamo . . . .* When you are finished, end with *Escríbeme pronto.* ("Write to me soon.")

¡Hola! Me llamo Pati. Soy atrevida y muy deportista. Me gusta mucho nadar y correr, pero me gusta más esquiar. ¡No me gusta nada jugar videojuegos! Escríbeme pronto.

Strategy
Using the writing process
To create your best work, follow each step in the writing process.

3 Revise Review the first draft of your e-mail and share it with a partner. Here are some things to look for:
- Is it well organized?
- Does it include all the information from the Prewrite questions?
- Is the spelling accurate? Did you use the correct form of the adjectives to describe yourself?
- Did you include the opening and the closing?

Decide whether or not you want to use your partner's suggestions. Rewrite your draft.

4 Publish Type up your e-mail. You might want to send it to a pen pal in another class or school, send it to your teacher, or print it and give it to someone else in the class to answer.

5 Evaluation Your teacher may give you a rubric for grading your e-mail. You probably will be graded on:
- completion of task
- following the writing process by turning in the Prewrite and first draft
- using adjectives correctly

El Caribe

A chain of islands extending from the Bahamas in the north to Trinidad in the south, the Caribbean or West Indies is a region of extraordinary cultural and linguistic diversity. The Spanish-speaking countries are Cuba, Puerto Rico, and the Dominican Republic, which occupies the eastern portion of the island of Hispaniola.

Christopher Columbus first landed on the island of Hispaniola in 1492. He returned the following year with 1,000 colonists and founded Isabela, the first European colony in America, on the northern coast of Hispaniola.

¿Sabes que . . . ?

Most Cubans are descendants of people who originally came to the island from Spain and Africa. Although almost all Cubans speak Spanish as their first language, some also speak Lucumi, which is closely related to West African languages. Many people in other parts of the Caribbean speak creole languages, which combine elements of African and European tongues.

Para pensar

African traditions have inspired reggae, calypso, salsa, merengue, and many other musical styles in the Caribbean. What are some of the musical styles from the United States that have been influenced by African traditions?

Estados Unidos · Islas Bahamas · Cuba · Haití · República Dominicana · Puerto Rico · Mar Caribe · OCÉANO ATLÁNTICO

Go Online
PHSchool.com

For: Online Atlas
Visit: www.phschool.com
Web Code: jce-0002

The Universidad Autónoma de Santo Domingo, located in the capital of the Dominican Republic, Santo Domingo, is the oldest university in the Americas. It was founded in 1538—almost 100 years before Harvard—and continues to be one of the most important in the Caribbean.

Opened in 1963, the Arecibo Observatory in Puerto Rico has the largest single-dish radio telescope in the world. Some 200 scientists from around the world conduct research at Arecibo every year. In the early 1990s astronomers at Arecibo discovered the first planets outside our solar system. ▶

The Caribbean is famous for its diverse musical styles that fuse African and European influences. Some groups even combine salsa, rumba, cha-cha-cha, and other Caribbean musical styles with jazz, hip-hop, and rock and roll.

Repaso del capítulo

Vocabulario y gramática

Chapter Review

To prepare for the test, check to see if you . . .
- know the new vocabulary and grammar
- can answer the questions on p. 71

to talk about what you and others are like

artístico, -a	artistic
atrevido, -a	daring
bueno, -a	good
deportista	sports-minded
desordenado, -a	messy
estudioso, -a	studious
gracioso, -a	funny
impaciente	impatient
inteligente	intelligent
ordenado, -a	neat
paciente	patient
perezoso, -a	lazy
reservado, -a	reserved, shy
serio, -a	serious
simpático, -a	nice, friendly
sociable	sociable
talentoso, -a	talented
trabajador, -ora	hardworking

to ask people about themselves or others

¿Cómo eres?	What are you like?
¿Cómo es?	What is he / she like?
¿Cómo se llama?	What's his / her name?
¿Eres . . . ?	Are you . . . ?

to talk about what someone likes or doesn't like

le gusta . . .	he / she likes . . .
no le gusta . . .	he / she doesn't like . . .

to describe someone

soy	I am
no soy	I am not
es	he / she is

to tell whom you are talking about

el amigo	male friend
la amiga	female friend
el chico	boy
la chica	girl
la familia	family
yo	I
él	he
ella	she

other useful words

a veces	sometimes
muy	very
pero	but
según	according to
según mi familia	according to my family

adjectives

Masculine	Feminine
ordenado	ordenada
trabajador	trabajadora
paciente	paciente
deportista	deportista

definite articles

el	the
la	the

indefinite articles

un	a, an
una	a, an

● **Más práctica** . . . .
Practice Workbook Puzzle 1B-8
Practice Workbook Organizer 1B-9

For *Vocabulario adicional*, see pp. 472–473.

Preparación para el examen

On the exam you will be asked to . . .	Here are practice tasks similar to those you will find on the exam . . .	If you need review . . .
1 Escuchar Listen to and understand a description of a friend	Listen as a character in a Spanish soap opera describes his ex-girlfriend. What does he think her good qualities are? What does he think her shortcomings are? Can you understand why he broke up with her?	**pp. 50–53** *A primera vista* **p. 57** Actividades 11–12 **p. 62** Actividad 20
2 Hablar Talk about yourself in terms of how you see yourself	While you're talking to your Spanish teacher, you realize that she doesn't know the "real you." Tell her some things about yourself that would help her understand you.	**pp. 50–53** *A primera vista* **p. 56** Actividad 9 **p. 57** Actividad 11 **p. 58** Actividad 13 **p. 63** Actividad 22
3 Leer Read and understand a description of someone	In a popular Spanish magazine, you see an interview with the actor who plays the part of a teenager, Carlos, in a TV show you have been watching. See if you can understand what he is saying about the character he plays: ¡No me gusta nada el chico! Él es muy inteligente, pero le gusta hablar y hablar de NADA. Es ridículo. Es muy impaciente y perezoso. Él no es ni simpático ni gracioso. Yo soy un actor . . . ¡no soy como Carlos!	**pp. 50–53** *A primera vista* **p. 59** Actividad 14 **pp. 64–65** *Lectura*
4 Escribir Write a short paragraph describing yourself	The first issue of your school's online newspaper is called "Getting to Know You." Submit a brief profile of yourself. Mention what your family thinks of you and list some things you like to do. For example: Yo soy una chica deportista y muy sociable. Según mi familia, soy graciosa. Me gusta patinar y hablar por teléfono.	**pp. 56–57** Actividades 10–12 **p. 59** Actividad 15 **p. 63** Actividad 22 **p. 67** *Presentación escrita*
5 Pensar Demonstrate an understanding of cultural perspectives on friendship	Explain the differences between the terms *amigo* and *conocido* in Spanish-speaking cultures. How does this compare to words that we use in the United States?	**p. 66** *Perspectivas del mundo hispano*

Fondo cultural

Colombian artist Fernando Botero (1932–) is among the best known and most respected Latin American artists. His works have been exhibited around the world in prestigious museums, galleries, and open-air places. Botero's style is unique and recognizable. Pedrito Botero, shown in the painting, was the artist's son. He died in a car accident when he was four years old.

• Based upon the painting, how could you describe Botero's style?

Pedrito (1997), Fernando Botero
© Fernando Botero, courtesy of the Marlborough Gallery, New York.

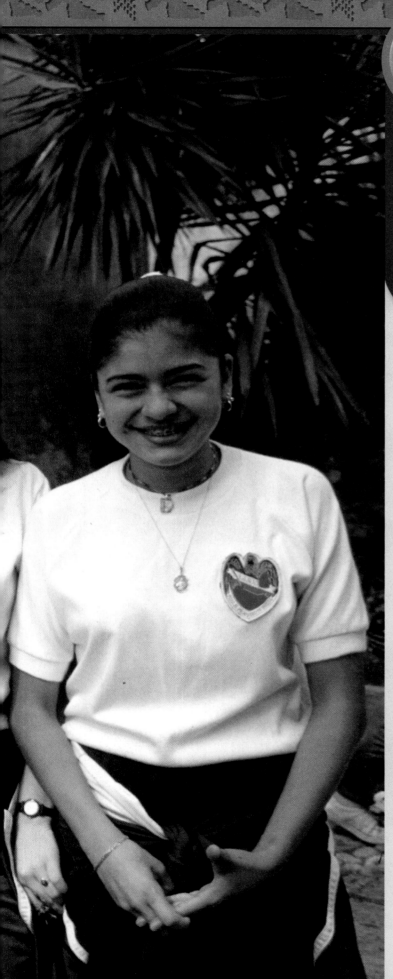

Tu día
en la escuela

Chapter Objectives

- Talk about school schedules and subjects
- Discuss what students do during the day
- Ask and tell who is doing an action
- Compare your school with that of a student in a Spanish-speaking country

Video Highlights

A primera vista: *El primer día de clases*

GramActiva Videos: subject pronouns; present tense of *-ar* verbs

Country Connection

As you learn about the school day in Spanish-speaking countries, you will make connections to these countries and places:

España
México
Venezuela
Costa Rica
Colombia

Go Online
PHSchool.com
For: Online Atlas
Visit: www.phschool.com
Web Code: jce-0002

DK

A primera vista

Vocabulario y gramática en contexto

El horario de Alicia

> 66 Me gusta mucho mi **horario. En la primera hora, tengo la clase de** tecnología . . . ¡es mi clase **favorita!** Es **interesante** y **práctica.** Pero a veces es **difícil.** 99

primera hora		tecnología
segunda hora		arte
tercera hora		ciencias sociales
cuarta hora		ciencias naturales
quinta hora		el almuerzo
sexta hora		español
séptima hora		matemáticas
octava hora		inglés
novena hora		educación física

66 Tengo **mucha tarea** en la clase de inglés. **99**

21 a 27 de octubre

jueves	
24	Inglés Leer páginas 28-43 Actividades 3, 5-7, 10 Escribir 2 cuentos

viernes	
25	

66 Estudio mucho en la clase de español. Para mí, la clase de español es **más** interesante **que** la clase de matemáticas. **99**

66 Para la clase de matemáticas **necesito una calculadora y una carpeta de argollas. 99**

66 Para la clase de español necesito **un diccionario. 99**

Más vocabulario

décimo, -a   tenth

 Escuchar ·

Actividad 1

¿Sí o no?

You will hear Alicia make several statements about her school day and schedule. Give a "thumbs-up" sign if what she says is true or a "thumbs-down" sign if what she says is false.

 Escuchar ·

Actividad 2

El horario de Alicia

Listen to Alicia as she describes her class schedule. Touch the picture of each class as you hear it.

● **Más práctica** ·
Practice Workbook 2A-1, 2A-2

For: Vocabulary practice
Visit: www.phschool.com
Web Code: jcd-0201

El primer día de clases

Es el primer día de clases en la Escuela Bilingüe en la Ciudad de México.

México

Strategy

Using context clues
You can often guess the meaning of new words by reading the words around them and understanding what the rest of the sentence or paragraph is about.

• Based on the words around it, what does *enseña* mean in Panel 2?

1 **Claudia:** Teresa, ¿qué clase **tienes** en la primera hora?

Teresa: Tengo la clase de inglés.

Srta. Santoro

Teresa

Claudia

Sr. Treviño

5 **Teresa: Necesitas hablar** con el señor Treviño, en la oficina.

Claudia: Buena idea.

6 **Claudia:** Buenos días, señor Treviño. Necesito hablar con Ud. Tengo la clase de matemáticas . . .

Sr. Treviño: Sí, sí, Claudia, pero ahora no es posible. Mañana.

7 **Srta. Santoro:** Buenos días, estudiantes. Las matemáticas son muy interesantes y prácticas, ¿verdad?

Estudiantes: Sí, profesora.

Srta. Santoro: Y es muy importante **estudiar** y trabajar mucho . . .

2 **Claudia:** **¿Quién enseña** la clase de inglés?

Teresa: El señor Marín. Es un profesor muy **divertido.** ¿Y tú? ¿Qué clase tienes en la primera hora?

3 **Claudia:** Tengo la clase de matemáticas. Me gusta mucho. Para mí es muy **fácil.** Y, ¿qué tienes en la segunda hora?

Teresa: La clase de educación física.

4 **Teresa:** Y en la segunda hora, ¿qué clase tienes, Claudia?

Claudia: **A ver . . .** En la segunda hora, tengo la clase de matemáticas. ¡Y también tengo la clase de matemáticas en la tercera, en la cuarta, en la quinta y en la sexta hora!

8 **Srta. Santoro:** ¿Claudia?

Claudia: ¡Tengo seis clases de matemáticas hoy!

Srta. Santoro: ¡Seis! Es **aburrido,** ¿no? . . .

Actividad 3 **Leer/Escribir** . . . .

¿Comprendes?

Read each sentence. Write *sí* if it is correct or *no* if it is incorrect.

1. Es el primer día de clases.
2. A Teresa le gusta la clase de inglés.
3. Para Claudia, la clase de matemáticas es difícil.
4. Claudia tiene la clase de educación física en la segunda hora.
5. Según la profesora, la clase de matemáticas es muy práctica.
6. En la sexta hora la clase de matemáticas es interesante.

● **Más práctica** . . . .
Practice Workbook 2A-3, 2A-4

Go Online
PHSchool.com

For: Vocabulary practice
Visit: www.phschool.com
Web Code: jcd-0202

Manos a la obra

Vocabulario y gramática en uso

Objectives

- Discuss the school day
- Ask and tell about likes and dislikes
- Learn to use subject pronouns
- Learn to use verbs that end in *-ar*

Actividad 4 Leer/Escribir

Un horario

Read the list of classes offered at a high school in Querétaro, Mexico. This school has a special focus on the arts. Answer the questions about the schedule.

México

CENTRO DE EDUCACIÓN ARTÍSTICA

"IGNACIO MARIANO DE LAS CASAS"

PRIMER SEMESTRE

Español	5 h semanales
Matemáticas	5 h semanales
Historia universal	3 h semanales
Educación cívica y ética	3 h semanales
Biología	3 h semanales
Introducción a la física	3 h semanales
Inglés	3 h semanales
Danza	3 h semanales
Teatro	3 h semanales
Artes plásticas	3 h semanales
Música	3 h semanales

Total 37 h semanales

1. ¿Cuántas clases hay cada *(each)* semana?
2. ¿Cuántas horas de inglés hay?
3. ¿Cuántas clases de ciencias sociales hay?
4. ¿Cuántas clases de ciencias naturales hay?
5. Escribe los nombres de las diferentes clases de arte.

Actividad 5 Escribir

Mi horario

Write out your class schedule. Copy the chart and provide the information for each class.

Modelo

Hora	Clase	Profesor(a)
la primera hora	la clase de inglés	la Sra. Sánchez

¿Recuerdas?

Use *señor, señora,* and *señorita* when talking **to** adults. Use *el* in front of *señor* and *la* in front of *señora* or *señorita* when talking **about** adults.

Actividad 6

Hablar ·

Mucha tarea

With a partner, ask and tell if you have a lot of homework in each class.

Modelo

A —*¿Tienes mucha tarea en la clase de matemáticas?*
B —*Sí, tengo mucha tarea.*
o: *No, no tengo mucha tarea.*
o: *No estudio matemáticas.*

Estudiante A

1. Español
2. ENGLISH LITERATURE
3.
4.
5.
6.
7. El mundo

Estudiante B

¡Respuesta personal!

Actividad 7

Escribir ·

Me gusta más . . .

Write sentences stating which of the two classes you like better and why. Use the list of adjectives to help with your response. Save your paper for Actividad 8.

| aburrida | divertida | interesante |
| difícil | fácil | práctica |

Modelo

inglés/español
Me gusta más la clase de español. Es divertida.
o: *Me gusta más la clase de español. No es aburrida.*
o: *No me gusta ni la clase de español ni la clase de inglés.*

1. inglés / español
2. arte / educación física
3. inglés / matemáticas
4. ciencias sociales / ciencias naturales
5. tecnología / música
6. matemáticas / ciencias sociales

Hablar ·

¿Qué te gusta más?

With a partner, ask and tell which classes from Actividad 7 you like best
and why.

Modelo

A —*¿Te gusta más la clase de inglés o la clase de español?*
B —*A ver . . . Para mí, la clase de español es más divertida
que la clase de inglés.*

 Escribir/Hablar ·

Y tú, ¿qué dices?

1. ¿Qué clase te gusta más?

2. ¿Cómo es la clase?

3. ¿En qué hora tienes la clase?

4. ¿Quién enseña la clase?

5. ¿Tienes mucha tarea en la clase?

Fondo cultural ◼◆◼◇◻◼◆◼◇◼◆

Studying English While you're in Spanish class at
your school, large numbers of Spanish-speaking
students are studying to learn the most popular
foreign language worldwide: English. Many
children begin to study English in grade school and
continue through high school. They often attend
special language school for additional English
classes. When visiting a Spanish-speaking country,
you might easily find someone who is eager to
practice his or her English skills with you in
exchange for helping you improve your Spanish.

• Why do you think English is so popular in
other countries? Are you studying Spanish for
similar reasons?

Estudiantes mexicanos en una clase de inglés

Connections between Latin, English, and Spanish

Many words in English and Spanish are based on Latin. Seeing the relationship between these words will help expand your English or Spanish vocabulary. Look at the list of Latin root forms for the numbers 1 to 10.

Try it out! For each Roman numeral listed, choose one of the root forms (if more than one is listed) and write down a Spanish or English word you know that is based on that root.

Try it out! The Roman year used to begin with the month of March. Knowing that, can you explain why *septiembre, octubre, noviembre,* and *diciembre* use the Latin root forms for seven, eight, nine, and ten?

I uni- prim-

II du- bi- second-

III tri-

IV quadr- quart-

V quint-

VI sext-

VII sept-

VIII oct- octav-

IX novem-

X dec- decim-

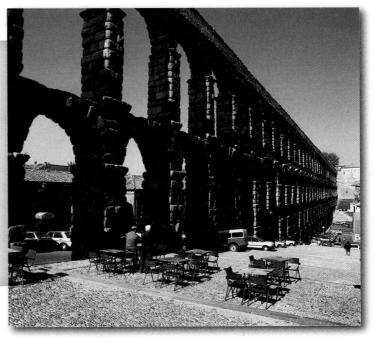

Fondo cultural

Many Spanish words are derived from Latin because Spain was once part of the Roman Empire. Rome occupied most of Spain from about 209 B.C. to 586 A.D. During that time, massive public structures, including aqueducts and theaters, were built. Some of these, such as the aqueduct that towers over the modern city of Segovia, are still standing. The Latin name for Spain was *Hispania*.

• Can you see the similarity between *Hispania* and the country's name in Spanish, *España?*

El acueducto de Segovia

Gramática

Subject pronouns

The subject of a sentence tells who is doing the action.
You often use people's names as the subject:

Gregorio escucha música.   *Gregory listens to music.*

Ana canta y baila.   *Ana sings and dances.*

You also use subject pronouns *(I, you, he, she, we, they)* to tell
who is doing an action. The subject pronouns replace people's names:

Él escucha música.   *He listens to music.*

Ella canta y baila.   *She sings and dances.*

Here are all the subject pronouns in Spanish:

yo	I	**nosotros** **nosotras**	we *(masc., masc./fem.)* we *(fem.)*
tú	you *(familiar)*	**vosotros** **vosotras**	you *(masc., masc./fem.)* you *(fem.)*
usted (Ud.)	you *(formal)*	**ustedes (Uds.)**	you *(formal)*
él **ella**	he she	**ellos** **ellas**	they *(masc., masc./fem.)* they *(fem.)*

Tú, usted, ustedes, and *vosotros(as)* all mean "you."

• Use *tú* with family, friends, people your age or younger, and anyone
you call by his or her first name.

• Use *usted* with adults you address with a title, such as *señor, señora,
profesor(a),* etc. *Usted* is usually written as *Ud.*

• In Latin America, use *ustedes* when speaking to two or more people,
regardless of age. *Ustedes* is usually written as *Uds.*

• In Spain, use *vosotros(as)* when speaking to two or more people you
call *tú* individually: *tú + tú = vosotros(as).* Use *ustedes* when talking
to two or more people you call *usted* individually.

If a group is made up of males only or of both males and females
together, use the masculine forms: *nosotros, vosotros, ellos.*

If a group is all females, use the feminine forms:
nosotras, vosotras, ellas.

You can combine a subject pronoun and a name
to form a subject.

Alejandro y yo = **nosotros**   Pepe y tú = **ustedes**

Carlos y ella = **ellos**   Lola y ella = **ellas**

GramActiva VIDEO

Want more help
with subject pronouns?
Watch the
GramActiva video.

yo

Gramática **Escuchar/Hablar/GramActiva** ·

¡Señala!

Your teacher will name several subject pronouns. Point to people in the classroom who represent the pronoun you hear. After you have practiced with your teacher, practice with a partner.

 Gramática **Escribir** ·

¿Es ella?

What subject pronouns would you use to talk about these people?

Modelo
Gloria
Ella.

1. Carlos
2. Felipe y yo
3. María y Sarita
4. Pablo, Tomás y Anita
5. el señor Treviño
6. tú y Esteban

 Gramática **Hablar** ·

¿Tú, Ud. o Uds.?

Tell whether you would use *tú*, *Ud.*, or *Uds.* with these people.

1.
2.
3.
4.
5.
6.
7.
8.

● **Más práctica** ·
Practice Workbook 2A-5

For: Practice with subject pronouns
Visit: www.phschool.com
Web Code: jcd-0203

Gramática

Present tense of *-ar* verbs

You already know that the infinitive forms of Spanish verbs always end in *-ar, -er,* or *-ir.*

The largest group of verbs end in *-ar. Hablar* is one of these *-ar* verbs.

You will want to use verbs in ways other than in the infinitive form. To do this, you will drop the *-ar* ending and make changes.

To create the forms of most *-ar* verbs, you first drop the *-ar* from the infinitive, leaving the stem:

hablar → habl-

Then you add the verb endings *-o, -as, -a, -amos, -áis,* or *-an* to the stem.

Here are the forms of *hablar:*

(yo)	habl**o**	(nosotros) (nosotras)	habl**amos**
(tú)	habl**as**	(vosotros) (vosotras)	habl**áis**
Ud. (él) (ella)	habl**a**	Uds. (ellos) (ellas)	habl**an**

In Spanish, the present tense form of a verb can be translated into English in two ways:

Hablo español. **I speak** Spanish.
I am speaking Spanish.

¿Recuerdas?

You already know many *-ar* verbs, such as *cantar* and *bailar.*

The verb endings always indicate who is doing the action. In this case, they tell *who* is speaking. Because of this, you can often use the verb without a subject:

Hablo inglés.   **¿Hablas** español?

Subject pronouns are often used for emphasis or clarification.

Ella habla inglés pero **él** habla español.

GramActiva VIDEO

Want more help with verbs that end in *-ar?* Watch the **GramActiva** video.

hablo

---

13 **Gramática** Escuchar/Pensar/GramActiva

¿Una mano o dos?

You will hear eight *-ar* verbs. If the ending tells you one person is performing the action, raise one hand. If the ending tells you more than one person is doing something, raise both hands.

Strategy

Listening for information
Always listen carefully for the endings on verbs to know who is doing the action.

14 **Gramática** · **Escribir/Hablar** ·

¿Qué estudian?

Look at the pictures and tell what these people are studying.

Modelo
Tomás
Tomás estudia música.

1. Laura

4. Catalina y José

2. Josefina, Elena y yo

5. Joaquín y tú

3. tú

6. yo

15 **Gramática** **Escuchar/Hablar/GramActiva** ·

Juego

1 Work with a partner and tear a sheet of paper into eight pieces of equal size. Write a different subject pronoun on each piece (*yo, tú, él, ella, Ud., nosotros, ellas, Uds.*). Place the subject pronouns face down in a pile.

2 Your teacher will say an infinitive. One partner will select the top piece of paper from the pile, read the subject pronoun, and say the correct verb form. A correct answer earns one point. Place the "used" subject pronouns in a separate pile. Take turns selecting from the pile and answering.

3 When your teacher calls time, shuffle the pieces of paper with subject pronouns and place them in a new pile face down. When the next verb is read aloud, continue play. The partner with the most correct answers is the winner.

En una escuela en México

● **Más práctica** ·
Practice Workbook 2A-6, 2A-7

Go Online
PHSchool.com
For: Practice with *-ar* verbs
Visit: www.phschool.com
Web Code: jcd-0204

ochenta y cinco 85
Capítulo 2A

Actividad 16   Escribir

En la escuela

Use the verbs in the list to complete the sentences about what different activities take place during school.

Modelo

Yo estudio mucho en la clase de español.

necesitar	hablar	dibujar
usar	practicar	enseñar
patinar	bailar	

1. Lupe y Guillermo ___ mucho en la clase de arte.
2. Tú ___ la computadora en la clase de tecnología.
3. Yo ___ una calculadora y una carpeta para la clase de matemáticas.
4. Tomás y yo ___ deportes en la clase de educación física.
5. ¿Quién ___ la clase de ciencias naturales?
6. Marta ___ mucho en la clase de español.

Actividad 17 Escuchar/Escribir

Escucha y escribe

Listen to a student describe this picture of himself and other students during their *recreo*. Write what you hear.

El recreo

Fondo cultural

El recreo In Spanish-speaking countries, students usually have *el recreo* (recess or break) in the school *patio*. Students take time to relax and spend time with friends, eat a snack, or participate in activities such as a quick game of basketball, soccer, or volleyball.

• How is this similar to your school? How is it different?

Actividad 18 Escribir/Hablar

Actividades y más actividades

Modelo

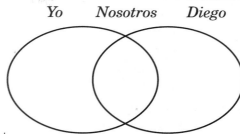

Yo   Nosotros   Diego

❶ Work with a partner. Copy the Venn diagram on a sheet of paper. Label the oval on the left *Yo*. Label the oval on the right with the name of your partner. Label the overlapping area *Nosotros* or *Nosotras*.

❷ From the list below, choose five activities you do a lot. Write your activities in the oval labeled *Yo*. Be sure to conjugate the verb in the *yo* form.

montar en bicicleta	pasar tiempo con amigos	trabajar
hablar por teléfono	practicar deportes	cantar
escuchar música	hablar español	bailar
dibujar	nadar	
estudiar	usar la computadora	

❸ Interview your partner. Ask questions to find out the five activities your partner wrote in his or her diagram. When you find out an activity, write it in the right oval of your diagram. Be sure to conjugate the verb in the *él/ella* form. Save your diagram for Actividad 19.

¿Recuerdas?

When you answer in the negative, you often use *no* twice. The first *no* answers the question. The second *no* goes before the verb and means "not."

Modelo

A —¿*Dibujas mucho?*
B —*A ver . . . No, no dibujo mucho.*
A —*Pues, ¿trabajas mucho?*
B —*Sí, trabajo mucho.*

Actividad 19 Escribir

Nosotros(as) . . .

Compare the two sides of your diagram. Write the activities you and your partner both do in the center. Be sure to use the *nosotros(as)* form. Then use your completed diagram from Actividad 18 to write about what you and/or your partner do. Write at least five complete sentences.

Modelo

Diego y yo trabajamos.
Yo dibujo.

20 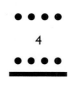 **Escribir/Hablar** ··

Y tú, ¿qué dices?

1. En tu escuela, ¿quién enseña la clase de arte? ¿Quién enseña la clase de educación física?

2. En tu escuela, ¿quién canta muy bien *(well)*? ¿Quién dibuja muy bien?

3. ¿Escuchan tus amigos(as) mucha música? ¿Bailan bien tú y tus amigos(as)?

4. ¿Qué estudias en la primera hora?

5. ¿Qué clase tienes en la tercera hora?

Una estudiante en la clase de español

 21 **Leer/Pensar** ··

Los números maya

Long before the Spaniards set foot in the Americas, many different civilizations already existed here. One of these, the Maya, lived in southern Mexico and Central America, where their decendants still make their home. One of the accomplishments of the ancient Maya was the development of a system of mathematics.

Conexiones | Las matemáticas

The Maya used three symbols to write numbers: a dot •, a bar —, and a drawing of a shell. The dot equals 1, the bar equals 5, and the shell equals 0. Mayan numbers were written from bottom to top, not from left to right. Look at the Mayan numbers below.

0	1	2	3	4
5	6	7	8	9

What would these Mayan numbers be in our numbering system?

1.   2.   3.

Now write these numbers in the Mayan system.
  4. 13   5. 16   6. 19

Are you familiar with any other numbering systems that remind you of the Mayan system?

88 ochenta y ocho

Tema 2 • La escuela

The letter c

In Spanish the pronunciation of the letter *c* depends on the letter that follows it.

When the letter *c* comes before *a, o, u,* or another consonant, it is pronounced like the *c* in "cat." Listen to and say these words:

computadora	**c**antar	es**cu**ela
tampo**co**	**có**mo	to**car**
correr	practi**car**	**C**arlos

When the letter *c* comes before *e* or *i*, most Spanish speakers pronounce it like the *s* in "Sally." Listen to and say these words:

ve**ces**	so**ci**able	gra**ci**oso	gra**ci**as
ha**cer**	on**ce**	do**ce**	tre**ce**

Try it out! Listen to this rhyme. Listen particularly for the sound of the letter *c*. Then repeat the rhyme.

$$0 + 4 = 4$$
$$4 + 0 = 4$$

Cero más cuatro,
o cuatro más cero,
siempre° son cuatro.   *always*
¿No es verdadero°?   *true*

Say the rhyme again, first replacing *cuatro* with *doce,* then replacing *cuatro* with *trece.* Then say the rhyme quickly several times.

El español en la comunidad

Do you know about opportunities to learn Spanish in your community outside of your school? Do some research using the Internet, college brochures, and the Yellow Pages about Spanish classes or private lessons offered in your community. Make a list of your findings. Why do you think people in your community want to study Spanish?

¡Adelante!

Lectura

Consider what an immersion experience in Spanish would be like for you as you read this brochure from a Spanish language school in Costa Rica.

Objectives

- **Read a brochure about a school in Costa Rica**
- **Learn soccer fan chants**
- **Talk about some of your classes**
- **Learn facts about Mexico**

Strategy

Using photos
Look at the photos to help you understand the contents of a brochure or advertisement.

La Escuela Español Vivo

¡Una experiencia fabulosa en Costa Rica!
¡Estudia español con nosotros en la Escuela Español Vivo!

Es verano, el mes de junio. Eres estudiante en Santa Ana, un pueblo en las montañas de Costa Rica.

¿Y cómo es una clase? Hay cinco estudiantes en tu clase. Uds. escuchan, hablan y practican el español todo el día. También usan la computadora.

En la escuela hay estudiantes de muchos países: Estados Unidos, Inglaterra, Francia, Brasil, Canadá, Japón, India, Sudáfrica y otros. ¡Todos estudian español!

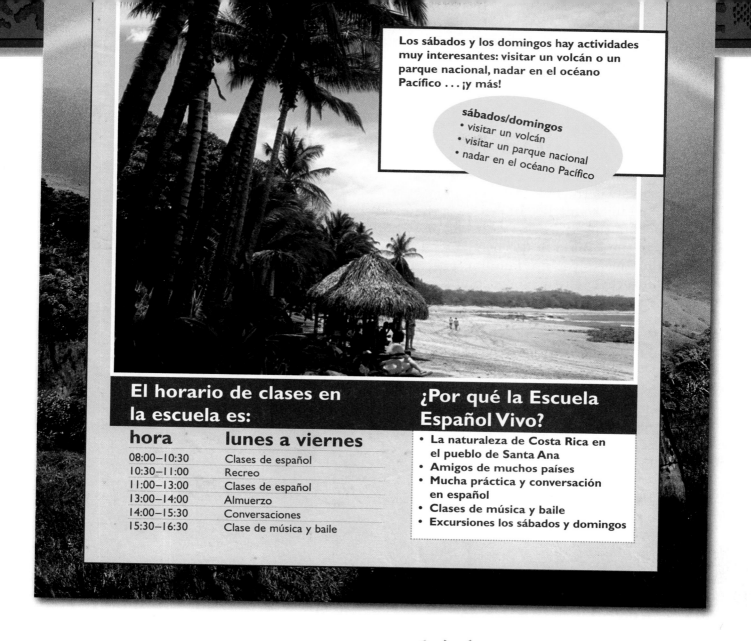

Los sábados y los domingos hay actividades muy interesantes: visitar un volcán o un parque nacional, nadar en el océano Pacífico . . . ¡y más!

sábados/domingos
• visitar un volcán
• visitar un parque nacional
• nadar en el océano Pacífico

El horario de clases en la escuela es:

hora	lunes a viernes
08:00–10:30	Clases de español
10:30–11:00	Recreo
11:00–13:00	Clases de español
13:00–14:00	Almuerzo
14:00–15:30	Conversaciones
15:30–16:30	Clase de música y baile

¿Por qué la Escuela Español Vivo?

• **La naturaleza de Costa Rica en el pueblo de Santa Ana**
• **Amigos de muchos países**
• **Mucha práctica y conversación en español**
• **Clases de música y baile**
• **Excursiones los sábados y domingos**

¿Comprendes?

1. When does the program take place?
2. Describe what a class is like.
3. What activities are offered on the weekends?
4. How many hours are spent on learning and using Spanish each week?
5. Would you like to study Spanish in Costa Rica? Why or why not?

Go Online
PHSchool.com

For: Internet link activity
Visit: www.phschool.com
Web Code: jcd-0205

Fondo cultural

La hora in Spanish-speaking countries is usually shown using the 24-hour clock on official schedules and timetables. Times in the morning are shown as 00:00 (midnight) through 11:59 (11:59 A.M.), 1:00 P.M. is shown as 13:00, 2:00 P.M. is 14:00, and so on.

• Look at the times in the *horario* from the train station. At what time does the train from Alicante arrive?

En una estación de trenes de Madrid

Próximas LLegadas
Regionales y L. Recorrido
H. Prev.   Procedencia   Vía

13:46	TOLEDO	1
13:49	CARTAGENA	1
14:15	SANTANDER	5
15:20	ALICANTE	5
15:30	BARCELONA	1
15:46	TOLEDO	4

Aficionados al fútbol

El fútbol (soccer) is the favorite sport in most Spanish-speaking countries. In fact, it is the most popular sport in the entire world. It has grown in popularity in the United States over the past years. As with other sports you are familiar with, *fútbol* has loyal fans, cheers, team songs, and sometimes cheerleaders. If you attended a game in Venezuela at the Escuela Secundaria Bolívar you might hear the following chant:

Chiquitibúm a la bim bom bam
A la bío
A la bao
A la bim bom bam
¡Bolívar! ¡Bolívar!
¡Ra, ra, ra!

Jugando al fútbol en la Ciudad Universitaria, Madrid, España

Except for the school name, the words of this chant do not have any meaning.

Here's another cheer:

¡Se ve! ¡Se siente!	**You see it, you feel it!**
¡Bolívar está presente!	**Bolívar is here!**
¡Que sí, que no!	**Oh, yes, oh, no!**
¡Bolívar ya ganó!	**Bolívar has already won!**
¡A la bío, a la bao!	**¡A la bío! ¡A la bao!**
¡El otro está cansao!	**The other team is tired!**

Try it out! In groups of five, select one of the chants and use it for a model to create a chant for one of your school teams. Present it to the class.

Think about it! How are these cheers and fan enthusiasm similar to or different from the cheers at your school?

Aficionados al fútbol

Mis clases

Task
Imagine that a student from Costa Rica has just arrived at your school. Tell the student about some of your classes.

① Prepare Make a chart similar to the one below and fill in information for three of your classes. You will use this chart to think through what you may want to say about these classes.

Hora	Clase	Comentarios	Profesor(a)
primera	la clase de español	me gusta hablar español	la Sra. Salinas
cuarta	la clase de arte	difícil	el Sr. Highsmith
octava	la clase de ciencias naturales	divertida	la Srta. Huerta

Strategy

Using graphic organizers
Simple charts can help you organize your thoughts for a presentation.

② Practice Go through your presentation several times. You can use your notes in practice, but your teacher may not want you to use them when you present. Try to:

- mention the information about your classes and your teachers
- use complete sentences
- speak clearly

Modelo

En la primera hora tengo la clase de español. Me gusta hablar español. La clase es muy divertida. La Sra. Salinas es la profesora.

③ Present Describe the three classes you selected.

④ Evaluation Your teacher may give you a rubric for how your presentation will be graded. You probably will be graded on:

- how complete your preparation is
- how much information you communicate
- how easy it is to understand you

México

With a population of more than 100 million people, Mexico is the most populous Spanish-speaking country. It has been shaped by ancient indigenous civilizations, European colonialism, and immigration, as well as by its proximity to the United States.

The Mayan city of Tulum, situated on a cliff overlooking the Caribbean, was a major port from about 1200 until the Spaniards arrived in the early 1500s. The Mayan civilization dates from 750 B.C., and includes ancient cities throughout southern Mexico, including the Yucatan Peninsula, and parts of Central America. Today many people in these areas speak one of approximately 30 languages and dialects that developed from ancient Maya.

¿Sabes que . . . ?

The butterfly reserve at El Rosario, Michoacán, lies in the mountains not far from Mexico City. From November through February every year, millions of monarch butterflies migrate to this area from the north, covering the branches of the area's tall pine trees.

Para pensar

These two pages show a brief overview of Mexico. If you were asked to create a similar overview of the United States, what would you highlight? Select five photographs and write a brief caption for each one. Share your results with a small group or the whole class.

Estados Unidos

México

Golfo de México

OCÉANO PACÍFICO

Belice

Guatemala

El Salvador

Go Online
PHSchool.com

For: Online Atlas
Visit: www.phschool.com
Web Code: jce-0002

Mexico's most famous dance company, el Ballet Folklórico de México, is a world-class troupe of more than 75 dancers and musicians. For more than five decades, this company has been touring the globe and performing traditional Mexican dances, such as the *jarabe tapatío*, (better known in the United States as the Mexican hat dance), *la culebra*, and the *chilingo lingo*.

Mexico's capital is one of the largest cities in the world. It is also one of the oldest, dating back to 1500 B.C. It was here that the Aztecs built their capital, Tenochtitlán, in the 1300s. When the Spaniards arrived in 1519, Tenochtitlán had a population of more than 100,000—making it larger than most European cities.

△ Many families in Mexico spend Sundays together. A popular spot for families in Mexico City is Xochimilco, where they can relax on colorful boats while enjoying a meal and music. The canals of Xochimilco are remnants of *chinampas*, the "floating gardens" that helped feed Tenochtitlán and other ancient cities in the valley of Mexico.

Repaso del capítulo
Vocabulario y gramática

Chapter Review

To prepare for the test, check to see if you . . .
- **know the new vocabulary and grammar**
- **can perform the tasks on p. 97**

to talk about your school day

el almuerzo	lunch
la clase	class
la clase de . . .	. . . class
arte	art
español	Spanish
ciencias naturales	science
ciencias sociales	social studies
educación física	physical education
inglés	English
matemáticas	mathematics
tecnología	technology/computers
el horario	schedule
en la . . . hora	in the . . . hour (class period)
la tarea	homework

to describe school activities

enseñar	to teach
estudiar	to study
hablar	to talk

to talk about the order of things

primero*, -a	first
segundo, -a	second
tercero*, -a	third
cuarto, -a	fourth
quinto, -a	fifth
sexto, -a	sixth
séptimo, -a	seventh
octavo, -a	eighth
noveno, -a	ninth
décimo, -a	tenth

*Changes to *primer, tercer* before a masculine singular noun.

to talk about things you need for school

la calculadora	calculator
la carpeta de argollas	three-ring binder
el diccionario	dictionary
necesito	I need
necesitas	you need

to describe your classes

aburrido, -a	boring
difícil	difficult
divertido, -a	amusing, fun
fácil	easy
favorito, -a	favorite
interesante	interesting
práctico, -a	practical
más . . . que	more . . . than

other useful words

a ver . . .	Let's see
¿Quién?	Who?
para	for
mucho	a lot
(yo) tengo	I have
(tú) tienes	you have

subject pronouns

yo	I	nosotros	we (masc., masc./fem.)
		nosotras	we (fem.)
tú	you (fam.)	vosotros	you (masc., masc./fem.)
usted (Ud.)	you (form.)	vosotras	you (fem.)
		ustedes (Uds.)	you (form.)
él	he	ellos	they (masc., masc./fem.)
ella	she	ellas	they (fem.)

hablar *to talk*

hablo	hablamos
hablas	habláis
habla	hablan

For *Vocabulario adicional,* see pp. 472–473.

● **Más práctica**
Practice Workbook Puzzle 2A-8
Practice Workbook Organizer 2A-9

Preparación para el examen

Go Online
PHSchool.com
For: Test preparation
Visit: www.phschool.com
Web Code: jcd-0206

On the exam you will be asked to . . .	Here are practice tasks similar to those you will find on the exam . . .	If you need review . . .

1 Escuchar Listen and understand as people talk about their new schedules and what they think of their classes

Listen to two students who have just attended some of the classes on their new schedules. a) Which class does each one like? Why? b) Which class does each one dislike? Why?

pp. 74–77 *A primera vista*
p. 75 Actividades 1–2
p. 79 Actividad 7
p. 80 Actividades 8–9

2 Hablar Talk about activities you and your friends have in common

To get to know you, your homeroom advisor asks you to talk or write about what you and your friends have in common, such as school subjects that you all study and music or activities that you all like. For example, *cantamos.* You might also tell how you and your friends are different. For example, *Yo toco la guitarra y ellos practican deportes.*

p. 80 Actividad 8
p. 86 Actividad 16
p. 87 Actividades 18–19
p. 93 *Presentación oral*

3 Leer Read and understand someone's e-mail description of his or her classes

Read this e-mail that your friend received from his e-pal. What does the e-pal study in school? What does he think of his classes? Do you agree or disagree? Why?

¿Cómo son mis clases? A ver . . . Yo tengo ocho clases. Estudio ciencias naturales, inglés, español, educación física, geografía, matemáticas, tecnología y ciencias sociales. ¡Me gusta más la clase de inglés! Necesito hablar inglés aquí en Ecuador, pero es MUY difícil. Mi clase de geografía es muy aburrida y mi clase de educación física es muy divertida. Y, ¿cómo son tus clases?

pp. 74–77 *A primera vista*
p. 78 Actividad 4
p. 90–91 *Lectura*

4 Escribir Write your schedule including hour, class, and teacher's name, and give opinions about the classes

Write a note to a counselor listing reasons why you want to drop two of the classes on your schedule. What might be some reasons for wanting to change classes? You might say that your first hour class is boring and that your second hour class is difficult for you.

p. 78 Actividad 5
p. 79 Actividades 6–7
p. 93 *Presentación oral*

5 Pensar Demonstrate an understanding of cultural practices concerning sports

Think about the sports at your school that attract the most fans to their games or competitions. Are these the same sports that are most popular in Spanish-speaking countries? How do spectators show their enthusiasm? How is this similar to or different from the United States?

p. 92 *La cultura en vivo*

Fondo cultural

Sor Juana Inés de la Cruz (1648–1695), born near Mexico City, was one of the greatest intellectuals of her time. She wrote poetry, essays, music, and plays. Sor Juana also defended a woman's right to an education at a time when few women had access to it. She entered a convent at the age of 19 and over the years built a library of several thousand books. Sor Juana's living quarters in the convent became a meeting place for other writers and intellectuals, who were drawn to her because of her intelligence and knowledge.

• How are various aspects of Sor Juana's life represented in this painting? If you were to pose for a portrait, what objects would you include that represent you and your interests?

Sor Juana Inés de la Cruz, arte mexicano del siglo xvii
Institut Amatller d'Art Hispànic-Arxiu Mas.

tudiantes mexicanos

Tu sala de clases

Chapter Objectives

- Describe a classroom
- Indicate where things are located
- Talk about more than one object or person
- Understand cultural perspectives on school

Video Highlights

A primera vista: *Un ratón en la clase*

GramActiva Videos: the verb *estar;* plurals of nouns and articles

Country Connection

As you learn how to describe your classroom, you will make connections to these countries and places:

México
Guatemala
El Salvador
Nicaragua
Costa Rica
Perú
Chile
España
Puerto Rico
Honduras
Panamá
Colombia
Argentina

Go Online
PHSchool.com

For: Online Atlas
Visit: www.phschool.com
Web Code: jce-0002

A primera vista

Vocabulario y gramática en contexto

Objectives

Read, listen to, and understand information about
- the classroom
- where objects are located

- la bandera
- el reloj
- el cartel
- las ventanas
- la computadora
- la puerta
- el escritorio
- la papelera
- el sacapuntas
- la silla

66 ¡Hola! Me llamo Enrique. **Aquí está mi** sala de clases. Son las nueve y **los** estudiantes **están en** la clase de español. **Hay** muchos estudiantes en mi clase. ¿Cuántos estudiantes hay en **tu** clase? **99**

la pantalla

el disquete

el teclado

la mesa

el ratón

diccionario

El cuaderno está **debajo de la** calculadora.
La calculadora está **encima del** cuaderno.
Los bolígrafos están **al lado del** diccionario.
La bandera está **detrás de la** computadora.
La silla está **delante de la** mesa.

—Elena, ¿es tu disquete?
—No, es el disquete **de** David.

Escuchar

¿Qué hay en la sala de clases?

Look at Enrique's classroom. You will be asked if certain things are there. If you see the item mentioned, raise your hand and give a "thumbs-up" sign. If you don't see it, give a "thumbs-down" sign.

Escuchar

En la sala de clases

Look at the picture of Enrique's classroom again. Listen to where various items are located. If the description is correct, raise one hand, but if the description is not correct, raise both hands.

● **Más práctica**
Practice Workbook 2B-1, 2B-2

Go Online
PHSchool.com

For: Vocabulary practice
Visit: www.phschool.com
Web Code: jcd-0211

Un ratón en la clase

¿Qué pasa en la clase de
ciencias sociales?
Lee la historia.

México

Strategy

Predicting the outcome
Look at the pictures before
you read to help you predict
what will happen.

• Will Manolo get away
with his prank?

Manolo

Teresa

Carlos

Claudia

1 **Claudia:** ¿Qué es esto?

Teresa: Es mi hámster.
Es para la clase de ciencias
naturales.

Claudia: ¿Cómo se llama?

Teresa: Paquito.

5 **Claudia:** ¡Está **allí,** delante
de la mesa!

Teresa: ¡Ay, mi Paquito!

Manolo: Pues, ahora está
detrás de la computadora,
encima de los disquetes.

Teresa: ¡Manolo! Es el
ratón de la computadora.
No es mi Paquito.

6 *El director de la escuela,
el Sr. Treviño, entra en
la clase.*

Carlos: ¡Ay! ¡Aquí está!
Está en mi **mochila.**

Sr. Treviño: ¡Silencio, por
favor!

7 **Sr. Treviño:** Teresa,
hablamos en mi oficina.

Teresa: Sí, señor.

2 **Manolo:** ¡Carlos! No tengo mi tarea.

Carlos: ¿Qué?

Manolo: Tengo una idea . . .

3 **Carlos:** ¡Un ratón! Profesora, ¡hay un ratón debajo del escritorio!

Profesora: ¿Un ratón en la clase de ciencias sociales? **¿Dónde** está? ¿Dónde?

4 **Estudiante:** Ahora está debajo de la silla.

Manolo: Y ahora está al lado de la puerta. **Es un** ratón muy impaciente.

Teresa: ¡No es un ratón! Es mi hámster, y se llama Paquito.

8 **Profesora:** Y ahora, Manolo, ¿tu tarea?

Manolo: Pues, profesora . . .

Actividad 3 **Leer** . . . .

¿Comprendes?

Answer *cierto* or *falso* to the following statements.

1. El hámster es para la clase de inglés.
2. Manolo no tiene la tarea.
3. Paquito está al lado de la puerta.
4. Paquito está encima de los disquetes.
5. Paquito está detrás de la mochila.
6. El director está muy serio.

● **Más práctica** . . . .
Practice Workbook 2B-3, 2B-4

Go Online
PHSchool.com

For: Vocabulary practice
Visit: www.phschool.com
Web Code: jcd-0212

Manos a la obra

Vocabulario y gramática en uso

Objectives
- Communicate about a classroom
- Ask and tell how someone feels
- Talk about where someone or something is located
- Learn to use the verb *estar*, the plurals of nouns, and the plurals of articles

Actividad 4 Escribir

¿Qué hay?

Write the names of the things you see.

Modelo
Hay una bandera.

1.

2.

3.

4.

5.

6.

7.

8.

Actividad 5 Pensar/Escribir

¿Es lógico o no?

Write the word that doesn't belong in each group. Then supply a word that logically belongs.

Modelo
el disquete   el teclado   la pantalla   la ventana
La ventana—¡No! La computadora—¡Sí!

1. una mesa   una silla   una mochila   un escritorio
2. la sala de clases   al lado de   detrás de   encima de
3. un diccionario   una calculadora   un reloj   una computadora
4. leer   estudiar   escribir   bailar
5. está   habla   necesitan   trabaja
6. el profesor   la chica   el estudiante   el señor

Haciendo la tarea

Hablar ·

¿Dónde está?

Take turns with a partner to ask and tell where various items in Beto's bedroom are located.

Modelo

A —*¿Dónde está el escritorio?*
B —*Está <u>debajo de la ventana</u>.*

Nota

When the preposition *de* is followed by the masculine definite article *el*, the contraction *del* must be used.

- La papelera está al lado del escritorio.

Estudiante A

¿Dónde está . . . ?

Estudiante B

al lado de   detrás de

delante de   encima de

debajo de

   Hablar/Escuchar ·

Juego

❶ Work with a partner. Your partner will face away from you and have a blank piece of paper and a pen or a pencil.

❷ Choose four classroom items and arrange them on your desk, putting objects on top of others, next to each other, and so forth.

❸ Your partner will ask you questions about what is on your desk and how the items are positioned. Based on your answers, he or she will try to draw the arrangement on your desk.

❹ When your teacher calls time, see how closely the picture matches the actual arrangement. Then switch roles.

Modelo

A —*¿Tienes un disquete?*
B —*No, no tengo un disquete.*
A —*¿Tienes una calculadora?*
B —*Sí, tengo una calculadora.*
A —*¿Dónde está?*
B —*Está encima de la carpeta.*

Para decir más . . .

a la izquierda de   to the left of
a la derecha de   to the right of

ciento cinco 105
Capítulo 2B

Exploración del lenguaje

Language through gestures

In Spanish, just as in English, nonverbal body language in the form of gestures, or *gestos,* is very important to communication.

You saw the expression *¡Ojo!* in the video *Un ratón en la clase.* The word literally means "eye," but it is used to mean "be careful" or "pay attention." It is usually accompanied by a gesture, and often people use the *¡Ojo!* gesture without saying the word.

Estudiantes mexicanas

Fondo cultural

School uniforms Many schools in Spanish-speaking countries require their students to wear uniforms. Often students wear a full uniform, like the ones you see in the photo. Sometimes the uniform consists of something more like a smock that is worn over a student's regular clothes and helps protect them from becoming dirty or torn during the school day.

- How are these uniforms similar to or different from those worn by high school students in the United States?

Actividad 8

Escribir/Hablar

Y tú, ¿qué dices?

Describe your classroom.

1. ¿Dónde está la puerta?
2. ¿Qué está al lado de la puerta?
3. ¿Hay ventanas en la clase? ¿Cuántas?
4. ¿Hay un reloj en la clase? ¿Dónde está?
5. ¿Cuántos escritorios y sillas hay?
6. ¿Qué más *(What else)* hay?

Gramática

The verb *estar*

The *-ar* verbs you have used until now are called **regular verbs** because they follow a regular pattern. Verbs that do not follow a regular pattern are called **irregular verbs.**

Estar is irregular because the *yo* form doesn't follow a regular pattern and because the forms *estás, está,* and *están* require accent marks.

Use *estar* to tell how someone feels or where someone or something is located.

(yo)	**estoy**	(nosotros) (nosotras)	**estamos**
(tú)	**estás**	(vosotros) (vosotras)	**estáis**
Ud. (él) (ella)	**está**	Uds. (ellos) (ellas)	**están**

¿Recuerdas?

You have used the verb *estar* to ask how someone is.

• ¿Cómo **estás?**

• ¿Cómo **está** Ud.?

GramActiva VIDEO

Want more practice with the verb *estar?* Watch the **GramActiva** video.

están debajo de . . .

Actividad 9 Gramática **Escribir**

¡Hola! ¿Cómo estás?

Write the correct forms of *estar* on a separate sheet of paper.

Marcos: ¡Buenos días! ¿Cómo __1.__ Uds.?

Paula y Roberta: ¡Hola, Marcos! Nosotras __2.__ bien, gracias. ¿Y tú?

Marcos: __3.__ muy bien. ¿Dónde __4.__ Pedro y Juana?

Roberta: Pedro __5.__ en la sala de clases. Juana __6.__ en la oficina.

Actividad 10 Gramática   **Hablar**

¿En qué clase están?

Take turns with a partner to give the correct forms of *estar* as you tell what class each person is in.

ella

Modelo

Ella está en la clase de tecnología.

1. yo

2. los profesores

3. la profesora

4. nosotros

5. ella

6. tú

Actividad 11 **Gramática** **Escuchar**

¿Cierto o falso?

Write the numbers 1–6 on a sheet of paper. Listen to the statements about Javier's Spanish club photo and write *cierto* or *falso* based on the information provided as you view the photograph from *your* perspective.

Actividad 12 **Gramática** **Hablar**

¿Y dónde están todos?

Work with a partner. Using the club picture above, find out where the various students are located from *Javier's* perspective. Follow the model.

Modelo

A —¿Y dónde está <u>Lucita?</u>
B —*Lucita está <u>encima del escritorio</u>.*

1. Julián y Mateo
2. Rosa
3. Sara
4. yo

5. el Sr. Salas
6. Lucita y José
7. Benito
8. Sara y yo

En la clase de ciencias naturales

Actividad 13

Escribir/Hablar ·

Juego

Work with a partner. Write down the name of someone in the classroom. Your partner can ask only *sí / no* questions to find out the name. When your partner has guessed the mystery student's identity, change roles.

Modelo

A —¿*Es una estudiante?*
B —*Sí.*
A —¿*Está al lado de Tomás?*
B —*No.*
A —¿*Está detrás de mí?*
B —*Sí.*
A —¿*Es Patricia?*
B —*Sí.*

Para decir más . . .

detrás de mí	behind me
detrás de ti	behind you

Actividad 14

Leer/Pensar ·

Conexiones | **Las matemáticas**

Los precios de mochilas en el mundo hispano

Most countries have their own currencies. In Mexico, people pay for their purchases in *pesos,* in Peru they use *nuevos soles,* and so on. The value of each currency can go up or down daily in relation to other countries' currencies. For example, a dollar might be worth 10 Mexican *pesos* one day and 9.5 *pesos* the following day. Read the prices for *una mochila* in six different countries.

España
20 euros

México
250 pesos

Perú
100 nuevos soles

Venezuela
21.000 bolívares

Puerto Rico
25 dólares

Guatemala
180 quetzales

1. How much does a typical *mochila* cost in your community?

2. Convert the prices for *una mochila* into dollars. You can find a currency converter on the Internet.

3. How do these prices compare to those in your community? Why might the same item have different values in different countries?

● **Más práctica** ·
Practice Workbook 2B-5

For: Practice with *estar*
Visit: www.phschool.com
Web Code: jcd-0214

Gramática

The plurals of nouns and articles

To make nouns plural you usually add *-s* to words ending in a vowel and *-es* to words ending in a consonant.

silla → sillas   teclado → teclados   cartel → carteles

Singular nouns that end in *z* change the *z* to *c* in the plural.

el lápiz → los lápices

The plural definite articles are *los* and *las.*
Like *el* and *la*, they both mean "the."

las sillas → *the chairs*

The plural indefinite articles are *unos* and *unas.* They both mean "some" or "a few."

unos carteles → *some posters*

Singular	Plural
el reloj la ventana	los relojes las ventanas
un disquete una mesa	unos disquetes unas mesas

¿Recuerdas?

You have used definite and indefinite articles in the singular:

• **el, la** = the
• **un, una** = a, an

GramActiva VIDEO

Want more help with plurals? Watch the **GramActiva** video.

los, las unos, unas

---

15   Gramática   **Escribir**

Palabras plurales

Write the plural forms of the articles and nouns below.

1. el cuaderno   3. la papelera   5. una clase   7. un escritorio
2. la bandera   4. el profesor   6. una mochila   8. un pupitre

---

16   **Hablar/Leer**

¡A estudiar!

Marta and Berta are getting ready for school. Read the dialogue with a partner and fill in the blanks with the correct definite articles.

Marta: ¿Dónde están __1.__ lápices?

Berta: Aquí están, en __2.__ mochila.

Marta: ¿Y tienes __3.__ bolígrafos y __4.__ libros?

Berta: No. Están allí, encima de __5.__ mesa, debajo de __6.__ ventanas.

Marta: Ah, sí. ¿Y __7.__ cuadernos y __8.__ carpetas? ¿Dónde están?

Berta: Están encima de __9.__ mesa, detrás de __10.__ computadoras.

Actividad 17 Gramática Escuchar/Hablar

Más palabras plurales

You will hear eight words. Say the plural form of each word as you hear it.

Modelo

You will hear: *el libro*
You will say: *los libros*

Actividad 18

  Hablar

Es el cuaderno de . . .

Work in groups of four. Each of you should choose a classroom object you have brought to class. Show your group what you have chosen. Your teacher will collect all the items, then place them in view in different parts of the classroom. Ask your group where your object is. Take turns until all members of your group have asked their question.

Nota

In Spanish, you express possession by using *de* and the name of the owner of the item.

• el escritorio **de** la profesora
  the teacher's desk

Modelo

A —*¿Dónde está mi calculadora?*
B —*Tu calculadora está debajo de la silla de Margarita.*

El español en el mundo del trabajo

School districts in the United States have many positions in which employees need to speak Spanish. For example, school counselors work with new students and parents from Spanish-speaking countries. Counselors help them set up schedules, talk about school policies, and answer questions. Both the parents and the new students feel much more comfortable when the counselor can communicate with them in Spanish.

• Does your district need employees who speak Spanish? In what other jobs within a school system would speaking Spanish be helpful?

Una clase de inglés

Look at this picture of a high school English class in Spain.

① Study the photograph and make a list in Spanish of items you can name.

② Write two questions about the photograph, then ask your partner the questions. Use the models below.

Modelo

A —¿*Cuántos estudiantes hay en la clase?*
B —*Hay diez estudiantes.*
A —¿*Hay banderas en la clase?*
B —*No, no hay banderas.*

¿Qué es esto?	¿Quién está . . . ?
¿Cuántos(as) . . . hay?	¿Hay . . . ?
¿Dónde está(n) . . . ?	¿Qué hay?

 20 **Escribir** •

Y tú, ¿qué dices?

Look around your classroom and write five sentences about it.

Modelo

En mi clase de español hay 33 estudiantes. Hay 35 pupitres y un escritorio. El escritorio está delante de los pupitres. La computadora está encima del escritorio. No hay bandera en mi clase.

● **Más práctica** •
Practice Workbook 2B-6, 2B-7

For: Practice with plurals
Visit: www.phschool.com
Web Code: jcd-0213

Pronunciación

The letter g

In Spanish, the letter g sounds like g in "go" when it is followed by a, o, or u, although it often has a slightly softer sound than in English. Listen to and say the following words and sentences:

Gustavo	domin**go**	ten**go**
a**go**sto	pre**gu**nta	lue**go**
ami**go**	ar**go**llas	**ga**to

In Spanish, the letter g sounds like the letter h in "hot" when it is followed by e or i. Listen to and say the following words. Some of these words you have not yet heard or seen. Can you guess the meanings of the cognates?

inteli**ge**nte	**ge**neroso	**ge**neral
gimnasio	tecnolo**gí**a	biolo**gí**a

Try it out! See if you can guess how to pronounce the following Spanish first names. Keep in mind the pronunciation rules for the g sound.

Gabriela	Ángela	Gerardo
Gilberto	Gustavo	Rodrigo
Olga	Rogelio	Gregorio

 Fondo cultural

School gyms are rare in Spanish-speaking countries. Students usually have physical education classes in the school's *patio.* High school students usually have P.E. one or two times a week, sometimes before or after regular school hours. School sports teams are also less common than in the United States.

• What are some reasons that schools in Spanish-speaking countries might place less emphasis on physical education, sports, and gymnasiums?

En la clase de educación física

¡Adelante!

Lectura

Objectives

- **Read about an important program of the United Nations**
- **Learn about cultural differences in schools**
- **Write a note describing your classroom**
- **Learn facts about Central America**

Strategy

Predicting outcomes
Think about what you would consider to be basic rights for children around the world. Jot down four of them on a piece of paper. As you read the article, see if your ideas are included.

El UNICEF y una convención para los niños[1]

¿Sabes que es un privilegio estar en una escuela, tener una mochila con libros, unos lápices, una calculadora, unas hojas de papel y un profesor bueno? En ciertas[2] naciones, ir a la escuela es difícil o no es posible.

El UNICEF es la organización internacional de las Naciones Unidas que trabaja para los niños. UNICEF es una sigla[3] inglesa que significa "Fondo Internacional de Emergencia de las Naciones Unidas para los Niños." Tiene siete oficinas regionales en diversas naciones y un Centro de Investigaciones en Italia.

El 20 de noviembre de 1989, la Organización de las Naciones Unidas escribió[4] "una convención para los niños" en inglés, árabe, chino, ruso y francés.

[1]children [2]certain
[3]acronym [4]wrote

Esta convención dice que[5] los niños de todas[6] las naciones necesitan:

- dignidad
- una casa
- protección
- una buena dieta
- la práctica de deportes
- atención especial para los niños con problemas físicos
- amor y la comprensión de la familia
- expresar sus opiniones
- una comunidad sin[7] violencia
- ir a la escuela para ser inteligentes y sociables

[5]says that [6]all [7]without

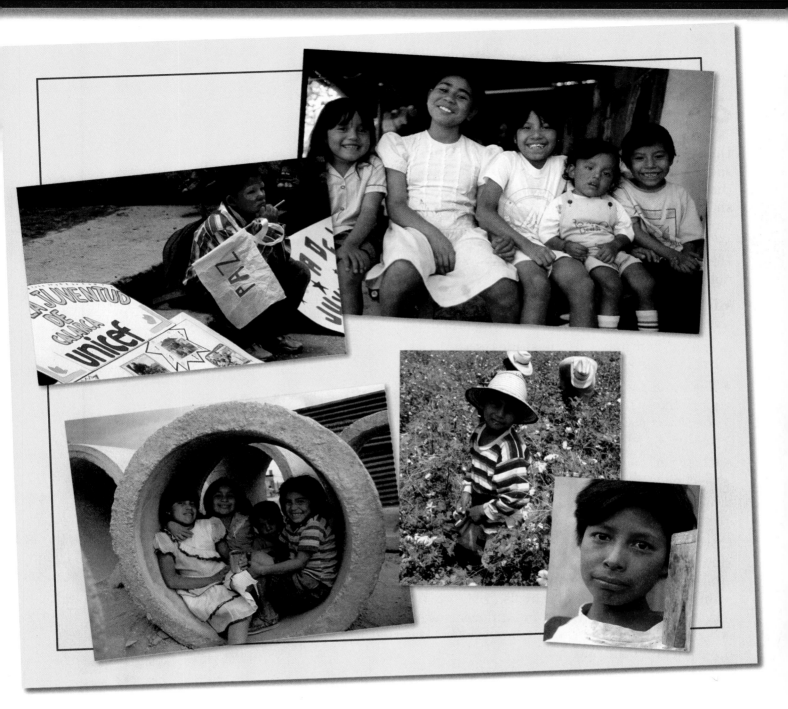

¿Comprendes?

1. Para los estudiantes de todas las naciones es fácil estar en una escuela y tener una mochila. ¿Cierto o falso?

2. ¿Cuántas oficinas regionales tiene UNICEF?

3. ¿Qué significa la sigla UNICEF?

4. ¿Dónde está el Centro de Investigaciones?

5. La convención es para los niños de todas las naciones. ¿Cierto o falso?

6. Según la convención para los niños, ¿cuáles (what) son cuatro cosas que necesitan los niños?

For: Internet link activity
Visit: www.phschool.com
Web Code: jcd-0215

ciento quince 115
Capítulo 2B

¿Cómo es la escuela?

Did you know that students in many Spanish-speaking countries spend more time in school than you do? The graph to the right shows the length of the school year in various countries.

Here are some other facts you may not know:

- In many schools, when a teacher enters the classroom, the students stand.
- The teacher may call the students by their last name.
- The students, on the other hand, are more likely to address their teacher simply as *maestro(a)*, *profesor(a)*, or just *profe*, without a last name.
- Class time is generally spent with the teacher lecturing rather than with class discussion.
- Many public and private schools require uniforms.

Check it out! How are other schools in your area similar to or different from yours? How are they similar to or different from those in Spanish-speaking countries? Make a list of schools in your area and describe these similarities and differences. Are some schools more formal? Do students take classes that are different from the ones you take?

Think about it! Based on the information above, what might you assume are the attitudes toward school in Spanish-speaking cultures? How are these the same as or different from attitudes in your community? List five suggestions that might help an exchange student from Mexico City adjust to your school.

Tu sala de clases

Strategy

Creating visuals
Creating a sketch or a drawing can help you remember the things you want to write about in a description.

Task
Your pen pal from Mexico is coming to visit your school next semester and would like to know what to expect. Write her a note describing your Spanish classroom.

1 Prewrite Draw a simple sketch of your classroom, showing the classroom items you intend to describe in your note. Label the items.

2 Draft Write the first draft of your note. Your sketch will help you remember which items you want to describe and where they are located. Use the model to help you organize your writing.

Modelo

En mi sala de clases hay cuatro ventanas. Mi pupitre está delante del escritorio de la profesora. La bandera está al lado de la puerta. Las computadoras están encima de la mesa.

3 Revise Read through your paragraph and check for correct spelling as well as for the criteria under Evaluation.

Share your work with a partner. Your partner should check the following:

• Is your paragraph easy to understand?

• Is there other information you could add?

• Are there any errors?

Rewrite your paragraph making any necessary changes.

4 Publish Make a final copy of your note. You may exhibit it in the classroom or add it to your portfolio.

5 Evaluation Your teacher may give you a rubric for how your paragraph will be graded. You probably will be graded on:

• use of vocabulary

• correct use of the verb *estar*

• amount of information provided

América Central

Central America is made up of seven countries: Belize, Guatemala, El Salvador, Honduras, Nicaragua, Costa Rica, and Panama. Spanish is the official language in all of these countries except Belize, which was colonized by the British.

Costa Rica has set aside large tracts of land for conservation, helping to preserve fragile ecosystems. The oldest park in Costa Rica, Santa Rosa, protects endangered sea turtle nesting sites and the last dry tropical forest in Central America.

¿Sabes que . . . ?

Carlos I of Spain first proposed a canal across the Isthmus of Panama in 1524. In the 1880s, French efforts to build a canal across the isthmus were hindered in large part by diseases. When Panama won its independence from Colombia in 1903, it signed a treaty with the United States granting it rights to the Canal Zone. The United States completed the canal in 1914, and it was turned over to Panama in 1999.

Para pensar

In the early nineteenth century some people imagined that the United States would extend south to Panama. How do you think the United States would be different today if their predictions had come true? How do you think Mexico and Central America would be different?

México
Belice
Guatemala Honduras
El Salvador Nicaragua
Mar Caribe
Costa Rica
Panamá
OCÉANO PACÍFICO

Go Online
PHSchool.com
For: Online Atlas
Visit: www.phschool.com

Founded by the Spanish in 1524, the Nicaraguan city of Granada became an important trading center. The town enjoys easy access to the Caribbean, yet is located less than 100 miles from the Pacific. In the nineteenth and twentieth centuries Nicaragua was proposed as an alternate site for a canal linking the Atlantic and Pacific oceans.

Guatemala has a large indigenous population, many descended from the Maya. These women are wearing the traditional hand-woven *huipil*, which is a very "communicative" part of their clothing. The *huipil* identifies the wearer's village, her marital status, her religious beliefs, wealth, and personality. A well-woven *huipil* may last between 20 to 30 years.

From the 1500s to the end of the 1700s, the coasts of Spanish America were plagued by pirates. Panamanian ports were perfect targets, since the silver and gold mined in Peru were loaded on Panama's Pacific coast and carried overland to the Atlantic, where they were put on ships bound for Spain. Fuerte San Lorenzo, on Panama's Atlantic coast, was part of a network of forts that were meant to protect ships and their precious cargo. ▶

Repaso del capítulo

Vocabulario y gramática

Chapter Review

To prepare for the test, check to see if you . . .
• know the new vocabulary and grammar
• can perform the tasks on p. 121

to talk about classroom items

la bandera	flag
el cartel	poster
la computadora	computer
el disquete	diskette
la mochila	bookbag, backpack
la pantalla	(computer) screen
la papelera	wastepaper basket
el ratón	(computer) mouse
el reloj	clock
el sacapuntas	pencil sharpener
el teclado	(computer) keyboard

to talk about classroom furniture

el escritorio	desk
la mesa	table
la silla	chair

to talk about parts of a classroom

la puerta	door
la ventana	window

to indicate location

al lado de la/del	next to, beside
allí	there
aquí	here
debajo de la/del	underneath
delante de la/del	in front of
detrás de la/del	behind
¿Dónde?	Where?
en	in, on
encima de la/del	on top of

to indicate possession

de	of
mi	my
tu	your

to identify (description, quantity)

Es un(a) . . .	It's a . . .
Hay	There is, There are
¿Qué es esto?	What is this?

estar *to be*

estoy	estamos
estás	estáis
está	están

to identify gender and quantity of nouns

los, las	the
unos, unas	some

Más práctica . . . .
Practice Workbook Puzzle 2B-8
Practice Workbook Organizer 2B-9

For *Vocabulario adicional*, see pp. 472–473.

Preparación para el examen

On the exam you will be asked to . . .	Here are practice tasks similar to those you will find on the exam . . .	If you need review . . .
1 Escuchar Listen to identify classrooms and locations	Listen as a student frantically asks some of his friends where he left his homework. Can you identify all of the classrooms and places they suggest that he look?	**pp. 100–103** *A primera vista* **p. 105** Actividades 6–7 **p. 111** Actividad 18
2 Hablar/Escribir Talk or write about where someone is located by describing where that person is in relation to objects in the classroom	You are trying to find out the name of someone in your class. You ask the person next to you, but he doesn't understand whom you are talking about. Give at least three statements that would help him identify the person. You might include where he or she is in relation to the teacher's desk, the window, someone else's desk, and so on.	**pp. 100–103** *A primera vista* **p. 105** Actividades 6–7 **p. 108** Actividades 11–12 **p. 109** Actividad 13 **p. 111** Actividad 18
3 Leer Read and understand a letter that contains questions and concerns about school issues	The school counselor has asked you to help him read a note written by a new Spanish-speaking student at school. After reading it, tell the counselor what the problem is and the kinds of questions the student asks. *Necesito una clase para la primera hora. ¿Cómo es la clase de tecnología, fácil o difícil? ¿Qué necesito para la clase? ¿Cuántos estudiantes hay en la clase? ¿Hay mucha tarea?*	**pp. 100–103** *A primera vista* **p. 112** Actividad 19 **p. 114** *Lectura*
4 Escribir Write an email to a friend about one of her classes	You have just moved to a new town and are sending an e-mail to a friend from your old school. You have lots of questions about her classes. Write at least three questions about one of her classes: whether she likes it, how many students are in it, where her desk is in the room, what else is in the room, etc.	**pp. 100–103** *A primera vista* **p. 112** Actividad 19
5 Pensar Demonstrate an understanding of cultural differences in schools	Think about how students and teachers interact within a typical classroom in a Spanish-speaking country. What are at least four things you might find different from most schools in the United States?	**p. 106** *Fondo cultural* **p. 113** *Fondo cultural* **p. 116** *Perspectivas del mundo hispano*

Fondo cultural

Bartolomé Murillo (1617–1682) was the first Spanish painter to become famous throughout Europe. Several of his early paintings featured children from his native Sevilla. Murillo used color, light, and a natural portrayal of his subjects to create memorable masterpieces.

• Study the painting and come up with three adjectives that describe it. Would you say the impression Murillo gives of the boys is positive or negative? Why?

Niños comiendo fruta (ca. 1650), Bartolomé Murillo
© ARS, NY. Copyright Scala/Art Resource, NY. Alte Pinakothek, Munich, Germany.

¿Desayuno o almuerzo?

Chapter Objectives

- **Talk about foods and beverages for breakfast and lunch**
- **Talk about likes and dislikes**
- **Express how often something is done**
- **Understand cultural perspectives on meals**

Video Highlights

A primera vista: *El desayuno*

GramActiva Videos: present tense of *-er* and *-ir* verbs; *me gustan, me encantan*

Country Connection

As you learn about foods and meals, you will make connections to these countries and places:

España
Venezuela
Costa Rica
Colombia
Ecuador
Perú
Bolivia
Chile

Go Online
PHSchool.com

For: Online Atlas
Visit: www.phschool.com
Web Code: jce-0002

A primera vista

Vocabulario y gramática en contexto

Objectives

Read, listen to, and understand information about
- foods and beverages for breakfast and lunch

El Supermercado de la Plaza

¡Abierto las 24 horas!

¡Ofertas de hoy!

¡Toda la comida que necesitas!

las salchichas $2.29

el tocino $2.45

el jamón $2.35

el cereal $3.59 — SALVADO CON PASAS

el queso $3.25

el yogur de fresa $.79

los huevos $1.29

los plátanos $.69

el jugo de manzana $1.80

el jugo de naranja $2.50

la limonada $1.39

la leche $1.75

el té $2.40

el pan $1.89

las galletas $2.29

el agua* $1.09

*Note that *agua* is a feminine noun. However, you use the masculine article *el* to make it easier to say.

❝**El desayuno** es mi **comida** favorita. **En el desayuno,** yo **como** cereal **con** leche, tocino y **pan tostado. Todos los días** **bebo** jugo de naranja. **Nunca** bebo té **sin** leche. Y tú, ¿qué **comes** en el desayuno?❞

El Restaurante de la Plaza

¡Para un almuerzo **rápido!**

la ensalada de frutas $3.25	
el sándwich de jamón y queso $3.50	la pizza $1.75
la hamburguesa $3.75	el café $1.00
el perrito caliente $1.50	los refrescos $1.00
las papas fritas $1.25	los jugos $1.35
la sopa de verduras $1.80	el té helado $1.00

Me encanta el Restaurante de la Plaza. La comida es muy buena. **En el almuerzo,** como una ensalada de frutas o un sándwich de jamón y queso. **Siempre** bebo agua. Es importante **beber** mucha agua, **¿verdad?**

Actividad 1 Escuchar

¿Beber o comer?

Listen to the names of ten foods and beverages. If an item is a food, pantomime eating. If it's a beverage, pantomime drinking.

Actividad 2 Escuchar

¿El desayuno o el almuerzo?

Listen as different people tell what they are eating. Hold up one hand if the meal is *el desayuno* and hold up both hands if it is *el almuerzo.*

● **Más práctica**
Practice Workbook 3A-1, 3A-2

Go Online
PHSchool.com

For: Vocabulary practice
Visit: www.phschool.com
Web Code: jcd-0301

El desayuno

Tomás es de los Estados Unidos. Está en Costa Rica para estudiar. ¿Qué come el primer día? Lee la historia.

Strategy

Using prior experience
Think about breakfast. Do you like a big breakfast? A small one? No breakfast at all? Look at the pictures and see if you can figure out how Tomás feels about breakfast.

Papá

Tomás

Mamá

Raúl

Gloria

Costa Rica

1 **Mamá:** A ver . . . tocino, salchichas, huevos . . .

Papá: ¡Uy! Es mucha comida. No **comprendo.** Tú nunca comes el desayuno.

Mamá: No es mi desayuno. Es para Tomás, **por supuesto.** Los americanos comen mucho en el desayuno.

5 **Tomás: Comparto** los huevos, el tocino y las salchichas.

Raúl: ¿Compartes tu desayuno? Muchas gracias, Tomás.

6 **Raúl:** ¿Y qué **bebes?**

Tomás: Jugo de naranja, por favor.

Raúl: Te gusta la leche, ¿no?

Tomás: Más o menos.

7 **Raúl:** Papá, ¿unos huevos?

Papá: No, gracias. ¡La comida es para Uds.!

2 **Raúl:** No comes mucho en el desayuno, ¿verdad?

Tomás: ¡No! **¡Qué asco!**

3 **Tomás:** No me gusta nada el desayuno. A veces bebo jugo de naranja y como pan tostado.

Raúl: Yo tampoco como mucho.

4 **Mamá:** Buenos días, Tomás. Aquí tienes tu desayuno. Huevos, tocino, salchichas, pan tostado, cereal con leche . . .

Tomás: Gracias. Es un desayuno muy bueno. **Me encantan** los huevos y el tocino.

8 **Mamá: ¿Cuál** es tu almuerzo favorito, Tomás?

Tomás: Me gustan las hamburguesas, la pizza, **la ensalada . . .**

Mamá: Bueno . . . ¡pizza, hamburguesas y ensalada para el almuerzo!

Actividad
3
Escribir ·

¿Comprendes?

Lee las frases. Escribe los números del 1 al 6 en una hoja de papel y escribe *C (cierto)* si la frase es correcta y *F (falso)* si es incorrecta.

1. Tomás está en Costa Rica.
2. La mamá de Rául siempre come mucho en el desayuno.
3. A Tomás le gusta comer mucho en el desayuno.
4. Hoy Tomás no come mucho en el desayuno.
5. Tomás comparte el desayuno con Raúl.
6. A Tomás le gustan las hamburguesas y la pizza.

● **Más práctica** ·
Practice Workbook 3A-3, 3A-4

Go Online
PHSchool.com

For: Vocabulary practice
Visit: www.phschool.com
Web Code: jcd-0302

Manos a la obra

Vocabulario y gramática en uso

Objectives

- Talk about foods and beverages for breakfast and lunch
- Ask and tell what people eat and drink for breakfast and lunch
- Express likes and dislikes
- Learn to use the present tense of *-er* and *-ir* verbs and *me gustan / me encantan*

Actividad 4 Pensar/Escribir ....

¿El desayuno o el almuerzo?

Think about what people usually eat for breakfast and lunch. Copy the Venn diagram on a sheet of paper. Which foods pictured below would usually be eaten for breakfast, and which for lunch? Write the Spanish words in the appropriate oval for *el desayuno* or *el almuerzo*. Which items could be eaten for either breakfast or lunch? Write them in the overlapping area.

Modelo

el desayuno   *el almuerzo*

el cereal   *la hamburguesa*

Actividad 5   Escuchar/Escribir ....

¿Dónde están?

Vas a escuchar ocho descripciones sobre el dibujo de esta página. Escribe los números del 1 al 8 en una hoja de papel y escribe *C* si la descripción es cierta y *F* si es falsa.

Actividad 6

Escribir

¿Qué bebes?

① On a sheet of paper, make three columns with these headings: *Todos los días, A veces, Nunca.* Write the names of these beverages under the appropriate heading based on how often you drink them.

② Write complete sentences telling how often you drink these beverages.

Modelo

Bebo limonada todos los días.
Bebo leche a veces.
Nunca bebo café.

También se dice . . .

beber = tomar *(México)*
el jugo = el zumo *(España)*
la naranja = la china *(Puerto Rico)*
las papas = las patatas *(España)*
el plátano = la banana,
　　　　　 el guineo *(Puerto Rico)*
el sándwich = el bocadillo *(España),*
　　　　　　 la torta *(México)*

Actividad 7

 Hablar

¿Qué comes?

Trabaja con otro(a) estudiante y habla de lo que comes.

Modelo

A —¿Comes cereal?
B —Sí, como cereal todos los días.
o: No, nunca como cereal.

Estudiante A

1.
2.
3.
4.
5.
6.
7.

Estudiante B

Sí, todos los días.
Sí, a veces.
Sí, siempre.
No, nunca.
No, ¡qué asco!

Hablar ·

Mis comidas favoritas

Trabaja con otro(a) estudiante y habla de las comidas que te gustan y que no te gustan.

Modelo

A —*Te gustan <u>los plátanos</u>, ¿verdad?*
B —*Sí, ¡por supuesto! Me <u>encantan</u>.*

Estudiante A

1.
2.
3.
4.
5.
6.
7.

Estudiante B

Sí, ¡por supuesto! Me encantan.
Sí, más o menos.
No, no me gustan.
No, ¡qué asco!

(**Exploración del lenguaje**) ·

Using a noun to modify another noun

In English, one noun is often used to describe another noun: *vegetable soup, strawberry yogurt.* Notice that the noun that is being described comes second.

In Spanish, however, the noun that is being described comes first and is followed by *de* + the describing noun: *la sopa **de** verduras, el yogur **de** fresa.* Notice that you don't use a definite article in front of the second noun.

The form of the noun following *de* does not change even when the first noun becomes plural.

el sándwich de **jamón**

los sándwiches de **jamón**

Try it out! Name five examples of foods or beverages from this chapter that follow this pattern.

Now that you know the pattern, say what these foods and beverages are called in Spanish:

el tomate   la lechuga

la piña   el pollo

Actividad 9 · Leer

El intercambio entre dos mundos

Conexiones | La historia

Think about how your meals would be different without corn, beans, squash, tomatoes, limes, avocados, chiles, peanuts, cashews, turkey, pineapples, yams, potatoes, vanilla, and chocolate. What do these foods have in common? They all had their origin in the Americas and were unknown in Europe until Columbus brought them there from his voyages in the fifteenth century. Today these foods are found in dishes in many countries.

The product exchange benefited both sides of the Atlantic Ocean. The Europeans brought to the Americas a wide range of foods including chicken, pork, beef, milk, cheese, sugar, grapes, and grains such as wheat and barley.

Actividad 10 · Leer/Escribir

Las enchiladas

Read the list of ingredients for a traditional Mexican dish of *enchiladas*. Based upon the information you just read and saw on the map, write which ingredients had their origins in the Americas and which came from Europe.

Enchiladas de pollo[1] con salsa de tomate

Ingredientes:

12	tortillas de maíz[2]
1	taza[3] de pollo
1	taza de queso fresco[4]
6	tomates grandes[5]
2	cebollas[6] no muy grandes
	crema
	aceite[7] de maíz

[1]chicken [2]corn [3]cup [4]fresh [5]large [6]onions [7]oil

Actividad 11 · Escribir/Hablar

Y tú, ¿qué dices?

1. ¿Cuál es tu comida favorita, el desayuno o el almuerzo?
2. ¿Cuál es tu almuerzo favorito? ¿Y tu desayuno favorito?
3. ¿Qué frutas te gustan más?

Gramática

Present tense of *-er* and *-ir* verbs

To create the present-tense forms of *-er* and *-ir* verbs, drop the endings from the infinitives, then add the verb endings *-o, -es, -e, -emos / -imos, -éis / -ís,* or *-en* to the stem.

Here are the present-tense forms of *-er* and *-ir* verbs using *comer* and *compartir*:

¿Recuerdas?

The pattern of present-tense *-ar* verbs is:

toco	tocamos
tocas	tocáis
toca	tocan

(yo)	com**o**	(nosotros) (nosotras)	com**emos**
(tú)	com**es**	(vosotros) (vosotras)	com**éis**
Ud. (él) (ella)	com**e**	Uds. (ellos) (ellas)	com**en**

(yo)	compart**o**	(nosotros) (nosotras)	compart**imos**
(tú)	compart**es**	(vosotros) (vosotras)	compart**ís**
Ud. (él) (ella)	compart**e**	Uds. (ellos) (ellas)	compart**en**

- Regular *-er* verbs that you know are *beber, comer, comprender, correr,* and *leer.*
- Regular *-ir* verbs that you know are *compartir* and *escribir.*
- You also know the verb *ver.* It is regular except in the *yo* form, which is *veo.*

GramActiva VIDEO

Want more practice with *-er* and *-ir* verbs? Watch the **GramActiva** video.

comen

 12 **Gramática** **Escribir**

¿Quiénes comparten el almuerzo?

On a sheet of paper, write complete sentences saying what each person is sharing and with whom. Follow the model.

Modelo
Elena / una manzana / Raúl
Elena comparte una manzana con Raúl.

1. Tomás / una pizza / María
2. tú / unos sándwiches / Ramón
3. nosotros / unas papas fritas / los estudiantes
4. Uds. / unas galletas / el profesor
5. ellas / unos perritos calientes / nosotros
6. tú y yo / unos plátanos / Luis y Roberta
7. yo / ¿-? / mi amigo

Una familia almorzando

Actividad 13 Gramática Hablar

¿Qué beben y qué comen?

Work with a partner. Use the verbs *comer* and *beber* to ask
questions. Then answer them according to the model.

Juan / desayuno

Modelo

A —*¿Qué come Juan en el desayuno?*
B —*Juan come pan tostado.*

Miguel y Carlos / almuerzo

Modelo

A —*¿Qué beben Miguel y Carlos en el almuerzo?*
B —*Miguel y Carlos beben limonada.*

1. Raúl y Gloria / desayuno

4. Carolina / almuerzo

2. tú / almuerzo

5. tu familia y tú / desayuno

3. Graciela y Carlos / desayuno

6. tú / almuerzo **¡Respuesta personal!**

Actividad 14 Gramática Leer/Escribir

Una tarjeta postal

Lee la tarjeta postal *(post card)* de una amiga de Venezuela. En una hoja de papel,
escribe la forma correcta del verbo apropiado que está entre paréntesis.

Querida Amalia,

Elena y yo estamos en Caracas. Nosotras __1.__ *(comprender / correr)* todos los días y __2.__ *(comer / ver)* muy bien.

Los estudiantes aquí __3.__ *(comer / leer)* mucha pizza y __4.__ *(ver / beber)* mucho café. Ellos __5.__ *(leer / beber)* muchos libros y __6.__ *(escribir / ver)* mucho también para las clases. Las clases son difíciles pero me encantan.

En la clase de español nosotros __7.__ *(correr / leer)* revistas y cuentos en español. Elena __8.__ *(comprender / beber)* muy bien pero para mí es un poco difícil.

Tengo que estudiar. ¡Hasta luego!
Tu amiga,
Carolina

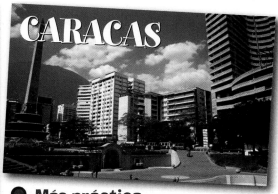

● **Más práctica**
Practice Workbook 3A-5

Go Online
PHSchool.com

For: Practice with *-er* and *-ir* verbs
Visit: www.phschool.com
Web Code: jcd-0303

Actividad 15

Escribir/Hablar

Los sábados y la comida

What do you and your classmates eat and drink for breakfast and lunch on Saturdays? Make a chart like the one below on a sheet of paper and complete each box with information about yourself. Then survey two classmates to find out what their habits are. Record the information in the chart.

Para decir más . . .

la crema de cacahuates	peanut butter
el pan dulce	breakfast pastry
el panqueque	pancake
el pollo	chicken

	¿Qué comes?	¿Qué bebes?
el desayuno	yo: huevos, pan tostado, tocino Sandra: cereal, plátanos, pan tostado	
el almuerzo		

Modelo

Los sábados, ¿qué comes en el desayuno? ¿Qué bebes?
¿Qué comes en el almuerzo? ¿Qué bebes?

Actividad 16

Escribir/Hablar

Los hábitos de la clase

Use your completed chart from Actividad 15 to write summary statements based on your survey. Be prepared to read your sentences to the class.

Modelo

Sandra y yo comemos huevos y cereal en el desayuno.
Gregorio no bebe jugo de naranja en el desayuno y le gusta mucho la leche.
Sofía come cereal y bebe leche en el desayuno.

Fondo cultural

El desayuno From the popular *churros* and hot chocolate in Spain to the *pan dulce* served in many countries, a wide variety of foods can be found on the breakfast table in the Spanish-speaking world. Most often, people prefer a light breakfast of bread or a roll, coffee or tea, and possibly juice. Items such as cereal, eggs, ham, or sausage are less common.

• In Spain you can ask for a *desayuno americano*. What do you think you would be served?

¿Qué comen en el desayuno?

Gramática

Me gustan, me encantan

Use *me gusta* and *me encanta* to talk about a singular noun.

Me gusta **el té** pero me encanta **el té helado.**

Use *me gustan* and *me encanta n* to talk about plural nouns.

Me encanta**n las fresas** pero no me gusta**n** mucho **los plátanos.**

When you use *me gusta(n)* and *me encanta(n)* to talk about a noun, include *el, la, los,* or *las.*

Me encanta **el** jugo de naranja pero no me gusta **la** leche.

¿Qué te gustan más, **las** hamburguesas o **los** perritos calientes?

GramActiva VIDEO

Want more help with *me gustan / me encantan?* Watch the **GramActiva** video.

17 Gramática Escuchar/GramActiva

¿Gusta o gustan?

❶ Tear a sheet of paper in thirds. On the first piece, write *No.* On the second piece write *me gusta.* On the third piece, write *n.*

❷ You will hear eight food items. Indicate whether you like each item by holding up one, two, or all three pieces of paper. Remember to use *me gustan* when the item you hear is plural!

18 Gramática Escribir

¿Qué te gusta?

Indicate how much you *do* or *do not* like the foods pictured below.

Modelo

Me gustan las manzanas.
o: *No me gustan nada las manzanas.*
o: *Me encantan las manzanas.*

1.

2.

3.

4.

5.

6.

Actividad 19 **Escribir/Hablar** · · · ·

¿Qué te gusta más?

1 A popular magazine has provided this survey to see how much you and a friend have in common. On a sheet of paper, write the numbers 1–7 and then write your preferences.

2 Take turns asking your partner about the survey items. Keep track of your similarities and differences. See how the magazine rates you.

Modelo

¿La comida mexicana o la comida italiana?

A —¿Qué te gusta más, la comida mexicana o la comida italiana?

B —Me gusta más la comida italiana.

o: No me gusta ni la comida mexicana ni la comida italiana.

A —A mí también.

o: A mí me gusta la comida mexicana.

o: A mí tampoco.

¿Qué te gusta más?

¿Tu amigo(a) y tú son muy similares o muy diferentes? Completa este *quiz* y compara tus respuestas con las de un(a) amigo(a).

1	la comida mexicana	**o**	la comida italiana
2	el desayuno	**o**	el almuerzo
3	el cereal con fruta	**o**	el cereal sin fruta
4	las revistas	**o**	los libros
5	la música rock	**o**	la música rap
6	los amigos graciosos	**o**	los amigos serios
7	las hamburguesas con queso	**o**	las hamburguesas sin queso

Respuestas similares:

7–6 ¡Uds. son gemelos![1]
5–4 Tienen mucho en común, ¿verdad?
3–2 ¡Un poco similares / un poco diferentes!
1–0 ¿Los opuestos[2] se atraen?[3] ¡Por supuesto!

[1] twins   [2] opposites   [3] attract

Pronunciación ·

The letters *h* and *j*

In Spanish, the letter *h* is never pronounced. Listen to and say these words:

hora	hablar	hasta	hola
hoy	hace	hacer	hotel

The letter *j* is pronounced like the letter *h* in "hat" but with more of a breathy sound. It is made far back in the mouth—almost in the throat. Listen to and say these words:

trabajar	dibujar	jugar	videojuegos
hoja	jueves	junio	julio

Try it out! Find and say five examples of foods or beverages from this chapter that have *h* or *j* in their spelling.

Try it out! Say this *trabalenguas* three times as fast as you can:

Debajo del puente de Guadalajara había un conejo debajo del agua.

¿Qué comida hay en el Ciberc@fé @rrob@?

Lee el menú y contesta las preguntas.

Menú del Ciberc@fé @rrob@

Desayunos

No. 1 Huevos: *(jamón, tocino, chorizo[1])* $18.00
Con cóctel de fruta $20.00

No. 2 Sincronizadas: *(tortilla de harina,[2]* $22.00
queso amarillo, jamón)
Con cóctel de fruta $24.00

No. 3 Cuernitos: *(jamón, queso, tomate* $20.00
y lechuga)
Con cóctel de fruta $22.00

No. 4 Chilaquiles: *verdes o rojos* $14.00
Con cóctel de fruta $16.00

No. 5 Omelet: *(con pollo, jamón, tomate,* $18.00
cebolla, champiñones[3] o queso)

No. 6 Crepas *(champiñones, jamón, pollo)* $12.50

Refrescos $5.00   Café $4.00   Jugos $7.50   Té o té helado $4.00

Tel.: 212 03 95

16 de septiembre #65
Col. Centro

[1] spicy sausage   [2] flour   [3] mushrooms

Strategy

Skimming
Look quickly through the menu. What meal is it for? Find three dishes you recognize and two that are new to you.

Crepas de cuitlacoche

Chilaquiles

¿Comprendes?

1. Comes el desayuno No. 1 con un jugo de naranja. ¿Cuál es el precio *(price)* del desayuno?

2. Comes un omelet con un café. ¿Cuál es el precio?

3. No te gustan nada los huevos. ¿Qué comes del menú?

4. No te gusta ni el café ni el té helado. ¿Qué bebes?

● **Más práctica** . . . .
Practice Workbook 3A-6, 3A-7

Go Online PHSchool.com

For: Practice with *me gusta(n) / me encanta(n)*
Visit: www.phschool.com
Web Code: jcd-0304

El español en la comunidad

Foods from different Spanish-speaking countries have become very popular in the United States. Visit a local grocery store and make a list of different types of foods that come from Spanish-speaking countries. Which of these foods have you tried?

¡Adelante!

Objectives

- **Read about fruits that are native to the Americas**
- **Learn about a snack in Spanish-speaking countries, *churros y chocolate***
- **Maintain a conversation about what you like, including your food preferences**
- **Learn facts about the northern part of South America**

Frutas y verduras de las Américas

Hay muchas frutas y verduras que son originalmente de las Américas que hoy se comen en todos los países. Las verduras más populares son la papa, el maíz, los frijoles y muchas variedades de chiles. También hay una gran variedad de frutas como la papaya, la piña y el aguacate. Estas frutas y verduras son muy nutritivas, se pueden preparar fácilmente y son muy sabrosas. La papaya y la piña son frutas que se comen en el desayuno o de postre. ¿Cuáles de estas frutas comes?

Strategy

Making guesses
When you find an unknown word, try to guess the meaning. Is it a cognate? What might it mean within the context of the reading and other words around it? Keep reading and the meaning may become clear.

la papaya

Es una fruta con mucha agua. Es perfecta para el verano. Tiene más vitamina C que la naranja.

el aguacate

La pulpa del aguacate es una fuente de energía, proteínas, vitaminas y minerales. Tiene vitaminas A y B.

el mango

Aunque[1] el mango es originalmente de Asia, se cultiva en las regiones tropicales de muchos países de las Américas. Tiene calcio y vitaminas A y C como la naranja.

[1]Although

Licuado de plátano

El licuado es una bebida muy popular en los países tropicales. ¡Es delicioso y muy nutritivo!

Ingredientes:
- 1 plátano
- 2 vasos de leche
- 1 cucharadita de azúcar
- hielo

Preparación:
1. Cortar el plátano.
2. Colocar los ingredientes en la licuadora.
3. Licuar por unos 5 ó 10 segundos.

¿Comprendes?

1. ¿Qué vitaminas tienen las frutas en la página anterior?
2. De las frutas y verduras en el artículo, ¿cuáles (which ones) te gustan? ¿Cuáles no te gustan?
3. ¿Qué otras frutas te gustan? ¿Comes estas frutas en el desayuno o en el almuerzo?
4. ¿Qué fruta no es originalmente de las Américas?

Go Online
PHSchool.com

For: Internet link activity
Visit: www.phschool.com
Web Code: jcd-0305

Chile

Fondo cultural

Frutas y verduras During winter, the United States imports a wide range of fruits from Chile such as cherries, peaches, and grapes. When you purchase grapes from a supermarket in January, look to see if they have a label that says *Producto de Chile* or *Importado de Chile*.

- What are some other fruits and vegetables in your local market that are products of other countries?

Churros y chocolate

In many Spanish-speaking countries, a popular snack is the combination of *churros y chocolate*. Churros are long, slender doughnut-like pastries fried in hot oil. Small restaurants called *churrerías* specialize in churros and cups of delicious hot chocolate You can also find churros being sold in stands on the street.

Try it out! Here's the recipe to try. Churros are high in fat and calories, so you won't want to sample too many of them!

Churros

1 cup water	$\frac{1}{2}$ cup unsalted butter *(= 1 stick)*
$\frac{1}{4}$ teaspoon salt	1 cup all-purpose flour
4 large eggs	oil for deep frying
1 cup sugar	

Chocolate y churros

In a heavy saucepan, bring water, butter, and salt to a full boil. Remove from heat. Add the flour all at once, stirring briskly. Stir until the mixture pulls away from the side of the pan and forms a ball. Put the mixture in a bowl. With an electric mixer on medium speed, add one egg at a time. After adding the last egg, beat the mixture for one more minute.

With adult supervision, heat 2–3 inches of oil to 375° F in a deep, heavy pan. Fit a pastry bag or cookie press with a $\frac{1}{2}$–inch star tip. Pipe out 6 inch-long tubes of dough into the oil. ***Be extremely cautious adding dough to the oil, because the oil may spatter and burn you!*** Fry, turning a few times, for 3–5 minutes or until golden brown. Place the sugar on a plate. Drain the churros well on paper towels and then roll them in the sugar.

Chocolate caliente

To make hot chocolate in Mexico, cacao beans are ground to a powder. Cinnamon, powdered almonds, and sugar are then added, and hot milk is poured in. The mixture is whipped with a wooden whisk called *un molinillo* or *un batidor*. You can find Mexican-style chocolate for making *chocolate caliente* in many supermarkets.

Un molinillo

Think about it! What kinds of food and drink do you and your friends like? Is chocolate among the popular choices? Can you think of combinations of food and drink that are popular with many people in the United States? Are these combinations popular elsewhere?

¿Y qué te gusta comer?

Task
An exchange student from the United States is going to Uruguay. You and a partner will role-play a telephone conversation in which you each take one of the roles and gather information about the other person.

① Prepare You will role-play this conversation with a partner. Be sure to prepare for both roles. Here's how to prepare:

Host student: Make a list of at least four questions that you might ask the exchange student. Find out what he or she likes to study, his or her favorite activities, and what he or she likes to eat and drink for breakfast and lunch.

Exchange student: Jot down some possible answers to questions that the host student might ask and be prepared to provide information about yourself.

Strategy

Making lists
Making lists of questions can help you in conversations where you need to find out specific information.

② Practice Work in groups of four in which there are two exchange students and two host students. Work together to practice different questions and different responses. Here's how you might start your phone conversation:

HOST STUDENT:	¡Hola, Pablo! Soy Rosa.
EXCHANGE STUDENT:	¡Hola, Rosa! ¿Cómo estás?
HOST STUDENT:	Bien, gracias. Pues Pablo, ¿te gusta . . . ?

Continue the conversation using your notes. You can use your notes in practice, but not during the role-play.

③ Present You will be paired with another student, and your teacher will tell you which role to play. The host student begins the conversation. Listen to your partner's questions and responses and keep the conversation going.

④ Evaluation Your teacher may give you a rubric for how the presentation will be graded. You probably will be graded on:

• completion of task

• how well you were understood

• your ability to keep the conversation going

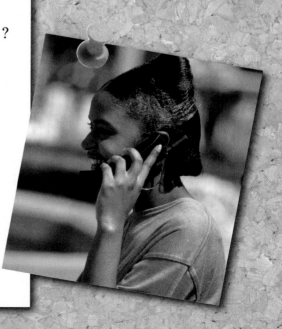

América del Sur

Parte norte

Venezuela, Colombia, Ecuador, Peru, and Bolivia form a region of contrasts, with mountains and lowlands, rain forests and deserts, immense wealth and extreme poverty, remote villages and modern cities. A rugged geography, ancient indigenous civilizations, and abundant natural resources have made this one of the most culturally diverse regions in the world.

Constructed more than 500 years ago, the terraced fields in the highlands of Bolivia were a sophisticated system for conserving soil and water, and some remain in use today. In the 1980s archaeologists reconstructing ancient agricultural systems on the shore of Lake Titicaca (at 12,500 feet the highest navigable body of water in the world) found that these ancient systems worked better in this difficult environment than many modern agricultural techniques.

¿Sabes que . . . ?

The term *America* first appeared on a German map in 1507. The Americas are named for the Italian navigator Amerigo Vespucci, who produced the first European charts of mainland South America in 1497.

Para pensar

The countries of northern South America are lands of varied geography. Think about the North American continent. It is also a land of geographical contrasts. In what ways are both regions rich in natural resources, environmentally protected areas, and ancient civilizations?

Go Online
PHSchool.com

For: Online Atlas
Visit: www.phschool.com
Web Code: jce-0002

"Rediscovered" in 1911, the mountaintop city of Machu Picchu in Peru was part of the Incan empire, which in the sixteenth century extended from present-day Ecuador to Chile. Machu Picchu's buildings were made of huge, precisely carved stone blocks that were hauled into place without wheels or heavy draft animals.

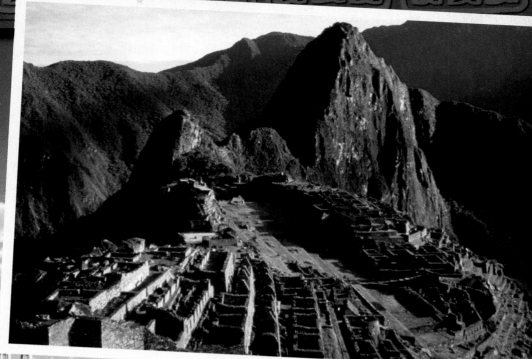

Venezuela is one of the most important sources of oil consumed in the United States. Other important Latin American oil producers include Mexico, Colombia, Ecuador, and Peru, with new deposits being found every year. Latin America and Canada account for approximately 48 percent of oil imports to the United States. In contrast, the Middle East accounts for approximately 30 percent.

The Galápagos Islands, also called *las islas encantadas* (the enchanted islands), lie 600 miles off the coast of Ecuador. It is believed that the Incas may have traveled to the islands in large ocean-going rafts. In 1835, the naturalist Charles Darwin spent weeks here studying the islands' unique animal life. *Galápagos* are giant tortoises that are native to these islands, which are now a national park and wildlife sanctuary.

Repaso del capítulo

Vocabulario y gramática

Chapter Review

To prepare for the test, check to see if you . . .
- **know the new vocabulary and grammar**
- **can perform the tasks on p. 145**

to talk about breakfast

en el desayuno	for breakfast
el cereal	cereal
el desayuno	breakfast
los huevos	eggs
el pan	bread
el pan tostado	toast
el plátano	banana
la salchicha	sausage
el tocino	bacon
el yogur	yogurt

to talk about lunch

en el almuerzo	for lunch
la ensalada	salad
la ensalada de frutas	fruit salad
las fresas	strawberries
la galleta	cookie
la hamburguesa	hamburger
el jamón	ham
la manzana	apple
la naranja	orange
las papas fritas	French fries
el perrito caliente	hot dog
la pizza	pizza
el queso	cheese
el sándwich de jamón y queso	ham and cheese sandwich
la sopa de verduras	vegetable soup

to talk about beverages

el agua *f.*	water
el café	coffee
el jugo de manzana	apple juice
el jugo de naranja	orange juice
la leche	milk
la limonada	lemonade
el refresco	soft drink
el té	tea
el té helado	iced tea

to talk about eating and drinking

beber	to drink
comer	to eat
la comida	food, meal
compartir	to share

to indicate how often

nunca	never
siempre	always
todos los días	every day

to say that you like / love something

Me / te encanta(n) ____.	I / you love (____).
Me / te gusta(n) ____.	I / you like (____).

other useful words

comprender	to understand
con	with
¿Cuál?	Which? What?
más o menos	more or less
por supuesto	of course
¡Qué asco!	How awful!
sin	without
¿Verdad?	Right?

present tense of *-er* verbs

como	comemos
comes	coméis
come	comen

present tense of *-ir* verbs

comparto	compartimos
compartes	compartís
comparte	comparten

For *Vocabulario adicional,* see pp. 472–473.

● **Más práctica** . . . .
Practice Workbook Puzzle 3A-8
Practice Workbook Organizer 3A-9

Preparación para el examen

For: Test preparation
Visit: www.phschool.com
Web Code: jcd-0306

On the exam you will be asked to . . .	Here are practice tasks similar to those you will find on the exam . . .	If you need review . . .

1 Escuchar Listen and understand as people describe what they eat and drink for lunch

Listen as three students describe what they typically eat and drink for lunch. Which is most like the kind of lunch you eat? Did they mention anything you could not buy in your school cafeteria?

pp. 124–127 *A primera vista*
p. 125 Actividades 1–2
p. 128 Actividad 5

---

2 Hablar Tell someone what you typically eat for breakfast and ask the same of others

Your Spanish club is meeting for breakfast before school next week. Find out what other people in your class typically eat for breakfast. After you tell at least two people what you eat for breakfast, ask what they like to eat. Does everyone eat the same kind of breakfast or do you all like to eat different things?

p. 129 Actividad 7
p. 130 Actividad 8
p. 131 Actividad 11
p. 133 Actividad 13
p. 134 Actividades 15–16
p. 141 *Presentación oral*

---

3 Leer Read and understand words that are typically found on menus

You are trying to help a child order from the lunch menu below, but he is very difficult to please. He doesn't like anything white. And he refuses to eat anything that grows on trees. Which items from the menu do you think he would refuse to eat or drink?

pp. 124–127 *A primera vista*
p. 131 Actividad 10
p. 137 Actividad 20
pp. 138–139 *Lectura*

ALMUERZO

hamburguesa	plátanos
pizza	manzana
ensalada	leche

---

4 Escribir Write a list of foods that you like and others that you dislike

Your Spanish club is sponsoring a "Super Spanish Saturday." Your teacher wants to know what foods the class likes and dislikes so that the club can buy what most people like. Write the headings *Me gusta(n)* and *No me gusta(n)* in two columns. List at least four items that you like to eat and drink for breakfast and four items for lunch. Then list what you don't like to eat and drink for these same meals.

p. 128 Actividad 4
p. 129 Actividad 6
p. 131 Actividad 11
p. 134 Actividad 16
p. 135 Actividad 18
p. 137 Actividad 20

---

5 Pensar Demonstrate an understanding of cultural differences regarding snacks

Think about popular food combinations in the United States, such as a cup of coffee and a doughnut. What is a similar combination that is popular in many Spanish-speaking countries, and where are you able to buy it?

p. 140 *La cultura en vivo*

Fondo cultural

Diego Rivera (1886–1957) This detail of a mural entitled *La Gran Tenochtitlán* by Mexican artist Diego Rivera is located in the Palacio Nacional in Mexico City. It shows *el tianguis,* the bustling marketplace at Tenochtitlán, capital of the Aztec Empire. In the foreground there are many kinds of merchandise being traded, including corn and different varieties of beans. This mural is one of many by Rivera that focus on pre-Columbian life and civilizations.

• What impression do you think Rivera is giving about life in the pre-Columbian civilizations?

Detalle de *La Gran Tenochtitlán* (1945), Diego Rivera

Patio Corridor, National Palace, México City, D.F., México. Photo by Robert Frerck, Odyssey Productions, Inc. © Banco de México Diego Rivera & Frida Kahlo Museums Trust. Av. Cinco de mayo No. 2, Col. Centro, Del. Cuautehmoc 06059, México, D.F. Reproduction authorized by the *Instituto Nacional de Bellas Artes y Literatura*

Mercado al aire libre en España

Para mantener la salud

Chapter Objectives

- Talk about foods and beverages for dinner
- Describe what people or things are like
- Discuss food, health, and exercise choices
- Understand cultural perspectives on diet and health

Video Highlights

A primera vista: *Para mantener la salud*

GramActiva Videos: the plurals of adjectives; the verb *ser*

Country Connection

As you learn about foods and health, you will make connections to these countries and places:

España
México
Guatemala
Costa Rica
Ecuador
Paraguay
Uruguay
Chile
Argentina

Go Online
PHSchool.com

For: Online Atlas
Visit: www.phschool.com
Web Code: jce-0002

A primera vista

Vocabulario y gramática en contexto

Objectives

Read, listen to, and understand information about:
- food groups and foods on the Food Guide Pyramid
- activities to maintain good health
- ways to describe food

La pirámide nutritiva es la forma más práctica de indicar la comida que **debes** comer **cada día. Para mantener la salud,** es importante comer de **todos** los grupos.

la mantequilla

las grasas

el pollo

el bistec

el pescado

la carne **la leche**

la cebolla

los guisantes

las papas

las verduras **las frutas**

las uvas

los espaguetis

el pan y los cereales

el arroz

66¡Me encantan las verduras! Como **muchas** ensaladas con lechuga y tomates. **99**

66También me gustan las zanahorias y las judías verdes. **99**

la lechuga

los tomates

las zanahorias

las judías verdes

66¡Mi amiga Claudia no come comida buena **para la salud!** Come **muchos** pasteles y helado. **Son horribles. 99**

los pasteles

el helado

caminar

levantar pesas

—¿Qué **haces** para mantener la salud?

—Pues, cada día **hago ejercicio.** Camino, monto en bicicleta y practico deportes.

—¡Uf! **Tengo hambre. ¿Por qué** no comemos **algo** en el restaurante "A tu salud"? Los sándwiches son muy **sabrosos.**

—¡Por supuesto!

 Escuchar ....

¿Qué debes comer?

Your teacher is giving a lecture on foods that you should eat from the Food Guide Pyramid. Touch each item as it is mentioned. Listen carefully for the names of the foods.

● **Más práctica** ....
Practice Workbook 3B-1, 3B-2

 Escuchar ....

Para mantener la salud

Listen to students talk about things they do. Give a "thumbs-up" sign if they are describing things that are healthy and a "thumbs-down" sign if the things are unhealthy.

Go Online
PHSchool.com
For: Vocabulary practice
Visit: www.phschool.com
Web Code: jcd-0311

Para mantener la salud

¿Qué hacen Raúl, Tomás y Gloria para mantener la salud? Lee la historia.

Strategy

Using visuals to make predictions
Before you read the story, use the pictures to predict what will happen. This will help you understand the story better as you read.

• How did your predictions compare with what you read?

1 **Tomás:** Tengo sed . . .

Raúl: ¿Qué **prefieres?** ¿Te gusta el café? El café de Costa Rica es muy bueno.

Tomás: ¡Pero el café es **malo** para la salud! **Prefiero una bebida** como . . . un jugo de fruta.

Raúl   **Gloria**   **Tomás**

Costa Rica

5 **Tomás:** ¡Me gusta hacer algo cada día! Hago ejercicio, levanto pesas o camino todos los días.

6 **Tomás:** Tengo hambre.

Raúl: ¿Por qué no comemos en la soda?*

7 **Tomás:** La comida aquí es muy buena. Ahora no tengo hambre. ¿Y tú?

Raúl: ¡Creo que no!

Gloria: Pues, **creo que** debemos ir a casa.

La soda is the word for a casual restaurant in Costa Rica.

2 **Raúl:** ¡Ah! **Estoy de acuerdo,** un refresco.

Tomás: Raúl, ¿por qué hablas de *refrescos?* A mí me gustan los jugos de fruta.

Gloria: **Porque,** Tomás, ¡un *refresco* en Costa Rica *es* un jugo de fruta!

3 **Raúl:** Dos refrescos de mango con leche.

Gloria: Y un refresco de mango con agua, por favor.

4 **Tomás:** ¡Es *muuuy* sabroso!

Gloria y Raúl: Sí, sí . . . ¡y todos los refrescos aquí son buenos para la salud!

Gloria: Tomás, ¿qué haces para mantener la salud?

8 **Mamá:** ¡A comer **la cena!**
Los jóvenes: *¡Uf!*

Actividad 3

Escribir/Hablar •

¿Comprendes?

1. ¿Por qué no bebe café Tomás?

2. En Costa Rica, ¿qué es *un refresco?*

3. ¿Los refrescos en Costa Rica son buenos o malos para la salud?

4. Según Tomás, ¿cómo es la comida en la soda?

5. En casa, ¿qué está en la mesa?

● **Más práctica** •

Practice Workbook 3B-3, 3B-4

Go Online
PHSchool.com

For: Vocabulary practice
Visit: www.phschool.com
Web Code: jcd-0312

Manos a la obra

Vocabulario y gramática en uso

Objectives

- Talk about dinner foods
- Express food preferences
- Describe people and foods
- Talk about healthy and unhealthy lifestyles
- Learn to use the plurals of adjectives and the verb *ser*

Actividad 4 Leer/Escribir

¡Claro que no!

For each group of words, choose the word or expression that doesn't belong and write it down on a sheet of paper. Then think of one more word or expression that does fit with the group and write it down beside the first word you wrote.

Modelo

la *cebolla*   la lechuga   la uva
  la uva   . . .   *la zanahoria*

1.	el pollo	el pescado	el arroz
2.	las zanahorias	los pasteles	las judías verdes
3.	caminar	correr	ver la televisión
4.	malo	horrible	sabroso
5.	comer mucho	levantar pesas	hacer ejercicio
6.	los tomates	el pan	los espaguetis
7.	cada día	un día	todos los días
8.	el bistec	las papas	el pollo
9.	la mantequilla	el helado	el pescado

Actividad 5   Pensar/Escribir

¿En el refrigerador o no?

Escribe dos listas. En la primera lista escribe las comidas y bebidas que deben estar en el refrigerador. En la segunda lista escribe las comidas y bebidas que no necesitan estar en el refrigerador.

Fondo cultural

El mate is the national beverage of Argentina, Paraguay, and Uruguay. This herbal tea is shared among family and friends. It is served hot in a hollow gourd, also called *un mate,* with a straw called *una bombilla.*

- What national beverage does the United States have that compares to *mate?*

Actividad 6

Hablar

¿Qué prefieres?

Ask your partner which of two foods he or she prefers. Your partner will answer and ask you which one you prefer.

Modelo

A —¿Qué prefieres, *carne o pescado?*
B —*Prefiero carne. Y tú, ¿qué prefieres?*
o: *No como ni carne ni pescado. Y tú, ¿qué prefieres?*
A —*Prefiero pescado.*

Estudiante A

1.   2.   3.   4.

5.   6.   7.

Estudiante B

¡Respuesta personal!

Actividad 7

Hablar/Pensar

¿Sí o no?

Habla de lo que debes comer y beber para mantener la salud.

Modelo

A —¿*Debo beber leche cada día para mantener la salud?*
B —*Creo que sí.*
o: *Creo que no.*

Estudiante A

1.   2.   3.   4.

5.   6.   7.

Estudiante B

Creo que . . .

Hablar ....

¿Hay algo para comer?

Habla de lo que debes comer y beber a las horas indicadas.

Para decir más . . .

de la mañana	in the morning
de la tarde	in the afternoon
de la noche	in the evening

Modelo

A —*Son las ocho de la mañana y tengo hambre y sed. ¿Qué debo comer y beber?*

B —*Debes comer cereal y pan tostado, y debes beber jugo de manzana.*

Estudiante A

1.   2.   3.

4.   5.   6.

Estudiante B

¡Respuesta personal!

 Leer/Escribir ....

Los buenos consejos

Da consejos *(Give advice)* sobre lo que es bueno o malo para la salud. Copia y completa las frases. Necesitas tus frases para la Actividad 10.

1. Para mantener la salud, debes ____ todos los días.

2. Necesitas beber ____ cada día.

3. Debes comer ____ en la cena.

4. ____ es malo para la salud.

5. El jugo de zanahoria es ____.

6. Debes comer ____ todos los días.

7. Nunca debes comer ____.

  Hablar ....

¿Estás de acuerdo?

Lee tus consejos de la Actividad 9 a otro(a) estudiante. ¿Está de acuerdo con tus consejos?

Modelo

A —*Para mantener la salud, debes practicar deportes todos los días.*

B —*Estoy de acuerdo.*

o: *No estoy de acuerdo.*

También se dice . . .

los guisantes = los chícharos *(México)*, las arvejas *(Argentina)*

el tomate = el jitomate *(México)*

Leer/Escribir/Hablar ....

¿Qué haces . . .?

Take this test on healthy activities to see how you rate.

❶ Write your answers in complete sentences on a sheet of paper.

❷ Ask a partner each question. Tally your partner's *sí* and *no* answers.

❸ Write three recommendations so your partner can have a healthier lifestyle.

Modelo

Debes caminar o correr todos los días.

¿Qué haces para mantener la salud?

Contesta las preguntas según las actividades que haces cada día. Cada "sí" = 1 punto.

- ❑ **1.** ¿Haces ejercicio?
- ❑ **2.** ¿Practicas deportes?
- ❑ **3.** ¿Comes verduras?
- ❑ **4.** ¿Comes frutas?
- ❑ **5.** ¿Caminas o corres?
- ❑ **6.** ¿Comes un buen desayuno?
- ❑ **7.** ¿Comes comida que es buena para la salud?
- ❑ **8.** ¿Bebes cinco vasos* de agua?
- ❑ **9.** ¿Pasas tiempo con amigos?
- ❑ **10.** ¿Ves tres horas o menos de televisión?

9–10 puntos ¡Felicidades! ¡Haces mucho para mantener la salud!

6–8 puntos Bueno, pero debes hacer más para mantener la salud.

0–5 puntos ¡Ay, ay, ay! Necesitas hacer algo para mantener la salud.

*glasses

Pronunciación ....

The letters *l* and *ll*

In Spanish, the letter *l* is pronounced much like the letter *l* in the English word "leaf." Listen to and say these words:

lechuga	lunes	pasteles	helado
almuerzo	sol	abril	difícil

For many Spanish speakers, the letter combination *ll* is similar to the sound of the letter *y* in "yes." Listen to and say these words:

llamo	silla	allí	llueve
cebolla	pollo	ella	mantequilla

Try it out! Listen to this song and then sing it.

**Canta el gallo, canta el gallo
con el kiri, kiri, kiri, kiri, kiri;
La gallina, la gallina
con el cara, cara, cara, cara, cara;
Los polluelos, los polluelos
con el pío, pío, pío, pío, pío, pío, pí.**

Gramática

The plurals of adjectives

Just as adjectives agree with a noun depending on whether it's masculine or feminine, they also agree according to whether the noun is singular or plural. To make adjectives plural, just add an -s after the vowel at the end of the adjective. If the adjective ends in a consonant, add -es.

La hamburguesa es sabrosa. Las hamburguesas son sabrosas.

El pastel es muy popular. Los pasteles son muy populares.

When an adjective describes a group including both masculine and feminine nouns, use the masculine plural form.

La lechuga, las zanahorias y los tomates son buenos para la salud.

Don't forget that the singular form of *mucho* means "much" or "a lot of," but that the plural form, *muchos(as),* means "many."

No como mucha carne, pero como muchas verduras.

¿Recuerdas?

Adjectives agree in gender with the masculine or feminine nouns they describe:

• **El bistec** es sabroso.

• **La ensalada** es sabrosa.

GramActiva VIDEO

Want more help with the the plurals of adjectives? Watch the **GramActiva** video.

Actividad 12 Gramática Pensar/Leer/GramActiva

¿Sabroso o sabrosa?

Your teacher will give you a GramActiva worksheet. Tear or cut apart the different adjective stems and endings that are printed on the sheet. Then your teacher will show you pictures of several foods. Show how you feel about each food item by holding up the appropriate adjective stem and the appropriate ending.

buen   sabros   mal

-o   -a   -os   -as

Fondo cultural ■◆■◇■◆■◇■◆

La Tomatina How would you like to attend a festival where a gigantic food fight with tomatoes is the highlight of the day? That's what happens at the annual *Fiesta de la Tomatina* in Buñol, Spain. After the town council distributes more than 130 tons of ripe tomatoes to participants, the two-hour long tomato-throwing festival begins.

• Describe any food festivals unique to your community or your state. How do they compare to *La Tomatina?*

La Tomatina en Buñol, España

Actividad 13 Gramática Escribir/Hablar

¿Cómo son?

❶ For each of these adjectives, name two famous people, cartoon characters, or people in your school whom the adjective fits. Then write a sentence that describes both of them.

Modelo

A —*Creo que Cameron Diaz y Antonio Banderas son talentosos.*

1. artístico, -a
3. atrevido, -a
5. serio, -a
7. divertido, -a
2. deportista
4. gracioso, -a
6. talentoso, -a
8. trabajador, -a

❷ Now read your sentences to a partner. Does your partner agree? Who fits the adjectives in your partner's opinion?

Modelo

B —*Estoy de acuerdo. Julia Roberts y Tom Cruise son talentosos también.*

o: *Sí, pero Julia Roberts y Tom Cruise son más talentosos que Cameron Diaz y Antonio Banderas.*

● **Más práctica**
Practice Workbook 3B-5

Go Online PHSchool.com

For: Practice with plural of adjectives
Visit: www.phschool.com
Web Code: jcd-0313

Actividad 14   Escribir/Hablar

¿Qué prefieres?

Your class will be divided into groups of five to see what your favorite foods and beverages are.

Conexiones **Las matemáticas**

❶ Ask your group members what their favorites are from each of the following groups: *frutas, verduras, carnes,* and *bebidas.* Write the answers on a sheet of paper.

Modelo

A —*¿Qué verduras prefieres?*
B —*Prefiero zanahorias.*

❷ Tally the results to see which foods and beverages are the most popular in each group. Indicate these favorites on a bar graph as shown. As a group, write four sentences that summarize your results. Compare your group's preferences to those of the other groups.

Modelo

Del grupo de las verduras, cuatro estudiantes prefieren papas.

Prefieren . . .

	1	2	3	4	5
frutas	manzanas				
verduras	papas				
carnes	bístec				
bebidas	refrescos				

Número de estudiantes

The verb *ser*

Ser, which means "to be," is an irregular verb.
Use *ser* to describe what a person or thing is like.
Here are the present-tense forms:

(yo)	soy	(nosotros) (nosotras)	somos
(tú)	eres	(vosotros) (vosotras)	sois
Ud. (él) (ella)	es	Uds. (ellos) (ellas)	son

¿Recuerdas?

In previous chapters, you learned how to talk about what a person is like.

—Tú **eres** muy deportista, ¿no?

—Sí, **soy** deportista.

—Mi amigo Pablo **es** deportista también.

GramActiva VIDEO

Want more help with the verb *ser*? Watch the **GramActiva** video.

15 **Gramática** **Leer/Escribir**

Línea romántica

Rafa has to tell his father why the cell phone bill was so high. Complete his explanations by using the correct form of the verb *ser*.

¡Ay, Papá, tú **1.** muy estricto! ¡Yo **2.** un chico *muuuy* sociable! Hablo con mis amigas porque todas **3.** muy simpáticas. Hablo con Lidia porque nosotros **4.** muy deportistas. Mis conversaciones con ella siempre **5.** muy interesantes. Fátima **6.** muy estudiosa. Hablamos mucho porque ella y yo **7.** inteligentes y hablamos de las clases. Y hablo con Lorena porque **8.** muy graciosa y nosotros **9.** muy buenos amigos.

16 **Escuchar/Escribir**

Escucha y escribe

You will hear comments from five customers about the food being sold in a market. On a sheet of paper, write the numbers 1–5. As you listen, write the comments next to the numbers.

17 Gramática **Hablar/Escribir** ·

En tu escuela

Describe the people and places in your school.

Modelo

el / la profesor(a) de tu clase de español
La profesora de mi clase de español es muy simpática.

1. tu clase de español
2. las chicas en tu clase de español
3. los chicos en tu clase de español

4. el / la director(a) de tu escuela
5. la comida de la cafetería
6. tú y tus amigos

18 Gramática   **Hablar** ·

¿Sabroso o malo?

En tu opinión, ¿cómo son las comidas y las bebidas? Habla con un(a) compañero(a).
Usa los verbos *comer* o *beber*.

Modelo

A —*¿Comes zanahorias en la cena?*
B —*No, no como zanahorias en la cena porque son horribles.*
o: *Sí, como zanahorias en la cena porque son buenas para la salud.*

Estudiante A

Estudiante B

(muy) sabroso
bueno para la salud
malo para la salud
horrible
¡Respuesta personal!

● **Más práctica** · · · · · · · · · · ·
Practice Workbook
3B-6, 3B-7

PHSchool.com
For: Practice with *ser*
Visit: www.phschool.com
Web Code: jcd-0314

ciento cincuenta y nueve 159
Capítulo 3B

Fondo cultural

Los mercados, or open-air markets, are common throughout Latin America. Many towns have a central market, held on a given day of the week, where people come from all around to buy and sell food, as well as flowers, crafts, and clothing.

• How does this market compare with the ways in which fruits and vegetables are bought and sold in your community?

Un mercado guatemalteco

Exploración del lenguaje

Where did it come from?

The names of many foods in Spanish come from Latin as well as from other languages as diverse as Arabic, Italian, Greek, Turkish, and English. While it's clear that the word *espaguetis* comes from the Italian word *spaghetti,* it's not obvious that the word *zanahoria* comes from the Arabic word *safunariya.*

Try it out! Read the Spanish words in the first column and match them up to their counterparts in their language of origin.

agua	*piscatu* (latín)
arroz	*aqua* (latín)
pan	*beefsteak* (inglés)
bistec	*panis* (latín)
salchichas	*pullu* (latín)
pescado	*kahvé* (turco)
café	*salciccia* (italiano)
pollo	*óryza* (griego)

El español en el mundo del trabajo

Rick Bayless's career as a world-class Mexican chef began at the age of 14, when he visited Mexico and decided to study Spanish. Since 1978, Rick has opened gourmet Mexican restaurants, created and starred in cooking shows, written cookbooks, and won many awards.

• How would Rick's Spanish skills be helpful in his career?

Un molcajete *(mortar and pestle)* de México

Leer/Escribir •

Una pizza para la buena salud

Lee este anuncio *(ad)* de una pizzería y contesta las preguntas.

Strategy

Using cognates
Be sure to look for cognates to help you read this ad.

Pizzería Lilia
¡Pizzas saludables!

A veces la pizza tiene muchas calorías y grasas que no son buenas para la salud.

La Pizzería Lilia tiene una variedad de pizzas con ingredientes que son buenos y saludables.

◆ Menos queso
◆ Usamos ingredientes nutritivos
 • Más verduras (tienen pocas calorías y son muy nutritivas)
◆ Evita[1] la combinación de carnes
 • Las carnes tienen mucho sodio y grasas
 • El pollo o el jamón es mejor[2] que las salchichas

¡Llámanos!
¡Estamos aquí para servirte!
372 42 89
Calle Independencia 28

[1]Avoid [2]better

1. Find and list three cognates in this ad.
2. Write three recommendations in Spanish for a healthier pizza.

 Escribir/Hablar •

Y tú, ¿qué dices?

1. Describe tu pizza favorita.
2. ¿Crees que la pizza es buena o mala para la salud? ¿Por qué?
3. ¿Qué verduras prefieres? ¿Qué verduras no te gustan?
4. ¿Qué ejercicio haces con los brazos? ¿Qué ejercicio haces con las piernas?

En un café en Murcia, España

¡Adelante!

Lectura

La comida de los atletas

Lee este artículo (*article*) de una revista deportiva. ¿Qué comen y qué beben los atletas profesionales para mantener la salud y estar en buena forma?

Objectives

- Read about a sports diet and learn some facts about an athlete
- Understand cultural perspectives on health care
- Make a poster about good health habits
- Learn facts about the southern part of South America

Strategy

Skimming

List three things that you would expect to find in an article about athletes' eating habits. Skim the article to find the information.

¿Qué come un jugador de fútbol?

Los jugadores[1] de fútbol comen comidas equilibradas con muchos carbohidratos, minerales y vitaminas. Ellos consumen cerca de 5.000 calorías en total todos los días.

17% Proteínas

13% Grasas

70% Carbohidratos

Para el desayuno el día de un partido,[2] un jugador típico come mucho pan con mantequilla y jalea,[3] yogur y té.

Para el almuerzo antes del[4] partido, come pan, pasta, pollo sin grasa, verduras, frutas y una ensalada.

Para la cena después del[5] partido, el atleta come papas, carne sin grasa y más verduras y frutas.

También es muy importante beber muchos líquidos. La noche antes del partido, el jugador bebe un litro de jugo de naranja y durante el partido bebe hasta[6] dos litros de agua y bebidas deportivas.

Nombre: Edwin Tenorio
Fecha de nacimiento: 16/6/76
Lugar de nacimiento: Esmeraldas
País de nacimiento: Ecuador
Nacionalidad: ecuatoriano
Equipo: Barcelona
Función: Ofensa

Edwin Tenorio es jugador del Barcelona, un equipo[7] de fútbol profesional en Ecuador.

[7]team

¿Comprendes?

1. ¿Qué debe comer Edwin Tenorio antes de un partido de fútbol?

2. ¿Qué debe beber?

3. ¿Qué comida no debe comer Edwin?

4. ¿Es tu dieta diferente de la dieta de un jugador de fútbol profesional? ¿Cómo?

5. ¿Cuál es la fecha de nacimiento *(birth date)* de Edwin? Escribe tu fecha de nacimiento cómo lo hacen en los países hispanohablantes.

Go Online
PHSchool.com

For: Internet link activity
Visit: www.phschool.com
Web Code: jcd-0315

Fondo cultural

¡Gooooooooooooool! Scoring the winning *gol* in soccer is the most exciting moment of the game. *El fútbol* is the most popular sport in the world, and it has many *fanáticos* (fans) in every Spanish-speaking country. Every four years, teams throughout the world compete regionally in order to become one of the 32 teams to advance to the World Cup *(la Copa Mundial)* competition. Many Spanish-speaking countries compete in what has become the most widely watched sporting event in the world. Since the competition began in 1930, two Spanish-speaking countries have won the World Cup competition: Uruguay in 1930 and 1950 and Argentina in 1978 and 1986.

• How does the enthusiasm for soccer in the United States compare with the rest of the world's view of this sport? Why do you think this is so?

Jugadores de fútbol

¿Qué haces para mantener la salud?

Have you ever eaten chicken soup when you have a cold? How about putting aloe on a sunburn? In many countries, including those in the Spanish-speaking world, traditional remedies consisting of medicinal herbs have been used for centuries to treat common medical problems. In Mexico, a mint known as *yerbabuena* may be made into tea and given to someone with a stomachache. Remedies such as these may not be prescribed by licensed physicians, but people have confidence in them because they have been passed down through the generations. Many of those herbs are very safe, though some may have harmful side effects.

Researchers are studying traditional herbal remedies to find modern-day medical solutions. In the Amazon rainforest in South America, an amazing abundance of plant life may hold the key to treating a wide variety of common ailments and diseases. Drug companies are looking for cures found in these plants and herbs that could be reproduced in today's modern drugs.

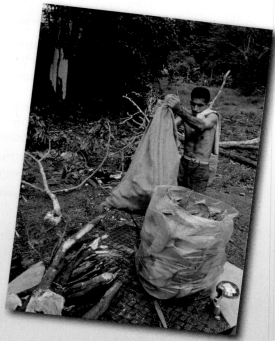

En la selva de Amazonas, Perú

Increasingly, medicinal herbs are accepted not only as the basis for pharmaceutical drugs, but also for their own inherent healing qualities. In many countries, including the United States, herbal remedies are sometimes used in combination with conventional health care.

Check it out! What alternatives to conventional medical care are available in your community? Make a list of all the health care services you can think of that are not provided by traditional physicians. Are there health stores that sell herbal medicines? What types of herbal medicines are being sold and what remedies are attributed to these medicines?

Think about it! In many Spanish-speaking cultures, herbal remedies have been accepted for centuries. Do you think that medicinal herbs can provide relief and cures? Why or why not?

En un mercado en la Ciudad de México

Para mantener la salud

Task
You are doing some research for your health class on good eating and exercise habits. Make a poster in Spanish with five suggestions for better health.

❶ **Prewrite** Talk to classmates, teachers, the school nurse, and your parents about good eating and exercise habits, especially for teens. Then list their ideas under the following headings to help you organize your information:

- *Debes comer . . .*
- *Debes beber . . .*
- *Debes . . . para mantener la salud.*
- *No debes comer mucho(a) . . .*
- *No debes beber mucho(a) . . .*

Strategy

Gathering information
Use information from a variety of sources to help you create a more complete presentation on a topic.

❷ **Draft** Write the first draft. Decide how to present the information in a logical way. Think about using visuals for clarity. Sketch them on your draft. Give the poster a title.

❸ **Revise** Share your draft with a partner. Your partner should check the following:

- Have you communicated the five suggestions well?
- Do the visuals help convey meaning and make the poster attractive?
- Are the vocabulary and grammar correct?

Decide whether to use your partner's suggestions, and then rewrite your poster.

❹ **Publish** Make a final copy, adding attractive illustrations or designs and making necessary changes. You might want to:

- post it in the nurse's office, at a local community center, or in your classroom
- include it in your portfolio

❺ **Evaluation** Your teacher may give you a rubric for how your poster will be graded. You probably will be graded on:

- completion of task
- accuracy of vocabulary and grammar
- effective use of visuals

América del Sur

Parte sur

A large proportion of the people of Argentina, Uruguay, and Chile live in cities. As in the United States, these cities have been shaped by mass immigration from southern and eastern Europe during the nineteenth and twentieth centuries. Many more Paraguayans, in contrast, live in the countryside.

In the early 1900s, the area of *las cataratas de Iguazú* was made an Argentine national park. Three countries—Brazil, Argentina, and Paraguay—meet at these spectacular falls, which are four times the width of Niagara Falls and 50 percent higher. Hundreds of species of insects, birds, and mammals are found in the area, and at least 500 species of butterflies. As many as 15,000 tourists a day visit the falls, a worrisome number for environmental groups, who continue to lobby against nearby hotel construction projects.

¿Sabes que . . . ?

At 22,840 feet (7,021 meters), Argentina's Cerro Aconcagua is the highest point in the Western Hemisphere, but it is considered a relatively easy climb. Chile's Torres del Paine, consisting of three granite towers, are nearly 6,000 feet lower, but their sheer cliffs, high winds, and extreme cold make them some of the most challenging climbs in the world. Both mountains are part of the Andes, a range that extends from Colombia to the southern tip of South America.

Para pensar

Think about what it would be like to be an immigrant arriving in one of the countries of southern South America. Would you prefer the city life of Buenos Aires, Argentina, Montevideo, Uruguay, or Santiago, Chile? Or would the countryside of Paraguay be more appealing? Why?

For: Online Atlas
Visit: www.phschool.com
Web Code: jce-0002

The Spanish were able to topple large, centralized empires such as those of the Aztecs and Incas quickly, but they were never able to conquer the smaller indigenous groups in the more remote regions. Chile's Pehuenche suffered defeats in the nineteenth century, but they still struggle to maintain their lands and culture. ▶

◀ Spain introduced horses, cows, sheep, and pigs to the Americas in the sixteenth century, transforming the ecology, culture, and economy of the region. In the nineteenth century, the growth of cities, the expansion of railways, and improvements in shipping created a worldwide market for South American meat and hides—and helped spur the development of the cowboy culture throughout the Americas. As on ranches in the western United States and northern Mexico, the main house of an Argentine or Uruguayan *estancia* served as a residence, office, and military stronghold.

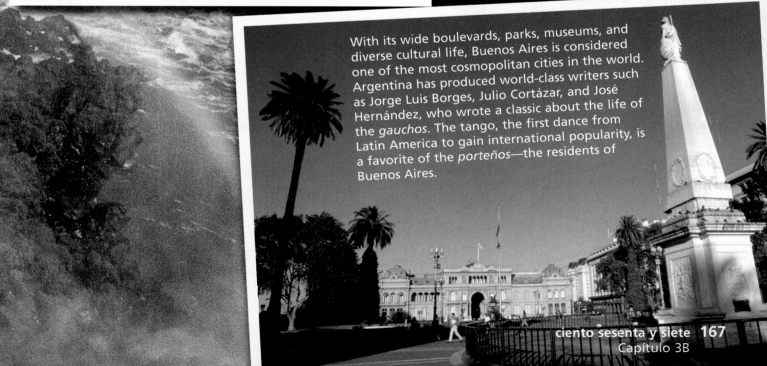

With its wide boulevards, parks, museums, and diverse cultural life, Buenos Aires is considered one of the most cosmopolitan cities in the world. Argentina has produced world-class writers such as Jorge Luis Borges, Julio Cortázar, and José Hernández, who wrote a classic about the life of the *gauchos*. The tango, the first dance from Latin America to gain international popularity, is a favorite of the *porteños*—the residents of Buenos Aires.

Repaso del capítulo

Vocabulario y gramática

Chapter Review

To prepare for the test, check to see if you . . .
- know the new vocabulary and grammar
- can perform the tasks on p. 169

to talk about food and beverages

la cena	dinner
el bistec	beefsteak
la carne	meat
el pescado	fish
el pollo	chicken
la cebolla	onion
los guisantes	peas
las judías verdes	green beans
la lechuga	lettuce
las papas	potatoes
los tomates	tomatoes
las uvas	grapes
las zanahorias	carrots
el arroz	rice
los cereales	grains
los espaguetis	spaghetti
las grasas	fats
la mantequilla	butter
el helado	ice cream
los pasteles	pastries
las bebidas	beverages

to talk about being hungry and thirsty

Tengo hambre.	I'm hungry.
Tengo sed.	I'm thirsty.

to discuss health

caminar	to walk
hacer ejercicio	to exercise
(yo) hago	I do
(tú) haces	you do
levantar pesas	to lift weights
para la salud	for one's health
para mantener la salud	to maintain one's health

For *Vocabulario adicional,* see pp. 472–473.

to indicate a preference

(yo) prefiero	I prefer
(tú) prefieres	you prefer
deber	should, must

to indicate agreement or disagreement

creer	to think
Creo que . . .	I think . . .
Creo que sí / no.	I (don't) think so.
(No) estoy de acuerdo.	I (don't) agree.

to ask a question or give an answer

¿Por qué?	Why?
porque	because

to express quantity

algo	something
muchos, -as	many
todos, -as	all

to describe something

horrible	horrible
malo, -a	bad
sabroso, -a	tasty, flavorful

other useful words

cada día	every day

plurals of adjectives

MASCULINE		FEMININE	
SINGULAR / PLURAL		SINGULAR / PLURAL	
sabroso / sabrosos		sabrosa / sabrosas	
popular / populares		popular / populares	

ser *to be*

soy	somos
eres	sois
es	son

⬤ **Más práctica** ● ● ● ● ● ● ● ● ● ● ● ● ● ● ●

Practice Workbook Puzzle 3B-8
Practice Workbook Organizer 3B-9

Preparación para el examen

Go Online
PHSchool.com
For: Test preparation
Visit: www.phschool.com
Web Code: jcd-0316

On the exam you will be asked to . . .	Here are practice tasks similar to those you will find on the exam . . .	If you need review . . .

1 Escuchar Listen and understand as people describe a healthy or unhealthy lifestyle

Listen as two people are interviewed about their habits. See if you can tell which one is an Olympic skier and which one is a drummer. Be prepared to explain your "educated guesses."

pp. 148–151 *A primera vista*
p. 149 Actividad 2

2 Hablar Express your opinion about food preferences

During a telephone survey, you are asked some questions in Spanish about your food preferences. Say whether you think each food choice is good or bad for your health.

p. 153 Actividades 6–7
p. 154 Actividades 8, 10
p. 157 Actividad 14
p. 159 Actividad 18

3 Leer Read and compare what people do and eat in order to determine whether they lead a healthy or unhealthy lifestyle

Read the online conversation that you have just joined in a chat room. Decide whether each person has a healthy or unhealthy lifestyle, based on what they tell each other.

Chato: ¿Qué hago yo? Cuando hace buen tiempo, corro por treinta minutos. Cuando llueve, levanto pesas.

Chispa: No me gusta hacer ejercicio. Prefiero comer papas fritas. Son muy sabrosas.

Andrés: ¿Papas fritas? Son horribles para la salud. Para mantener la salud, nunca debes comer papas fritas.

pp. 148–151 *A primera vista*
p. 154 Actividad 9
p. 155 Actividad 11
p. 161 Actividad 19
pp. 162–163 *Lectura*

4 Escribir Write a list of things a person should do to maintain a healthy lifestyle

Many people think that teens don't know anything about a healthy lifestyle. You and your friends are compiling a top-ten list of ways to improve teens' health. Write at least three suggestions for the list.

p. 154 Actividad 9
p. 155 Actividad 11
p. 161 Actividad 19
p. 165 *Presentación escrita*

5 Pensar Demonstrate an understanding of cultural perspectives regarding health care

Give an example of an herbal remedy that is accepted in a Spanish-speaking country as a remedy for a common ailment. Compare this with a similar herbal/natural remedy believed by many in the United States to be a cure for a common ailment.

p. 164 *Perspectivas del mundo hispano*

Fondo cultural

El quitasol is a work by Spanish painter Francisco de Goya (1746–1828). He made this painting in 1777 as a design to be used in the manufacture of a royal tapestry. At that time Goya was already famous for the elegance of his artwork and his ability to capture ordinary events in realistic detail. The brilliant colors of this painting suggest a happy moment of relaxation for two young people.

• Why do people who live in the city go out to the country to relax?

El quitasol (1777), Francisco de Goya

Oil on canvas, 104 x 152 cm. Museo Nacional del Prado, Madrid, Spain.
Photo credit: Scala / Art Resource, NY.

¿Adónde vas?

Chapter Objectives

- **Talk about locations in your community**
- **Discuss leisure activities**
- **Talk about where you go and with whom**
- **Learn how to ask questions**
- **Understand cultural perspectives on leisure activities**

Video Highlights

A primera vista: *Un chico reservado*
GramActiva Videos: the verb *ir;* asking questions

Country Connection

As you learn about leisure activities, you will make connections to these countries and places:

California, Texas, España, Illinois, Arizona, Luisiana, Florida, México, Puerto Rico, Nuevo México, Honduras, Ecuador, Venezuela, Perú, Colombia, Bolivia, Chile, Argentina

Go Online
PHSchool.com

For: Online Atlas
Visit: www.phschool.com
Web Code: jce-0002

El Parque del Buen Retiro,
Madrid, España

A primera vista

Vocabulario y gramática en contexto

el gimnasio

el parque

el centro comercial

ir de compras

el trabajo

la lección de piano

el cine

ver una película

la biblioteca

la piscina

—En tu **tiempo libre después de** las clases, ¿qué haces?

—**Voy al** gimnasio **para** levantar pesas y al parque para correr. ¿Y tú?

—Hoy voy **a** mi trabajo. No voy a mi lección de piano.

—¿**Con quién** vas al centro comercial?

—Voy con Guillermo, y **después vamos** al cine. ¿Y tú?

—Voy a la biblioteca para estudiar. Después voy al **Café** del Mundo con Lucila.

la playa

el restaurante

el campo

las montañas

—¿Qué haces **los** domingos?

—Voy **con mis amigos** a la playa.
Allí comemos el almuerzo.
Hay un restaurante muy bueno.
¿Y tú?

—**Generalmente** voy al campo o
a las montañas.

Más vocabulario	
la iglesia	church
la mezquita	mosque
la sinagoga	synagogue
el templo	temple; Protestant church

 Escuchar . . . .

¿Estás de acuerdo?

You will hear Elena describe where
she does seven activities. If a statement
is logical, give a "thumbs-up" sign.
If it is not logical, make a "thumbs-
down" sign.

 Escuchar . . . .

¡Muchas actividades!

Listen to Antonio describe his weekly list
of after-school activities. As he names his
activities, touch the corresponding picture(s).

● **Más práctica** . . . .
Practice Workbook 4A-1, 4A-2

For: Vocabulary practice
Visit: www.phschool.com
Web Code: jcd-0401

Un chico reservado

¿Qué pasa cuando Ignacio, Elena y Ana hablan con el estudiante nuevo *(new)*? Lee la historia.

Strategy

Scanning
Use the visuals to predict what different activities Ana, Elena, Ignacio, and Javier are talking about. Then look in the dialogues to find the corresponding word or phrase that describes each activity.

España

Ignacio

Ana

Elena

Javier

1 **Ignacio:** Mira, el estudiante nuevo es un poco reservado, ¿verdad?

Elena: Ah, sí . . . Está allí **solo.** ¿Por qué no hablamos con él?

Ignacio: Sí, ¡vamos!

5 **Ana:** Los lunes voy a mi lección de piano y los martes, miércoles y jueves voy a la biblioteca para estudiar. Y Javier, ¿qué haces **los fines de semana?**

6 **Javier:** ¿Los fines de semana? **Me quedo en casa.** No tengo muchos amigos aquí.

Ignacio: ¿Qué te gusta hacer?

Javier: ¡Me gusta el fútbol!

7 **Ana:** ¡**No me digas!** Pues, nosotros vamos al parque para practicar fútbol.

Javier: ¿**Cuándo?**

Ana: El sábado.

Javier: Está bien.

2 **Elena:** Hola. Me llamo Elena. Él es Ignacio, y ella es Ana.

Javier: Mucho gusto. Me llamo Javier.

Elena: Encantada . . . **¿De dónde eres?**

Javier: Soy **de** Salamanca.

3 **Ana:** Pues, Javier, ¿vas después de las clases **con tus amigos?**

Javier: No, voy **a casa.**

4 **Javier:** **¿Adónde** vais* vosotros después de las clases?

Elena: Los lunes, miércoles y viernes voy a mi trabajo en el centro comercial.

Ignacio: Generalmente voy al gimnasio. Me gusta levantar pesas.

 Leer/Escribir/Hablar ·

¿Comprendes?

En una hoja de papel completa las frases según la *Videohistoria*.

1. Javier es de . . .
2. Después de las clases Javier va . . .
3. Después de las clases Ignacio va al . . .
4. El jueves Ana va a la . . .
5. A Javier le gusta practicar . . .
6. Todos van al parque el . . .

● **Más práctica** ·
Practice Workbook 4A-3, 4A-4

Go Online
PHSchool.com
For: Vocabulary practice
Visit: www.phschool.com
Web Code: jcd-0402

8 **Elena:** Pero Ana, ¿fútbol?

Ana: ¿Por qué no? ¡No tiene muchos amigos y le gusta el fútbol!

*Remember that in Spain, the *vosotros(as)* form of verbs is used when speaking to a group of people you would address individually with *tú*.

Manos a la obra

Vocabulario y gramática en uso

Objectives

• Communicate about leisure activities
• Tell where you go and with whom
• Learn to use the verb *ir* and how to ask questions

Actividad 4   Escribir/Hablar ....

¿Qué haces en . . . ?

Completa las frases lógicamente.

1. Hago ejercicio en . . .
2. Nado en . . .
3. Veo películas en . . .
4. Leo libros y revistas en . . .
5. Voy de compras en . . .
6. Esquío en . . .
7. Como el desayuno en . . .

¡Respuesta personal!

Actividad 5   ♻   Escribir ....

¿Vas mucho a . . . ?

On a sheet of paper, copy the diagram below and write the names of the places you go under the appropriate expression of frequency.

todos los días — mucho — a veces — nunca

la playa

Actividad 6

 Hablar

¡No me digas!

Work with a partner. Using what you wrote for Actividad 5, take turns saying where you go and how often. React to your partner's statements. Follow the model.

Modelo

A —*Voy a la playa a veces.*
B —*¡No me digas! Yo voy a la playa a veces también.*
o: *¡No me digas! Yo nunca voy a la playa.*
o: *Pues, yo voy a la playa todos los días.*

Nota

When *a* is used before *el,* the two words form the contraction *al (to the):*

$$a + el = al$$

• Voy **al** centro comercial a veces, pero voy **a la** piscina mucho.

También se dice . . .

la piscina = la alberca *(México);* la pileta *(América del Sur)*

el restaurante = el restaurán *(América del Sur)*

Actividad 7

Escuchar/Escribir

Escucha y escribe

Look at the painting of Plaza Morazán in Tegucigalpa, Honduras. On a sheet of paper, write the numbers 1–6. You will hear six statements about the painting. Write what you hear.

Fondo cultural

Strolling through the main square *(la plaza)* of most towns and cities in Spanish-speaking countries is a popular activity for young and old alike. Plaza Morazán is the main square in the capital city of Honduras, Tegucigalpa. The square is named after Francisco Morazán (1792–1842), a Honduran general and head of state.

• What social gathering place in your community is similar to *la plaza?*

Plaza Morazán en Tegucigalpa (1969), José Antonio Velásquez

Origins of the Spanish days of the week

The word *sábado,* like many Spanish words, is based on Latin. The Spanish days of the week come from the Latin names for the gods, planets, sun, and moon, all of which were important in Roman daily life.

Try it out! Match the Spanish days of the week with their Latin origins.

1. lunes	**a.** *dies Mercurii:* named after Mercury, the god of commerce and travelers
2. martes	**b.** *dies Veneris:* named after Venus, the goddess of beauty and love
3. miércoles	**c.** *dies lunae:* the day dedicated to the moon *(luna)*
4. jueves	**d.** *dies solis:* named after the sun *(sol),* but later changed to *dies Dominicus,* which means "the Lord's day"
5. viernes	**e.** *dies Martis:* dedicated to Mars, the god of war
6. sábado	**f.** *dies Saturni:* named after Saturn; also called *dies Sabbati,* based on the Hebrew word *shabbath,* or "day of rest"
7. domingo	**g.** *dies Jovis:* named after Jove, or Jupiter, the ruler of the gods

• Since you know *día* means "day" in Spanish, what is the word for "day" in Latin?

   Hablar

¿Adónde vas?

Habla con otro(a) estudiante sobre los lugares *(about the places)* adónde vas y cuándo vas allí.

Modelo

los lunes
A —¿Adónde vas *los lunes?*
B —*Generalmente voy a mi lección de piano.*
o: *Generalmente me quedo en casa.*

Nota

To say that something usually happens on a certain day every week, use *los* with the day of the week:

• Generalmente ellos van al campo **los viernes** o **los sábados.**

Estudiante A

1. los miércoles
2. los viernes
3. los sábados
4. los domingos
5. los fines de semana
6. después de las clases

Estudiante B

¡Respuesta personal!

Actividad 9

Hablar/Pensar/Escribir ....

Cuando no estamos en la escuela . . .

¿Cómo pasan el tiempo tus compañeros de clase cuando no están en la escuela? Sigue *(follow)* los pasos.

Conexiones **Las matemáticas**

Perú

Muchos jóvenes pasan el día en la playa en Perú.

2 Get together with another group of four and combine the results of your tally sheets. Prepare summary statements to report to the class.

3 Report your summary statements to the class and make a class total. Convert each total to a percentage.

4 Create a bar graph for each activity that shows the class's frequency of participation.

1 Working in groups of four, take turns asking each person how often he or she does the activities listed below. Answer using *mucho*, *a veces*, or *nunca*. Keep a group tally of the responses.

ver películas	usar la computadora	ir a un trabajo
correr	ir de compras	ir a la biblioteca

FRECUENCIA CON QUE LEVANTAN PESAS

Modelo

A —¿*Con qué frecuencia* (How often) *usas la computadora?*

B —*Uso la computadora mucho.*

Actividad 10

 Escribir/Hablar ....

Y tú, ¿qué dices?

1. ¿Dónde ves más películas, en casa o en el cine?
2. Cuando vas de compras, ¿adónde vas?
3. ¿Adónde vas los fines de semana?
   ¿Vas solo(a) o con tus amigos?

Gramática

The verb *ir*

To say where someone is going, use the verb *ir*. Here are its present-tense forms:

(yo)	**voy**	(nosotros) (nosotras)	**vamos**
(tú)	**vas**	(vosotros) (vosotras)	**vais**
Ud. (él) (ella)	**va**	Uds. (ellos) (ellas)	**van**

The verb *ir* is almost always followed by *a*.
To ask where someone is going, use *¿Adónde?*

¿Adónde vas?   **Where** are you going **(to)**?

- You will often hear people say *¡Vamos!*
  This means, "Let's go!"

¿Recuerdas?

You have used the infinitive *ir* to talk about going to school.

- Me gusta **ir** a la escuela.

GramActiva VIDEO

Want more help with the verb *ir*? Watch the **GramActiva** video.

Voy al cine.

---

11 **Gramática**   **Leer/Escribir**

Un invierno en Chile

María, una estudiante de Corpus Christi, Texas, pasa un año en Santiago, Chile, con una familia chilena. Lee la carta *(letter)* y escribe las formas apropiadas del verbo *ir*.

Chile

17 de julio

Querida Sonia,
¿Cómo estás? Yo, bien. Generalmente paso tiempo en casa los fines de semana, pero a veces yo __1.__ a Portillo con la familia para esquiar. Hace mucho frío allí y por eso mi "mamá" chilena no __2.__ siempre con nosotros. En Portillo hay una escuela para los esquiadores y muchos chicos simpáticos __3.__ a las lecciones. También hay un cibercafé con computadoras. Muchas personas __4.__ allí para pasar tiempo con los amigos. Nosotros __5.__ el domingo. Y tú, ¿ __6.__ a la playa todos los días con tus amigos?

Hasta luego,
María

Esquiadores en Portillo, Chile

Actividad 12 · Gramática · Leer/Hablar

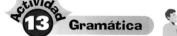

La carta

Lee la carta de María en la Actividad 11 y contesta las preguntas.

1. ¿Quién no va a veces con la familia a Portillo?
2. ¿Por qué a María le gusta ir a las lecciones de esquí?
3. ¿Adónde van para usar las computadoras?
4. ¿Cuándo van al cibercafé?
5. ¿Adónde van muchas personas para pasar tiempo con los amigos?

Actividad 13 · Gramática · Leer/Hablar/Escribir

¿Adónde van todos?

1 Read the sentence and determine who does the activity. Using the correct form of *ir*, ask where they go to do the activity. Your partner will answer with the most logical place.

Modelo

Te gusta esquiar.
A — *(tú) ¿Adónde vas?*
B — *Voy a las montañas para esquiar.*

1. Te gusta levantar pesas.
2. Tú y tu amigo corren mucho.
3. Tus amigos y tú ven muchas películas.
4. A tu amigo le gusta comer bistec.
5. Tus amigas nadan muy bien.
6. Tus amigos hacen ejercicio todos los días.

2 Now write four sentences about yourself and your friends, saying where you go and for what purpose.

Modelo

Vamos a . . . para . . .

Estudiantes en el gimnasio

 Fondo cultural

Sports clubs and gyms are very popular in Spanish-speaking countries. Since there are few school-based sports teams, many young people join private gyms for individual exercise or play for privately sponsored teams in order to compete in their favorite sports.

• What do you think students would do if your school did not offer opportunities for playing and competing in sports?

Juego

Play this game in teams of two.

1 With a partner, write five sentences saying what the two of you like to do in your free time and when. Also write sentences saying where you go for these activities.

> **Modelo**
>
> *Nosotros corremos después de las clases. (Vamos al gimnasio.)*

2 Read one of your statements about activities to another team of classmates, but don't read the part that tells where you go. Then have one person try to guess where you go to do this activity. If the student answers correctly, his or her team wins a point. The team that earns the most points wins.

> **Modelo**
>
> **A** —*Nosotros corremos después de las clases.*
> **B** —*Uds. van al gimnasio, ¿verdad?*
> **A** —*Sí, vamos al gimnasio para correr.*
> **o:** *No, no vamos al gimnasio para correr. Vamos al parque.*

El español en la comunidad

In many businesses and neighborhoods in the United States, you can hear Spanish being spoken. For example, the Pilsen neighborhood in Chicago, Illinois, is home to one of the nation's largest Mexican communities. The colorful murals, thriving businesses, and popular restaurants give Pilsen its own character.

- Are there areas near you where you can see expressions of community for Spanish speakers? What are they?

En la comunidad de Pilsen en Chicago

Pronunciación

Stress and accents

How can you tell which syllable to stress, or emphasize, when you see words written in Spanish? Here are some general rules.

1. When words end in a vowel, *n*, or *s*, place the stress on the **next-to-last syllable.** Copy each of these words and draw a line under the next-to-last syllable. Then listen to and say these words, making sure you stress the underlined syllable:

centro	pasteles	piscina
computadora	trabajo	parque
mantequilla	escriben	generalmente

2. When words end in a consonant (except *n* or *s*), place the stress on the **last syllable.** Listen to and say these words, making sure you stress the last syllable:

señor	nariz	escribir
profesor	reloj	arroz
español	trabajador	comer

3. When a word has a written accent, place the stress on the **accented syllable.** One reason for written accents is to indicate exceptions to the first two rules. Listen to and say these words. Be sure to emphasize the accented syllable.

café	número	teléfono
difícil	película	lápiz
fácil	plátano	artístico

Try it out! Listen to the first verse of the song "La Bamba" and say each word with the stress on the correct syllable. Then listen to the recording again and see if you can sing along with the first verse.

Para bailar la bamba, para bailar la bamba
se necesita una poca de gracia,
una poca de gracia y otra cosita
y arriba y arriba,
y arriba y arriba y arriba iré,
yo no soy marinero, yo no soy marinero,
por ti seré, por ti seré, por ti seré.

● **Más práctica**
Practice Workbook 4A-5

For: Practice with *ir*
Visit: www.phschool.com
Web Code: jcd-0403

Gramática

Asking questions

You use interrogative words (*who, what, where,* and so on) to ask questions.

¿Qué?	*What?*	**¿Adónde?**	*(To) Where?*
¿Cómo?	*How?, What?*	**¿De dónde?**	*From where?*
¿Quién?	*Who?*	**¿Cuál?**	*Which?, What?*
¿Con quién?	*With whom?*	**¿Por qué?**	*Why?*
¿Dónde?	*Where?*	**¿Cuándo?**	*When?*
¿Cuántos, -as?	*How many?*		

In Spanish, when you ask a question with an interrogative word you put the verb before the subject.

¿Qué **come Elena** en el restaurante?   *What **does Elena eat** at the restaurant?*

¿Adónde **van Uds.** después de las clases?   *Where **do you go** after classes?*

¿Por qué **va Ignacio** a la playa todos los días?   *Why **does Ignacio go** to the beach every day?*

You have already used several interrogative words. Notice that all interrogative words have a written accent mark.

For simple questions that can be answered by *sí* or *no,* you can indicate with your voice that you're asking a question:

¿Ana va a la biblioteca?

OR: **¿Va Ana a la biblioteca?**

OR: Ana va a la biblioteca, **¿verdad?**

GramActiva VIDEO

Use the **GramActiva** video to help you learn more about asking questions.

¿Por qué?

15 **Gramática** **Pensar/Escribir**

Preguntas revueltas

Your new pen pal from Bolivia has sent you an e-mail, but all his questions are scrambled. Unscramble them and write them in the correct order. Then answer his questions.

1. ¿ / eres / de dónde / tú / ?

2. ¿ / Uds. / adónde / van / los fines de semana / ?

3. ¿ / al centro comercial / cuándo / van / Uds. / ?

4. ¿ / clases / tienes / cuántas / ?

5. ¿ / tú / qué / después de las clases / haces / ?

6. ¿ / vas / tú / con quién / al centro comercial / ?

Actividad 16 **Gramática** **Leer/Pensar/Escribir** ....

¿Cómo es el cine?

Lee este anuncio del cine.

★ ★ ★ ★ **CINE PARQUE ARAUCO** ★ ★ ★ ★

	Excelente calidad de proyección	✓	Diariamente funciones continuadas desde el mediodía
	Estacionamientos iluminados, gratis		Funciones de trasnoche los miércoles, viernes y sábados
✓	Para su comodidad, aire acondicionado		Palomitas recién preparadas
✓	Las únicas butacas reclinables de la ciudad		Servicio amable y eficiente
	Excelentes instalaciones para discapacitados		Precios especiales para grupos y arriendos de salas de cine

SITUADO DELANTE DEL CENTRO COMERCIAL GIGANTE

Según el anuncio del Cine Parque Arauco, escribe la palabra apropiada para cada pregunta.

1. ¿_____ es la calidad de la proyección en el cine? *Excelente.*

2. ¿_____ comen muchas personas allí? *Palomitas.*

3. ¿_____ es el nombre del cine? *Cine Parque Arauco.*

4. ¿_____ van las personas a ver películas muy tarde *(late)* por la noche? *Los miércoles, viernes y sábados.*

5. ¿_____ está el cine? *Delante del Centro Comercial Gigante.*

Cuándo	Por qué
Cómo	Cuál
Dónde	Qué

Fondo cultural ◼◆◼◇◼◆◼◇◼◆

Movies are a popular form of entertainment for teenagers in Spanish-speaking countries. Spain, Mexico, Argentina, Colombia, and Venezuela have important film industries, but movies from the United States are also popular. Spanish-speaking teens tend to go to the movies in groups.

• How do your movie-going habits compare with those of teens in Spanish-speaking countries?

• Are movies from Spanish-speaking countries popular in your community? Why or why not?

En la entrada del cine

Gramática **Escribir/Hablar** ·

Los fines de semana

❶ Copy a chart like this one on a separate sheet of paper and fill in information on one activity you do on the weekends. Then find out the same information from three classmates.

Modelo

A —¿*Adónde vas los fines de semana?*
B —*Voy al centro comercial.*
A —¿*Con quién vas?*
B —*Voy con Selena.*
o: *Voy solo(a).*

Nombre	¿Adónde vas?	¿Con quién?
yo	a mi lección de guitarra	solo(a)
Laura	al centro comercial	con Selena

❷ Tell a classmate or the class where you and each of the three people you interviewed are going and with whom.

Modelo

Yo voy a mi lección de guitarra solo(a).
Laura va al centro comercial con Selena.

 Escribir/Hablar · · · · · · · · · · · · · ·

Y tú, ¿qué preguntas?

Habla con otro(a) estudiante sobre *(about)* la foto.

❶ Mira la foto y escribe cuatro preguntas sobre el parque, las personas y las actividades.

❷ Haz tus preguntas *(ask your questions)* a otro(a) estudiante.

Parque de las Palomas, San Juan, Puerto Rico

● **Más práctica** ·
Practice Workbook 4A-6, 4A-7

Go Online
PHSchool.com

For: Practice with questions
Visit: www.phschool.com
Web Code: jcd-0404

Fondo cultural

Old San Juan is a popular and lively part of Puerto Rico's capital, San Juan. Puerto Rican authorities are making great efforts to preserve colonial houses and other buildings and restore them to their original beauty.

• Are there historic areas near your community that have been or that are being restored? How do they compare with those in Old San Juan?

Leer/Escribir ·

¡Vamos al Viejo San Juan!

Puerto Rico has been a commonwealth of the United States since 1952. It is an island with a fascinating past. Look at the photos and read about a historic section of Puerto Rico's capital. Then answer the questions below.

Conexiones | La historia

El Viejo[1] San Juan es una zona histórica, pintoresca, colonial y muy popular en la capital de Puerto Rico. Los jóvenes[2] pasan el tiempo con sus amigos en los parques, cafés y plazas. Allí cantan, bailan y comen en los restaurantes típicos.

El Morro Construido en el siglo[5] XVI para combatir los ataques de los piratas ingleses y franceses[6]

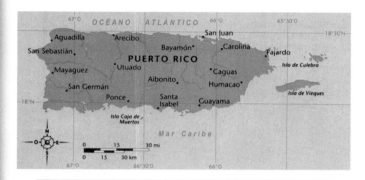

Datos importantes:

- Cristóbal Colón llega[3] aquí durante su segunda visita a las Américas en 1493

- El Viejo San Juan llega a ser[4] la capital de Puerto Rico en 1521

La Catedral de San Juan tiene muchas obras de arte.[7] Allí descansan[8] los restos[9] de Juan Ponce de Léon, famoso explorador de la Florida.

[1]Old [2]young people [3]arrives [4]becomes [5]century [6]French [7]works of art [8]lie [9]remains

1. For how many years has San Juan been the capital of Puerto Rico?
2. On which of his voyages did Christopher Columbus land on Puerto Rico?
3. Why did the Spaniards build El Morro?
4. What are two things you'll see when you visit the cathedral?

¡Adelante!

Lectura

Al centro comercial

Lee las actividades diferentes que puedes hacer en la semana del 11 al 17 de enero durante tu tiempo libre.

Objectives

- Read about after-school and weekend activities offered at a mall
- Learn some nursery rhymes
- Role-play a new student's first day at school
- Learn facts about the history of the United States

Strategy

Using prior knowledge
Think about what you know about special-event weeks at shopping centers. List events that you think might be offered at a mall.

¡Vamos a la Plaza del Sol!

Aquí en la Plaza del Sol, ¡siempre hay algo que hacer!

Actividades para el 11 al 17 de enero

11 lunes
7.00 P.M.   Música andina

12 martes
7.00 P.M.   Clase de yoga

13 miércoles
8.00 P.M.   Noche de jazz

14 jueves
7.00 P.M.   Clase de repostería[1]

15 viernes
8.00 P.M.   Música andina

16 sábado
1.30 P.M.   Exposición de fotografía
2.00 P.M.   Show infantil
4.00 P.M.   Exhibición de yoga
8.00 P.M.   Sábado flamenco

17 domingo
1.30 P.M.   Exposición de fotografía
2.00 P.M.   Show infantil
4.00 P.M.   Exhibición de yoga
8.00 P.M.   Noche de tango

Música andina

El grupo Sol Andino toca música andina fusionada con bossa nova y jazz el lunes a las 8.00 P.M. Abierto[2] al público.

Clase de yoga

La práctica de yoga es todos los martes desde las 7.00 hasta las 9.00 P.M. La instructora Lucía Gómez Paloma enseña los secretos de esta disciplina. Inscríbase[3] al teléfono 224-24-16. Vacantes limitadas.

[1] pastry making   [2] Open   [3] Register

Sábado flamenco

El Sábado flamenco es el programa más popular de la semana. María del Carmen Ramachi baila acompañada por el guitarrista Ernesto Hermoza el sábado a las 8.00 P.M. Es una noche emocionante y sensacional de música y danza. Abierto al público.

Clase de repostería

Inscríbase gratis[4] en la clase de repostería programada para el jueves a las 7.00 P.M. Preparamos unos pasteles deliciosos gracias a la Repostería Ideal y al maestro Rudolfo Torres. Inscríbase al teléfono 224-24-16. Vacantes limitadas.

[4] free

¿Comprendes?

1. You will be in town from January 9 through February 2. Will you be able to take part in these activities? In which ones?

2. Which events require you to sign up in advance? Which do not?

3. You have to baby-sit your six-year-old sister. Which day(s) would be best to go with her?

4. Según los intereses de estos chicos, ¿a qué eventos van ellos?

   Raquel: Me gusta mucho hacer ejercicio.

   Roberto: Me encantan los pasteles.

   Teresa: Estudio baile. Tomo lecciones todos los jueves.

   Alejandro: Me gusta escuchar música— toda clase de música.

5. ¿Qué actividad es más interesante para ti?

Fondo cultural

Andean music has become popular worldwide. This haunting style of music originated in the Andes mountains of Peru, Ecuador, Bolivia, and Chile. Performers sometimes wear typical Andean attire. Instruments commonly used in Andean music include the *quena* flute, *siku* panpipes, and a small guitar called a *charango*.

- The Andean sound is created using a particular set of instruments. What instruments define the music you enjoy?

Go Online PHSchool.com

For: Internet link activity
Visit: www.phschool.com
Web Code: jcd-0405

Rimas infantiles

Can you remember the chants and songs you learned as a child? Or do you remember the rhymes you or your friends recited while jumping rope?

Here are some chants and songs that children in the Spanish-speaking world use when they play. The first one is a Spanish-language equivalent to "Eenie, meenie, minie, moe . . ." It is a nonsense rhyme used to select the person who will be "It" in various games.

Niños saltando a la cuerda

Tin Marín de dopingüé
cucaramanga titirifuera
yo no fui,
fue Teté.
pégale, pégale,
que ella fue.

Niños jugando en San Sebastián, España

Here's a chant for jumping rope:

Salta, salta la perdiz	**The partridge jumps and jumps**
por los campos de maíz.	**Through the cornfields.**
¡Ten cuidado, por favor,	**Be careful, please!**
porque viene el cazador!	**Here comes the hunter!**
	(The jump rope then turns faster.)

Try it out! Here's a traditional game that combines Spanish, math, and hopping over a board. Place a long, narrow board on the floor. Take turns hopping with both feet from one side of the board to the other. Go forward as you hop. When you get to the end of the board, jump and turn in the air, facing the direction you came from. Continue hopping from side to side back to the other end. Be very careful! Try this in an area where you won't hurt yourself. As you are hopping, sing this song:

Brinca la tablita	**Jump over the board**
que yo la brinqué.	**That I already jumped.**
Bríncala tú ahora	**Now you jump**
que yo me cansé.	**Since I'm tired.**
Dos y dos son cuatro,	**Two and two are four,**
cuatro y dos son seis.	**Four and two are six.**
Seis y dos son ocho,	**Six and two are eight,**
y ocho dieciséis,	**And eight are sixteen,**
y ocho veinticuatro,	**And eight are twenty-four,**
y ocho treinta y dos.	**And eight are thirty two.**
Y diez que le sumo	**And ten that I add**
son cuarenta y dos.	**Equals forty-two.**

Think about it! What rhymes and songs do you know? What purpose do they serve in play?

Un estudiante nuevo

Task
This is a new student's first day at school. You and a partner will play the roles of a new student and a student who has been at the school for awhile. Find out information about the new student.

1 Prepare You will need to prepare for both roles.

Experienced student: Make a list of at least four questions. Find out where the new student is from, activities he or she likes to do and on what days of the week, and where he or she goes and with whom. Plan to greet the new student and introduce yourself.

New student: Look at the questions the experienced student will ask you and jot down answers.

2 Practice Work in groups of four, with two experienced students and two new students. Practice different questions and responses. Be sure you are comfortable in both roles. Go through your presentation several times. You can use your notes in practice, but not during the role play. Try to:

- obtain or provide information
- keep the conversation going
- speak clearly

3 Present Your teacher will tell you which role to play. The experienced student begins the conversation by greeting the new student. Listen to your partner's questions or responses and keep the conversation going.

4 Evaluation Your teacher may give you a rubric for how the presentation will be graded. You probably will be graded on:

- completion of task
- ability to keep the conversation going
- how well you were understood

Strategy

Using models
It helps to go back and review models that prepare you for a task like this role play. Reread *A primera vista* (pp. 172–175). Pay attention to the different questions and answers that will help you with this task.

Estados Unidos

Histórico

The oldest permanent European settlement in the United States, St. Augustine, Florida, was established by Spain in 1565—55 years before the Pilgrims landed at Plymouth Rock. For more than two centuries after that, the Spanish controlled a large territory in North America that included what is now Mexico, parts of the southern United States, the states of Texas, New Mexico, Arizona, California, Nevada, and parts of Colorado and Utah.

Constructed as a mission in 1718, the Alamo (in San Antonio, Texas) today is best known as a key battleground in the secession of Texas from Mexico in 1836. The defeat of the Texians at the Alamo became a rallying cry for Texas independence, and Texas gained its freedom from Mexico two months later. ▶

¿Sabes que . . . ?

The language of the Nahua peoples of central Mexico, which included the Aztecs, is related to the languages of the Shoshone, Comanche, and Hopi tribes in the United States. When Spaniards pushed north from the newly conquered central Mexico, they often followed ancient Native American trade routes and used Nahua people as guides.

Para pensar

You can find many Spanish names of cities, counties, and states in the United States. Work with a partner and write a list of at least ten places with Spanish names and then try to guess what they mean in English.

Go Online
PHSchool.com

For: Online Atlas
Visit: www.phschool.com
Web Code: jce-0002

The French Quarter in New Orleans was named after the French who first settled here. In spite of its name, most of the buildings date to when Spain ruled Louisiana (1763–1803). Fires ravaged the area in 1788 and 1794, so when the rebuilding was done, the architectural style was Spanish. This can be seen in the landscaped patios and iron grillwork on balconies.

A network of Spanish Catholic missions once extended throughout the Americas. Many cities in the southwestern United States, including San Francisco, San Diego, and Santa Fe, were originally built around Catholic missions, which in turn were often located at Native American villages or religious sites. The Mission San Xavier del Bac, in Arizona, combines the name of a Catholic saint (San Xavier) with the name of the Papago village where it was built (Bac, which means "where the water emerges"). Constructed in the early 1700s, the mission is still used by the Papago people and is considered one of the world's architectural treasures. ▼

Spain built the Castillo de San Marcos to protect both St. Augustine (Florida) and the sea routes for ships returning to Spain from enemy attacks. This fort was started in 1672 and took 23 years to build. When Spain sold Florida to the United States in 1821, the fort was renamed Fort Marion. The Castillo has been a National Monument since 1924.

Repaso del capítulo

Vocabulario y gramática

Chapter Review

To prepare for the test, check to see if you . . .
- know the new vocabulary and grammar
- can perform the tasks on p. 195

to talk about leisure activities

ir de compras	to go shopping
ver una película	to see a movie
la lección de piano	piano lesson (class)
Me quedo en casa.	I stay at home.

to talk about places

la biblioteca	library
el café	café
el campo	countryside
la casa	home, house
en casa	at home
el centro comercial	mall
el cine	movie theater
el gimnasio	gym
la iglesia	church
la mezquita	mosque
las montañas	mountains
el parque	park
la piscina	swimming pool
la playa	beach
el restaurante	restaurant
la sinagoga	synagogue
el templo	temple, Protestant church
el trabajo	work, job

to tell where you go

a	to (prep.)
a la, al (a + el)	to the
¿Adónde?	(To) Where?
a casa	(to) home

to tell with whom you go

¿Con quién?	With whom?
con mis / tus amigos	with my / your friends
solo, -a	alone

to talk about when things are done

¿Cuándo?	When?
después	afterwards
después (de)	after
los fines de semana	on weekends
los lunes, los martes . . .	on Mondays, on Tuesdays . . .
tiempo libre	free time

to talk about where someone is from

¿De dónde eres?	Where are you from?
de	from, of

to indicate how often

generalmente	generally

other useful words and expressions

¡No me digas!	You don't say!
para + infinitive	in order to + infinitive

ir to go

voy	vamos
vas	vais
va	van

For *Vocabulario adicional,* see pp. 472–473.

● **Más práctica** . . . .
Practice Workbook Puzzle 4A-8
Practice Workbook Organizer 4A-9

Preparación para el examen

Go Online
PHSchool.com
For: Test preparation
Visit: www.phschool.com
Web Code: jcd-0406

On the exam you will be asked to . . .	Here are practice tasks similar to those you will find on the exam . . .	If you need review . . .

 1 Escuchar Listen and understand as people ask questions about weekend events

Two friends are trying to make plans for the weekend. Based on their dialogue, what do they finally agree on? a) Who is going? b) Where are they going? c) When are they going?

pp. 172–175 *A primera vista*
p. 186 Actividad 17

 2 Hablar Talk about places to go and things to do on the weekend

Your parents want to know what you're doing this weekend. Mention at least three places you plan to go or things you plan to do. For example, you might say *Voy de compras con mis amigos.*

pp. 172–175 *A primera vista*
p. 177 Actividad 6
p. 178 Actividad 8
p. 181 Actividad 13
p. 182 Actividad 14
p. 186 Actividad 17

 3 Leer Read about what a person does on particular days of the week

Someone has left his or her planner at your house. Read the schedule for two days to try to figure out what type of person owns it. Indicate whether you agree or disagree with the statements about the person.

MARTES: 6:00 Desayuno 4:00 Lección de piano
5:00 Trabajo 8:30 Clase aeróbica

JUEVES: 3:30 Gimnasio 4:30 Piscina
6:00 Trabajo 8:00 Biblioteca

¿Estás de acuerdo o no? a) Es muy perezoso(a); b) Es atlético(a); c) Le gusta ir de compras.

pp. 172–175 *A primera vista*
p. 176 Actividad 4
p. 180 Actividad 11
pp. 188–189 *Lectura*

 4 Escribir Write a short note to a friend to let him or her know where you are going after school

Your friend is taking a make-up test after school, so you need to write her a short note to tell her what you are doing after school today. In the note, tell her where you are going and then at what time you are going home.

p. 176 Actividad 4
p. 179 Actividad 10
p. 181 Actividad 13
p. 182 Actividad 14
p. 186 Actividad 18

 5 Pensar Demonstrate an understanding of rhymes, songs, and games from Spanish-speaking cultures

Think about your favorite childhood game. How does it compare to the children's games you learned about in this chapter? Describe a traditional game from a Spanish-speaking country.

p. 190 *La cultura en vivo*

Fondo cultural

Starting with the first **Paralympics Games** in Rome in 1960, the International Paralympics Committee has organized summer and winter games that follow the regular Olympic Games and are hosted by the same city. Athletes with all types of disabilities compete in the Paralympics. More than 160 nations participate in this nonprofit organization, with over 6,000 participants worldwide.

• How do you think athletes with disabilities benefit from competing in the Paralympics or in similar local events?

os juegos paralímpicos
996, Atlanta, Georgia

¿Quieres ir conmigo?

Chapter Objectives

- **Talk about activities outside of school**
- **Extend, accept, and decline invitations**
- **Tell when an event happens**
- **Understand cultural perspectives on after-school activities**

Video Highlights

A primera vista: ¡A jugar!
GramActiva Videos: *ir* + *a* + infinitive; the verb *jugar*

Country Connection

As you learn about after-school activities, you will make connections to these countries and places:

Texas
España
Nueva York
Florida
México
Chile

Go Online
PHSchool.com
For: Online Atlas
Visit: www.phschool.com
Web Code: jce-0002

A primera vista

Vocabulario y gramática en contexto

Club Deportivo León

Parque de la Independencia

¿Te gustan los deportes? ¡Puedes practicar con uno de nuestros expertos!
¿Juegas bien o juegas mal? ¡No importa! Hay un deporte para ti.

8.00		el fútbol
8.00		el vóleibol
10.00		el golf
10.00		el tenis
13.00		el béisbol
13.00		el básquetbol
16.00		el fútbol americano

—¿Qué **quieres** hacer **a las
ocho de la mañana, jugar al**
fútbol o al vóleibol?

—A ver . . . No **quiero** jugar al
fútbol. **Juego** muy **mal.**
Prefiero jugar al vóleibol.
Necesito practicar más. ¿Y qué
te gustaría hacer a las cuatro
esta tarde?

—**Me gustaría** jugar al fútbol
americano.

el concierto　　**la fiesta**　　**el baile**　　**el partido**

—¡Hola! ¡Soy Rosa! ¿Quieres hacer algo **conmigo este fin de semana?** Hay un concierto en el parque.

—**Lo siento,** pero no **puedo.** Estoy **demasiado ocupado** y tengo mucha tarea.

—No puedo porque **tengo que** trabajar. Trabajo **esta noche** a las siete y mañana trabajo **a la una de la tarde. Voy a estar** un poco **cansada.** ¡Ay! **¡Qué pena!**

—¡Qué **triste!** No, no puedo ir **contigo.** Estoy **un poco enferma.**

ir de cámping　　**ir de pesca**

—**¡Qué buena idea!** Pero no me gustan los conciertos. Prefiero ir de cámping. Siempre estoy muy **contenta** cuando voy de cámping. . . . **¿A qué hora?** ¿Mañana a las cinco de la tarde? **Entonces,** nos vemos.

Actividad 1 Escuchar . . . .

¡Deportemanía!

Marcela is a sports fanatic! As she lists the days on which she will play the various sports, touch the picture of each sport.

Actividad 2 Escuchar . . . .

¿Cómo estás?

You will hear how five people are feeling. Act out the adjectives that you hear.

● **Más práctica** . . . .
Practice Workbook 4B-1, 4B-2

Go Online
PHSchool.com
For: Vocabulary practice
Visit: www.phschool.com
Web Code: jcd-0411

ciento noventa y nueve 199
Capítulo 4B

¡A jugar!

Ignacio, Javier, Ana y Elena están en el Parque del Retiro en Madrid. ¿Qué van a jugar y hacer? ¿De qué hablan? Lee la historia.

Strategy

Looking to find key questions
Before you read the story, skim to find where the characters are asking questions. The answers may point to important information in the story.

• Look at the questions. Which characters are offering invitations? What do you think they will do?

España

Javier

Ana

Elena

Ignacio

1 *Hoy es sábado y hace buen tiempo. Ignacio, Javier, Ana y Elena están en el parque para jugar al fútbol.*

5 **Ignacio:** Oye, hay una fiesta esta noche. Ana, tú y Elena vais, ¿verdad?
Ana: ¡Claro!
Ignacio : Javier, ¿quieres ir con nosotros a la fiesta?
Elena: ¡Qué buena idea!

6 **Javier:** ¿A qué hora es la fiesta?
Ana: A las nueve **de la noche.** En la escuela.

7 **Javier:** ¿Tengo que bailar?
Ana: Pues, sí. Puedes bailar conmigo y con Elena.
Javier: No **sé** bailar muy bien.
Ana: ¡Vamos, Javier!
Javier: Bien, voy.

2 **Ignacio:** ¡Oye, Javier! ¡Sabes jugar muy bien al fútbol!

Javier: Y tú también . . . Pero necesito practicar más. Ana, ¿quieres jugar?

Ana: ¡Por supuesto! Vamos a jugar.

3 **Elena:** Estoy demasiado cansada y tengo sed. ¿Por qué no tomamos un refresco?

Ignacio: ¡Genial! Yo también estoy un poco cansado.

4 **Ana:** ¿Juegas al vóleibol esta tarde?

Elena: Sí, a las seis.

8 **Javier:** Hasta las nueve, entonces.

Ignacio: ¡Genial! Hasta más tarde.

Actividad 3

Escribir/Hablar . . . .

¿Comprendes?

¿Quién habla: Ana, Elena, Ignacio o Javier?

1. No sé bailar bien.
2. Necesito practicar más.
3. Necesito beber algo después de jugar al fútbol.
4. Juego al vóleibol a las seis.
5. Voy a la fiesta a las nueve.
6. Estoy cansado.

● **Más práctica** . . . .
Practice Workbook 4B-3, 4B-4

Go Online
PHSchool.com
For: Vocabulary practice
Visit: www.phschool.com
Web Code: jcd-0412

Manos a la obra

Vocabulario y gramática en uso

Objectives

- Talk about activities outside of school
- Extend, accept, and decline invitations
- Tell when an event happens
- Say what you are going to do
- Learn to use *ir + a +* infinitive and the verb *jugar*

Actividad 4 · Hablar

Me gustaría ir . . .

Say whether or not you would like to do these things this weekend.

Modelo

Me gustaría ir a una fiesta este fin de semana.

o: *No me gustaría ir a una fiesta este fin de semana.*

1.   2.   3.   4.   5.

Actividad 5 · Escribir/Hablar

No sé jugar . . .

Indica si sabes o no sabes jugar estos deportes.

Modelo

Sé jugar al béisbol muy bien.

o: *No sé jugar al béisbol.*

1.   2.   3.

4.   5.   6.

Actividad 6 · Hablar

¿Qué deportes practicas?

Using the information from Actividad 5, ask and tell about which sports you know, or don't know, how to play.

Modelo

A —*¿Sabes jugar al béisbol?*

B —*¡Por supuesto! Sé jugar al béisbol muy bien.*

o: *No, no sé jugar al béisbol.*

Actividad 7 Leer/Escribir

¿Cómo estás?

You've asked your friends how they are. Now read each friend's reply and write the correct form of the missing word from the list.

cansado, -a	contento, -a
enfermo, -a	mal
ocupado, -a	triste

Tú: ¿Cómo estás?

Felipe: Muy __1.__ . Voy a un concierto esta noche con mis amigos.

Miguel: ¡ __2.__ ! Mi clase de ciencias es muy aburrida y no me gusta nada el profesor.

Marta: Estoy __3.__ . Me duele la cabeza. Hoy no puedo jugar al tenis ni patinar.

Carlos: Estoy __4.__ . Todos mis amigos van a la playa el sábado pero tengo que trabajar.

Gabriela: Un poco __5.__ . Todas las noches trabajo en el centro comercial.

Dolores: Demasiado __6.__ . Juego al básquetbol después de las clases, tomo lecciones de piano y practico cada día y tengo un trabajo también.

Actividad 8   Hablar

Lo siento

Ask your partner if he or she wants to do these activities with you. Your partner can't go, and will offer excuses to explain why.

Modelo

A —¡Oye! ¿Quieres _patinar_ conmigo esta tarde?
B —Lo siento. Hoy no puedo. Estoy _demasiado enfermo(a)_.

Estudiante A

1.   2.   3.

4.   5.

Estudiante B

muy	ocupado, -a
demasiado	enfermo, -a
un poco	cansado, -a
	triste
	mal

¡Respuesta personal!

Actividad 9 Escuchar/Escribir

Escucha y escribe

You will hear three invitations to events and the responses given. On a sheet of paper, write the numbers 1–3. As you listen, write down what each invitation is for and whether the person accepted it (write _sí_) or turned it down (write _no_).

Actividad 10 · **Hablar** ·

¿A qué hora?

Take turns asking and telling what
time the following activities take place.

8:00 🌙

Modelo

A —¿A qué hora es <u>la película</u>?
B —<u>A las ocho de la noche.</u>

1. 9:00 🌙

2. 2:30 ☀

3. 1:30 ☀

4. 8:30 🌙

5. 7:30 🌙

6. 7:00 🌅

Actividad 11 · **Hablar** ·

Una invitación para el sábado

Invite your partner to these places, and tell at what time you
will go. Your partner will accept or decline. Follow the model.

Nota

To ask and tell what time something
happens, you say:

• **¿A qué hora** vas?
• Voy **a la** una.
• Voy **a las** tres y media.

To specify what part of the day, add:

de la mañana*   *in the morning* (A.M.)
de la tarde   *in the afternoon* (P.M.)
de la noche   *in the evening, at night* (P.M.)

Mañana means "tomorrow"; *la mañana*
means "morning."

Modelo

A —¿Te gustaría ir <u>al concierto</u>
el sábado?
B —¿A qué hora?
A —<u>A la una y media de la tarde.</u>
B —¡Genial! ¡Nos vemos el sábado!

1:30 ☀

Estudiante A

1. 7:30 🌙

4. 1:00 ☀

2. 8:30 🌙

5. 4:15 🌅

3. 5:30 🌅

6. 11:00 ☀

Estudiante B

¡Por supuesto! Me gustaría
mucho.

Lo siento, pero no puedo.

¡Ay! ¡Qué pena! Tengo que
trabajar.

¡Genial! Nos vemos el sábado.

¡Qué buena idea! ¡Gracias!

¡Respuesta personal!

Spanish words borrowed from English

Languages often borrow words from one another. For example, "rodeo" and "patio" are Spanish words that have found their way into English. There are also many examples of English words that have entered Spanish. By recognizing these familiar words, you can increase your vocabulary in Spanish.

Try it out! Read the sentences and identify the "borrowed words." Don't forget to pronounce the words correctly in Spanish.

Quiero hacer videos.
¿Quieres jugar al básquetbol conmigo?
Practico el rugby y el ráquetbol.
Juego al fútbol en el cámping.
¡Me encantan los sándwiches!

Radio Taxi

447 52 83
447 23 23
24 horas a su servicio

Actividad 12

Escribir/Hablar

Y tú, ¿qué dices?

1. ¿A qué hora te gusta ir al cine?
2. ¿Estás más contento(a) cuando practicas un deporte o cuando ves la televisión?
3. ¿Qué deportes te gustan más?
4. ¿Este fin de semana tienes que trabajar o puedes pasar tiempo con amigos?

Fondo cultural ◼◆◼◇◼◼◆◼◇◼◆

La noche de los rábanos is just one of the many kinds of *fiestas* in the Spanish-speaking world. On the evening of December 23, people set up booths around the *zócalo* (town square) of Oaxaca, Mexico, to display and sell radishes *(los rábanos)* sculpted into a fantastic array of shapes. *Oaxaqueños* and visitors alike crowd the square to view the amazing creations.

• Do you know communities or regions in the United States that are known for particular crafts or products?

Rábanos esculpidos *(sculpted),* Oaxaca, México

Gramática

Ir + a + infinitive

Just as you use "going" + an infinitive in English to say what you are going to do, in Spanish you use a form of the verb **ir** + **a** + an infinitive to express the same thing:

Voy a jugar al tenis hoy.
I'm going to play tennis today.

¿Tú **vas a jugar** al golf esta tarde?
Are you going to play golf this afternoon?

Mis amigas **van a ir de cámping** mañana.
My friends are going camping tomorrow.

Javier: ¿**Van a jugar** conmigo, o no?
Ana: Sí, **vamos a jugar** contigo.

GramActiva VIDEO

Want more help with *ir* + *a* + infinitive? Watch the **GramActiva** video.

Voy a comer.

---

13 **Gramática** **Escuchar/Escribir**

Escucha y escribe

Rosario and Pablo have left messages on your answering machine telling you what they are going to do and inviting you to join them. On a sheet of paper, write their names and, under each one, the numbers 1–3. As you listen to each message, write down information to answer these three questions:

1. ¿Adónde quiere ir?   **2.** ¿Qué va a hacer?   **3.** ¿A qué hora va a ir?

---

14 **Gramática** ♻ **Escribir/Hablar**

Este fin de semana vamos a . . .

¿Qué va a hacer la familia Ríos este fin de semana?

Modelo

Esteban / / 8:00 🌙   *Esteban va a estudiar a las ocho de la noche.*

1. Angélica / / 3:30 ☀️

2. Yo / / 4:00 ☀️

3. Esteban y un amigo / / 10:00 ☀️

4. Angélica y el Sr. Ríos / / 7:00 ☀️

5. Los señores Ríos / / 7:30 🌙

6. Angélica, Esteban y yo / / 8:00 🌙

Gramática **Escribir/Hablar**

¿Qué vas a hacer?

1 Make a chart like this one to describe five things you're going to do, when you're going to do them, and with whom. Use the following words to say when you're going to do these things: *esta tarde, esta noche, mañana, el jueves, el fin de semana.*

Modelo

¿Qué?	¿Cuándo?	¿Con quién?
tocar la guitarra	esta tarde	mis amigos

2 Ask your partner what his or her plans are.

Modelo

A —*¿Qué vas a hacer esta tarde?*
B —*Esta tarde mis amigos y yo vamos a tocar la guitarra.*

  Leer/Escribir/Hablar

El teléfono celular

Lee el anuncio para el teléfono celular y contesta las preguntas.

1. ¿Por qué es bueno tener un teléfono celular?
2. ¿Te gusta hablar por teléfono celular? ¿Con quién?
3. ¿Crees que es bueno o malo usar un teléfono celular en un restaurante? ¿Por qué?

   Hablar

¿Quieres ir conmigo?

Pretending to use a cell phone, greet a partner and invite him or her to do something with you. Your partner can't go and tells you why.

Modelo

A —*Hola, Sara. Soy Rosa. ¿Quieres jugar al tenis conmigo esta tarde?*
B —*Lo siento, hoy no puedo. Voy a estudiar para la clase de inglés.*
A —*¡Ay! ¡Qué pena!*

¿Te gustaría . . .

pasar más tiempo con tus amigos?

ir de compras?

ir al cine?

ir a conciertos?

escuchar música?

hablar por teléfono?

¡Por supuesto!
¡Con un teléfono celular puedes hacer planes para hacerlo todo!

● **Más práctica**
Practice Workbook 4B-5, 4B-6

PHSchool.com
For: Practice with *ir + a + infinitive*
Visit: www.phschool.com
Web Code: jcd-0413

Gramática

The verb *jugar*

Use the verb *jugar* to talk about playing a sport or a game. Even though *jugar* uses the same endings as the other *-ar* verbs, it has a different stem in some forms. For those forms, the *-u-* becomes *-ue-*. This kind of verb is called a "stem-changing verb." Here are the present-tense forms:

(yo)	juego	(nosotros) (nosotras)	jugamos
(tú)	juegas	(vosotros) (vosotras)	jugáis
Ud. (él) (ella)	juega	Uds. (ellos) (ellas)	juegan

Nota

Many Spanish speakers always use *jugar a* and the name of the sport or game:
• ¿Juegas **al** vóleibol?

Others do not use the *a:*
• ¿Juegas vóleibol?

GramActiva VIDEO

Use the **GramActiva** video to help you learn more about the verb *jugar*.

juego

18 **Gramática** **Escribir**

¿A qué juegan?

Escribe frases para decir qué deportes practican estas personas.

Modelo

Alex Rodríguez juega al béisbol.

Alex Rodríguez

1.

Sergio García

2.

Rebecca Lobo y **Eduardo Nájera**

3.

Carlos Valderrama

4.

Sammy Sosa y **Edgardo Alfonzo**

5. Y tus amigos y tú, ¿a qué juegan Uds.?

También se dice . . .

el básquetbol = el baloncesto (*muchos países*)

el fútbol = el balompié (*muchos países*)

el vóleibol = el balonvolea (*España*)

208 doscientos ocho
Tema 4 • Los pasatiempos

Juego

❶ On each of two index cards, draw a picture that represents a sport or game and write *muy bien, bien,* or *mal* to show how well you play that sport or game. Don't let your classmates see your cards.

❷ Get together with five other students. Put all the cards face down in the center of your group. Choose a card and try to identify who drew it by asking the others how well they play what is pictured. Keep track of what you learn about your classmates.

Modelo
A —*Enrique, ¿juegas bien al tenis?*
B —*No, juego muy mal al tenis.*

❸ Write six sentences about the sports and games the students in your group play.

Modelo
Óscar y Nacho juegan muy bien al fútbol. Teresa y yo jugamos bien al golf.

Actividad 20 **Leer/Escribir/Hablar** ....

La ciudad deportiva

Lee sobre el sueño *(dream)* de Iván Zamorano y contesta las preguntas.

Mi sueño[1]

Quiero una ciudad[2] dedicada al deporte, a la familia y a los niños.[3] Quiero servicios de calidad internacional, con profesores de excelencia. En mi sueño, los niños y jóvenes juegan y practican deportes para ser mejores.[4] Este sueño ya es realidad y quiero compartirlo contigo.

El lugar[5] para hacer deporte en familia.

Escuelas de Fútbol, Tenis, Hockey

Inicio de Inscripción[6]: 23 de marzo, a las 8
Inicio de Actividades: 1 de abril, a las 14 horas

Avenida Pedro Hurtado 2650, Las Condes, Santiago, Chile
Teléfono: 212 2711

1. ¿Qué es el sueño de Iván Zamorano?
2. ¿Qué deportes juegan en la Ciudad Deportiva de Iván?
3. ¿Qué día empieza *(begins)* la inscripción para las escuelas? ¿A qué hora?
4. ¿A qué hora empiezan las actividades?
5. ¿Te gustaría ir a la Ciudad Deportiva de Iván Zamorano? ¿Por qué?

● **Más práctica** ....
Practice Workbook 4B-7

For: Practice with *jugar*
Visit: www.phschool.com
Web Code: jcd-0414

¹dream ³children ⁵place
²city ⁴better ⁶Registration

The letter *d*

In Spanish, the pronunciation of the letter *d* is determined by its location in a word. When *d* is at the beginning of a word, or when it comes after *l* or *n*, it sounds similar to the *d* in "dog." Listen, then say these words:

diccionario	doce	donde
domingo	desayuno	día
deportes	calendario	bandera

When *d* comes between vowels and after any consonant except *l* or *n*, it sounds similar to the *th* of "the." Listen, then say these words:

cansado	ocupado	puedes
idea	sábado	partido
tarde	ensalada	atrevido

Try it out! Here is a tongue twister to give you practice in pronouncing the *d*, but also to give you something to think about!

**Porque puedo, puedes,
porque puedes, puedo;
Pero si no puedes,
yo tampoco puedo.**

Una voluntaria en un hospital

El español en el mundo del trabajo

There are many opportunities to use Spanish in the health care field—in hospitals, emergency rooms, and neighborhood clinics. This young woman volunteers in a California hospital. Since many of the patients come from Spanish-speaking homes, she is able to speak with them and their families in Spanish. *"Para mí, trabajar como voluntaria es una de mis actividades favoritas. Creo que mi trabajo es importante."*

• What opportunities are there in your community to do volunteer work where speaking Spanish is helpful?

Actividad 21 Leer/Pensar/Escribir

¡Vamos de cámping!

Tourism is an important industry in Spain. Many tourists prefer to go camping rather than stay in hotels. Read the following brochure about a campground and then answer the questions.

Conexiones Las matemáticas

Cámping Playa Tropicana

Alcossebre (Castellón)
Teléfono: 462 41 42 73   Fax: 964 01 55 05

240 kilómetros al sur de Barcelona
52 kilómetros al norte de Castellón

- Un cámping verdaderamente recomendable
- Siempre algo nuevo
- La mejor opción para su dinero

Con abundante vegetación y mucha sombra,[1] directamente sobre una fabulosa playa. Ideal para niños. La mejor zona de pesca de la Costa de Azahar.

[1]shade

¿Qué distancia en millas[2] hay entre[3] Barcelona y el Cámping Playa Tropicana? ¿Qué distancia hay entre Castellón y el Cámping Playa Tropicana?

Para convertir kilómetros en millas, es necesario dividir el número de kilómetros por 1.6.

[2]miles   [3]between

Para decir más . . .

200 = doscientos

Actividad 22 Escribir/Hablar

Y tú, ¿qué dices?

1. ¿Con quién te gustaría ir a una fiesta? ¿Por qué?
2. ¿Qué prefieres, ir de pesca o ir a un baile?
3. ¿Qué vas a hacer mañana a las ocho de la noche?
4. ¿Qué vas a hacer este fin de semana?
5. ¿Te gustaría ver un partido de fútbol o ir a un concierto?

¡Adelante!

Sergio y Lorena:
El futuro del golf

Lee dos artículos de una revista deportiva.
Vas a conocer a[1] Sergio García y a Lorena
Ochoa Reyes, dos atletas famosos.

Objectives

- Read about and compare the lives of two famous golfers
- Recognize specialized sports vocabulary
- Understand cultural perspectives regarding extracurricular activities
- Write an invitation to an event
- Learn facts about the contemporary United States

Strategy

Cognates
Use the cognates in the following article to help you understand what is being said about the golfers.

Nombre: Sergio García

Fecha de nacimiento: 9/1/80

Lugar de nacimiento: Borriol, Castellón (España)

Club: Club de Campo del Mediterráneo

Su objetivo: Ser el mejor del mundo

Profesional: Desde abril del 99

Aficiones[2]: Real Madrid, tenis, fútbol, videojuegos

Sergio García

Sergio García es uno de los golfistas más populares en el mundo del golf profesional.

Sergio juega para el Club de Campo del Mediterráneo en Borriol, Castellón, donde su padre Víctor es golfista profesional. Juega al golf desde la edad[3] de tres años y a los 12 años es campeón[4] del Club de Campo. Es el golfista más joven en competir en el campeonato PGA desde Gene Sarazen en 1921 y gana[5] el segundo lugar.[6] Tiene el nombre "El niño." A los 15 años, juega en un torneo del circuito europeo de profesionales. Y a la edad de 17 años gana su primer torneo de profesionales.

Es evidente que este español tiene el talento para realizar su objetivo.

[1] You will meet [2] Interests [3] age [4] champion [5] he wins [6] second place

Una invitación

Task
A special event is coming up on the calendar and you want to invite a friend to go with you.

① Prewrite Think about an event that you'd invite a friend to attend, such as a concert, sporting event, or party. Write an invitation that includes:

- the name of the event
- when, where, and at what time the event is taking place
- who is going

② Draft Use the information from Step 1 to write a first draft of your invitation. Begin your invitation with *¡Hola . . . !* and close with *Tu amigo(a)* and your name.

③ Revise Read your note and check for correct spelling and verb forms. Share your invitation with a partner. Your partner should check the following:

- Did you give all the necessary information?
- Is there anything you should add or change?
- Are there any errors?

④ Publish Write a final copy of your invitation, making any necessary changes. You may want to give it to your friend or include it in your portfolio.

⑤ Evaluation Your teacher may give you a rubric for how your invitation will be graded. You probably will be graded on:

- how complete the information was
- use of vocabulary expressions
- accuracy of sentence structures

Strategy

Organizing information
Thinking about the correct format and necessary information beforehand will help you create a better invitation.

Estados Unidos

Contemporáneo

According to the 2000 census, 32,800,000 people (about 12 percent of the total population of the United States) classified themselves as being of Spanish or Hispanic descent. Out of that number, 30,700,800 indicated that they were of either Mexican, Puerto Rican, or Cuban descent. The remaining 2,099,200 people checked "Other Spanish/Hispanic" on their census questionnaires. This broad category included people who came from or who had ancestral ties to other Spanish-speaking countries in the Caribbean, Central and South America, or Spain.

Born in Costa Rica, Dr. Franklin Chang-Díaz (left) was the first Hispanic astronaut to fly in space. He was selected by NASA in 1980 and is a veteran of seven space flights. In 1990, Californian Dr. Ellen Ochoa (right) became the first Hispanic female astronaut. Since then she has logged more than 480 hours in space. Her dream is to help build a space station, which she considers "critical . . . to human exploration in space." Both Dr. Ochoa and Dr. Chang-Díaz are the recipients of many honors for their technical contributions and their scholarship. ▶

¿Sabes que . . . ?

The influence of Spanish-speaking cultures is evident throughout the United States. Musical artists such as Enrique Iglesias, Shakira, and Marc Anthony sell millions of CDs. Actors such as Salma Hayek, Jennifer Lopez, Benjamin Bratt, and Edward James Olmos earn great acclaim for their work. And in politics, Spanish-speaking Americans serve in Congress and top-level Cabinet posts.

Para pensar

Work with a partner and interview a classmate, friend, or acquaintance who is Spanish-speaking or who has ties to a Spanish-speaking country. What is the person's name? Where did the family come from, and when? Why did the family move to your community? If this person had one thing to say to you and your classmates about the immigrant experience and cultural differences, what might that be? Write a short account of the interview and present it to your class or to a small group.

Canadá

Estados Unidos

OCÉANO PACÍFICO

OCÉANO ATLÁNTICO

México

Alaska   Canadá   OCÉANO PACÍFICO

Hawaii

Golfo de México

Go Online
PHSchool.com

For: Online Atlas
Visit: www.phschool.com
Web Code: jce-0002

The music and poetry of New York City's Puerto Rican community are a creative blend of English and Spanish. *Nuyoricans* of the *Loisaida* (Lower East Side) rub shoulders with people of diverse ethnic backgrounds creating sounds and rhythms unlike any other in the world. The Nuyorican Poets Café has become an institution on the *Loisaida*, where poets, writers, performance artists, musicians, and visual artists of all nationalities can find an outlet for their work.

More than half of Miami's population is of Spanish-speaking descent. Calle Ocho is the heart of Little Havana, the largest Cuban American community in the United States. The Calle Ocho Festival, which takes place at the end of Carnaval Miami, is a great time to sample Cuban food and dance to some of the world's greatest salsa artists.

More Mexicans visit the border town of Laredo, Texas, than any other city in the United States; and more United States citizens visit the Mexican border town of Tijuana than any other foreign city. Most of the visitors come from nearby areas and stay for only a few hours to visit or shop.

Repaso del capítulo

Vocabulario y gramática

Chapter Review

To prepare for the test, check to see if you . . .
- know the new vocabulary and grammar
- can perform the tasks on p. 219

to talk about leisure activities

el baile	dance
el concierto	concert
la fiesta	party
el partido	game, match
ir + a + *infinitive*	to be going to + *verb*
ir de cámping	to go camping
ir de pesca	to go fishing
jugar al básquetbol	to play basketball
jugar al béisbol	to play baseball
jugar al fútbol	to play soccer
jugar al fútbol americano	to play football
jugar al golf	to play golf
jugar al tenis	to play tennis
jugar al vóleibol	to play volleyball
(yo) sé	I know (how)
(tú) sabes	you know (how)

to describe how someone feels

cansado, -a	tired
contento, -a	happy
enfermo, -a	sick
mal	bad, badly
ocupado, -a	busy
triste	sad

to tell what time something happens

¿A qué hora?	(At) what time?
a la una	at one (o'clock)
a las ocho	at eight (o'clock)
de la mañana	in the morning
de la noche	in the evening, at night
de la tarde	in the afternoon
este fin de semana	this weekend
esta noche	this evening
esta tarde	this afternoon

to extend, accept, or decline invitations

conmigo	with me
contigo	with you
(yo) puedo	I can
(tú) puedes	you can
¡Ay! ¡Qué pena!	Oh! What a shame!
¡Genial!	Great!
lo siento	I'm sorry
¡Oye!	Hey!
¡Qué buena idea!	What a good / nice idea!
(yo) quiero	I want
(tú) quieres	you want
¿Te gustaría?	Would you like?
Me gustaría	I would like
Tengo que ___.	I have to ___.

other useful words and expressions

demasiado	too
entonces	then
un poco (de)	a little

jugar (a) *to play (games, sports)*

juego	jugamos
juegas	jugáis
juega	juegan

For *Vocabulario adicional,* see pp. 472–473.

● Más práctica · · · · · · · · · · · · · · · ·
Practice Workbook Puzzle 4B-8
Practice Workbook Organizer 4B-9

Preparación para el examen

On the exam you will be asked to . . .	Here are practice tasks similar to those you will find on the exam . . .	If you need review . . .
1 Escuchar Listen to and understand messages that give information about when and where to meet someone	On your answering machine, you hear your friend asking if you can go somewhere with her this weekend. Based on her message, try to tell: a) where she is going; b) what she is going to do; and c) what time she wants to go.	**pp. 198–201** *A primera vista* **p. 203** Actividad 9 **p. 206** Actividad 13
2 Hablar Make excuses for not accepting an invitation	You and a friend have planned a camping trip this weekend, but another friend now wants you to do something with him. With a partner, take turns rehearsing excuses for declining his invitation.	**p. 202** Actividad 4 **p. 203** Actividad 8 **p. 204** Actividad 11 **p. 207** Actividad 17
3 Leer Read and understand short messages about accepting or declining invitations	You find notes under your desk that were written to the person who was sitting there before you. Read them to see why people declined an invitation to a party:	**pp. 198–201** *A primera vista* **p. 203** Actividad 7 **pp. 212–213** *Lectura*

a) Me gustaría, pero no puedo. Tengo que estudiar para un examen.

b) ¡Genial! ¡Una fiesta! Ay, pero no puedo. Voy de cámping.

c) ¿A las siete? No puedo. Juego un partido de vóleibol a las siete y media. Lo siento.

4 Escribir Write a short note telling what you are going to do during the week	As a counselor for an after-school program for children, you must write a note to the parents telling them at least three things their children are going to do during the week. (Hint: Start your note with *¡Hola! Esta semana . . .*)	**pp. 198–201** *A primera vista* **p. 206** *ir + a +* infinitive; Actividad 14 **p. 207** Actividad 15 **p. 215** *Presentación escrita*
5 Pensar Demonstrate an understanding of cultural differences regarding extra-curricular activities	Think about what you and your friends typically do after school. Are your activities usually school-related? How would you compare what you do to what some Hispanic teens do in their after-school time?	**p. 214** *Perspectivas del mundo hispano*

Fondo cultural

Carmen Lomas Garza (1948–) is best known for her paintings that show Mexican American family life in her native South Texas in the 1950s.

• What do you see in the painting that would make this family celebration similar to or different from family parties that you're familiar with?

Barbacoa para cumpleaños / Birthday Party Barbecue (1993), Carmen Lomas Garza

Alkyds on canvas, 36 x 48 inches. © 1993 Carmen Lomas Garza (reg. 1994). Photo credit: M. Lee Fatherree. Collection of Federal Reserve Bank of Dallas.

a familia mexicana
ebrando un cumpleaños

Una fiesta de cumpleaños

Chapter Objectives

- **Describe families**
- **Talk about celebrations and parties**
- **Ask and tell ages**
- **Express possession**
- **Understand cultural perspectives on family and celebrations**

Video Highlights

A primera vista: *¡Feliz cumpleaños!*

GramActiva Videos: the verb *tener;* possessive adjectives

Videomisterio: *¿Eres tú, María?,* Episodio 1

Country Connection

As you learn about family celebrations and parties, you will make connections to these countries and places:

- España
- Texas
- California
- México
- República Dominicana
- Chile

Go Online
PHSchool.com

For: Online Atlas
Visit: www.phschool.com
Web Code: jce-0002

A primera vista

Vocabulario y gramática en contexto

Objectives

Read, listen to, and understand information about
- families
- parties and celebrations

mis abuelos

Ricardo
mi **abuelo**, 68

Ana María
mi **abuela**, 61

Más vocabulario
el **padrastro** stepfather
la **madrastra** stepmother
el **hermanastro** stepbrother
la **hermanastra** stepsister

mis **padres**

mis **tíos**

María
mi **madre**, 39

José Antonio
mi **padre**, 42

Josefina
mi **tía**, 38

Andrés
mi **tío**, 42

Capitán
mi **perro**

Michi
mi **gato**

mis **hermanos**

mis **primos**

Angélica
mi **hermana**, 16

Esteban
mi **hermano**, 15

Cristina
yo, 13

Carolina
mi **prima**, 17

Gabriel
mi **primo**, 13

❝¡Hola! Me llamo Cristina. Hoy es mi **cumpleaños**. Toda mi familia va a **preparar** una fiesta para **celebrar**. ¡Va a ser muy divertido!**❞**

❝Aquí está mi familia. Tengo dos hermanos: mi hermana **mayor,** Angélica, **que tiene 16 años,** y mi hermano, Esteban, que tiene 15 años. Y aquí están mis primos: Carolina tiene 17 años. **Su** hermano **menor,** Gabriel, tiene **sólo** 13 años.**❞**

❝Mira a **las personas** de las fotos. Es la familia de mi tía Josefina. Mi tío Andrés es **el esposo** de Josefina. Ellos tienen dos **hijos: su hijo** Gabriel y su **hija** Carolina.**❞**

el regalo

la cámara

❝ Hoy es el cumpleaños de Cristina. Tengo un regalo para ella. Es una cámara. A Cristina **le encanta sacar fotos.** ❞

FIESTAMANÍA

¡Tenemos todo para tu fiesta de cumpleaños!

las luces

la luz

la piñata

el papel picado

la flor

los globos

las flores

el pastel

los dulces

calle Bolívar, 23
Tel. 455-23-19
Abierto de
10h a 20h

Actividad 1 Escuchar ·············

La familia de Cristina

Listen as Cristina describes her family. If her statement is true, give a "thumbs-up" sign. If it is false, give a "thumbs-down" sign.

Actividad 2 Escuchar ·············

Preparamos la fiesta

Now listen as Cristina and her mother prepare for the birthday party. Look at the items in the party shop ad on this page and touch each item they mention.

● **Más práctica** ·············
Practice Workbook 5A-1, 5A-2

Go Online
PHSchool.com

For: Vocabulary practice
Visit: www.phschool.com
Web Code: jcd-0501

¡Feliz cumpleaños!

¿Qué pasa en la fiesta de Cristina? Lee la historia.

Strategy

Using visuals
Look at the pictures as you read to help you get the details of the story.

Texas

Carolina

Esteban

Cristina

Gabriel

Angélica

1 **Esteban:** Vamos a **hacer un video.** Uno . . . dos . . . tres . . . ¡Acción!

Angélica: Hola, me llamo Angélica. Hoy es el cumpleaños de **nuestra** hermana, Cristina. Todos están aquí para celebrar.

5 **Angélica:** Aquí está mi madre. A **mamá** le gustan **las decoraciones.**

Madre: Sí. A mí me encanta **decorar** con papel picado.

6 **Angélica:** Y aquí está Cristina. Hoy es su cumpleaños. **¡Feliz cumpleaños!**

Cristina: ¿Cuándo puedo **abrir** mis regalos?

Angélica: Ahora no. Primero, la piñata.

7 **Padre:** ¡Vamos, Gabriel! ¿Puedes **romper** la piñata?

Gabriel: ¡Por supuesto!

Todos: *Dale, dale, dale, no pierdas el tino, porque si lo pierdes, pierdes el camino.*

(¡Crac! *Gabriel rompe la piñata y . . .*)

2 **Angélica:** Aquí están mis abuelos. ¿Y **cuántos años tienen Uds.?**

Abuelo: Pues, yo tengo sesenta y ocho años y tu abuela . . .

Abuela: Por favor, Ricardo. Angélica, ¡qué pregunta!

3 **Angélica:** Aquí está Gabriel, mi primo menor. Le gusta mucho el fútbol. Y aquí está mi prima. ¿Cómo te llamas?

Carolina: Pero, Angélica, tú sabes mi nombre.

Angélica: Sí, pero es para el video. Por favor . . .

4 **Angélica:** Él es **nuestro** padre. ¿Qué haces, **papá?**

Padre: Voy a preparar unas hamburguesas y después voy a sacar fotos de la fiesta.

8 **Madre:** ¡Gabriel! ¡La piñata! ¡El pastel! ¡Ay, no!

Escribir/Hablar ·

¿Comprendes?

1. ¿Quién va a hacer el video, Gabriel o Esteban?
2. ¿Quién tiene sesenta y ocho años, el abuelo o la abuela?
3. ¿A quién le gusta jugar al fútbol, a Esteban o a Gabriel?
4. ¿Qué va a hacer el padre, decorar o preparar hamburguesas?
5. ¿Con qué decora la madre, con globos o con papel picado?
6. ¿Quién rompe la piñata, Cristina o Gabriel?

● **Más práctica** ·
Practice Workbook 5A-3, 5A-4

Go Online
PHSchool.com

For: Vocabulary practice
Visit: www.phschool.com
Web Code: jcd-0502

Manos a la obra

Vocabulario y gramática en uso

Objectives

- **Communicate about families and parties**
- **Ask and tell what people have**
- **Ask and tell people's ages**
- **Tell to whom something belongs**
- **Learn to use the verb *tener* and possessive adjectives**

Actividad 4

Leer/Escribir/Hablar •

¿Quién es?

Completa cada frase con la palabra apropiada.

Modelo

La madre de mi madre es mi abuela.

1. La esposa de mi tío es mi ___.
2. El padre de mi padre es mi ___.
3. El hijo de mi madrastra es mi ___.
4. Paco y Ana son mis tíos. Sus hijos son mis ___

5. El hermano de mi madre es mi ___.
6. Los padres de mi padre son mis ___.
7. La hija de mi padrastro es mi ___.
8. El hermano de mi prima es mi ___.

Actividad 5

Leer/Escribir/Hablar •

En la fiesta de cumpleaños

Escribe la palabra apropiada para completar cada frase.

Hoy **1.** *(celebramos / sacamos)* la fiesta de cumpleaños de mi hermana menor, Cristina. ¿Cuántos años **2.** *(es / tiene)* ella? Trece.

A nuestra madre **3.** *(le / me)* encantan las fiestas. Mamá y mi hermana **4.** *(decoran / rompen)* el patio con **5.** *(luces / pasteles)* y **6.** *(fiestas / flores)*.

A **7.** *(nuestro / nuestra)* hermano le gusta hacer un **8.** *(regalo / video)* o **9.** *(abrir / sacar)* fotos de la fiesta. Siempre hay una piñata que nosotros **10.** *(abrimos / rompemos)*. En la piñata hay **11.** *(dulces / flores)* sabrosos. Ahora Cristina va a **12.** *(romper / abrir)* sus regalos.

El papel picado Mexican families frequently decorate for celebrations by using *papel picado* (cut paper). It is made by folding and cutting layers of colored tissue paper to create designs or scenes that are then hung as decorations.

- What crafts do you know that use similar techniques?

Haciendo papel picado / Making papel picado (1998), Carmen Lomas Garza

Black paper cutout, 22" x 30". © 1998 Carmen Lomas Garza.
Photo credit: Northern Lights, Collection of Carmen Lomas Garza.

Actividad 6

Hablar ·····

Mi familia

Habla de los miembros de tu familia o de otra familia.

República Dominicana

Modelo

hermanos

A —¿Tienes *hermanos*?

B —Sí, tengo *un hermano y una hermana*.

o: *No, no tengo hermanos.*

A —¿Cómo se llaman?

B —*Mi hermano se llama David y mi hermana
se llama Abby.*

Dos hermanos de la República Dominicana

Para decir más . . .

el (la) hijo(a) único(a) only child

Estudiante A

1. tíos
2. primos
3. un abuelo
4. una hermana mayor
5. hermanos menores
6. una tía favorita
7. una abuela
8. un gato o un perro

Estudiante B

¡Respuesta personal!

Actividad 7

Hablar ······

A mi familia le gusta . . .

Habla de las actividades favoritas de los
miembros de tu familia o de otra familia.

Modelo

primo

A —¿Qué le gusta hacer a tu *primo*?

B —*Le gusta sacar fotos.*

Estudiante A

1. padre
2. madre
3. abuelo
4. hermana
5. prima o primo favorito(a)
6. tía o tío favorito(a)
7. perro o gato

Estudiante B

¡Respuesta
personal!

Actividad 8

Escribir/Hablar ······

Y tú, ¿qué dices?

1. Describe a una persona de tu familia o de otra familia. ¿Cómo se llama?
   ¿Cuántos años tiene? ¿Cómo es? ¿Qué le gusta hacer?

2. ¿Tienes un perro o un gato? ¿Cómo se llama? ¿Cuántos años tiene?

3. ¿Qué te gusta hacer durante *(during)* una fiesta de cumpleaños?

Gramática

The verb *tener*

The verb *tener* is used to show relationship or possession.

Tengo un hermano mayor.	*I have an older brother.*
Tenemos un regalo para Tere.	*We have a gift for Tere.*

Some expressions in Spanish use *tener* where English uses "to be."

Mi primo **tiene** dieciséis años.	*My cousin **is** sixteen years old.*
Tengo hambre y sed.	*I **am** hungry and thirsty.*

Here are all the present-tense forms of *tener*:

(yo)	**tengo**	(nosotros) (nosotras)	**tenemos**
(tú)	**tienes**	(vosotros) (vosotras)	**tenéis**
Ud. (él) (ella)	**tiene**	Uds. (ellos) (ellas)	**tienen**

¿Recuerdas?

You have been using the verb *tener* for several chapters.

• **¿Tienes** una bicicleta?

• **Tengo** que hacer ejercicio.

GramActiva VIDEO

Want more help with the verb *tener*? Watch the **GramActiva** video.

Actividad 9 — Gramática — Leer/Escribir/Pensar

Rompecabezas

Escribe la forma apropiada del verbo *tener* para cada frase. Luego *(Then)* resuelve el problema.

El total de las edades *(ages)* de los hijos de nuestra familia es cien. Marta **1.** 19 años. Paco y yo **2.** dos años menos que Marta.

Laura y Eva **3.** cinco años menos que Paco y yo. ¿Cuántos años **4.** nuestro hermano mayor, Enrique?

Actividad 10 — Gramática — Hablar

¿Qué hay para la fiesta?

Pregunta a otro(a) estudiante qué tienen estas personas para la fiesta.

Ana

Modelo
A —¿Qué tiene Ana?
B —Ana tiene la piñata.

1. David

2. Yolanda

3. tu abuela

4. tú

5. Uds.

6. Juan y Marcos

Actividad 11 Hablar/Escribir

Entrevista

Interview a partner. Find out the answers to the following questions. Your partner may answer based on his or her own family or on a TV family. Write your partner's answers so that you can report your interview to the class.

1. ¿Cómo te llamas y cuántos años tienes? ¿Qué te gusta hacer?
2. ¿Cuántos hermanos mayores o menores tienes?
3. ¿Cómo se llaman tus hermanos(as) y cuántos años tienen?
4. ¿Cómo son tus hermanos(as)?
5. ¿Qué le gusta hacer a uno(a) de tus hermanos(as)?
6. ¿Tienes perros o gatos? ¿Cómo se llama(n)?

> ### Nota
> To say that a person likes or loves something, you use *le gusta(n)* or *le encanta(n).* When you include the name of the person or the pronoun, be sure to add *a:*
> - **A Pedro le** gustan los dulces.
> - **A ella le** encanta sacar fotos.

Actividad 12 Escribir/Hablar

¡Reportaje!

Based on your notes from Actividad 11, write a report of your interview. Your teacher may ask you to read your report to the class.

Modelo

Anita tiene 13 años y le encanta escuchar música. Anita tiene tres hermanos: un hermano mayor y dos hermanos menores. Su hermano mayor, Peter, tiene 16 años. Sus hermanos menores se llaman Lisa y Kevin. Ellos tienen sólo once y ocho años. Son simpáticos y deportistas. A Kevin le gusta jugar al básquetbol. Anita no tiene ni perros ni gatos.

Actividad 13 Escribir/Hablar

Preparaciones para una fiesta de cumpleaños

Contesta las preguntas.

Cuando tu familia celebra un cumpleaños, ¿quién tiene que . . .

1. . . . decorar la casa? ¿Con qué?
2. . . . preparar la comida y las bebidas?
3. . . . comprar los regalos?
4. . . . hacer el pastel?
5. . . . hacer el video o sacar fotos?

> ### ¿Recuerdas?
> Remember that *tener que* + infinitive means "to have to" (do something).
> - Sofía **tiene que** decorar el pastel.

Celebrando un cumpleaños con una piñata

Actividad 14 · Gramática · Leer/Escribir

La familia de Pablo

Look carefully at the photograph of Pablo's family, the royal family of Spain, as they celebrate his special day. As Pablo describes this family photo, complete the story with the appropriate forms of the verb *tener*.

Me llamo Pablo Nicolás Urdangarín y de Borbón. Mi cumpleaños es el 6 de diciembre. Nosotros __1.__ muchas fiestas en mi familia.

En la foto celebramos un día muy especial para mí. Es el día de mi bautizo. (Yo) __2.__ un hermano mayor que se llama Juan Valentín. También (yo) __3.__ dos primos: Felipe, que __4.__ dos años, y una prima, Victoria. Victoria __5.__ sólo tres meses más que yo. Felipe y Victoria son los hijos de mis tíos, la infanta[1] Elena y su esposo, Jaime. Están a la derecha en la foto. A la izquierda están mi tío—el príncipe Felipe—y mis padres. Mi hermano está en los brazos de mi padre, Iñaki. Yo estoy en los brazos de mi mamá, la infanta Cristina. Mis abuelos, el rey Juan Carlos y la reina Sofía, __6.__ 62 años. Ellos son los reyes[2] de España. ¿ __7.__ tú tíos y primos? Me encanta tener una familia grande.

[1] In the Spanish royal family, *una infanta* is a princess (*una princesa*) who is not heir to the throne.
[2] Note that *el rey* + *la reina* = *los reyes*.

La familia de Juan Carlos I, rey de España

Fondo cultural

La familia real (*royal*) de España Juan Carlos I and Sofía have been king and queen of Spain since 1975.

• What other countries can you name that have monarchies?

● **Más práctica**

Practice Workbook 5A-5

Go Online
PHSchool.com

For: Practice with *tener*
Visit: www.phschool.com
Web Code: jcd-0504

Actividad 15 · Leer/Hablar/Pensar

¿Quiénes son los miembros de la familia real?

Work with a partner to identify the members of the royal family. Use the photograph and answers from Actividad 14 to help.

Modelo

A —*Creo que el número uno es el tío de Pablo. Se llama Felipe.*
B —*Estoy de acuerdo.*
o: . *No estoy de acuerdo.*

Actividad 16 Leer

La familia de Carlos IV

Before the age of photography, painted portraits were used to capture the images of people. Look carefully at the painting *La familia de Carlos IV* by Francisco de Goya and then read about the family.

Conexiones | El arte

La familia real tiene mucha importancia en la historia de España. Es el año 1800: Carlos IV *(Cuarto)* no es un rey popular y muchas personas creen que es demasiado indeciso.[1] En este cuadro[2] del pintor Francisco de Goya, puedes ver a la familia del rey Carlos IV. Carlos IV reinó[3] de 1788 a 1808.

• El pintor también está en el cuadro. ¿Puedes ver a Goya? ¿Dónde está?

La familia de Carlos IV (1800), Francisco de Goya
Oil on canvas, 110 1/4" x 132 1/4 " (280 x 336 cm). Museo Nacional del Prado, Madrid.
Photo credit: Scala / Art Resource, NY.

[1] indecisive   [2] painting   [3] reigned

Actividad 17 Pensar/Hablar

Carlos IV y su familia

Work with a partner. Point to different people in Goya's painting of the royal family and ask your partner who he or she thinks they are.

| Modelo |

A —¿*Quién es?*
B —*Creo que es el hijo menor.*

Fondo cultural

Dos familias reales The family photo of the Spanish royal family on the preceding page was taken in the year 2000, 200 years after Goya painted the portrait of Juan Carlos I's ancestor and his family. Study the two pictures as you answer these questions.

• In what ways are the two pictures similar?
• How are they different?
• How would you compare them to your own family portraits?

Autorretrato (ca. 1815)
Oil on canvas. Academia de San Fernando, Madrid, Spain. Courtesy
The Bridgeman Art Library International Ltd.

Francisco de Goya (1746–1828) was one of the greatest Spanish painters and is considered by many to be the "Father of Modern Art." He was known for a wide range of art themes, including portraits of the royal family and other members of the nobility.

Gramática

Possessive adjectives

You use possessive adjectives to tell what belongs to someone or to show relationships. In English, the possessive adjectives are *my, your, his, her, its, our,* and *their.*

Here are the possessive adjectives in Spanish:

mi(s)	nuestro(s) nuestra(s)
tu(s)	vuestro(s) vuestra(s)
su(s)	su(s)

¿Recuerdas?

You know that *de* shows possession or relationship and is the equivalent of *-'s* and *-s':*

- el regalo **de** Ana
- los primos **de** mis amigos

Javier y yo con **nuestra** abuela

Mis padres con **su** regalo

Like other adjectives, possessive adjectives agree in number with the nouns that follow them. Only *nuestro* and *vuestro* have different masculine and feminine endings.

mi cámara   mis cámaras

nuestro abuelo   nuestros abuelos

nuestra hija   nuestras hijas

Su and *sus* can have many different meanings: *his, her, its, your,* or *their.* To be more specific, you can use *de* + noun or pronoun.

sus flores = las flores **de ella**

sus regalos = los regalos **de Javier y Carlos**

GramActiva VIDEO

Want to learn more about possessive adjectives? Watch the **GramActiva** video.

Actividad 18   Gramática   Leer/Escribir

La Cenicienta y su familia

Escribe la palabra o los adjetivos posesivos apropiados para completar la historia de la Cenicienta. La Cenicienta es un personaje de un cuento muy famoso. ¿Quién es?

Cenicienta tiene una madrastra y dos hermanastras muy perezosas. __1.__ *(Sus / Tus)* hermanastras se llaman Griselda y Anastasia. __2.__ *(Nuestra / Su)* madrastra y __3.__ *(su / sus)* hermanastras siempre dicen: "¡Cenicienta! Tenemos hambre. ¿Dónde está __4.__ *(mi / nuestra)* comida?" Cada mañana Griselda le dice:

"Quiero __5.__ *(mi / su)* desayuno. ¿Dónde está?" Una noche Cenicienta va al baile del príncipe. Él le pregunta a Cenicienta: "¿Cómo te llamas? ¿Quiénes son __6.__ *(tu / tus)* padres?" Las hermanastras __7.__ *(de / su)* Cenicienta ven al príncipe cuando baila con Cenicienta. Ellas dicen: "¡ __8.__ *(Nuestra / Su)* hermanastra baila con el príncipe! ¡Qué ridículo!"

Leer/Escribir/Hablar ·

¿Quién es tu héroe o heroína?

Lee el anuncio y contesta las preguntas.

No es sólo mi padre. También es mi héroe.

Y es nuestro héroe también.

Gracias.

Patrocinado por la Cámara de Comercio

1. En este anuncio, ¿quién es el héroe? ¿De quiénes es el héroe?

2. Trabaja con otro(a) estudiante. Pregunta quién es su héroe o heroína.

> **Modelo**
>
> **A** —*¿Quién es tu héroe o heroína? ¿Cómo es?*
> **B** —*Mi heroína es mi madre. Es muy inteligente.*

 Gramática **Leer/Pensar** ·

¿Dónde está o dónde están?

Un grupo de estudiantes busca *(is looking for)* sus decoraciones para una fiesta en la escuela. Empareja *(Match)* cada pregunta con la respuesta más apropiada.

1. ¿Dónde están tus flores?

2. ¿Dónde está el papel picado de Clara?

3. ¿Dónde está mi papel picado?

4. ¿Dónde están los globos de Marta y Tere?

5. ¿Dónde están las flores de Teodoro?

6. ¿Dónde están mis globos?

a. Tu papel picado está allí.

b. Sus flores están allí.

c. Mis globos están allí.

d. Mis flores están detrás del escritorio.

e. Tus globos están debajo de la mesa.

f. Su papel picado está debajo de la carpeta.

g. Sus globos están al lado de la computadora.

Gramática **Hablar/GramActiva** . . . .

Juego

Modelo

Uds. tienen su calculadora.

❶ Working with a partner, make a set of two cubes using the template your teacher will give you.

- **Cube 1** Write a different subject pronoun on each side.
- **Cube 2** Write a different classroom object on each side. Make three of them singular and three of them plural.
- **Both cubes** Write a different point value from 1 to 6 on each side.

❷ You and your partner will play against another pair of students. Team 1 rolls both of your cubes and says a sentence using the correct form of the verb *tener,* the appropriate possessive adjective, and the classroom object. If the sentence is correct, Team 1 receives the total points shown on the cubes. Team 2 then rolls the other cubes. Continue until a team reaches 100 points or time is called.

 Hablar . . . .

¿Qué tienen y para qué clase?

¿Qué tienen tus compañeros hoy?

❶ Escribe cinco cosas *(things)* que usas en la escuela y para qué clases son.

❷ Pide *(Ask for)* las respuestas a tres compañeros y escríbelas en una hoja de papel.

¿Recuerdas?

You have been using vocabulary for classroom supplies for several chapters.

Modelo

A —*¿Qué tienes para tus clases hoy?*
B —*Tengo mi calculadora para la clase de matemáticas y mi carpeta para la clase de inglés.*

❸ Escribe cinco frases para describir las cosas que tienen los estudiantes para las clases de hoy.

Modelo

Ana tiene su carpeta para la clase de inglés.
Paco y yo tenemos nuestros lápices para la clase de arte.

● **Más práctica** . . . .
Practice Workbook 5A-6, 5A-7

For: Practice with possessive adjectives
Visit: www.phschool.com
Web Code: jcd-0505

Tema 5 • Fiesta en familia

Exploración del lenguaje

Diminutives

In Spanish you can add the suffix *-ito(a)* to a word to give it the meaning of "small" or "little." It can also be used to show affection. Words with this suffix are called diminutives *(diminutivos)*.

abuelo → abuelito

perros → perritos

hermana → hermanita

Now that you know what the suffix *-ito(a)* means, can you figure out the meanings of these words?

abuelita   gatito   Miguelito   hijita

Some very popular names are diminutives. What do you think the diminutives of these names are?

Ana   Juana   Eva   Lola

Actividad 23 — Leer/Pensar

¡Feliz cumpleaños!

Read the birthday card. Who is it for? Find the diminutives. What words in the poem do you understand? How many objects in the picture can you name in Spanish?

Actividad 24 — Escuchar

La fiesta de cumpleaños

En una hoja de papel, escribe los números del 1 al 6. Mira la tarjeta *(card)* de cumpleaños y escucha las frases. Si la frase es cierta, escribe *C*. Si es falsa, escribe *F*.

Hay luces, y flores, y lindos globitos, un pastelito sabroso, y muchos regalitos,

y una piñata, y seis perritos que cantan y bailan, muy contentitos,

porque hoy cumples... ¡6 añitos!

Felipe

The letters *p, t,* and *q*

In English the consonants *p, t, q,* and the hard *c* sound are pronounced with a little puff of air.

Hold a tissue loosely in front of your mouth as you say these English words. You will notice that the tissue moves.

pan	papa	too	tea
comb	case	park	take

Now say these Spanish words with the tissue in front of your mouth. Try to say the consonants so that there is no puff of air and the tissue does not move.

pan	papá	tú	tía
cómo	queso	parque	taco

Try it out! Listen to this nursery rhyme. Listen particularly for the *p, t,* and *q* sounds. Then repeat the rhyme.

Tortillitas para mamá,
tortillitas para papá.
Las quemaditas,[1] para mamá,
las bonitas,[2] para papá.

[1] The burned ones [2] The pretty ones

Fondo cultural

Diego Rivera (1886–1957) This painting by Mexican muralist Diego Rivera shows a woman grinding maize on a *metate,* a utensil used for grinding grain. This is one of many paintings in which Rivera portrays the daily life of the indigenous peoples of Mexico.

• Through paintings, an artist conveys feelings to the viewer. What do you think Rivera wants you to feel about this woman and her task?

La molendera (1926), Diego Rivera

Oil on canvas, 35 7/16 x 46 1/16 in. Museo Nacional de Arte Moderno, Instituto Nacional de Bellas Artes, México City, D.F., México. © Banco de México Diego Rivera & Frida Kahlo Museums Trust. Av. Cinco de Mayo No. 2, Col. Centro, Del. Cuauhtemoc 06059, México D.F. Reproduction authorized by the *Instituto Nacional de Bellas Artes y Literatura.* Courtesy of Art Resource, NY.

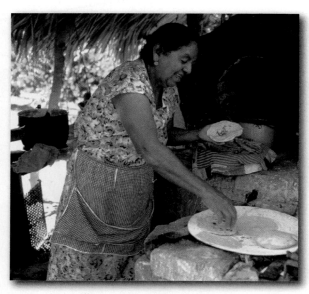

Haciendo tortillas en Chiapas, México

El español en la comunidad

The five most common last names in the United States, in order, are Smith, Johnson, Williams, Jones, and Brown. The five most common last names in the United States for people of Spanish-speaking heritage, in order, are García, Martínez, Rodríguez, Hernández, and López.

• Look up these names in your local phone book. Count the number of entries for each. Do the numbers in your community match the statement made above? Can you identify two other Hispanic last names that are common in your community or that you are familiar with?

Hablar/Escribir ·

Un cumpleaños divertido

Find out from your classmates what they consider to be a great birthday. Make a chart like the one below on a sheet of paper and complete the first row about yourself. Then survey four classmates to find out what their preferences are and record the information in the chart.

Modelo

¿En qué mes es tu cumpleaños?
¿Cuál es tu actividad y lugar (place) favorito?
¿Cuáles son tus comidas favoritas?

	Mes del cumpleaños	Actividad y lugar favorito	Comidas favoritas
yo	julio	comer–un restaurante	pastel y helado
Miguel	enero	abrir regalos–en casa	pizza y ensalada
Anita	julio	bailar–un baile	hamburguesas y helado

  Escuchar/Hablar/Escribir/Leer · · · · · · · · · · · · · ·

¿Quién es esta persona?

1 Use your completed chart from Actividad 25 and describe a classmate to the class. Do not give that person's name. The class will try to guess whom you are describing.

Modelo

Su cumpleaños es en enero. Para su cumpleaños le gusta abrir regalos en casa. Sus comidas favoritas en su cumpleaños son pizza y ensalada. ¿Quién es?

2 Write a paragraph describing the person you interviewed whose idea of a great birthday celebration is most like your own. Describe the similarities, but also mention differences.

Un chico chileno con su mejor amigo

Modelo

Nuestro cumpleaños es en julio. Nuestra comida favorita es el helado. El lugar favorito para mi cumpleaños es un restaurante porque me gusta comer. Su lugar favorito es un baile porque le gusta bailar. A ella le gustan las hamburguesas pero a mí me gusta el pastel. ¿Quién es la persona? Es Anita.

¡Adelante!

Objectives

- Read about a *fiesta de quince años*
- Learn to make *papel picado*
- Describe pictures of your family
- Watch *¿Eres tú, María?*, Episodio 1

Mis padres te invitan a mi fiesta de quince años

Para muchas jóvenes hispanas, el día de sus quince años es una ocasión muy especial. Toda la familia y muchos amigos van a misa en la iglesia y después celebran con una fiesta. Es una tradición especialmente importante en México, América Central y los países hispanos del Caribe. También es importante entre muchos hispanohablantes en los Estados Unidos.

Aquí está la invitación a la fiesta de quince años de María Teresa Rivera Treviño.

Strategy

Scanning
What information would you expect to find on an invitation? Read quickly through this invitation and find the names of María Teresa's parents and the date and times of the two events to which you are invited.

66 Toda mi familia, mis amigos y yo vamos a la iglesia en la tarde. Después vamos a la recepción en un restaurante muy elegante donde comemos y bailamos. Bailo primero con mi padre y después con mis amigos. 99

Felipe Rivera López y
Guadalupe Treviño Ibarra
esperan el honor de su asistencia
el sábado, 15 de mayo de 2004
para celebrar los quince años de su hija,
María Teresa Rivera Treviño

Misa
a las cuatro de la tarde
Iglesia de Nuestra Señora de Guadalupe
2374 Avenida Linda Vista
San Diego, California

Recepción y cena-baile
a las seis de la tarde
Restaurante Luna
7373 Calle Florida
San Diego, California

66 Aquí estoy yo en el día de mis quince años. Es un día muy especial y toda la familia está conmigo para celebrar. Todo está perfecto para mi fiesta: la comida, las decoraciones, la música, ¡todo! 99

¿Comprendes?

1. ¿Cuál es la fecha de los quince años de María Teresa?

2. Necesitas una hora para ir de tu casa a la Iglesia de Nuestra Señora de Guadalupe. ¿A qué hora tienes que salir *(leave)* de casa?

3. ¿Dónde y a qué hora es la recepción? Según la invitación, ¿qué van a hacer en la recepción?

4. ¿Qué actividad de la fiesta de quince años te gusta más?

¡Vamos a comparar!

The special celebration of a girl's fifteenth birthday is called *la quinceañera, los quince,* or *los quince años.* Think about an event in the lives of your friends that has the importance of a *quince años* celebration. How are the events similar or different?

Fondo cultural

El nombre completo A person's full name *(nombre completo)* consists of a first name *(nombre),* which often consists of two names, plus two surnames—the father's family name *(apellido paterno),* followed by the mother's family name *(apellido materno).*

For example, look at the *nombres completos* of María Teresa's parents:

Felipe Rivera López y Guadalupe Treviño Ibarra

- What is Felipe's *apellido paterno?*
- What is Guadalupe's *apellido materno?*
- Can you explain how María Teresa's name is formed?

María Teresa will most often use her first name and her father's family name. If she marries, she may add *de* and her husband's last name to her own name: María Teresa Rivera de García.

- Use the Spanish system to write your *nombre completo.* What advantages or disadvantages do you see to having a name formed this way?

Go Online
PHSchool.com
For: Internet link activity
Visit: www.phschool.com
Web Code: jcd-0506

El papel picado

As you've seen in this chapter, *el papel picado* (cut paper) is a well-known Mexican craft. Colored tissue paper is cut into small patterns similar to making paper snowflakes. The cut paper is then hung on string to make a banner to use as decoration at many different celebrations. Here's how to make *papel picado* to decorate your classroom.

Una fiesta con música de mariachi

Materials

- colored tissue paper cut into 12" x 18" sheets
- scissors
- stapler
- string

Directions

1 Spread the tissue paper flat. Fold down 1" on the 18" side for making a hanging flap.

2 Fold the paper in half on the 12" side and crease on the fold to make a sharp line.

3 Fold the paper twice, diagonally.

4 Cut out designs along the folded edge. Experiment with snowflake or other geometric designs.

5 Cut a scalloped design on the outside edge.

6 Open the cutout and staple to a string to hang across a room to decorate for a *fiesta*.

1

2

3

4

5

6

Mi familia

Task

You are on an exchange program in Chile and your host family wants to know about your family back home. Show them photographs of three family members and talk about the people shown.

❶ **Prepare** Bring in three family photos or "create" a family using pictures from a magazine. Use a chart like this one to think through what you want to say about each person.

Nombre	Es mi ...	Edad	Actividad favorita
Isabel	hermana menor	9 años	le gusta cantar

Strategy

Using graphic organizers
Simple charts can help you organize your thoughts for a presentation.

❷ **Practice** Go through your presentation several times. You can use your notes in practice, but not when you present. Try to:

• provide all the information on each family member
• use complete sentences
• speak clearly

Modelo

Se llama Isabel. Ella es mi hermana menor y tiene 9 años. A Isabel le gusta cantar. Es muy artística.

❸ **Present** Show your pictures and give the information about each person.

❹ **Evaluation** Your teacher may give you a rubric for how the presentation will be graded. You probably will be graded on:

• how complete your preparation is
• how much information you communicate
• how easy it is to understand you

¿Eres tú, María?

Episodio 1

Madrid, España

Antes de ver el video

Personajes importantes

Doña Lupe, portera

DETECTIVES PRIVADOS

Lola Lago, detective

Nota cultural In many apartment buildings in Spain, you will find a *portero* or *portera*. In exchange for a small salary and free apartment (in Spain, an apartment is called *un piso*), this person watches over the building and its residents, doing small chores such as taking messages and receiving packages. Because the *portero* or *portera* knows everyone in the building, he or she is often a good source of information about the residents.

Resumen del episodio

Estamos en el piso de Lola Lago, una detective que trabaja en Madrid, la capital de España. Es la una de la mañana. Desde[1] su balcón, ella ve a dos personas hablando enfrente de un edificio.[2] ¿Qué pasa? Más tarde, Lola encuentra[3] algo muy importante en la calle.[4] Al día siguiente,[5] doña Lupe, la portera del edificio, entra en el piso de doña Gracia y . . .

[1]From [2]building [3]finds [4]street [5]The next day

Palabras para comprender

investigar	to investigate
las llaves	keys
el periódico	newspaper
el piso	apartment; floor *(of a building)*

"¿Qué es esto?
Mañana voy a investigar."

"A ver. Unas llaves . . ."

"¡Ay de mí! Necesito una
ambulancia. Plaza del
Alamillo. Número 8.
Tercer piso. ¡Rápido!"

Después de ver el video

¿Comprendes?

Lee las frases y decide si son ciertas o falsas.
Si una frase es falsa, escríbela con la
información correcta.

1. Es la una de la tarde cuando Lola entra en
   su piso.
2. Ella está sola en su piso.
3. Lola ve a dos hombres hablando
   en la calle.
4. Las dos personas están muy contentas.
5. Lola encuentra un llavero con las iniciales
   "J.R.D."

6. Lola compra (buys) una revista en la
   mañana.
7. Doña Lupe entra en el piso de Lola
   con el periódico.

Go Online
PHSchool.com

For: More on *¿Eres tú, María?*
Visit: www.phschool.com
Web Code: jcd-0507

Repaso del capítulo

Vocabulario y gramática

To prepare for the test, check to see if you . . .

- know the new vocabulary and grammar
- can perform the tasks on p. 245

to talk about family members

los abuelos	grandparents
el abuelo	grandfather
la abuela	grandmother
el esposo, la esposa	husband, wife
los hermanos	brothers; brother(s) and sister(s)
el hermano	brother
la hermana	sister
el hermanastro	stepbrother
la hermanastra	stepsister
los hijos	children; sons
el hijo	son
la hija	daughter
los padres (papás)	parents
el padre (papá)	father
la madre (mamá)	mother
el padrastro	stepfather
la madrastra	stepmother
los primos	cousins
el primo	(male) cousin
la prima	(female) cousin
los tíos	uncles; aunt(s) and uncle(s)
el tío	uncle
la tía	aunt

to discuss and compare ages

¿Cuántos años tiene(n) ___?	How old is / are ___?
Tiene(n) ___ años.	He / She is / They are ___ (years old).
mayor *pl.* mayores	older
menor *pl.* menores	younger

to talk about people

la persona	person

to name animals

el gato	cat
el perro	dog

to discuss what someone likes

(a + *person*) le gusta(n) / le encanta(n)	he / she likes / loves

For *Vocabulario adicional,* see pp. 472–473.

to describe activities at parties

abrir	to open
celebrar	to celebrate
decorar	to decorate
las decoraciones	decorations
hacer un video	to videotape
el video	video
preparar	to prepare
romper	to break
sacar fotos	to take photos
la foto	photo
la cámara	camera

to discuss celebrations

el cumpleaños	birthday
¡Feliz cumpleaños!	Happy birthday!
los dulces	candy
la flor *pl.* las flores	flower
el globo	balloon
la luz *pl.* las luces	light
el papel picado	cut-paper decorations
el pastel	cake
la piñata	piñata
el regalo	gift, present

other useful words

que	who, that
sólo	only

to indicate possession or relationship

tener *to have*

tengo	tenemos
tienes	tenéis
tiene	tienen

possessive adjectives

mi(s) my	**nuestro(s), -a(s)** our
tu(s) your	**vuestro(s), -a(s)** your *(pl.)*
su(s) your *(formal),* his, her, its	**su(s)** your *(pl.),* their

● **Más práctica**

Practice Workbook Puzzle 5A-8

Practice Workbook Organizer 5A-9

Preparación para el examen

Go Online
PHSchool.com
For: Test preparation
Visit: www.phschool.com
Web Code: jcd-0508

On the exam you will be asked to . . .	Here are practice tasks similar to those you will find on the exam . . .	If you need review . . .
1 Escuchar Listen to and understand someone's description of a family member	At a friend's party, a woman is telling you stories about her brother, Jorge. a) How old is her brother? b) Who is older, the woman or her brother? c) What does her brother like to do?	**pp. 222–225** *A primera vista* **p. 226** Actividad 4 **p. 227** Actividades 7–8 **p. 229** Actividad 11
2 Hablar Describe some members of your family and what they like to do	At your first Spanish Club meeting, your teacher requests that all of you try to talk to each other in Spanish. Since you just learned how to talk about your family, you feel confident that you can talk about some of your family members. Tell about: a) how they are related to you; b) their ages; c) what they like to do; d) their personalities.	**pp. 222–225** *A primera vista* **p. 226** Actividad 4 **p. 227** Actividad 7 **p. 229** Actividad 12 **p. 232** *Gramática: Possessive adjectives* **p. 237** Actividad 26
3 Leer Read and understand someone's description of a problem he or she is having with a family member	Read this letter to an advice columnist. Can you describe in English what Ana's problem is? *Querida Dolores,* *Yo soy la hija menor de una familia de seis personas. Uno de mis hermanos mayores, Nacho, siempre habla de mí con mis padres. A él le encanta hablar de mis amigos y de mis actividades. Tenemos una familia muy simpática, pero ¡Nacho me vuelve loca!* *—Ana*	**pp. 222–225** *A primera vista* **p. 226** Actividades 4–5 **p. 232** Actividad 18
4 Escribir Write a brief note telling at least two facts about a friend or family member	The party planner at a local restaurant is helping you plan a birthday party for your cousin. Write a brief note telling her your cousin's name, age, two things he or she likes to do at a party, the kinds of decorations he or she likes, and one thing he or she loves to eat.	**p. 226** Actividad 5 **p. 227** Actividad 8 **p. 229** Actividad 12 **p. 237** Actividad 26
5 Pensar Demonstrate an understanding of some ways that Spanish-speaking families celebrate special occasions	Think about what you would consider your most important birthday. Based on what you know about important family traditions, describe why a fifteenth birthday is important for a young Spanish-speaking girl and what you would expect to see at her celebration.	**pp. 222–225** *A primera vista* **p. 226** *Fondo cultural* **pp. 238–239** *Lectura* **p. 240** *La cultura en vivo*

Orgullo de familia (1997), Simón Silva
Courtesy of Simón Silva.

Fondo cultural

Extended families tend to be close-knit in Spanish-speaking cultures. Parents, children, grandparents, aunts, uncles, and cousins get together often for meals or just to spend time together, and not just on special occasions. In fact, it is not uncommon for three generations to live under one roof or in the same neighborhood.

• How does the idea of extended families in Spanish-speaking cultures compare with what happens with you and your friends?

Una noche en Sevilla, España

¡Vamos a un restaurante!

Chapter Objectives

- **Talk about family celebrations**
- **Describe family members and friends**
- **Ask politely to have something brought to you**
- **Order a meal in a restaurant**
- **Understand cultural perspectives on family celebrations**

Video Highlights

A primera vista: *En el restaurante Casa Río*
GramActiva Videos: the verb *venir;* the verbs *ser* and *estar*
Videomisterio: *¿Eres tú, María?*, Episodio 2

Country Connection

As you learn about family celebrations, describing family members, and restaurants, you will make connections to these countries and places:

España
Nuevo México
Texas
México
Colombia
Costa Rica
Paraguay
Argentina

Go Online
PHSchool.com

For: Online Atlas
Visit: www.phschool.com
Web Code: jce-0002

A primera vista

Vocabulario y gramática en contexto

Objectives

Read, listen to, and understand information about
- descriptions of family members
- restaurant vocabulary
- table settings

—Abuelito, ¿quiénes son las personas en la foto?

—La mujer es tu abuela y el hombre, soy yo. Y aquí está tu papá. Tiene sólo seis años.

el hombre

la mujer

el pelo castaño

alto

baja

pelirroja

el pelo largo

el pelo negro

el pelo corto

el pelo rubio

viejo

joven

el pelo canoso

—¿Quién es **el joven** alto y **guapo?**

—Es tu primo Rafael.

—¿Y **la joven** baja al lado del primo Rafael?

—Es su amiga, Sara. Y estas **otras** personas son amigos también.

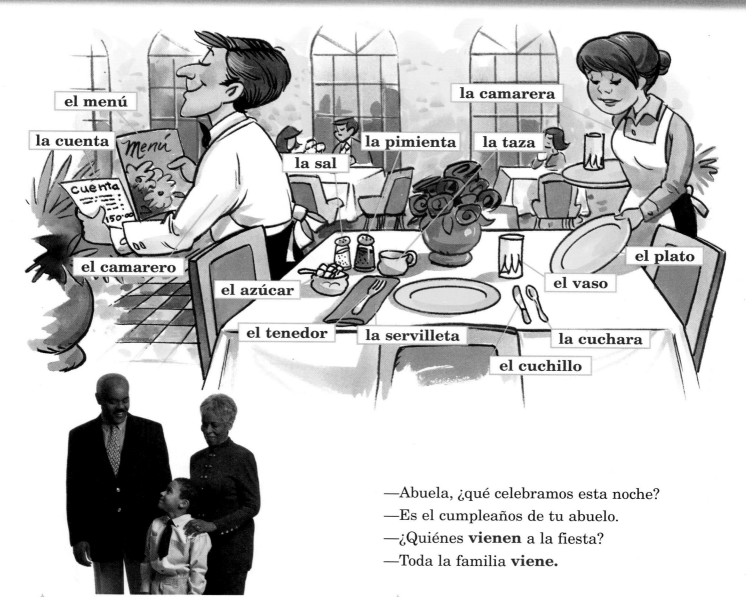

el menú

la cuenta

Menú

cuenta

150.00

00

el camarero

la sal

la pimienta

la camarera

la taza

el azúcar

el plato

el vaso

el tenedor

la servilleta

la cuchara

el cuchillo

—Abuela, ¿qué celebramos esta noche?

—Es el cumpleaños de tu abuelo.

—¿Quiénes **vienen** a la fiesta?

—Toda la familia **viene.**

 Actividad 1 Escuchar ·

¿Quiénes vienen?

Paquito is showing the family album to a friend. Point to the different pictures as he describes the people in the photographs.

● **Más práctica** ·

Practice Workbook 5B-1, 5B-2

Actividad 2 Escuchar ·

¿Qué necesitas para . . . ?

You will hear seven statements about the table setting. If a statement is correct, indicate *cierto* by raising one hand. If a statement is incorrect, indicate *falso* by raising two hands.

Go **Online**
PHSchool.com

For: Vocabulary practice
Visit: www.phschool.com
Web Code: jcd-0511

En el restaurante Casa Río

La familia de Angélica come la cena en este restaurante.
Lee lo que pasa durante la comida.

Texas

Strategy

Scanning
Think about what a waiter might say to you when you order in a restaurant. Look through the dialogue and find three expressions that the waiter uses.

1 **Luis:** Bienvenidos al restaurante Casa Río. Soy Luis, su mesero. Hoy es mi primer día de trabajo. Estoy un poco nervioso. El menú está en la mesa.

Esteban   Cristina

Papá

Mamá

Angélica

Luis

También se dice . . .

el (la) camarero(a) =
el (la) mesero(a) *(México, Puerto Rico);* el (la) mozo(a) *(Argentina, Puerto Rico)*

5 **Esteban:** Señor, **me faltan** un cuchillo y un tenedor.

Luis: ¡Ah, sí! En un momento **le traigo** un cuchillo y un tenedor.

6 **Luis:** ¿Y para quién son las enchiladas?

Angélica: Creo que son para el señor de pelo castaño.

Luis: ¡Oh! ¡Gracias!

Angélica: **De nada.**

7 **Luis:** ¿Necesitan **algo más?** ¿Y cómo está la comida?

Mamá: La comida aquí es **deliciosa. ¡Qué rica!**

2 **Luis:** ¿Qué va a **pedir** Ud. de bebida?

Papá: ¡Uy! **Tengo calor.** Para mí, un té helado.

Mamá: Y yo **tengo frío.** Para mí, café.

3 **Luis:** Y ahora . . . , ¿qué **desean** Uds. **de plato principal?**

Angélica: Quisiera el arroz con pollo.

Esteban: Para mí, una hamburguesa con papas fritas.

4 **Luis:** ¿Y qué desea Ud.?

Cristina: ¿Me trae las fajitas de pollo, por favor?

Luis: ¡Muy bien!

8 **Luis:** Ahora, ¿desean **postre?**

Mamá: Pues, sí. Y **otro** café, por favor.

Papá: Para mí, nada. Pero quisiera un café, yo también. Ahora **tengo sueño.**

Actividad 3

Escribir/Hablar ·

¿Comprendes?

1. ¿Cómo se llama el restaurante? ¿Cómo se llama el camarero?
2. ¿Por qué está nervioso Luis?
3. ¿Qué va a beber el padre? ¿Por qué?
4. ¿Quién come las fajitas? ¿La hamburguesa?
5. ¿Quién desea las enchiladas?
6. Según la mamá, ¿cómo es la comida?

● **Más práctica** ·

Practice Workbook 5B-3, 5B-4

For: Vocabulary practice
Visit: www.phschool.com
Web Code: jcd-0512

Manos a la obra

Vocabulario y gramática en uso

Objectives

- Describe people and foods
- Order a meal in a restaurant
- Learn to use the verb *venir*
- Know some uses of the verbs *ser* and *estar*

Actividad 4 **Escuchar** ·

¿Quiénes son?

Vas a escuchar descripciones de las personas en el dibujo. En una hoja de papel, escribe los números del 1 al 5. Al lado de cada número escribe el nombre de la persona que describen.

> **También se dice . . .**
>
> **pelirrojo(a)** = colorado(a) *(Argentina)*; colorín, colorina *(Chile)*
>
> **el pelo** = el cabello *(muchos países)*
>
> **rubio(a)** = güero(a) *(México)*

| Eduardo, 15 | Rosalía, 14 | Lucía, 18 | Alejandro, 20 | María Elena, 60 | Jorge, 65 |

Actividad 5 **Escribir/Hablar** ·

¿Quién es?

❶ Mira los dibujos de la Actividad 4 y escribe frases para describir a cada persona.

> **¿Recuerdas?**
>
> Adjectives agree in number and gender with the nouns they describe.

Modelo

El joven muy alto es Eduardo. Tiene 15 años. Tiene el pelo castaño. Le gusta jugar al tenis.

❷ Describe a uno(a) de tus amigos.

Actividad 6

 Leer/Pensar/Escribir . . . .

Las analogías

Many exams test your vocabulary by asking about the logical relationships, or analogies, between words. In analogies, the symbol ":" is used to mean "is to" *(es a)* and the symbol "::" is used to mean "as" *(como)*. For example:

> la madre : la hija :: el padre : el hijo

You would read this as *"La madre es a la hija como el padre es al hijo."* Complete these analogies.

Modelo

trabajador : perezoso :: alto : bajo

1. aburrido : interesante :: largo : _____

2. comida : plato :: bebida : _____

3. escuela : profesora :: restaurante : _____

4. chico : joven :: abuelo : _____

5. bistec : plato principal :: pastel : _____

6. amigo : amiga :: hombre : _____

7. ensalada : tenedor :: sopa : _____

Actividad 7

 Escribir . . . .

¿Qué te gusta pedir?

Escribe frases para decir lo que te gusta pedir cuando tienes . . .

Modelo

Cuando <u>tengo hambre</u>, me gusta pedir pizza en un restaurante.

1.

2.

3.

4.

5.

En un restaurante en Cali, Colombia

Fondo cultural

Getting a server's attention at a restaurant in a Spanish-speaking country sometimes differs from how it is done in other cultures. For example, in Costa Rica people often make a *pfft* sound to get a server's attention, while in Colombia people may raise or clap their hands. Be very careful in using this sort of attention-getting device—it may seem rude when done by someone from outside the culture!

• How do you get a server's attention in a restaurant here in the United States? Compare this to what is acceptable in some Spanish-speaking countries.

Actividad 8

Leer/Hablar

En el restaurante

Con otro(a) estudiante, lee la conversación entre un camarero y dos jóvenes. Empareja *(Match)* lo que dice el camarero con lo que contestan *(answer)* los jóvenes para crear *(create)* la conversación.

Un restaurante en Argentina

El camarero

1. Buenas noches. ¿Qué desean de bebida?
2. ¿Qué desea pedir de plato principal?
3. ¡Ay, señor! Le falta el cuchillo, ¿no?
4. ¿Le gusta la sopa?
5. Señorita, ¿qué desea Ud. de postre?
6. Señor, ¿le traigo otra bebida?
7. ¿Desean Uds. algo más?
8. Gracias por venir a nuestro restaurante.

Los jóvenes

a. Sí, está deliciosa. Umm. ¡Qué rica!
b. No, sólo la cuenta, por favor.
c. Quisiera el arroz con pollo, por favor.
d. De nada. Hasta luego.
e. Un helado, por favor.
f. Sí. ¿Me trae uno, por favor?
g. Para mí, un refresco y, para la señorita, un té helado.
h. Sí, por favor. Tengo mucha sed.

Actividad 9

 Hablar

Juego

❶ Work in groups of three or four. Your teacher will give you copies of pictures of various table items. Cut or tear the pictures apart to make cards.

❷ Arrange the pictures in a table setting on a desk. While the other players have their backs turned, hide one or more of the cards. Then ask: *¿Qué me falta?* The first player to say correctly *Te falta(n) . . .* and name the missing item(s) receives a point.

❸ Put the hidden items back on the desk and continue playing until all players have had a chance to hide items. The player with the most points is the winner.

Nota

When one item is missing, use *me / te falta*. When more than one item is missing, use *me / te faltan.*

254 doscientos cincuenta y cuatro
Tema 5 • Fiesta en familia

Exploración del lenguaje

Adjectives ending in *-ísimo*

Muy + an adjective can be expressed in another way by adding the correct form of *-ísimo* to the adjective. The *-ísimo* ending conveys the idea of "extremely."

> un chico muy guapo = un chico guap**ísimo**
> una clase muy difícil = una clase dificil**ísima**

Adjectives that end in *-co* or *-ca* have a spelling change to *-qu-*. The *-o* or *-a* is dropped.

> unos pasteles muy ri**cos** = unos pasteles ri**quísimos**

Try it out! Rework the following phrases using the correct *-ísimo* form.

> un perro muy perezoso = ¿ ?
> dos libros muy interesantes = ¿ ?
>
> una clase muy aburrida = ¿ ?
> unas chicas muy simpáticas = ¿ ?

Actividad 10 **Leer/Pensar/Escribir/Hablar**

El Café Buen Libro

Lee la crítica del café y lo que dicen estas *(these)* personas.
¿A quiénes recomiendas el café? ¿A quiénes no?

Café Buen Libro
Nuevo León, 28

✓✓ ++ $ ☺☺

Es un café tranquilo con un ambiente* intelectual donde puedes pasar el tiempo en la compañía de un buen amigo o un buen libro. Los precios son muy razonables. Puedes comer un sándwich, una ensalada, un postre riquísimo o simplemente beber un café. También tienen lo último en libros, videos y música. Un "plus" es la presentación de grupos musicales los fines de semana.

Ambiente	
aburrido	✓
tranquilo	✓✓
fantástico	✓✓✓
Comida y bebida	
regular	+
buena	++
excelente	+++
Precios	
barato	$
medio	$$
caro	$$$
Servicio	
regular	☺
bueno	☺☺
superior	☺☺☺

* atmosphere

---

1. **Carmen:** "Quisiera comer un bistec sabroso."

2. **Marta:** "Me encanta escuchar música."

3. **Diego:** "Tengo muchísima hambre y poco tiempo."

4. **Lupe:** "Me gusta pasar tiempo con otras personas interesantes y graciosas."

5. **Ana:** "No tengo mucho dinero *(money)* ahora."

6. Y a ti, ¿te gustaría ir al Café Buen Libro? ¿Por qué?

The verb *venir*

You use *venir* to say that someone is coming to a place or an event.

¿A qué hora **vienes** a mi casa?
*When **are you coming** to my house?*

Siempre **vengo** a esta playa.
*I always **come** to this beach.*

Here are all the present-tense forms:

(yo)	vengo	(nosotros) (nosotras)	venimos
(tú)	vienes	(vosotros) (vosotras)	venís
Ud. (él) (ella)	viene	Uds. (ellos) (ellas)	vienen

GramActiva VIDEO

Want more help
with *venir*?
Watch the
GramActiva video.

11 **Gramática** **Leer/Escribir**

¿Cómo vienen?

Tu amigo Antonio invita a tu familia a su casa en el campo. Escribes una nota para explicar cómo y cuándo todos Uds. vienen. Completa la nota con las formas apropiadas del verbo *venir*.

Antonio,

¡Gracias por tu invitación! Yo ___1.___ en bicicleta con mi amiga, Marta.
Nosotros ___2.___ a las dos porque Marta trabaja hasta la una. Mi abuela
___3.___ en tren[1] con mis padres. Ellos ___4.___ a las once para ayudar[2] con la
cena. Mis hermanitos también ___5.___ en tren con mis padres. Mi hermana
mayor, Cecilia, ___6.___ en monopatín. No sé a qué hora va a venir.

¡Nos vemos el sábado!

[1]train [2]to help

  Gramática **Escuchar/Escribir**

Escucha, escribe y dibuja

Roberto, otro amigo de Antonio, también va a la fiesta con su familia. Vas a escuchar la descripción de su familia. Escribe las cuatro descripciones y después dibuja a la familia. Compara tu dibujo con el dibujo de otro(a) estudiante.

Actividad 13 Gramática ♻ Hablar

¿Qué traen a tu casa?

Estás en casa de un(a) amigo(a). Habla de lo que traen las personas a la casa.

Nota

Traer, "to bring," follows the pattern of *-er* verbs except for the irregular *yo* form: *traigo*.

• Mañana **traigo** pasteles para todos.

• Y tú, ¿**traes** bebidas?

Modelo

A —*Cuando tus tíos vienen a tu casa, ¿traen algo?*
B —*Sí, generalmente traen el postre.*
o: *No, generalmente no traen nada.*

Estudiante A

1. tu(s) abuelo(s)
2. tu mejor amigo(a)
3. tus amigos
4. tus tíos
5. tus primos
6. los amigos de tus padres

Estudiante B

el plato principal   el postre
un regalo   flores
nada   **¡Respuesta personal!**

Pronunciación

The letters *b* and *v*

In Spanish, *b* and *v* are pronounced the same. At the beginning of a word or phrase, *b* and *v* sound like the *b* in "boy." Listen to and say these words:

   voy bolígrafo vienen bien viejo video

In most other positions *b* and *v* have a softer "b" sound. The lips barely touch as the *b* or *v* sound is pronounced. Listen to and say these words:

abuelo divertido joven huevos globo Alberto

Try it out! Listen to and say this *trabalenguas:*

**Cabral clava un clavo.
¿Qué clavo clava Cabral?**

Actividad 14 Gramática ♻ Hablar

¿Quiénes vienen?

Estás en una fiesta en la escuela y hablas con los otros estudiantes.

1. ¿Quiénes vienen a la fiesta? ¿A qué hora vienen?

2. ¿Vienen todos los profesores a la fiesta? ¿Qué traen ellos?

3. ¿Traen los estudiantes pizza o sándwiches? ¿Frutas o pasteles?

4. ¿Quién trae las decoraciones? ¿Qué traes tú?

● **Más práctica**
Practice Workbook 5B-5

Go Online
PHSchool.com

For: Practice with *venir*
Visit: www.phschool.com
Web Code: jcd-0513

Gramática

The verbs *ser* and *estar*

You know that both *ser* and *estar* mean "to be." Their uses, however, are different.

(yo)	soy	(nosotros) (nosotras)	somos
(tú)	eres	(vosotros) (vosotras)	sois
Ud. (él) (ella)	es	Uds. (ellos) (ellas)	son

(yo)	estoy	(nosotros) (nosotras)	estamos
(tú)	estás	(vosotros) (vosotras)	estáis
Ud. (él) (ella)	está	Uds. (ellos) (ellas)	están

Use *ser* to talk about characteristics that generally do not change. *Ser* is used for descriptions that are not about conditions or location. For example:

- who a person is or what a person is like
- what something is or what something is like
- where a person or thing is from

Teresa **es** mi prima. **Es** muy graciosa.
Los tacos **son** mi comida favorita. **Son** riquísimos.
Mis tíos **son** de México. **Son** muy simpáticos.

Use *estar* to talk about conditions that tend to change. For example:

- how a person feels
- where a person or thing is

¿Dónde **está** Mariana? No **está** aquí.
No puede venir hoy porque **está** muy enferma.

GramActiva VIDEO

Want more help with *ser* and *estar*? Watch the **GramActiva** video.

estoy
soy

---

 15 **Gramática**   **Hablar**

¿Dónde están las otras personas?

Estás en un café con un(a) amigo(a) y preguntas dónde están los otros amigos. Tu amigo(a) explica dónde están y cómo están.

Modelo

Marcos y Graciela A —¿Dónde están <u>Marcos y Graciela</u>?
                               B —Están en <u>la biblioteca</u>. Están muy <u>ocupados</u>.

Strategy

Using rhymes
To remember the uses of *estar*, memorize this rhyme:

For how you feel
And where you are,
Always use the verb *estar.*

Estudiante A

1. Yolanda
2. Miguel y Fernando
3. Isabel y Raquel
4. Ana María
5. Federico
6. Enrique

Estudiante B

la escuela	ocupado, -a
casa	enfermo, -a
el trabajo	cansado, -a
la lección de . . .	triste
la biblioteca	mal
	contento, -a

¡Respuesta personal!

Actividad 16 Gramática ♻ Leer/Escribir

Entrevista con una chef

Lee la entrevista con la chef Ortiz y completa la conversación
con la forma apropiada del verbo *estar* o *ser*.

— Bienvenida, Chef Ortiz. ¿Cómo **1.** Ud. hoy?
— **2.** muy bien, gracias.
— Ud. trabaja aquí en Asunción ahora pero, ¿de dónde **3.** Ud. originalmente?
— Mi familia y yo **4.** del campo.
— ¿Y cuál **5.** su trabajo aquí?
— Yo **6.** directora de los chefs en el famoso restaurante La Capital.
— La Capital **7.** un restaurante muy popular aquí. ¿Dónde **8.** el restaurante?
— Al lado de la catedral.
— Los platos en su restaurante **9.** muy típicos de Paraguay, ¿no?
— Sí, y según los clientes, la comida en nuestro restaurante **10.** deliciosa.
— Y los postres **11.** muy populares también, ¿no?
— Sí, tenemos pasteles ricos, helados simples con frutas exóticas, un poco de todo.
— ¡Muchas gracias, Chef Ortiz!
— De nada. Siempre **12.** muy contenta de estar aquí con Uds.

¡Qué rico!

Paraguay

Actividad 17 Leer/Pensar

Un postre delicioso

Your grandmother has given you her recipe for *arroz con leche* and you
want to try it out. But the ingredients are given in *gramos* and *litros* and
you don't know what the customary measure equivalents are. Study the
conversion chart, convert the measurements given in the recipe, and
answer the question.

ARROZ CON LECHE
Para 8

300 gramos de arroz   un poco de vainilla

3 litros de leche   canela[1]

400 gramos de azúcar

Pon el arroz en remojo[2] con la leche una hora y
media. Luego cocina a fuego lento[3] una hora más o
menos. Añade[4] el azúcar y la vainilla y cocina unos
5 minutos más. Pon el arroz en el refrigerador y
esparce[5] un poco de canela encima.

Conexiones | Las matemáticas

1 kilo (k) = 2,2 libras *(pounds)*
1 gramo (g) = 0,035 onzas *(ounces)*
1 litro (l) = 1,057 cuartos *(quarts)*

Multiplica los kilos, gramos o litros por
su medida[6] correspondiente en el sistema
que usas.

Calcula las onzas o los cuartos que hay
en 300 gramos de arroz, tres litros de
leche y 400 gramos de azúcar.

• ¿Cuántas libras hay en dos kilos
de arroz?

[1]cinnamon [2]soak [3]cook slowly [4]Add [5]sprinkle [6]measure

¡Es buenísimo para la salud!

Habla con otro(a) estudiante sobre cómo son las comidas en general.

❶ Escribe una lista de diez comidas y bebidas.

❷ Usa tu lista y pregunta a un(a) compañero(a) si come lo que le preguntas. Tu compañero(a) va a contestar y decirte por qué come o no come cada una de estas comidas.

Nota

To describe what a food item is like in general, use *ser*. To describe how a food item tastes at a particular time, use *estar*.

Modelo

A —¿Comes muchas verduras?

B —¡Por supuesto! Las verduras son muy buenas para la salud.

o: No. ¡Qué asco! Las verduras son horribles.

bueno (para la salud)   sabroso
malo (para la salud)   delicioso
rico   horrible
riquísimo

¡La sopa está riquísima!

Estás en un restaurante y el (la) camarero(a) te pregunta cómo está todo. Mira el menú para contestar.

Modelo

A —Señor(ita), ¿cómo está el arroz con pollo?

B —Está muy sabroso. Me encanta.

o: Lo siento. Está malo. ¿Me trae otro plato principal?

Fondo cultural

In many Spanish-speaking countries, restaurants and cafés often offer *un menú del día* or, as they are called in some parts of Mexico, *una comida corrida.* These daily menus usually offer one to three choices for each course at a reasonable fixed price.

• Do any restaurants that you know offer something similar to *el menú del día?* What would be the advantages and disadvantages of ordering from *un menú del día?*

Restaurante
Hidalgo

✳ *Menú del día* ✳

$20,00

SOPAS Y ENSALADAS
  Ensalada de tomate y
    cebolla
  Sopa de verduras
  Sopa Hidalgo

VERDURAS
  Papas fritas
  Papas al horno
  Guisantes con jamón

PLATOS PRINCIPALES
  Bistec
  Pescado
  Arroz con pollo

POSTRES
  Pastel de chocolate
  Helado de mango o
    papaya
  Frutas frescas

También se dice . . .

el menú = la carta *(México, España)*

Escribir/Hablar ·

El menú del día

With a classmate, prepare to play the roles of a server and client *(cliente)* at the Restaurante Hidalgo, which is in San Juan, Puerto Rico. Write five questions that each one could ask. Use the menu in Actividad 19 to help you decide what to ask. Don't forget to use the formal *Ud.* form in your questions and answers.

Puerto Rico

Modelo

el (la) camarero(a)	el (la) cliente
¿Qué desea pedir de plato principal?	¿Cómo está el bistec?

   Hablar ·

En el restaurante

Usa las preguntas y frases de la Actividad 20 para tener una conversación completa. En tu conversación habla de las sopas y ensaladas, verduras, platos principales y postres.

Modelo

A —*¿Qué desea pedir de plato principal?*
B —*No sé. ¿Cómo está el bistec?*
A —*Está muy sabroso.*
B —*¡Genial! Quisiera el bistec, por favor.*

El español en el mundo del trabajo

How can you combine an interest in nutrition and health with skills in Spanish? Here's one example. As you know, the U.S. Department of Agriculture provides the public with a wide range of nutritional information through print materials and Web sites. Much of this information is available in Spanish. There is a need for federal employees who are knowledgeable to translate and work with the Spanish-speaking community on issues related to nutrition.

• What other opportunities can you think of that would combine communication skills with a knowledge of nutrition?

● **Más práctica** ·
Practice Workbook 5B-6, 5B-7

For: Practice with *ser* vs. *estar*
Visit: www.phschool.com
Web Code: jcd-0514

¡Adelante!

Lectura

Una visita a Santa Fe

Lee esta carta que escriben Alicia y Pedro. Ellos hablan de una visita que van a hacer sus primos a Santa Fe. ¿Qué cosas interesantes van a hacer? ¿Qué van a visitar?

Objectives

- **Read a letter about a visit to Santa Fe, New Mexico**
- **Learn about** *la sobremesa*
- **Write a review of a restaurant**
- **Watch** *¿Eres tú, María?*, **Episodio 2**

Strategy

Skimming
Before you read this letter, make a list of three pieces of information you might expect to find. Quickly skim the letter. What information did you find that was on your list?

Nuevo México

Queridos Rosario y Luis,

¡Esperamos¹ su visita en agosto! Aquí en Santa Fe vamos a hacer muchas cosas. ¿Saben que es una ciudad² con más de 400 años de historia y cultura? Vamos a visitar museos y tiendas, y vamos a comer comida típica. ¡Los cinco días van a pasar rápidamente!³

Tenemos planes para pasar una noche muy especial en honor de su visita. Vamos a comer en un "restaurante" histórico que se llama Rancho de las Golondrinas.⁴ Está a diez millas de nuestra casa, al sur de Santa Fe. El Rancho, en realidad, no es un restaurante; es una casa española.

Durante los días de su visita, el Rancho va a celebrar "un fandango," un baile histórico y típico, con una cena tradicional. Toda la comida es riquísima, pero nuestro plato favorito es el chile con carne y queso. Después de comer, vamos a bailar. ¡No sabemos bailar pero va a ser muy divertido! Mandamos⁵ el menú con la carta.

¡Nos vemos en agosto!

Sus primos de Nuevo México,

Alicia y Pedro

Un paraje⁶ en El Camino Real⁷ desde la Ciudad de México hasta Santa Fe, es del año 1710. Ahora es un museo.

¹We're looking forward to ²city ³quickly ⁴Swallows
⁵We're sending ⁶stopping place ⁷the Royal Highway

❧ Menú del Fandango ❧

Sopas
Sopa de arroz
Garbanzos con chile

Plato principal
Pollo relleno[8]
Chile con carne y queso

Postre
Bizcochitos[9]
Pudín de arroz con leche

Bebidas
Chocolate mexicano
Ponche
Café

La Capilla de San Miguel, la iglesia más vieja de Santa Fe, del año 1610

[8]Stuffed chicken   [9]Cookies

¿Comprendes?

1. ¿Cuáles son cuatro actividades que los primos van a hacer durante la visita? ¿Cuál te gustaría hacer en Santa Fe?

2. ¿Por qué es importante Santa Fe?

3. ¿Por qué quieren ir Alicia y Pedro al Rancho de las Golondrinas?

4. Si no te gusta nada la comida picante *(spicy)*, ¿qué debes pedir del menú?

5. ¿Por qué es importante La Capilla de San Miguel?

For: Internet link activity
Visit: www.phschool.com
Web Code: jcd-0515

El Palacio de los Gobernadores, construido en 1610, es el edificio *(building)* público más viejo de los Estados Unidos que todavía se usa. Ahora es un museo de historia.

Fondo cultural

¡A pensar! Santa Fe was established thirteen years before Plymouth Colony was settled by the Mayflower Pilgrims. It has been a seat of government for Spain, Mexico, and the Confederacy.

- Find out when the oldest building in your community was built. How does it differ in age from the Palacio de los Gobernadores in Santa Fe?

doscientos sesenta y tres 263
Capítulo 5B

A la hora de comer

Imagine that you had two hours for lunch every day. Or imagine that every time you ate a meal, you sat down at a table with a friend or family member and had a lengthy conversation. Now imagine that you didn't jump up from dinner as soon as you finished eating. What do these situations have in common?

In many Spanish-speaking cultures, even ordinary mealtimes are considered social events, a time to spend enjoying food and company. People often take time after a meal to relax, to sit around the table and enjoy a good conversation or just to have a laugh. This custom, called the *sobremesa,* is more important in many cultures than getting to the next appointment or saving time and money by buying a quick meal.

Not surprisingly, most Spanish-speaking countries have very few drive-through restaurants. Since people rarely take food "to go," they might be surprised if you suggested grabbing a sandwich to eat in the car. In fact, many cars don't have cup-holders.

Una familia en Escazú, Costa Rica

A los jóvenes de muchos países hispanos les gusta pasar el tiempo de la sobremesa con amigos o con la familia.

Check it out! Figure out how much time you and your family spend at breakfast, lunch, and dinner on days when you're not in school or at work. Compare your results with those of your classmates. Then complete the following statements about practices among families in your community.

Modelo

En mi comunidad, es común *(common)* comer el desayuno en <u>quince minutos</u>.

1. En mi comunidad, es común comer el desayuno en _____.
2. En mi comunidad, es común comer el almuerzo en _____.
3. En mi comunidad, es común comer la cena en _____.

Think about it! What does your research say about the importance of relaxing and enjoying a leisurely meal with friends and family? How does it compare to what happens during meals in Spanish-speaking countries? Consider the two different attitudes towards mealtime. What benefits might each one have?

Un restaurante muy bueno

Task
Your school is developing a community guide for Spanish-speaking residents. Your class is in charge of writing about restaurants. Write a review of your favorite restaurant.

Strategy

Persuasion
Give specific information and concrete examples to persuade your readers to try a restaurant.

1 Prewrite Think about the restaurant you and your family like best. Copy the word web. Write the name of the restaurant you are reviewing in the middle circle. Write words and expressions associated with each category inside the appropriate circles.

2 Draft Write your review of the restaurant using information from the word web. Try to include any information that might persuade others to try the restaurant.

3 Revise Read through your review and check for agreement, verb forms, and spelling. Share your review with a partner. Your partner should check the following:

- Did you provide information about all categories?
- Did you use the correct forms of the verbs?
- Do you have any errors in spelling or agreement?
- Is the review persuasive?

4 Publish Write a final copy of your review and make any necessary changes or additions. You may want to add illustrations and include your review in a booklet with your classmates' reviews or in your portfolio.

5 Evaluation Your teacher may give you a rubric for grading your review. You may be evaluated on:

- how complete the task was
- how you used new and previously learned vocabulary
- how accurate the agreement, verb forms, and spelling are
- correct use of verbs

¿Eres tú, María?

Episodio 2

Antes de ver el video

Personajes importantes

Inspector Peña, inspector de policía

Doña Gracia Salazar, la víctima del crimen

Inspector Gil, inspector de policía

Resumen del episodio

En este episodio, la ambulancia llega[1] y lleva[2] a doña Gracia Requena al hospital. También llegan dos inspectores de policía. Le hablan a doña Lupe, la portera, sobre el incidente en el piso de doña Gracia. Lola se presenta[3] a los dos hombres y les dice[4] lo que sabe del incidente.

[1] arrives   [2] takes away   [3] introduces herself   [4] tells them

Nota cultural In the cities and towns of Spain and many Spanish-speaking countries, you will find *plazas,* open squares that are surrounded by buildings. The *plazas* are the social center of the community or neighborhood. They may contain benches, trees and flowers, statues, and fountains. In the evening, neighbors will spend time in the *plaza* sharing details about families, daily events, politics, and many other topics.

Palabras para comprender

vive *(vivir)*	she lives *(to live)*
la sobrina	niece
esperar	to wait
anoche	last night
vi *(ver)*	I saw *(to see)*
una barba	beard
¿Quién era?	Who was she?
ayudar	to help
saber	to know

"Es doña Gracia Salazar. Vive en el tercer piso con su sobrina, María."

"Anoche a la una de la mañana, vi a un hombre y a una mujer."

—¿Ud. es detective pero no tiene una descripción exacta ni del hombre ni de la mujer?
—A la una de la mañana es imposible ver mucho, ¿no?

Después de ver el video

¿Comprendes?

A. ¿Quién . . . ?

1. ¿Quién es la víctima?
2. ¿Quiénes viven en el tercer piso?
3. ¿Quién es la sobrina?
4. ¿Quién es doña Lupe?
5. ¿Quiénes llegan para investigar el crimen?
6. ¿Quién espera en la plaza?
7. ¿Quién dice que es imposible ver mucho a la una de la mañana?
8. ¿Quién quiere ayudar a los inspectores?

B. Escoge una de las fotos de esta página y escribe tres frases para describir la foto.

Go Online
PHSchool.com

For: More on *¿Eres tú, María?*
Visit: www.phschool.com
Web Code: jcd-0507

Repaso del capítulo

Vocabulario y gramática

to talk about people

el hombre	man
la mujer	woman
el joven	young man
la joven	young woman

to describe people and things

alto, -a	tall
bajo, -a	short *(stature)*
corto, -a	short *(length)*
guapo, -a	good-looking
joven	young
largo, -a	long
viejo, -a	old
el pelo	hair
canoso	gray
castaño	brown (chestnut)
negro	black
rubio	blond
pelirrojo, -a	red-haired

to describe how someone is feeling

tener calor	to be warm
tener frío	to be cold
tener sueño	to be sleepy

to talk about food

delicioso, -a	delicious
desear	to want
pedir *(e → i)*	to order
el plato principal	main dish
de plato principal	as a main dish
el postre	dessert
de postre	for dessert
rico, -a	rich, tasty

to describe table settings

el azúcar	sugar
la cuchara	spoon
el cuchillo	knife
la pimienta	pepper
el plato	plate, dish
la sal	salt
la servilleta	napkin
la taza	cup
el tenedor	fork
el vaso	glass

to talk about eating out

el camarero, la camarera	waiter, waitress
la cuenta	bill
el menú	menu

to express needs

Me falta(n) . . .	I need . . .
Quisiera	I would like
traer	to bring
Le traigo . . .	I will bring you . . .
¿Me trae . . . ?	Will you bring me . . . ?
yo traigo	I bring

other useful words

ahora	now
¿Algo más?	Anything else?
De nada.	You're welcome.
otro, -a	other, another
¡Qué + *adjective!*	How . . . !

venir *to come*

vengo	venimos
vienes	venís
viene	vienen

For *Vocabulario adicional,* see pp. 472–473.

● **Más práctica** . . . .

Practice Workbook Puzzle 5B-8

Practice Workbook Organizer 5B-9

Preparación para el examen

On the exam you will be asked to . . .	Here are practice tasks similar to those you will find on the exam . . .	If you need review . . .
1 Escuchar Listen and understand as people complain to room service that something is missing from their order	As you listen to complaints about room service, see if you can tell if there is: a) missing silverware; b) missing food; c) missing condiments; d) all of the above.	**p. 248–251** *A primera vista*, Actividad 2 **p. 254** Actividades 8–9 **p. 260** Actividades 18–19
2 Hablar Describe physical characteristics of family members to another person	Your aunt and uncle are going to celebrate their anniversary with you in a restaurant, but they're late. You describe them to the waiter so that he can recognize them when they arrive. Mention at least two physical characteristics about each person, such as hair color, height, or age.	**pp. 248–251** *A primera vista* **p. 252** Actividades 4–5 **p. 256** Actividad 12
3 Leer Read and understand a letter about an upcoming visit with a relative	As you read part of a letter about an upcoming trip to Santa Fe, can you determine what the writers are most looking forward to in the trip? What questions do they have about it? *Queridos Alicia y Pedro, Nosotros también esperamos impacientemente nuestra visita a Santa Fe en el verano. Me encanta la idea de visitar una ciudad con mucha historia. Nuestra ciudad también es muy histórica. ¿Qué es una comida típica del Rancho de las Golondrinas?*	**p. 255** Actividad 10 **p. 262** *Lectura*
4 Escribir Write a short report telling whether people are coming to an event and what they are bringing with them	You and your classmates decide to bring either a main dish, dessert, eating utensils, glassware, plates, or condiments for the Spanish Club party. Write a note to the club president indicating who is coming and what they are bringing. For example: *Ryan viene y trae las servilletas.*	**p. 256** Actividad 11 **p. 257** Actividades 13–14 **p. 265** *Presentación escrita*
5 Pensar Demonstrate an understanding of cultural perspectives regarding meals	Think about how you spend lunch or dinner time during the school week. What would be at least three things that would be different at mealtime if you were an exchange student in a Spanish-speaking country? What is a *sobremesa*?	**p. 253** *Fondo cultural* **p. 260** *Fondo cultural* **p. 264** *Perspectivas del mundo hispano*

Fondo cultural

Salvador Dalí (1904–1989) was a painter born in Figueras, Spain. This is one of his most famous paintings, made when he was only 20. Here he has painted his sister, who appears only from the back.

• Why do you think that Dalí painted her looking out the window rather than facing the viewer?

Muchacha en la ventana (1924), Salvador Dalí
Museo Español de Arte Contemporáneo, Madrid, Spain.
The Bridgeman Art Library International Ltd. © 2003 Salvador Dalí,
Gala-Salvador Dalí Foundation/Artists Rights Society (ARS), NY.

Calle Caminito en Buenos Aires, Argentina

En mi dormitorio

Chapter Objectives

- **Talk about your bedroom**
- **Describe bedroom items and electronic equipment**
- **Make comparisons**
- **Understand cultural perspectives on homes**

Video Highlights

A primera vista: *El cuarto de Ignacio*

GramActiva Videos: making comparisons; the superlative; stem-changing verbs: *poder* **and** *dormir*

Videomisterio: *¿Eres tú, María?,* **Episodio 3**

Country Connection

As you learn how to describe your bedroom, you will make connections to these countries and places:

España
Estados Unidos
México
Colombia
Argentina
Uruguay

Go Online
PHSchool.com

For: Online Atlas
Visit: www.phschool.com
Web Code: jce-0002

A primera vista

Vocabulario y gramática en contexto

el espejo · la cómoda · el cuadro · la lámpara · el armario · las cortinas · la pared · la alfombra · la cama · la mesita · el despertador

❝ Tengo **un dormitorio pequeño.** Las paredes son azules. Tengo carteles de mis grupos musicales favoritos en las paredes. Generalmente mi dormitorio está muy desordenado, pero hoy está ordenado. No comparto el dormitorio con otra persona—es mi **propio** dormitorio.

En mi dormitorio tengo todas mis **posesiones más importantes:** mi guitarra, mis discos compactos, mis fotos, mi computadora. ¿Por qué me gusta mucho mi dormitorio? ¡Está encima del garaje! ¡Es **el mejor** dormitorio para tocar y escuchar música! ❞

el televisor*

el lector DVD

la videocasetera

el estante

el disco compacto

el video

el equipo de sonido

— ¿Te gusta el disco compacto de Mano Negra?

— ¡Por supuesto! Me encanta su música. Pero es **menos** interesante **que** la música de Mecano.

— A mis padres les encanta escuchar música. Me gustaría tener mi propio equipo de sonido.

El televisor refers to the actual appliance. *La televisión (tele)* is the programming that is watched.

los colores

negro, -a

amarillo, -a

anaranjado, -a

azul

blanco, -a

gris

marrón

rojo, -a

morado, -a

rosado, -a

verde

 Actividad 1 Escuchar . . . .

Las posesiones

Escucha a Marcos describir su dormitorio. Mira el dibujo y toca cada cosa que menciona.

 Actividad 2 Escuchar . . . .

Los colores

Cuando escuches el nombre de un color, señala algo en estas páginas que es de ese color.

Más práctica . . . .
Practice Workbook 6A-1, 6A-2

Go Online
PHSchool.com

For: Vocabulary practice
Visit: www.phschool.com
Web Code: jcd-0601

El cuarto de Ignacio

¡El cuarto de Ignacio está muy desordenado!

España

Strategy

Using prior experience
Have you ever had someone go in and change things around in your room? How did you feel? Look at the photos and guess how Ignacio and his mother feel.

Ignacio

Mamá

1 **Mamá:** Mira este cuarto . . . ¡qué **feo!** ¡Está muy desordenado! Ignacio, ¿cómo puedes hacer esto?

También se dice . . .

el dormitorio = el *cuarto* (España)

5 **Mamá:** Tu cuarto está mucho más **bonito.** Los libros **grandes** están aquí, y **a la izquierda** están las revistas. Y los discos compactos están **a la derecha de** los libros. Es mejor, ¿no crees?

6 **Ignacio:** Mamá, no es el **mismo** cuarto. **Para ti,** está **mejor que** antes, pero **para mí,** está **peor.** Tengo todas mis posesiones más importantes aquí y ahora no sé dónde están.

7 **Mamá:** Pero Ignacio, ¿cómo puedes **dormir** con todas las cosas encima de la cama?

Ignacio: Mamá, siempre **duermo** bien.

Mamá: ¡Ay! Está bien. Nunca más voy a organizar tu cuarto.

2 **Mamá:** ¿**De qué color** es esta camiseta? ¿Gris? ¿Blanca? Y esta camiseta de muchos colores, ¿qué es? ¡Ay, tengo que trabajar mucho en este cuarto!

3 **Mamá:** ¿Qué **podemos** hacer con este cuarto? El cuadro va en la pared y la lámpara va en la mesita. ¡Ay, ay, ay!

4 **Ignacio:** ¡Mamá! ¡Mi cuarto! ¡Mis **cosas**! ¿Dónde están?

8 **Ignacio:** ¡Eres la mejor mamá! Muchas gracias.
Mamá: De nada, Ignacio.

Actividad 3 **Leer/Escribir** . . . .

¿Cierto o falso?

Lee las frases y decide si son ciertas o falsas. Si una frase es falsa, escríbela con la información correcta.

1. El cuarto de Ignacio siempre está muy ordenado.
2. La madre de Ignacio no está contenta.
3. La madre de Ignacio trabaja en el cuarto de Ignacio.
4. Ignacio no puede dormir bien en su cama.
5. Ahora Ignacio sabe dónde están todas sus posesiones.
6. A Ignacio no le gusta el trabajo de su madre.
7. Mañana la madre de Ignacio va a organizar el cuarto de Ignacio.

● **Más práctica** . . . .
Practice Workbook 6A-3, 6A-4

Go Online
PHSchool.com
For: Vocabulary practice
Visit: www.phschool.com
Web Code: jcd-0602

Manos a la obra

Vocabulario y gramática en uso

Objectives

- **Name items found in a bedroom**
- **Talk about electronic equipment**
- **Use colors to describe things**
- **Use comparatives and superlatives**
- **Learn to use the verbs** *poder* **and** *dormir*

  Escribir ·

Las palabras opuestas

Escribe las palabras de la lista y su opuesto *(opposite)*.

Strategy

Making word associations
Learning vocabulary as
opposites helps you make quick
associations to other words.

Modelo

día   *noche*

1. bonito
2. grande
3. derecha
4. peor
5. alto
6. negro
7. ordenado
8. joven

  Escuchar/Escribir · · · · · · · · · · ·

Escucha, dibuja y escribe

Copia el dibujo en una hoja de papel. Vas a
escuchar a Celia describir su dormitorio.
Dibuja las cosas que ella menciona en los
lugares *(places)* correctos y escribe las palabras
en español para cada cosa.

Tocando la guitarra en México

También se dice . . .

el dormitorio = la habitación, la alcoba *(España);*
    la pieza *(Argentina, Chile);*
    la recámara *(México)*

bonito = lindo, chulo *(México);* mono *(España)*

marrón = de color café, castaño, de color chocolate
    (México, América del Sur)

la cómoda = el gavetero, el buró *(México,*
    muchos países)

el armario = el guardarropa, el ropero *(México,*
    muchos países)

pequeño = chico *(México, otros países)*

Actividad 6 Dibujar/Escribir

Tu propio dormitorio

❶ Dibuja tu propio dormitorio. Escribe el nombre de ocho cosas en el dibujo.

❷ Escribe siete frases para describir o *(either)* tu dormitorio o el dormitorio de Celia de la Actividad 5.

Modelo

El espejo está al lado de la cama.
Las cortinas en el dormitorio son largas.

> **¿Recuerdas?**
> Use *estar* to tell the location of items.
> Use *ser* to tell what items are like.

Actividad 7   Escuchar/Hablar

¿Qué dormitorio es?

Trabaja con otro(a) estudiante. Muestra *(Show)* los dibujos de tu dormitorio y del dormitorio de Celia a tu compañero(a). Lee una de las frases que escribiste *(that you wrote)* en la Actividad 6. Tu compañero(a) tiene que identificar qué dormitorio describes.

> **Strategy**
>
> **Labeling**
> Put Spanish labels on the items in your bedroom so that you will see them every day. This will help you learn new words quickly.

Modelo

A —*El espejo está al lado de la cama.*
B —*Es tu propio dormitorio.*
o: *Es el dormitorio de Celia.*

Actividad 8   Escuchar/Hablar

Juego

Trabajen en grupos de tres personas. Necesitan una moneda *(coin)* y uno de los dibujos de la Actividad 6. Una persona describe dónde está la moneda en el dormitorio. Los otros dos tratan de colocar *(try to place)* la moneda en el cuarto correctamente. La primera persona que coloca la moneda correctamente recibe un punto.

Modelo

La moneda está debajo de la cama.

Actividad 9   Leer/Pensar/Hablar

¿Quién soy yo?

Aquí tienes una adivinanza *(riddle)* popular en las escuelas primarias en México. Trabaja con otro(a) estudiante para resolver la adivinanza.

Cine no soy,
radio tampoco.
Tengo pantalla
y me creen poco.
¿Quién soy yo?

Gramática

Making comparisons

Just as you can use *más . . . que* to compare two things,
you can also use **menos . . . que** *(less . . . than)*.

> El disco compacto de Los Toros es **menos** popular **que** el disco
> compacto de Los Lobos.
>
> *The CD by Los Toros is **less** popular **than** the CD by Los Lobos.*

The adjectives *bueno(a), malo(a), viejo(a),* and *joven* and the adverbs
bien and *mal* have their own comparative forms. *Más* and *menos* are
not used with these comparative adjectives and adverbs.

Adjective	Adverb	Comparative	
bueno, -a	bien	mejor (que)	*better than*
malo, -a	mal	peor (que)	*worse than*
viejo, -a		mayor (que)	*older than*
joven		menor (que)	*younger than*

Mejor, peor, mayor, and *menor* have plural forms
that end in *-es*.

> Los discos compactos son **mejores que** los casetes.

¿Recuerdas?

You have learned to use *más . . . que* to compare two things.

- La clase de inglés es **más** interesante **que** la clase de matemáticas.

GramActiva VIDEO

Want more help
with comparisons?
Watch the
GramActiva video.

más . . . que
menos . . . que

Actividad 10 Gramática Escuchar/Escribir

Dos dormitorios

En una hoja de papel, escribe los números del 1 al 6. Escucha las seis comparaciones
de los dormitorios de Paco y de Kiko. Escribe *C* si la frase es cierta o *F* si es falsa.

el dormitorio de Paco

el dormitorio de Kiko

¡Viva la música!

1 Escribe cinco frases con comparaciones de los varios tipos de música que ves aquí. Usa estos *(these)* adjetivos en la forma correcta con *más . . . que* o *menos . . . que.*

aburrido, -a	interesante
bonito, -a	popular
divertido, -a	serio, -a
feo, -a	triste
importante	

Modelo

Para mí, la salsa es más divertida que la música rap.

2 Lee tus comparaciones a otro(a) estudiante para ver si Uds. están de acuerdo.

Modelo

A —*Para mí, la salsa es más divertida que la música rap.*
B —*Sí, estoy de acuerdo, pero la salsa es menos popular que la música rap.*

¿Cómo se comparan los dos?

Con otro(a) estudiante, escoge dos cosas o personas de cada categoría de la lista. En una hoja de papel, escribe una comparación de las dos. Después, túrnate *(take turns)* con tu compañero(a) para leer tus comparaciones y dar *(give)* tus opiniones.

Modelo

actividades
A —*Para mí, ir al cine es mejor que ver un video.*
B —*Estoy de acuerdo. Ver un video es menos divertido que ir al cine.*

1. actividades
2. deportes
3. comidas
4. clases
5. libros o revistas
6. personas famosas

Para decir más . . .

los blues	la música rap
la música reggae	el jazz
la música clásica	la música rock
la música folklórica	la salsa
la música hip-hop	

Fondo cultural

Since 2000, the **Latin Grammy** awards have recognized the talent of many Spanish- and Portuguese-speaking artists every year.

• Who are some Latin recording artists you enjoy and what is their music like?

El cantante Juanes de Colombia

● **Más práctica** . . . .
Practice Workbook 6A-5

PHSchool.com

For: Practice with unequal comparisons
Visit: www.phschool.com
Web Code: jcd-0603

Gramática

The superlative

To say that someone or something is the "most" or "least," use:

definite article **(el, la, los, las)** + noun + **más / menos** + adjective

La foto de mi familia es **la posesión más importante** para mí.

To say that someone or something is the "best" or the "worst," use:

definite article + **mejor(es) / peor(es)** + noun

Rojo y azul son **los mejores colores** para mi dormitorio.

GramActiva VIDEO

Want more help with the superlative? Watch the **GramActiva** video.

el mejor

---

 13 Gramática Hablar

Las casas de los ricos y famosos

Un grupo de personas del programa de televisión "Las casas de los ricos y famosos" está en tu casa. Habla con el grupo sobre las cosas especiales en tu casa. Pregunta y contesta según el modelo.

1. posesión / importante
2. disco compacto / popular
3. video / gracioso
4. foto / bonita
5. videojuego / divertido
6. libro / interesante

Modelo

cuadro/bonito

A —*Para ti, ¿cuál es el cuadro más bonito?*
B —*Para mí, el cuadro más bonito es el cuadro de las flores rojas y amarillas.*

---

 14 Gramática   Hablar/Escribir

Los premios Héctor

❶ En grupos de cuatro estudiantes, pregunta y contesta sobre las mejores y peores cosas del año. Decide el (la) mejor y el (la) peor de cada categoría de la lista y escribe una frase para cada una.

Modelo

el mes

A —*Para ti, ¿cuál es el mejor mes del año?*
B —*Para mí, el mejor mes del año es junio.*
A —*¿Y cuál es el peor mes del año?*
B —*El peor mes del año es enero.*

1. el programa de televisión
2. el video
3. el grupo musical
4. la película
5. el disco compacto

❷ Prepara una presentación para la clase para dar un premio (*give a prize*) Héctor para las categorías indicadas.

Modelo

Nuestro grupo da el premio Héctor para el mejor mes del año a junio.
Nuestro grupo da el premio Héctor para el peor mes del año a enero.

Actividad 15

 Hablar/Escribir ···

Tus propias cosas

1 Habla con otro(a) estudiante sobre las cosas que tienes en tu dormitorio. Pregunta y contesta según el modelo. Escribe las respuestas en una hoja de papel.

Modelo
A —*¿Tienes tu propia videocasetera?*
B —*Sí, tengo mi propia videocasetera. ¿Y tú?*
A —*No, pero puedo usar la videocasetera de mi familia.*

Estudiante A

1.
2.
3.
4.
5.

Estudiante B

Sí, tengo mi propio(a) . . .

No, pero comparto . . .
con . . .

No, pero puedo usar . . .
de mi familia.

No, no tengo . . .

2 Trabajen con otra pareja. Sumen *(Add together)* los resultados del paso *(step)* 1. Escriban frases para presentar los resultados a la clase. Compartan los resultados del grupo de ustedes con los otros grupos y sumen los resultados de toda la clase.

Modelo
Cuatro estudiantes tienen computadoras en sus casas.

3 Determinen un porcentaje *(percentage)* para cada aparato *(appliance)* tecnológico y creen *(create)* una gráfica para demostrar los resultados.

Actividad 16

Comparar/Escribir/Hablar ···

Los aparatos tecnológicos en Cataluña

Estudia la gráfica y contesta las preguntas.

1. ¿Cuáles son los aparatos tecnológicos más populares en las casas en la región de Cataluña en España?

2. Escribe frases para comparar los resultados de tu clase y de los catalanes.

Modelo
Nosotros tenemos más lectores DVD que . . .

Porcentaje de casas catalanas con aparatos tecnológicos en mayo, 2002

- antena parabólica 13%
- lector DVD 13%
- acceso al Internet 30%
- computadora personal 47%
- teléfono celular 69%
- videocasetera 78%
- televisor 99.8%

Actividad 17
Pensar/Escribir/Hablar ·

¿De qué color es tu día?

¿Cuáles son los colores que asocias con estas palabras? Escribe los colores.

Modelo	
regular	*gris*

1. contento   3. artístico   5. reservado   7. frío   9. gracioso

2. calor   4. horrible   6. triste   8. sociable   10. aburrido

Y para ti, ¿cuál es el color de tu personalidad?

Actividad 18
 Hablar ·

Las banderas

Identifica los colores de las banderas de los países (countries) o lugares de habla española. Trabaja con otro(a) estudiante.

Modelo

A —*La bandera tiene los colores rojo, amarillo y verde.*
B —*¿Es la bandera de Bolivia?*
A —*Sí.*

Argentina

Bolivia

Chile

Colombia

Costa Rica

Cuba

Ecuador

El Salvador

España

Guatemala

Guinea Ecuatorial

Honduras

Nicaragua

Panamá

Paraguay

Perú

Puerto Rico

República Dominicana

Uruguay

Venezuela

Fondo cultural ■◆◇▽◼ ◆▽◇▽◼◆

La bandera mexicana has a fascinating history. According to tradition, the Aztecs were to build their capital city, Tenochtitlán, where they found an eagle perched on a cactus and devouring a serpent. This image is what you see in the center of the Mexican flag today.

• What flags can you identify in the United States that also contain a symbol with historical significance?

Actividad 19 · Leer/Pensar/Escribir

¿Qué significan los colores?

En la psicología, hay un estudio de los significados *(meanings)* de diferentes colores en diferentes culturas. Lee las descripciones aquí para contestar las preguntas.

Conexiones · Las ciencias sociales

En muchas culturas, el verde significa buena salud, la primavera, las plantas y tranquilidad. Es un color de la paz.[1]

El blanco, en las culturas de las Américas, significa generalmente inocencia y paz. En ciertas culturas asiáticas, el blanco significa la muerte.[2]

El color que expresa energía, pasión y acción en muchas culturas diferentes es el rojo.

En muchas culturas, el amarillo significa atención, precaución, el sol y energía. Es muy fácil ver el amarillo y se usa mucho para los taxis.

Un color que expresa protección, autoridad, confianza[3] y armonía es el azul. Vemos este color mucho en los uniformes de la policía y los militares.

[1]peace   [2]death   [3]confidence

Find words or expressions in the reading to explain the following uses of color:

- yellow traffic light
- green recycling symbol
- blue police uniform
- red roses for Valentine's Day

Actividad 20 · Escribir/Hablar

Una bandera para ti

Imagina que vas a diseñar *(design)* una bandera para una organización, un club o un equipo *(team)*. ¿Qué colores vas a usar? ¿Por qué?

Actividad 21 · Escribir/Hablar

Y tú, ¿qué dices?

1. ¿Cuáles son tus colores favoritos? ¿Qué posesiones tienes en tu dormitorio de estos colores?

2. Escribe una lista de cinco cosas que están en tu dormitorio y el color de cada cosa. Por ejemplo: *Tengo una lámpara anaranjada.*

3. ¿De qué colores son los libros y las carpetas que tienes para tus clases?

● **Más práctica**
Practice Workbook 6A-6

For: Practice with superlatives
Visit: www.phschool.com
Web Code: jcd-0604

Gramática

Stem-changing verbs: *poder* and *dormir*

Like *jugar*, *poder* and *dormir* are stem-changing verbs.
They have a change from *o → ue* in all forms except
nosotros and *vosotros*. Here are the present-tense forms:

(yo)	**puedo**	(nosotros) (nosotras)	**podemos**
(tú)	**puedes**	(vosotros) (vosotras)	**podéis**
Ud. (él) (ella)	**puede**	Uds. (ellos) (ellas)	**pueden**

(yo)	**duermo**	(nosotros) (nosotras)	**dormimos**
(tú)	**duermes**	(vosotros) (vosotras)	**dormís**
Ud. (él) (ella)	**duerme**	Uds. (ellos) (ellas)	**duermen**

¿Recuerdas?

You use *puedo* and *puedes* to say
what you can or cannot do:

—¿**Puedes** ir a la fiesta conmigo?
—No, no **puedo**.

GramActiva VIDEO

Want more help
with these
stem-changing verbs?
Watch the
GramActiva video.

Él duerme.

Actividad 22

Gramática **Leer/Escribir/Pensar**

Rompecabezas

¿Cuántas horas duermen las personas en esta familia? Escribe la forma apropiada del verbo
dormir para cada frase. Después contesta la pregunta.

¡Mis hermanos y yo __1.__ 50 horas al día! Es mucho, ¿no? Tomás, mi
hermano mayor, __2.__ menos, seis horas al día. Catalina __3.__ más
horas que todos—cuatro horas más que Tomás. Guillermo y yo __4.__
el mismo número de horas. Juntos *(Together)* nosotros __5.__ el mismo
número de horas que Tomás y Catalina. Paco y Laura __6.__ el mismo
número de horas. ¿Cuántas horas duerme cada persona (Tomás,
Catalina, Guillermo, Paco, Laura y yo)?

Nota

When the forms of *poder* are
followed by another verb, the
second verb is in the infinitive form.

• Ana no **puede hablar** español.

Actividad 23

Escuchar/Escribir/Hablar

El campamento Nadadivertido

Es el primer día en el campamento de verano Nadadivertido. Tu amigo(a) nunca escucha nada.
Escucha las reglas *(rules)* del campamento y después contesta las preguntas de tu amigo(a).

1. ¿Podemos usar el equipo de sonido en la tarde?

2. ¿Quiénes no pueden ir a los dormitorios de
   los chicos?

3. ¿Podemos ver videos en los dormitorios?

4. ¿Cuándo podemos escuchar discos compactos?

5. ¿Podemos beber refrescos en la cama?

6. ¿Podemos dormir hasta *(until)* las nueve?

Escribir/Hablar ·

Las reglas

Tienes que cuidar *(baby-sit)* a dos niños y no sabes las reglas de su casa. Primero escribe cinco preguntas para ellos. Después pregunta y contesta según el modelo. Aquí está una lista de verbos que puedes usar:

beber	escuchar	jugar
comer	ir	ver

Modelo

A —*¿Uds. pueden comer helado después de las siete?*

B —*No, nunca podemos comer helado después de las siete.*

o: *¡Por supuesto! Siempre podemos comer helado después de las siete.*

   Hablar ·

¡Podemos hacer muchas cosas!

Trabaja con otro(a) estudiante para decir qué pueden hacer diferentes personas con las posesiones que tienen.

Modelo

Marcos / sacar fotos

A —*¿Marcos puede sacar fotos?*

B —*¡Por supuesto! Tiene una cámara muy buena.*

o: *No. No tiene una cámara.*

Estudiante A

1. Uds. / ver películas en casa
2. Raquel / hacer la tarea de álgebra
3. tu papá (o tu mamá) / usar el Internet
4. tú / escuchar discos compactos
5. Guillo y Patricio / jugar videojuegos

Estudiante B

Pronunciación

The letters *r* and *rr*

Except at the beginning of a word or after *l* or *n*, the sound of the letter *r* is similar to the *dd* in the English word *ladder.* Listen to and say these words:

derecha	quiero	amarillo	bandera
pero	puerta	alfombra	morado

The sound of *rr* is similar to saying "batter, batter, batter" over and over again very quickly. Listen to and say these words:

perro	correr	guitarra	marrón
aburrido	arroz	pelirrojo	horrible

When *r* is the first letter of a word or comes after *l* or *n*, it is pronounced like the *rr.*

Roberto	Rita	Ricardo	rojo	regalo
rubio	radio	reloj	romper	Enrique

Try it out! Listen to and say this *trabalenguas:*

Erre con erre cigarro, erre con erre barril. Rápido corren los carros, cargados de azúcar del ferrocarril.

Actividad 26 Leer/Escribir/Hablar

¿Duermes bien?

Lee este artículo de una revista y contesta las preguntas.

1. Según el artículo, ¿cuál es el problema?

2. ¿Qué porcentaje de las personas duerme menos de ocho horas diarias durante la semana?

3. ¿El artículo presenta estas ideas? Contesta *sí* o *no*.

    Las personas que duermen poco . . .
    . . . generalmente están más cansadas.
    . . . trabajan mejor.
    . . . juegan mucho y hacen ejercicio.
    . . . son menos sociables.

4. Y tú, durante los fines de semana, ¿cuántas horas duermes en la noche?

Exploración del lenguaje

Using root words

You can build your vocabulary, both in Spanish and in English, if you recognize the root of a word and know its meaning.

For example, because you know the root of one word, **com**er, you can more easily learn another word, *la **com**ida*.

Try it out! Because you know the root of **beber**, you can easily remember *la __?__*. And since you know *ver la **televisión***, you can easily recognize *el __?__*.

Once you learn another language, your mastery of your own language can increase. This is because you begin to use words from your second language to help you understand words in English that are new to you.

Try it out! Since you know *verde, azul,* and *gris,* what do you think these words mean?

verdant fields   *azure* sky   a *grizzled* old man

¿Cuántas horas duermes por noche?

Un nuevo estudio indica que muchos adultos no duermen ni[1] seis horas por noche, y afecta mucho a su calidad de vida.[2]

Durante la semana:

- 8 ó más: 30%
- Menos de 6: 15%
- 6 a 6.9: 24%
- 7 a 7.9: 29%

Fines de la semana:

- Menos de 6: 10%
- 6 a 6.9
- 12%
- 8 ó más: 52%
- 22%
- 7 a 7.9

Las personas que duermen menos de seis horas por noche:

- ■ Tienen más estrés y fatiga
- ■ Están más tristes y menos alertas
- ■ Hacen peor su trabajo
- ■ Sufren más lesiones[3]
- ■ Tienen más problemas de relaciones interpersonales
- ■ Comen más de lo usual
- ■ Tienen menos energía

[1]not even   [2]quality of life   [3]injuries

Fondo cultural

La siesta, an afternoon nap after the large midday meal, has been observed in Spain and other Spanish-speaking countries for centuries. However, with modern-day pressures and in larger cities, many people no longer take off work for *la siesta.*

- What do you think would be some advantages and disadvantages of a *siesta* in your daily life?

En España muchas tiendas se cierran entre las 14.00 y las 16.30 horas.

Escribir/Hablar . . . .

Juego

Con otro(a) estudiante, describe tres cosas y escribe las descripciones. Lee las frases a otra pareja para ver si ellos pueden identificar las cosas.

Strategy

Circumlocution
When you don't know or can't remember the word for something, you can describe it. You can tell what it is used for, what size it is, what color it is, where it is often found, and so on.

Modelo

A —*Es una cosa que toca música. Puede ser grande o pequeño. Está en muchas casas. ¿Qué es?*
B —*Es un equipo de sonido.*

Escribir/Hablar/Dibujar . . . .

Y tú, ¿qué preguntas?

1 Escribe cinco preguntas que puedes hacer *(ask)* a otra persona. Puedes preguntar sobre las actividades que le gustan, cómo es, sus colores favoritos, sus intereses en música y deportes.

2 Haz tus preguntas a otro(a) estudiante. Escribe sus respuestas.

3 Dibuja un dormitorio especial para el (la) estudiante según sus respuestas a tus preguntas. Usa lápices de color. Presenta tu dibujo a tu compañero(a) y explica por qué el dormitorio es especial para él o ella.

Modelo

El dormitorio es especial para ti porque tus colores favoritos son azul y rojo. Hay una foto de Lleyton Hewitt en la cómoda porque te gusta mucho el tenis. Hay muchas fotos en las paredes porque sacas fotos de tus amigos también. Tú eres muy gracioso y desordenado. Hay muchos videos y revistas en la cama. Te gusta escuchar la música hip-hop. Aquí, en el estante, están tus discos compactos.

El español en la comunidad

In many communities in the United States, you can see the influence of Spanish-style architecture. Spanish-style buildings often have tile roofs, stucco exteriors, and interior courtyards or patios.

• Identify houses, buildings, or neighborhoods in your community that feature this style. Draw or take a picture of one example.

● **Más práctica** . . . .
Practice Workbook 6A-7

Go Online
PHSchool.com

For: Practice with *o→ue* verbs
Visit: www.phschool.com
Web Code: jcd-0605

¡Adelante!

Lectura

El desastre en mi dormitorio

Lee esta carta *(letter)* a Querida Magdalena. Ella da soluciones a los problemas de los jóvenes en una revista.

Objectives

- **Read a letter and response in an advice column**
- **Learn about** *las luminarias*
- **Talk about how a person's bedroom reflects his or her personality**
- **Watch** *¿Eres tu, María?*, **Episodio 3**

Strategy

Using cognates
As you read the letter and response, look for cognates to help you better understand Rosario's problem. Try to guess the meaning of some of the cognates: *el desorden, la situación, recomendar, considerar.*

¿Qué debo hacer?

Con tu amiga **Magdalena**

❝Querida Magdalena:

Mi problema tiene un nombre: es mi hermana Marta. Compartimos el mismo dormitorio y estoy desesperada. Todo en mi lado del dormitorio está en orden. Pero su lado es un desastre. Ella es la reina del desorden. Le encanta comer en el dormitorio. Hay pizza debajo de la cama. Hay botellas de agua en la mesita. Hay postre en el escritorio. Es horrible. Siempre deja¹ ropa,² videos y todas sus posesiones en el suelo,³ en la mesita, en la cama. ¡No hay ni un libro en el estante!

Y ella no escucha sus propios discos compactos—¡no! Escucha mis discos compactos y sin pedir⁴ permiso. Y escucha música a toda hora (y a un volumen muy alto) y ¡yo no puedo dormir!

Las paredes en su lado del dormitorio son negras. Es el peor color y es feísimo. Mi color favorito es el amarillo, claro. Es más bonito que el negro, ¿no?

Estoy cansada de compartir el dormitorio con ella y su desorden.
¿Qué debo hacer? ❞

Rosario Molino
Montevideo, Uruguay

Mi problema tiene un nombre: es mi hermana, Marta.

¹leaves ²clothing ³floor ⁴asking for

¿Qué debo hacer?

¡Es difícil compartir un dormitorio con otra persona!

Querida Rosario:

¡Qué problema! Es difícil compartir un dormitorio con otra persona, especialmente si la persona es tu hermana. Uds. son muy diferentes, ¿no? Tú eres más ordenada que ella. Ella cree que el color negro es el más bonito.

Necesitas hablar con tu hermana delante de tus padres. Tienes que explicar[5] la situación y recomendar unas soluciones. Es necesario encontrar[6] un punto intermedio.[7] Si la situación no es mejor después de unas semanas, tienes que considerar la posibilidad de separar el dormitorio con una cortina. ¡Pero no debe ser una cortina ni negra ni amarilla!

Tu amiga,
Magdalena

[5]explain   [6]find   [7]middle ground

¿Comprendes?

Lee las frases y decide quién dice *(says)* la frase. ¿Es Rosario, Marta o su madre?

1. "Pero me gusta comer en la cama y escuchar música."

2. "Soy una persona muy simpática y el color amarillo representa mi personalidad."

3. "Estoy muy ocupada y no tengo tiempo para 'un dormitorio perfecto'."

4. "Uds. tienen que respetar las posesiones de la otra."

5. "Mi color favorito es el negro. No me gustan los colores amarillo, anaranjado o azul."

6. "Ella debe pedir permiso para escuchar mis discos compactos."

7. "Tu hermana no es ordenada como tú. Tienes que ser más paciente."

Y tú, ¿qué dices?

¿Eres desordenado(a) como *(like)* Marta o eres ordenado(a) como Rosario? ¿En qué? Incluye dos ejemplos en tu respuesta.

Fondo cultural

Los aparatos electrónicos Throughout the Spanish-speaking world you will find the latest electronic devices: DVD players, stereo sound systems, cell phones, computers, etc. In all countries, there is a demand for movies, music, and instant communication.

• What are some advantages and disadvantages of the new global community brought about by these technological innovations?

For: Internet link activity
Visit: www.phschool.com
Web Code: jcd-0606

Las luminarias

To celebrate Christmas in Mexico and the southwest United States, countless bags, tons of sand, and candles are transformed into flickering outdoor lanterns called *luminarias*. They are lined up along window ledges, walkways, and roofs and are lit to welcome visitors.

En Santa Fe, Nuevo México

This tradition dates back more than 300 years, when villagers along the Río Grande built bonfires to light and warm their way to church on Christmas Eve. The luminarias used today go back to the 1820s, when traders introduced brown paper into the region and candles were set in sand in the bottom of the paper bags.

Try it out! Here's how you can make your own luminarias.

Materials

- 12" paper lunch bags
- sand
- small flashlights
- scissors

Figure 1   **Figure 2**   **Figure 3**

Directions

1 Trace a pattern on the side of the bag, leaving at least 4 inches at the top and 3 inches at the bottom. You may want to use the pattern in Fig. 1 or create your own.

2 Cut out the design, cutting through both sides of the bag. *(Fig. 1)*

3 Open the bag and fold down a 2" cuff around the top. *(Fig. 2)*

4 Fill the bag $\frac{1}{4}$ full of sand.

5 Place a flashlight in the sand. *(Fig. 3)*

6 Place the completed luminarias along your walkway, turn on the small flashlights, and enjoy these symbols of hope and joy for any special occasion.

Variations

1 Use white or brightly colored bags.

2 Paste or glue white or pastel tissue paper behind the cut-out design.

3 Cut a scalloped edge along the top of the bag instead of folding down the cuff.

4 Instead of sand, use soil, cat litter, or gravel to hold the flashlight in place.

Think about it! What kind of decorations do you use for special events? How is light used in different cultures to celebrate events?

La personalidad de un dormitorio

Task
You are doing a study on how a bedroom can reflect the personality of its owner(s). Use a photograph or drawing of a bedroom and talk about what its contents and colors tell about the personality of the owner.

❶ Prepare Bring in a picture of a bedroom. It can be a photo you took, one cut out from a magazine, or a picture that you drew. Use this word web to think through what you want to say about the room and the personality of the person who decorated it. Then answer the questions.

- En tu opinion, ¿cómo es la persona que vive *(lives)* en el dormitorio? ¿Qué le gusta hacer?

Strategy

Using graphic organizers
A word web can help you organize your thoughts for a presentation.

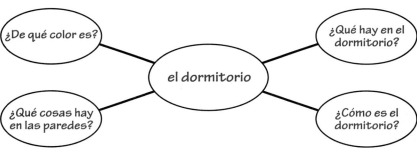

¿De qué color es?

el dormitorio

¿Qué hay en el dormitorio?

¿Qué cosas hay en las paredes?

¿Cómo es el dormitorio?

❷ Practice Go through your presentation several times. You can use your notes in practice, but not when you present. Try to:

- support your statements with examples
- use complete sentences
- speak clearly

❸ Present Show your picture and give the information about the bedroom and the personality behind it. Don't forget to stand up straight and project your voice!

❹ Evaluation Your teacher may give you a rubric for how your presentation will be graded. You probably will be graded on:

- how complete your presentation is
- how much information you communicate
- how easy it is to understand you

¿Eres tú, María?

Episodio 3

Antes de ver el video

Personajes importantes

Margarita, la secretaria de la oficina

Paco, quien trabaja en la oficina de Lola y la ayuda con las investigaciones

Nota cultural *El País* is probably Spain's most widely read and influential newspaper. You can consult an electronic version of *El País* on the Internet.

Resumen del episodio

Este episodio es muy importante. Lola le explica a Paco lo que pasó[1] en el incidente del domingo pasado.[2] En otra escena, Lola habla con doña Lupe quien le describe el incidente en el piso de doña Gracia. También doña Lupe le explica a Lola la historia de la familia de doña Gracia. ¿Por qué cree que María va a recibir toda la fortuna de doña Gracia?

[1] what happened   [2] last Sunday

Palabras para comprender

dinero money
periodista newspaper reporter
¿Qué pasó . . .? What happened . . .?
No ve casi nada. She can hardly see anything.
abro I open
muerta dead
busco I'm looking for
¿Robaron . . .? Did they steal . . .?
las joyas jewels
accidente de coche car accident
Pasó antes de venir a vivir con doña Gracia. It happened before she came to live with doña Gracia.
Pasó tres meses . . . She spent three months . . .
el nieto grandson
No viene aquí nunca. He never comes here.
No conoce a su abuela. He doesn't know his grandmother.

La familia Requena

Doña Gracia

Don Antonio
(esposo)

Hermano
de don Antonio

Hijo de doña
Gracia y don
Antonio

María
*(sobrina de
doña Gracia)*

Pedro
(nieto de doña Gracia)

Después de ver el video

¿Comprendes?

Completa cada frase con la palabra apropiada
del recuadro.

periodista	hija
fortuna	accidente de coche
joyas	conoce
dinero	sobrina

1. Según Paco, si no hay cliente, si no hay _____,
   entonces no hay nada.

2. Lola dice que trabaja para *El País,* un periódico
   importante en España, y es _____.

3. María es la _____ de Lorenzo Requena y la _____ de doña
   Gracia.

4. Doña Gracia es muy rica. Tiene una fortuna en dinero,
   _____ y arte.

5. Antes de venir a vivir con doña Gracia, a María le pasó un
   grave _____.

6. Pedro, el nieto de doña Gracia, vive en Italia y su abuela
   no lo _____.

7. Según doña Lupe, María va a recibir la _____ de doña Gracia.

For: More on *¿Eres tú, María?*
Visit: www.phschool.com
Web Code: jcd-0507

Repaso del capítulo
Vocabulario y gramática

Chapter Review

To prepare for the test, check to see if you . . .
- know the new vocabulary and grammar
- can perform the tasks on p. 295

to talk about things in a bedroom

la alfombra	rug
el armario	closet
la cama	bed
la cómoda	dresser
las cortinas	curtains
el cuadro	painting
el despertador	alarm clock
el dormitorio	bedroom
el espejo	mirror
el estante	shelf, bookshelf
la lámpara	lamp
la mesita	night table
la pared	wall

to talk about electronic equipment

el disco compacto	compact disc
el equipo de sonido	sound (stereo) system
el lector DVD	DVD player
el televisor	television set
el video	videocassette
la videocasetera	VCR

to talk about colors

¿De qué color . . . ?	What color . . . ?
los colores	colors
amarillo, -a	yellow
anaranjado, -a	orange
azul	blue
blanco, -a	white
gris	gray
marrón	brown
morado, -a	purple
negro, -a	black
rojo, -a	red
rosado, -a	pink
verde	green

For *Vocabulario adicional,* see pp. 472–473.

to describe something

bonito, -a	pretty
feo, -a	ugly
grande	large
importante	important
mismo, -a	same
pequeño, -a	small
propio, -a	own

to indicate location

a la derecha (de)	to the right (of)
a la izquierda (de)	to the left (of)

to compare and contrast

mejor(es) que	better than
el / la mejor; los / las mejores	the best
menos . . . que	less, fewer . . . than
peor(es) que	worse than
el / la peor; los / las peores	the worst

other useful words

la cosa	thing
para mí	in my opinion, for me
para ti	in your opinion, for you
la posesión	possession

stem-changing verbs: *dormir* and *poder*

duermo	dormimos
duermes	dormís
duerme	duermen

puedo	podemos
puedes	podéis
puede	pueden

● **Más práctica**
Practice Workbook Puzzle 6A-8
Practice Workbook Organizer 6A-9

For: Test preparation
Visit: www.phschool.com
Web Code: jcd-0607

Preparación para el examen

On the exam you will be asked to . . .	Here are practice tasks similar to those you will find on the exam . . .	If you need review . . .
1 Escuchar Listen to and understand descriptions of bedrooms	You will be spending a month in a Spanish immersion camp. You go to the camp Web site and click on the audio descriptions of the student rooms. Which items are provided? Which items do you have to bring?	**pp. 272–275** *A primera vista* **p. 276** Actividad 5 **p. 277** Actividad 7 **p. 281** Actividad 15
2 Hablar Ask and answer questions about your bedroom and that of a classmate	You are asked to survey several classmates about their bedrooms to describe the "typical" teenage room for a class project. Ask a partner at least three questions including: a) information about the color of his or her room; b) whether or not there is a TV or sound system; c) whether he or she is able to study well in the room; d) what is on the walls.	**pp. 272–275** *A primera vista* **p. 277** Actividad 7 **p. 281** Actividad 15
3 Leer Read and understand descriptions of bedroom colors that are associated with particular personality types	Decorators say that the colors of a room's walls should match the personality of the person living in it. Based on the descriptions of a "yellow personality" and a "blue personality," what kind of room best suits you? Why or why not? *A las personas más sociables les gustan los dormitorios amarillos. Es el color más popular para los jóvenes a quienes les gusta hablar y hablar por teléfono. ¡Ellos son los mejores amigos!* *Al contrario, a las personas más serias les gustan los dormitorios azules. Ellos son los mejores estudiantes y los peores cómicos.*	**p. 282** Actividad 17 **p. 283** Actividad 19 **pp. 288-289** *Lectura*
4 Escribir Write a short paragraph comparing your bedroom to a friend's bedroom	After surveying classmates, you are asked to write a comparison of your room to that of one of the people you surveyed. Use the information from Task 2 to practice. You might compare: a) the colors; b) the sizes; c) the types of furniture; d) the number of different things on the walls.	**p. 277** Actividad 6 **p. 278** Actividad 10 **p. 291** *Presentación oral*
5 Pensar Demonstrate an understanding of cultural perspectives regarding a celebration	Explain the historical significance of *las luminarias*. What is the history of other decorations used in the celebrations of different cultures?	**p. 290** *La cultura en vivo*

Fondo cultural

La arpillera is a popular textile folk art of rough patchwork appliqués created by women in Chile. Done in brilliant colors, the themes show the story of daily life, traditions, and values in the country.

• What other types of crafts have you seen that portray life in a region or country?

Arpillera de Chile

¿Cómo es tu casa?

Chapter Objectives

- **Identify rooms in a house**
- **Name household chores**
- **Tell where you live**
- **Understand cultural perspectives on different types of housing**

Video Highlights

A primera vista: *Los quehaceres de Elena*

GramActiva Videos: affirmative *tú* commands; the present progressive tense

Videomisterio: *¿Eres tú, María?*, **Episodio 4**

Country Connection

As you learn about rooms in a house and household chores, you will make connections to these countries and places:

España

México

Venezuela

Puerto Rico

Chile

Go Online
PHSchool.com

For: Online Atlas
Visit: www.phschool.com
Web Code: jce-0002

A primera vista

Vocabulario y gramática en contexto

Objectives

Read, listen to, and understand information about
- rooms in a house
- household chores
- how to tell someone to do something

la escalera

el despacho

el segundo piso

el primer piso

el garaje

la planta baja*

el baño

el comedor

la cocina

la sala

el sótano

el patio

*In most countries, Spanish speakers call the ground floor in a multi-story building *la planta baja,* the second floor *el primer piso,* the third floor *el segundo piso,* the fourth floor *el tercer piso,* and so on.

Se vende.

Casa particular de dos pisos y sótano. Sala grande, cocina moderna, comedor, despacho, 2 baños, 3 dormitorios, garaje.

Llama al 555-37-89.

—Me gustaría ver esta casa. Es grande y bonita.

—Sí, tiene tres dormitorios y un despacho. También tiene una cocina moderna, **si** te gusta cocinar.

SE VENDE
555-37-89

Más vocabulario

el apartamento	apartment
cerca (de)	close (to), near
lejos (de)	far (from)
bastante	enough, rather

**lavar los
platos sucios**

poner la mesa

**pasar la
aspiradora**

hacer la cama

**arreglar
el cuarto**

Hijos —
¡Tienen que hacer
los quehaceres
esta mañana!

<u>Anita</u> | <u>Juanito</u>

**dar de comer
al perro**

lavar la ropa

—¡Ay! ¡Mira todos los quehaceres!
Mamá sabe que tengo que ir de
compras con Cristina.
No puedo . . .

—Yo voy a jugar
al fútbol a la
una. Y tengo
más quehaceres
que tú.

**sacar la
basura**

**cortar
el césped**

lavar el coche

cocinar

quitar el polvo

**limpiar
el baño**

Actividad 1 Escuchar ●

La casa de Elena

Escucha a Elena describir su casa. Señala cada cuarto
que describe.

Actividad 2 Escuchar ●

¿Es lógico o no?

Escucha cada frase. Si es lógica, haz el gesto del pulgar
hacia arriba *("thumbs-up" sign)*. Si no es lógica, haz el
gesto del pulgar hacia abajo *("thumbs-down" sign)*.

● **Más práctica** ● ● ● ● ● ● ● ● ● ● ● ● ● ● ● ● ● ●
Practice Workbook 6B-1, 6B-2

Go Online
PHSchool.com

For: Vocabulary practice
Visit: www.phschool.com
Web Code: jcd-0611

Los quehaceres de Elena

Elena no quiere hacer sus
quehaceres. ¿Qué hace ella?

España

Papá

Mamá

Elena

Jorgito

Strategy

Using language knowledge
You've just learned the infinitives
for various household chores.
Using what you know, what are
the four activities that Elena tells
Jorgito to do in Panel 5?

1 **Elena:** ¡Hola! Bienvenidos a
mi casa. **Vivo** en el número
12 de la calle Apodaca.
Vamos a entrar. Mi casa es
su casa.

5 **Jorgito:** ¿**Cuáles** son los
quehaceres que necesito
hacer?

Elena: **Pon** la mesa, lava
los platos sucios en la
cocina, **haz** la cama en mi
dormitorio y da de comer al
perro.

6 **Mamá:** Elena, ¡qué
trabajadora eres!

Papá: ¡Cómo ayudas en
casa! Das de comer al
perro, lavas los platos,
pones la mesa . . .

Elena: Ah, . . . ¿**Recibo**
mi dinero?

Mamá: **Un momento.** ¿Tu
dormitorio está **limpio?**

7 **Mamá:** ¡Jorgito! ¡Qué
perezoso eres! **¿Qué estás
haciendo?**

Jorgito: Pero, . . . pero, . . .

Papá: Ni pero ni nada.
¡Jorgito, a tu dormitorio!
Vamos a ver . . .

2 **Elena:** ¡Ay, no! Veo que tengo más quehaceres. Siempre lavo los platos sucios y **pongo** la mesa para la cena. ¡Y ahora necesito hacer más trabajo!

3 **Elena:** ¿Me **ayudas** con los quehaceres?

Jorgito: Quiero **dinero.**

Elena: No te **doy** dinero, pero puedes escuchar discos compactos en mi dormitorio.

4 **Jorgito:** A ver. Si hago unos de los quehaceres, me **das** los discos y escucho música por una hora.

Elena: Media hora.

Jorgito: Cuarenta y cinco minutos.

Elena: Está bien.

8 **Mamá:** Elena, tu dinero.

Elena: Gracias, mamá.

Papá: Jorgito, ¿cómo puedes vivir así? Tienes que arreglar tu cuarto, hijo: haz la cama, quita el polvo, pasa la aspiradora . . .

Jorgito: Pero, Elena . . .

Elena: ¡Adiós! ¡Voy al cine!

Escribir/Hablar •

¿Comprendes?

Lee las frases y escribe *cierta* si la frase es correcta o *falsa* si es incorrecta. Si la frase es incorrecta, escribe una frase nueva con la información correcta.

1. Elena siempre pone la mesa en su casa.

2. Jorgito está contento de escuchar los discos compactos.

3. Si hace uno de los quehaceres, Jorgito puede escuchar una hora de música.

4. Según los padres, Elena es muy trabajadora.

5. Según los padres, Jorgito es trabajador también.

6. Ahora Jorgito tiene mucho que hacer en su dormitorio.

● **Más práctica** •
Practice Workbook 6B-3, 6B-4

Go Online
PHSchool.com

For: Vocabulary practice
Visit: www.phschool.com
Web Code: jcd-0612

Manos a la obra

Vocabulario y gramática en uso

Objectives
- Know the rooms of a house
- Talk about chores around the house
- Learn to use familiar *tú* commands and the present progressive tense

Actividad 4 — Escuchar/Escribir
La casa de los Ramírez

Los Ramírez van a comprar la casa que ves aquí. En una hoja de papel escribe los números del 1 al 8 y escribe el nombre de cada cuarto que describen.

> **Nota**
>
> *Primero(a)* and *tercero(a)* become *primer* and *tercer* before a masculine singular noun.
>
> - Mi dormitorio está en el **primer** piso.
> - Su apartamento está en el **tercer** piso.

Actividad 5 — Escribir/Escuchar/Hablar
¿Cierto o falso?

Escribe cinco frases para indicar dónde están los cuartos en la casa de los Ramírez. Las frases pueden ser ciertas o falsas. Lee tus frases a otro(a) estudiante, quien va a indicar si son ciertas o falsas. Si son falsas, tiene que dar la información correcta.

> **Modelo**
>
> A —*La sala está en el primer piso.*
> B —*Falso. La sala está en la planta baja.*

> **También se dice . . .**
>
> **la sala** = el salón *(muchos países)*, el living *(España)*
>
> **el despacho** = la oficina *(muchos países)*
>
> **el piso** = la planta *(muchos países)*
>
> **el apartamento** = el piso *(España)*, el departamento *(muchos países)*

Actividad 6 Hablar

¿Dónde pongo la silla?

Ayudas a la familia Ramírez a mudarse *(move)* a su nueva casa pero no sabes dónde poner sus cosas. Otro(a) estudiante te va a explicar dónde tienes que poner todo.

Modelo
A —¿*Dónde pongo la silla?*
B —*Vamos a poner la silla en el comedor.*

> **Nota**
> *Poner,* "to put," is also used in the expression *poner la mesa,* "to set the table." It has an irregular *yo* form: *pongo.*
>
> • En la mañana **pongo** la mesa.

Estudiante A

1. 2. 3. 4.

5. 6. 7.

Estudiante B

¡Respuesta personal!

Actividad 7 Escribir

¿En qué cuarto?

Ahora los Ramírez están muy contentos en su casa. ¿En qué cuarto hacen los Ramírez estos quehaceres? Escribe las frases.

Modelo
Sacan la basura en el garaje.

1. 2. 3. 4. 5. 6.

Fondo cultural

El patio in an apartment building in a large Spanish city is usually just an open area in the center of the building. In southern Spain, however, houses are often built around *patios,* which may have gardens as well as a fountain. The Moors brought this architectural style to Spain, and the Spaniards then carried it over to the Americas.

• How does the Spanish *patio* differ from what a patio is in your community? How is it similar?

Un patio típico en Córdoba, España

Actividad 8

Hablar ·

¿Cómo ayudas en casa?

¿Ayudas mucho en casa? Habla de tus quehaceres con otro(a) estudiante.

Nota

Dar means "to give" and is used in the expression *dar de comer,* "to feed." It has an irregular *yo* form: *doy.*

• En mi casa **doy** de comer al perro.

Modelo

A —¿Tienes que <u>lavar el coche</u>?

B —<u>Sí, lavo el coche todos los sábados.</u>

Estudiante A

Estudiante B

1.   2.   3.

4.   5.   6.

a veces
mucho
todos los días
todos los (sábados)
en el (verano)
los fines de semana
nunca

Actividad 9

 Escribir/Hablar · · · · · · · · ·

¿Dónde vives?

Escribe una lista de cinco lugares en tu comunidad, como la escuela, el centro comercial, la biblioteca, etc. Pregunta a otro(a) estudiante si vive cerca o lejos de estos lugares.

Modelo

El cine Rex

A —¿Vives cerca del cine Rex?

B —Sí, vivo bastante cerca del cine.

o: No, vivo muy lejos.

También se dice . . .

cocinar = guisar *(España)*

cortar el césped = cortar la hierba, cortar el pasto *(muchos países),* cortar el zacate *(México)*

lavar los platos = fregar los platos *(España)*

quitar el polvo = sacudir los muebles *(México)*

Actividad 10

 Escribir/Hablar ·

Y tú, ¿qué dices?

1. ¿Ayudas mucho o poco en casa? ¿Cuáles son tus quehaceres?

2. ¿Generalmente tu cuarto está sucio o limpio?

3. En tu casa, ¿quién pasa la aspiradora? ¿Quién saca la basura?

4. Para ti, ¿cuáles son los tres peores quehaceres? ¿Y los mejores?

5. Imagina que eres padre o madre. ¿Cuánto dinero recibe tu hijo(a) si hace sus quehaceres?

6. ¿Vives cerca o lejos de tu escuela?

Gramática

Affirmative *tú* commands

When you tell friends, family members, or young people to do something, you use an affirmative *tú* command. To give these commands, use the same present-tense forms that you use for *Ud., él, ella.*

INFINITIVE	UD. / ÉL / ELLA	AFFIRMATIVE *TÚ* COMMANDS
hablar	habla	¡Habla!
leer	lee	¡Lee!
escribir	escribe	¡Escribe!

- Certain verbs, like *poner* and *hacer,* have irregular command forms.

Jorgito, ¡**pon** la mesa!   Jorgito, ¡**haz** tu cama!

¿Recuerdas?

In the direction lines of many activities, you have already seen many affirmative commands.

- **Habla** con otra persona.
- **Lee** las frases.
- **Escribe** la palabra apropiada.

GramActiva VIDEO

Want more help with the affirmative *tú* commands? Watch the **GramActiva** video.

  Actividad 11 Gramática   Escuchar/GramActiva

"Simón dice . . . "

Escucha y sigue *(follow)* las instrucciones de tu profesor(a) o de otro(a) estudiante. Si no dicen *"Simón dice,"* no debes hacer la acción.

  Actividad 12 Gramática   Escribir

¡Habla bien!

Un(a) amigo(a) quiere hablar bien el español. ¿Qué recomiendas? Escribe el mandato *(command)* de los siguientes verbos.

Modelo

usar: *usa*
Usa un buen diccionario.

1. estudiar
2. ver
3. escuchar
4. escribir
5. hacer
6. hablar con
7. leer
8. practicar

Instituto de inglés

Aprende con nosotros
¡Cursos de verano!

Nuestro sistema cubre
las cuatro habilidades esenciales:
Hablar ✶ *Comprender* ✶ *Leer* ✶ *Escribir*

Grupos reducidos • Cuotas accesibles

TEL/FAX: 212-1234

Actividad 13 Gramática **Leer/Escribir** ·

¿Qué debo hacer?

Tu amiga Carmen tiene un problema y te escribe una carta. Lee su carta y escribe tus recomendaciones en otra carta, usando los verbos de la lista.

Modelo

Mi querida Carmen,
Aquí están mis recomendaciones:
Come menos dulces, . . .

beber	dormir	jugar
comer	hacer ejercicio	¡Respuesta
correr	levantar pesas	personal!

¡Hola!

Tengo un problema grande. Quisiera estar mejor de salud. No estoy muy enferma pero tampoco estoy en buena forma. Siempre tengo mucho sueño y poca energía. Si camino a la escuela, estoy muy cansada. Si hago muchos quehaceres por la casa, también estoy cansada. ¡Y no quiero estar cansada! ¿Qué debo hacer?

Tu amiga desesperada,

Carmen

Actividad 14 Gramática **Hablar** ·

Muchos quehaceres

Debes hacer muchos quehaceres en casa, pero no quieres. ¡A ver si tu hermanito(a) puede hacer todo! Primero di *(say)* lo que está sucio (o lo que no está limpio). Luego di lo que tiene que hacer.

 Modelo

Los platos no están limpios. Lava los platos, por favor.

¿Recuerdas?

Adjectives agree in number and gender with the nouns they modify.

• **La** casa está suci**a**.

• **Los** plat**os** están limpi**os**.

1.   2.   3.

4.   5.   6.

Leer/Escribir/Hablar . . . .

¿Quién hace los quehaceres?

Un artículo de la revista española *Muy* explica quién hace la mayoría de *(most of)* los quehaceres de la casa. Estudia las gráficas a la derecha y haz comparaciones entre *(between)* las mujeres y los hombres españoles. Después, explica si las mujeres hacen los siguientes quehaceres mucho más, un poco más o menos que los hombres.

Modelo

lavar los platos
Las mujeres lavan los platos mucho más que los hombres.

1. comprar cosas para la familia cada día
2. preparar la comida y la cena
3. cuidar *(take care of)* el coche
4. cuidar a las personas enfermas de la familia
5. lavar y planchar *(iron)* la ropa
6. ir al banco
7. limpiar la casa

¿Quién hace los quehaceres?

Lavar y planchar la ropa			Comprar la comida		
88%	0%	8%	73%	4%	19%
Mujeres	Hombres	Juntos*	Mujeres	Hombres	Juntos

Preparar comidas			Cuidar el coche		
68%	1%	19%	2%	78%	8%
Mujeres	Hombres	Juntos	Mujeres	Hombres	Juntos

Limpiar la casa			Ir al banco		
73%	1%	19%	37%	26%	36%
Mujeres	Hombres	Juntos	Mujeres	Hombres	Juntos

Lavar los platos			Cuidar a los enfermos		
67%	3%	23%	31%	1%	30%
Mujeres	Hombres	Juntos	Mujeres	Hombres	Juntos

*Together

Exploración del lenguaje

The endings *-dor* and *-dora*

Every day you use appliances and devices: a calculator, a computer, a stapler, a copier, a dryer, and so on. Many of these words in English add the ending *-er* or *-or* to the verb that tells what the appliance is for. Spanish follows a similar pattern. Look at these words you already know and identify the pattern: **despertador, computadora, calculadora, aspiradora.** Can you guess what the corresponding verbs are and what they mean?

Try it out! Read each statement on the left and decide which appliance is needed.

1. Tengo calor.
2. ¿Dónde está el pan tostado?
3. Mi ropa está sucia.
4. Necesito leche para el cereal.

a. Está en la tostadora.
b. Ponla en la lavadora.
c. Está en el refrigerador.
d. Necesitas el ventilador.

● **Más práctica** . . . .
Practice Workbook 6B-5

For: Practice with affirmative *tú* commands
Visit: www.phschool.com
Web Code: jcd-0613

trescientos siete 307
Capítulo 6B

Gramática

The present progressive tense

When you want to emphasize that an action is happening *right now*, you use the present progressive tense.

Paco **está lavando** los platos. *Paco is washing dishes (now).*
Estoy haciendo la cama. *I'm making the bed (right now).*

To form the present progressive tense, use the present-tense forms of *estar* + the present participle. The present participle is formed by dropping the ending of the infinitive and adding *-ando* for *-ar* verbs or *-iendo* for *-er* and *-ir* verbs.

¿Recuerdas?

You use the present tense to talk about an action that regularly takes place, or that is happening now.

• Paco **lava** los platos.
  Paco washes the dishes.
  OR
  Paco is washing the dishes.

(yo)	estoy	lavando comiendo escribiendo	(nosotros) (nosotras)	estamos	lavando comiendo escribiendo
(tú)	estás	lavando comiendo escribiendo	(vosotros) (vosotras)	estáis	lavando comiendo escribiendo
Ud. (él) (ella)	está	lavando comiendo escribiendo	Uds. (ellos) (ellas)	están	lavando comiendo escribiendo

Leer has an irregular spelling in the present participle: *leyendo*.

GramActiva VIDEO

Want more help with the present progressive? Watch the **GramActiva** video.

estoy jugando

---

16 Gramática ♻ **Escribir**

¿Qué están haciendo ahora?

Escribe cinco frases para explicar lo que están haciendo varias personas en tu sala de clases.

Modelo
La profesora está escribiendo algo.

17 Gramática ♻ **Escuchar/Escribir**

Escucha y escribe

Estos hermanos tienen muchos quehaceres. Escucha y escribe la pregunta de la madre y las excusas de los hijos.

Actividad 18

 Gramática   **Hablar/Escribir** · · · · · · · · · · · · · · · · · ·

Un momento, por favor

A veces no podemos hacer los quehaceres porque estamos haciendo otras cosas. Trabaja con otro(a) estudiante para dar un mandato y una excusa.

Modelo

A —*Por favor, da de comer al perro.*
B —*No puedo. Estoy estudiando para un examen.*

Estudiante A

1.   2.   3.

4.   5.   6.

Estudiante B

Un momento . . .	beber
No puedo . . .	comer
Lo siento . . .	escribir
Me gustaría	escuchar
pero . . .	estudiar
	hablar
	hacer
	jugar
	tocar

¡Respuesta personal!

Actividad 19

 Gramática   **Escribir/Hablar GramActiva**

Juego

❶ En una hoja de papel *(sheet of paper)*, escribe una frase para explicar lo que está haciendo una persona (usa la forma *tú*). En otra hoja de papel, escribe una frase para explicar lo que están haciendo dos personas (usa la forma *Uds.*).

Modelo

Estás levantando pesas.
Uds. están esquiando.

❷ Todas las frases van boca abajo *(face down)* encima de una mesa. Toma una frase. Si la frase usa la forma *tú,* haz la acción solo(a). Si la frase usa la forma *Uds.,* haz la acción con otro(a) estudiante. Los compañeros tienen que adivinar *(guess)* lo que estás (están) haciendo.

Actividad 20

 Gramática   **Escribir/Hablar GramActiva**

¿Qué están haciendo todos?

Haz un dibujo de tres personas que están haciendo diferentes actividades. En otra hoja de papel, escribe dos preguntas sobre lo que está haciendo cada persona. Trabaja en un grupo de tres. Da tu dibujo a los otros estudiantes y lee tus preguntas. Tus compañeros tienen que contestar.

Modelo

A   —*¿Qué está haciendo la chica?*
B/C —*Está lavando los platos sucios.*

● **Más práctica** ·
Practice Workbook 6B-6, 6B-7

Go Online PHSchool.com
For: Practice with present progressive
Visit: www.phschool.com
Web Code: jcd-0614

¿Qué casa están buscando?

En Santiago, Chile, tres personas están buscando *(looking for)* una nueva casa y leen el anuncio a la derecha. ¿Quién crees que va a comprar *(buy)* la casa?

José Guzmán: "Quiero vivir bastante cerca de mi trabajo. Para mi esposa es importante tener una cocina equipada. Prefiero una casa con sólo un piso porque mis padres van a vivir con nosotros y las escaleras son muy difíciles para ellos."

Alejandro Lara: "Mis padres y yo vivimos en un apartamento ahora. Quiero una casa con tres dormitorios porque mis primos vienen a nuestra casa a veces. No quiero una casa muy grande porque no me gusta ni pasar la aspiradora ni limpiar los baños."

Dora Peña: "Mi familia y yo estamos buscando una casa nueva. Tenemos dos hijas y mi mamá vive con nosotros. Quiero una casa con un dormitorio un poco separado para mi mamá. Prefiero tener alfombra en los dormitorios porque nuestras hijas juegan mucho allí."

Chile

LAS MEJORES CASAS
EN LA AVENIDA LA FLORIDA

CASA VENEZIA: 310 m² 3 PISOS, DESDE 2.390 UF

Planta baja: Amplia sala • Comedor separado • Cocina y baño de visitas

Primer piso: Dormitorio principal, más 2 dormitorios y otro baño

Segundo piso: Amplio dormitorio con baño completo y una gran sala de estar

«AHORA VISITE PILOTOS Y COMPRE HOY MISMO»

- Cerámica en el primer piso
- Alfombra en dormitorios
- Cocina equipada
- Papel vinílico en paredes
- Armarios terminados
- Ventanas de aluminio
- Amplio jardín

CASAS ROJAS
MAGALLANES 3400

¡Llame hoy! 232 9980

Pronunciación

The letters *n* and *ñ*

In Spanish, the letter *n* sounds like the *n* in "no." Listen to and say these words:

anaranjado	nieva	nadar	joven	desayuno
necesito	encantado	número	nombre	donde

However, the sound changes when there is a tilde (~) over the *n*. The *ñ* then sounds like the *-ny-* of the English word *canyon*. Listen to and say these words:

señor	otoño	español	enseñar	año
montañas	niña	mañana	piñata	cumpleaños

Try it out! Listen to this *trabalenguas* and then try to say it.

El señor Yáñez come ñames en las mañanas con el niño.

Actividad 22 · Leer/Pensar

¿Dónde viven?

En la capital de Venezuela, Caracas, analizaron *(they analyzed)* dónde viven unos 2.7 millones de habitantes. Según los estudios, ¿viven más personas en casas o en apartamentos? ¿Viven en casas y apartamentos grandes o pequeños? Estudia las gráficas y luego contesta las preguntas.

Venezuela

Nota

Do you see the pattern in the following numbers?

100,000 = cien mil
200,000 = doscientos mil
300,000 = trescientos mil

But watch out for 500,000:

542,656 = quinientos cuarenta y dos mil seiscientos cincuenta y seis

1,000,000 = un millón

Conexiones | Las matemáticas

1. ¿Cuántas personas viven en una casa con dos cuartos? ¿Cuántas viven en un apartamento con dos cuartos?

2. ¿Cuántas personas viven en una casa con ocho o más cuartos? ¿Cuántas viven en un apartamento con ocho o más cuartos?

3. Calcula el porcentaje de personas que viven en una casa con cuatro cuartos. Calcula el porcentaje de personas que viven en un apartamento con cuatro cuartos.

El español en el mundo del trabajo

Across the country, "For Sale" signs in Spanish are appearing on lawns, in front of apartment buildings, and in office complexes.

- Look for ads in Spanish in the real estate section of your local newspaper.

La Casa J. Knox Corbett en el distrito histórico de Tucson, Arizona.

¡Adelante!

Cantaclara

Lee esta historia sobre una joven que se llama Cantaclara.

Objectives

- **Read a version of "Cinderella"**
- **Learn about houses in the Spanish-speaking world**
- **Create a flyer to sell a house or apartment**
- **Watch *¿Eres tú, María?*, Episodio 4**

Strategy

Skimming
This reading is based on the story of Cinderella. Quickly skim the story and find characters and dialogue that remind you of Cinderella.

Hay una muchacha que se llama Cantaclara. Ella vive con su madrastra y sus dos hermanastras, Griselda y Hortencia. Las cuatro viven en una casa grande y Cantaclara hace todos los quehaceres. Sus dos hermanastras y su madrastra no hacen nada.

—Cantaclara, saca la basura. Y después, pon la mesa —dice la madrastra.

—Cantaclara, haz mi cama y limpia el baño — dice Griselda.

—Haz mi cama también —dice Hortencia.

—Un momento. Estoy lavando los platos ahora mismo —dice Cantaclara.

¡Pobre[1] Cantaclara! Hace todos los quehaceres y cuando trabaja, ella canta. Tiene una voz[2] muy clara y le encanta cantar.

Un día, Cantaclara entra en el dormitorio de Griselda para hacer la cama. Ve en la televisión un anuncio[3] para un programa muy popular que se llama *La estrella[4] del futuro*. En la televisión hay un señor que dice: "¡Hola, amigos! ¿Tienen talento? ¿Cantan bien? ¿Por qué no cantan para nosotros? ¡Pueden tener un futuro fantástico y recibir muchísimo dinero!"

Cantaclara está muy contenta. Ella puede cantar. Ella quiere un futuro fantástico. En este momento, ella decide cantar para el programa *La estrella del futuro*.

[1]Poor [2]voice [3]ad [4]star

Es la noche del programa. Después de hacer todos los quehaceres, Cantaclara está saliendo[5] de casa cuando su madrastra le habla.

—Cantaclara, ¿adónde vas?

—Quiero salir por unas horas, madrastra. ¿Está bien?

—Ahora no. Tienes que limpiar la cocina —contesta la madrastra. —Está muy sucia.

—Pero, madrastra, tengo que . . .

—¡No importa, Cantaclara! ¡Limpia la cocina!

Cantaclara mira su reloj. Sólo tiene una hora. Va a la cocina y limpia todo. Trabaja muy rápidamente. Después de cuarenta y cinco minutos, termina el trabajo.

Cantaclara llega[6] al programa y canta su canción favorita. ¡Por supuesto ella canta mejor que todos![7] Ella va a tener un futuro fantástico y va a recibir muchísimo dinero.

Son las ocho de la noche. La madrastra y las dos hermanastras están en la sala y ven su programa favorito. Pero, ¿qué es esto? ¡Ven a Cantaclara en la pantalla!

—Mira, mamá. ¡Es Cantaclara! —dice Hortencia.

—¡Oh, no! Si Cantaclara es la nueva estrella del futuro, ¿quién va a hacer los quehaceres? —pregunta Griselda.

[5]is leaving   [6]arrives   [7]anyone else

¿Comprendes?

Pon las frases en orden según la historia.

1. Ella decide cantar en el programa *La estrella del futuro*.
2. Cantaclara es la persona que canta mejor en el programa.
3. Ella está lavando los platos.
4. Ella tiene que limpiar la cocina.
5. Ve el anuncio para *La estrella del futuro*.
6. Griselda no sabe quién va a hacer los quehaceres.
7. Cantaclara vive en una casa grande con su madrastra y sus dos hermanastras.
8. Son las ocho de la noche y la madrastra y las hermanastras están viendo la tele.

Fondo cultural

La Cenicienta The story of Cinderella is perhaps the best-known fairy tale in the world. Almost every culture seems to have its own version and there may be over 1,500 variations. The tale appears to date back to a Chinese story from the ninth century, "Yeh-Shen."

• What aspects of the story might change from culture to culture?

Go Online
PHSchool.com

For: Internet link activity
Visit: www.phschool.com
Web Code: jcd-0615

Perspectivas del mundo hispano

¿Cómo son las casas en el mundo hispano?

El patio de una casa en Córdoba, España

In many Spanish-speaking countries the architectural features of houses are very different from those in the United States. Houses tend to be separated from the outside by a barrier such as a tall wall or fence. The owner would open a gate to enter the property where there may be a carport or small outside area. In many communities, the outside wall of the house is located directly on the sidewalk and the front windows may contain bars or *rejas*. The doors may be large wooden or metal doors. A plain walled exterior gives no hints about what may be a beautiful, comfortable interior.

Inside, a home will often have an open space in the middle called the *patio*. Many rooms of the house open onto the *patio*, and it is a place for the family to meet, eat meals, talk, and spend time together. Privacy is valued, and the home and family activities are shielded from view from the outside.

Homes in Spanish-speaking countries are used for the family and to entertain very close relatives and friends. It is unusual to invite non-family members such as coworkers or casual friends into the home. Parties often take place in restaurants or small reception halls.

Check it out! Look around your neighborhood. How does the architecture of houses compare with the design of houses in the Spanish-speaking world?

Una calle en una zona residencial de San Juan, Puerto Rico

Think about it! If architectural features of houses in Spanish-speaking countries imply a desire for privacy, what do the architectural features of houses in the United States imply? How does the concept of a *patio* compare in these cultures?

Una casa en Caracas, Venezuela

Se vende casa o apartamento

Task

You have been asked to create a flyer in Spanish to promote the sale of your family's house or apartment. Create an attractive and inviting flyer that will make your home (or your dream house, if you prefer) appealing to a potential buyer.

Una casa en México, D.F.

1 **Prewrite** Think about the information you want to include in your flyer. Read these questions and jot down what you'd like to say about the house or apartment.

- En general, ¿cómo es la casa o el apartamento?
- ¿Cuántos cuartos hay? ¿Cuáles son? ¿Cómo son? ¿De qué colores son?
- ¿Hay algo especial en la casa (piscina, cuarto especial)?
- Incluye *(Include)* otra información importante como la dirección *(address)* y el precio *(price)*.

2 **Draft** Look at the ad on p. 310 to help you design your flyer. Use the answers to the Prewrite questions. Include an illustration and other features to make it attractive. Begin with the phrase *Se vende casa* or *Se vende apartamento*.

Strategy

Using key questions
Answering key questions can help you think of ideas for writing.

3 **Revise** Read through your ad to see that you have included all the information that a potential buyer might want. Make sure the words are spelled correctly. Share your flyer with a partner, who will check the following:

- Is the flyer neat and attractive? Does it include a visual?
- Is the key information provided?
- Does it make you want to look at the property?

4 **Publish** Write a final copy of your flyer, making any necessary changes. You may want to include it with your classmates' flyers in a collection called *Se venden casas y apartamentos* or in your portfolio.

Casa Milá en Barcelona, España

5 **Evaluation** Your teacher may give you a rubric for grading your flyer. You probably will be graded on:

- neatness and attractiveness
- use of vocabulary
- amount of information provided

¿Eres tú, María?

Episodio 4

Antes de ver el video

Personajes importantes

Carmela, una buena amiga de Lola

Pedro Requena, el nieto de doña Gracia. Está en Madrid para visitar a su abuela en el hospital.

Nota cultural *Tapas* are popular appetizers in Spain. *Tapas* come in small servings called *raciones,* and can be almost anything: olives, fish, meat, cheese, vegetables, shellfish, or any dish the chef cares to prepare. Eating *tapas* is a social event. Friends eat, drink, and relax as they talk. When you are done, you are charged according to how many platefuls of *tapas* you ate.

Resumen del episodio

Doña Gracia está mucho mejor y puede ir a casa en unos días. Pero no recuerda mucho del incidente. Lola llama por teléfono a su buena amiga, Carmela. Las dos van a un café para hablar y Carmela le dice a Lola que una de sus amigas, Rosalinda, trabaja en el hospital San Carlos. Es el hospital donde está doña Gracia. Deciden ir al hospital para hablar con Rosalinda y ver a doña Gracia. A la mañana siguiente, Lola habla con Pedro Requena.

Palabras para comprender

fui a visitarla I went to visit her
¿Habló del incidente?
    Did she talk about the incident?
¿Sabe . . .? Does she know . . .?
Lo único que recuerda . . .
    The only thing she remembers . . .
un golpe hit, blow
ahora mismo right away
preguntar por to ask about
los churros fried dough pastries
No estoy pensando en . . . I'm not planning to . . .
Voy a pensarlo. I'll think about it.

"Lo único que recuerda es un golpe aquí, en la cabeza. ¿La verdad? No sabe nada."

"Soy Pedro Requena. Exacto, el nieto de la Sra. Gracia Requena. Voy ahora mismo para el hospital."

—Si necesita más información, aquí tiene mi número de teléfono.
—Gracias, señorita. Voy a pensarlo.

Después de ver el video

¿Comprendes?

A. Lee las frases y ponlas *(put them)* en orden cronológico.

1. Pedro no sabe si quiere contratar a una detective.
2. Lola y Carmela van al café a comer unas tapas.
3. Lola habla con Pedro y le da su número de teléfono.
4. Paco y Lola hablan en la oficina.
5. Pedro Requena habla por teléfono con el Dr. Sánchez Mata.
6. Doña Lupe dice que fue al hospital y habló con doña Gracia.
7. Carmela dice que su amiga, Rosalinda, trabaja en el hospital San Carlos.

B. Lee las frases y escribe el nombre de la persona que dice cada frase: Pedro, Carmela, Lola, doña Lupe o Paco.

1. No podemos trabajar si no hay cliente y no hay dinero.
2. Buenas noticias. Doña Gracia está mejor.
3. ¿Quieres tomar un café conmigo?
4. Mi amiga trabaja allí. Puedes hablar con doña Gracia.
5. No estoy pensando en contratar a un detective.

For: More on *¿Eres tú, María?*
Visit: www.phschool.com
Web Code: jcd-0507

Repaso del capítulo

Vocabulario y gramática

Chapter Review

To prepare for the test, check to see if you . . .
- **know the new vocabulary and grammar**
- **can perform the tasks on p. 319**

to talk about where someone lives

cerca (de)	close (to), near
lejos (de)	far (from)
vivir	to live

to talk about houses or apartments

el apartamento	apartment
el baño	bathroom
la cocina	kitchen
el comedor	dining room
el cuarto	room
el despacho	home office
la escalera	stairs, stairway
el garaje	garage
el piso	story, floor
la planta baja	ground floor
el primer piso	second floor
la sala	living room
el segundo piso	third floor
el sótano	basement

to name household chores

arreglar el cuarto	to straighten up the room
ayudar	to help
cocinar	to cook
cortar el césped	to cut the lawn
dar (yo doy, tú das)	to give
dar de comer al perro	to feed the dog
hacer la cama	to make the bed
lavar (el coche, los platos, la ropa)	to wash (the car, the dishes, the clothes)
limpiar el baño	to clean the bathroom
pasar la aspiradora	to vacuum
poner (yo pongo, tú pones)	to put, place
poner la mesa	to set the table
los quehaceres	chores
quitar el polvo	to dust
sacar la basura	to take out the trash

to describe household items

limpio, -a	clean
sucio, -a	dirty

other useful words

bastante	enough; rather
¿Cuáles?	which (ones)
el dinero	money
un momento	a moment
¿Qué estás haciendo?	What are you doing?
recibir	to receive
si	if, whether

affirmative *tú* commands

For regular verbs, use the *Ud./él/ella* form:

-ar:	habla
-er:	lee
-ir:	escribe

For *hacer* and *poner:*

hacer	haz
poner	pon

present progressive tense

Use the present-tense forms of *estar* + the present participle to say that you are doing something right now.

present participles:

-ar:	stem + -ando	→ lavando
-er:	stem + -iendo	→ comiendo
-ir:	stem + -iendo	→ escribiendo

For *Vocabulario adicional,* see pp. 472–473.

● **Más práctica** · · · · · · · · · · · · · · · · ·
Practice Workbook Puzzle 6B-8
Practice Workbook Organizer 6B-9

Preparación para el examen

On the exam you will be asked to . . .	Here are practice tasks similar to those you will find on the exam . . .	If you need review . . .
1 Escuchar Listen to and understand teenagers' excuses for not doing a particular chore at the moment they are asked to do it	As you listen to a teenager explain to his mother why he can't do a particular chore at the moment, identify: a) what the mother wants the teenager to do; b) what the teenager says he is busy doing.	**pp. 298–301** *A primera vista* **p. 303** Actividad 7 **p. 304** Actividad 8 **p. 308** Actividad 17 **p. 309** Actividad 18
2 Hablar Give advice to someone about how to be successful in school	Your school counselors have asked you to participate in an orientation for new Spanish-speaking students. Offer each student in the group a piece of advice. For example, you might say *Escucha bien en clase* or *Haz la tarea.*	**p. 305** Actividad 12 **p. 306** Actividad 13
3 Leer Read and understand ads for apartments that you might find in the classified section of a Spanish-language newspaper	A friend is moving to Spain and asks you to help find an apartment. He wants a two-bedroom, two-bath apartment with a small kitchen. He wants to live near a gym and a library. Read this ad and answer the following: a) Is this a good apartment for him? b) How many of his requested features does it have? c) What other features that are mentioned might he like? Este maravilloso apartamento tiene todo. Está cerca de un parque y un gimnasio moderno. Tiene una cocina pequeña, pero totalmente equipada. Tiene dos dormitorios con estantes y un baño muy grande. También tiene televisión por satélite y un garaje privado. No se permiten animales.	**pp. 298–301** *A primera vista* **p. 302** Actividades 4–5 **p. 310** Actividad 21 **p. 315** *Presentación escrita*
4 Escribir Write a list of household chores that you are willing to do	You and your classmates are offering to do chores to earn money for your Spanish club. Make a list of at least eight chores that you would be willing to do.	**pp. 298–301** *A primera vista* **p. 303** Actividades 6–7 **p. 304** Actividad 8 **p. 306** Actividad 14 **p. 307** Actividad 15
5 Pensar Demonstrate an understanding of cultural perspectives regarding houses	Explain how the architectural features of many homes in the Spanish-speaking world reflect the importance the owners place on privacy. How do these features compare to those in homes in the United States?	**p. 303** *Fondo cultural* **p. 314** *Perspectivas del mundo hispano*

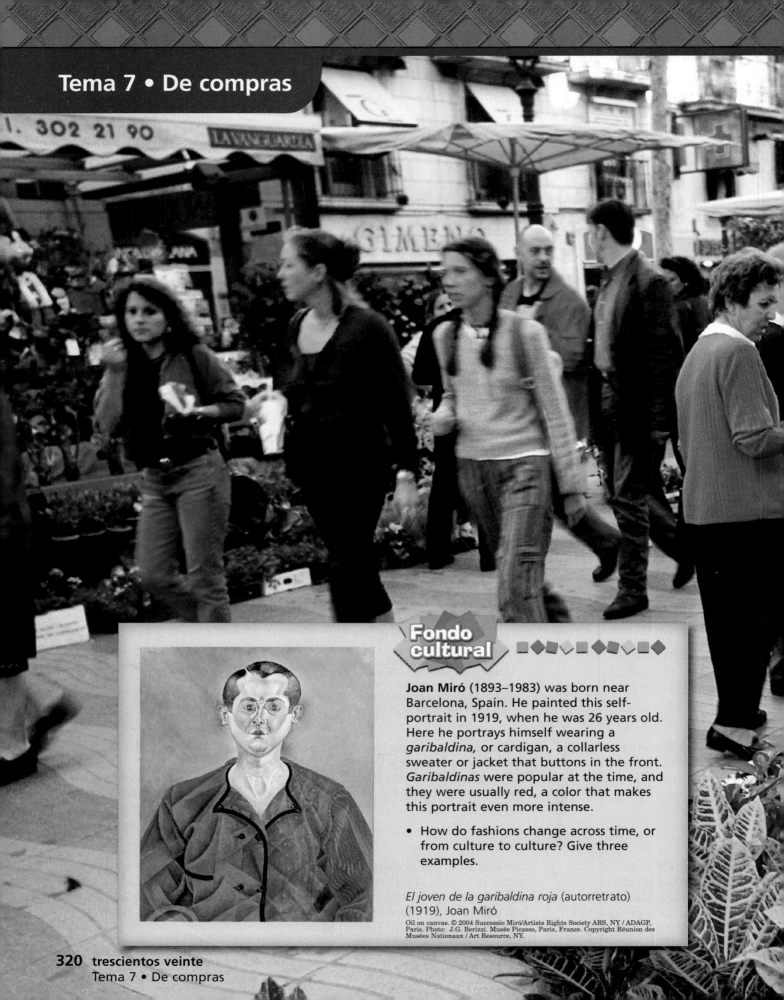

Fondo cultural

Joan Miró (1893–1983) was born near Barcelona, Spain. He painted this self-portrait in 1919, when he was 26 years old. Here he portrays himself wearing a *garibaldina,* or cardigan, a collarless sweater or jacket that buttons in the front. *Garibaldinas* were popular at the time, and they were usually red, a color that makes this portrait even more intense.

• How do fashions change across time, or from culture to culture? Give three examples.

El joven de la garibaldina roja (autorretrato) (1919), Joan Miró

Oil on canvas. © 2004 Successio Miró/Artists Rights Society ARS, NY / ADAGP, Paris. Photo: J.G. Berizzi. Musée Picasso, Paris, France. Copyright Réunion des Musées Nationaux / Art Resource, NY.

En Las Ramblas,
Barcelona, España

¿Cuánto cuesta?

Chapter Objectives

- Talk about clothes, shopping, and prices
- Describe your plans
- Talk about what you want and what you prefer
- Point out specific items
- Understand cultural perspectives on shopping

Video Highlights

A primera vista: *Una noche especial*

GramActiva Videos: stem-changing verbs *pensar, querer,* and *preferir;* demonstrative adjectives

Videomisterio: *¿Eres tú, María?,* Episodio 5

Country Connection

As you learn about clothing and shopping, you will make connections to these countries and places:

España
Puerto Rico
México
Costa Rica
Venezuela
Panamá
Colombia
Perú
Bolivia
Uruguay

Go Online
PHSchool.com

For: Online Atlas
Visit: www.phschool.com
Web Code: jce-0002

Objectives

Read, listen to, and understand information about
- shopping for clothes
- plans, desires, and preferences

nera vista
ario y gramática en contexto

Tienda de ropa La Preferida

ROPA DEPORTIVA

la gorra

la camiseta

el traje de baño

los pantalones cortos

ROPA ELEGANTE

el traje

la camisa

los pantalones

los calcetines

el vestido

las botas

los zapatos

la dependienta

el dependiente

la sudadera

la blusa

la falda

los jeans

—Buenos días. **¿En qué puedo servirle?**

—Necesito **comprar** una blusa. Y también **busco** unos jeans **nuevos.**

—**¿Prefiere** Ud. **llevar** una blusa deportiva o elegante?

—¡Me encantan las blusas deportivas!

el abrigo

el suéter   la chaqueta

—¿Qué **piensas** comprar hoy?

—Necesito comprar un abrigo.
Me gusta **ese** abrigo.
¿Entramos en la tienda?

—¡Uf! **Me queda mal.**

—**Tienes razón.** Es
demasiado grande.

—¿**Cómo me queda** este abrigo?

—**Te queda bien.** Me gusta.
¿Qué piensas?

—Me gusta también.
¿Cúanto cuesta?

—A ver . . . Cuesta ochocientos
pesos. Es un buen **precio,** ¿no?

doscientos **pesos**

trescientos **pesos**

cuatrocientos **pesos**

quinientos **pesos**

seiscientos **pesos**

setecientos **pesos**

ochocientos **pesos**

novecientos **pesos**

mil **pesos**

1 Escuchar ·

¿Qué ropa llevan?

Escucha qué ropa llevan hoy diferentes
personas. Señala en la foto o en los dibujos
cada artículo de ropa que escuchas.

2 Escuchar ·

¿Verano o invierno?

On a sheet of paper, draw a snowman on one
side and the sun on the other. If a statement
you hear is most logical for winter, hold up the
snowman. If it is most logical for summer, hold
up the sun.

● **Más práctica** ·
Practice Workbook 7A-1, 7A-2

Go **Online**
PHSchool.com

For: Vocabulary practice
Visit: www.phschool.com
Web Code: jcd-0701

Una noche especial

¿Por qué necesita ir de compras Teresa? Lee la historia.

México

Strategy

Reading for key information
Reading the questions at the end of the *Videohistoria* before viewing or reading it will help you focus on key information.

Ramón Teresa Berta Claudia Manolo

1 **Teresa:** **Esta** falda no me queda bien y **este** vestido no me gusta. No sé qué llevar para la fiesta.

Claudia: Pues, puedes comprar ropa nueva. Hay una tienda de ropa aquí cerca y tienen ropa muy bonita.

Teresa: Sí, **quizás** una falda nueva . . . ¡**Vamos!**

5 **Manolo:** Ramón, son las ocho. La fiesta es a las nueve, ¿recuerdas?

Ramón: Sí, sí, tienes razón. Vamos.

6 **Berta:** Ramón, ¿tú piensas llevar esa ropa a la fiesta de Teresa? ¡**Esos** jeans y esa camiseta y . . . esa gorra! No, no puedes.

Ramón: ¿Y por qué no?

Berta: Umm . . . Pues, aquí en México no llevamos esa ropa a las fiestas.

7 **Ramón:** ¡Yo quiero llevar mi gorra favorita, y me gustan **estos** jeans!

Manolo y Berta: Te ayudamos.

2 **Claudia:** ¡Mira esta tienda!

Teresa: Mmmm . . . No sé. No tengo mucho dinero y **esa** ropa es muy cara.

Claudia: ¡Vamos! **¡Queremos** ver qué tienen!

3 **Teresa: Perdón,** ¿señora?

Dependienta: ¿Sí? ¿En qué puedo servirle, señorita?

Teresa: Busco ropa para llevar a una fiesta. Me gustaría comprar esta falda y esta blusa.

Claudia: A ver . . . ¿Cuánto **cuestan?**

Teresa: ¡Seiscientos pesos! Pero, ¡es mucho dinero!

4 **Dependienta:** Bueno, aquí hay ropa que no cuesta **tanto.**

Claudia: Mira, Teresa. Esta falda cuesta trescientos pesos. ¿Qué piensas?

Teresa: ¡Genial! Y este suéter cuesta doscientos pesos. **Los dos** no cuestan tanto.

8 **Teresa:** ¡Hola! Buenas noches. Pero, ¿dónde está la gorra?

Actividad 3 **Hablar/Escribir** •

¿Comprendes?

1. ¿Por qué no está contenta Teresa? ¿Adónde va ella?
2. Según Claudia, ¿qué puede hacer Teresa?
3. ¿Adónde van las dos?
4. ¿Tiene Teresa mucho o poco dinero?
5. ¿Por qué no compra Teresa la primera falda y blusa?
6. ¿Cuánto cuestan la segunda falda y blusa?
7. ¿Qué quiere llevar Ramón a la fiesta?
8. Cuando Ramón entra en la casa de Teresa, ¿qué lleva?

● **Más práctica** •
Practice Workbook 7A-3, 7A-4

Go Online
PHSchool.com
For: Vocabulary practice
Visit: www.phschool.com
Web Code: jcd-0702

Manos a la obra

Vocabulario y gramática en uso

Objectives

- Talk about shopping for clothes
- Discuss how clothes fit and how much they cost
- Ask and tell what you or others plan to do
- Ask and tell what you or others want and prefer
- Point things out using demonstrative adjectives

Actividad 4

Escribir . . . .

¿Qué piensas llevar?

¡Es importante llevar ropa diferente en diferentes ocasiones! ¿Qué ropa piensas llevar a estos lugares o actividades? Escribe las frases.

Modelo

la casa de un amigo
Pienso llevar unos jeans y una camiseta.

1. la playa
2. un baile elegante
3. un concierto
4. las montañas
5. un partido de béisbol

Actividad 5

Escuchar/Escribir . . . .

Escucha y escribe

Trabajas en una tienda de ropa y escuchas los comentarios de diferentes personas que buscan ropa. Escribe los números del 1 al 6 en una hoja de papel y escribe las frases que escuchas. Después indica con (+) o (-) si piensas que las personas van a comprar la ropa.

También se dice . . .

la camiseta = la playera *(México)*; la polera *(Chile)*; la remera *(Argentina)*

la chaqueta = la chamarra *(México)*; la campera *(Argentina, Bolivia, Chile, Paraguay, Uruguay)*

los jeans = los mahones *(el Caribe)*; las mezclillas *(México)*; los vaqueros *(Argentina, España)*; el pantalón vaquero *(España)*

el suéter = el jersey *(España)*; la chompa *(Bolivia, Ecuador, Paraguay, Perú, Uruguay)*

Actividad 6

  Hablar . . . .

¿En qué puedo servirle?

Tú y tu compañero(a) van de compras.
Pregunta y contesta según el modelo.
Escoge cinco cosas.

Modelo

A —*¿En qué puedo servirle, señor (señorita)?*
B —*Me gustaría comprar una camisa nueva.*
A —*¿De qué color?*
B —*Estoy buscando una camisa blanca.*

Actividad 7

  Escribir/Hablar . . . .

Juego

1 Escribe una descripción de la ropa de una persona en tu clase. Incluye
dos o más cosas que lleva y los colores de la ropa.

2 Juega con otro(a) estudiante. Lee tu descripción. Tu compañero(a) tiene
que identificar a la persona que describes. Antes de decir *(Before saying)*
su nombre, él o ella tiene que hacer tres preguntas para saber más
cosas. Por ejemplo: *¿Lleva una sudadera azul? ¿Tiene zapatos negros?*
¿Sus calcetines son blancos? ¿Es Mateo?

Actividad 8

  Escribir . . . .

¿Qué ropa llevan en el cuadro?

Escribe cuatro o más frases que describen
la ropa que lleva la familia en este cuadro
de Fernando Botero.

Modelo

La madre lleva . . .

Fondo cultural

Fernando Botero (1932–) is a very famous artist
from Medellín, Colombia. His paintings and
sculptures feature people and objects that are
puffed up to an exaggerated size. The figures
celebrate life while at the same time making fun of
what they represent.

- What statement might an artist like Botero be
  making when his artwork presents humorous
  portrayals of politicians and prominent people?

En familia (1983), Fernando Botero
© Fernando Botero, courtesy of the Marlborough Gallery, New York.

Pensar/Leer/Hablar •

En la tienda

Con otro(a) estudiante lee la conversación entre un(a) dependiente(a) y
un(a) joven. Empareja lo que dice el (la) dependiente(a) con lo que contesta
el (la) joven.

el (la) dependiente(a)

1. Buenas tardes. ¿En qué puedo servirle?
2. ¿Qué color prefiere Ud.?
3. Pues, estos pantalones son muy populares.
4. Sólo 50 dólares.
5. Pues, hay otros pantalones que no cuestan tanto.
6. Creo que le quedan muy bien.

el (la) joven

a. Perdón . . . ese precio es demasiado para mí.
b. Entonces voy a comprar estos pantalones.
c. Quiero comprar unos pantalones nuevos.
d. Son bonitos. A ver si me quedan bien.
e. No sé—quizás negro.
f. Me gustan. ¿Cuánto cuestan?

 Escuchar/Escribir •

¿Cuánto cuesta en Montevideo?

Estás comprando ropa en Montevideo, Uruguay. Escucha los precios en
pesos uruguayos. Escribe en tu hoja de papel el precio que escuchas.

Uruguay

Modelo

los zapatos
Escuchas: *Los zapatos cuestan mil ochocientos veinte pesos.*
Escribes: *1820 pesos*

1. la camiseta
2. el suéter
3. la blusa
4. el vestido
5. el traje de baño
6. la chaqueta

Fondo cultural

The currencies of Bolivia, Peru, and Costa Rica are
all different. Latin American countries have special
names for their national currency and use different
symbols as abbreviations. In Bolivia, the official
currency is the *boliviano* (abbreviated BOB). The
nuevo sol (abbreviated s/) is the official currency of
Peru. Costa Rica's money is called the *colón,* and its
symbol is a ¢ placed in front of the amount, as in
¢100 (meaning 100 *colones).* Cents are either
céntimos or *centavos* in most Latin American
countries. The images on the printed money honor
each country's history and culture.

• How do the images on these currencies compare
to those on bills and coins in the United States?

Actividad 11 — Hablar

¿Cómo me queda?

Estás en una tienda de ropa. Te pruebas *(You're trying on)* la ropa y necesitas la opinión honesta de tu amigo(a). Tu amigo(a) siempre te hace *(gives you)* comentarios. Escoge dos artículos de ropa.

Nota

Me / te queda(n) follows the same pattern as *me / te gusta(n).*

• La camisa **me** queda bien pero los jeans **me** quedan mal.

Modelo

A —*¿Me queda bien el traje? ¿Qué piensas?*
B —*Te queda bien. ¡Qué guapo estás!*

Estudiante A

Estudiante B

Te queda(n) bien / mal.

Es / son muy / bastante / demasiado . . .

¡Qué guapo / bonita estás!

(No) me gusta(n) mucho.

Pronunciación

The letter z

In most Spanish-speaking countries, the letter *z* sounds like the *s* in *see*. Listen to and say these words:

zapato	arroz	almuerzo	cabeza
izquierda	haz	razón	nariz
	azul	quizás	

In many parts of Spain, however, the letter *z* is pronounced like the *th* in *think*. Listen to the words as a Spaniard says them and practice saying them as if you were in Spain.

Try it out! Listen to *"En la puerta del cielo"* ("At Heaven's Gate"), a traditional poem from Puerto Rico. Then say the poem aloud.

En la puerta del cielo,
venden zapatos
para los angelitos
que andan descalzos.

Actividad 12 — Escribir/Hablar

Y tú, ¿qué dices?

1. ¿Qué ropa llevas en el verano? ¿Y en el invierno? Incluye tres artículos de ropa para cada estación.

2. ¿Cuáles son tres artículos de ropa que te gustaría comprar? ¿Cuánto cuesta cada uno? ¿Cuál es el total?

3. Describe alguna ropa nueva que tienes.

Stem-changing verbs:
pensar, querer, and *preferir*

Verbs like *pensar* ("to think," "to plan"), *querer* ("to want"), and *preferir* ("to prefer") are *e→ie* stem-changing verbs. The *-e-* of the stem changes to *-ie-* in all forms except *nosotros* and *vosotros*. Here are the forms:

(yo)	**pienso** **quiero** **prefiero**	(nosotros) (nosotras)	**pensamos** **queremos** **preferimos**
(tú)	**piensas** **quieres** **prefieres**	(vosotros) (vosotras)	**pensáis** **queréis** **preferís**
Ud. (él) (ella)	**piensa** **quiere** **prefiere**	Uds. (ellos) (ellas)	**piensan** **quieren** **prefieren**

¿Recuerdas?

You have used *quiero / quieres* and *prefiero / prefieres* to say what you want or prefer.

Use the infinitive for any verb that follows *pensar, querer,* or *preferir.*

¿Piensas comprar esa blusa?
Do you plan to buy that blouse?

GramActiva VIDEO

Want more help with stem-changing verbs? Watch the **GramActiva** video.

---

 13 **Gramática** **Escuchar/Escribir**

¿Qué prefieren llevar?

❶ En una hoja de papel escribe los números del 1 al 6. Escucha lo que quieren o piensan hacer diferentes personas y escribe las frases.

❷ Escribe otra frase para decir qué piensan llevar las personas para sus actividades.

Modelo

Mis primas quieren ir a un baile el viernes. Piensan llevar una falda y una blusa.

---

 14 **Gramática** **Hablar**

¿Qué piensas hacer?

Habla con otro(a) estudiante sobre qué piensas hacer tú y qué piensan hacer otras personas.

Modelo

tu amigo(a) / después de las clases
A —¿Qué *piensa* hacer tu amigo después de las clases?
B —*Mi amigo David piensa montar en monopatín.*

Estudiante A

1. tus amigos(as) / mañana
2. tu familia / este fin de semana
3. tus amigos y tú / esta tarde
4. tú / el domingo
5. tu amigo(a) / esta noche

Estudiante B

¡Respuesta personal!

Actividad 15

Escribir ·

¿Qué quieren comprar?

Después de dos semanas de trabajo, todos los jóvenes tienen dinero y quieren ir de compras. Escribe frases para decir qué prefieren comprar y cuándo piensan ir de compras.

Modelo

Catalina quiere ir de compras. Prefiere comprar unos pantalones cortos. Piensa ir a la tienda de ropa el sábado.

Catalina / el sábado

1. Isidoro y Lorenzo / esta tarde

2. Julia y yo / mañana

3. Javier / este fin de semana

4. yo / ¿ ?

Actividad 16

   Escribir/Hablar ·

¿Qué piensan hacer Uds.?

❶ Copia la gráfica en una hoja de papel y escribe los nombres de tres personas con quienes vas a salir. ¿Adónde quieren ir Uds. y qué piensan hacer?

¿CON QUIÉN?	¿ADÓNDE?	¿QUÉ?
Pepe	el gimnasio	levantar pesas

Una boutique en la Zona Rosa de la Ciudad de México

❷ Dile *(Tell)* a otro(a) estudiante adónde quieren ir tú y la otra persona. Tu compañero(a) va a adivinar *(guess)* qué piensan hacer Uds. Puede continuar adivinando hasta *(until)* decir la actividad correcta.

Modelo

A —*Pepe y yo queremos ir al gimnasio.*
B —*¿Uds. piensan jugar al básquetbol?*
A —*No, no pensamos jugar al básquetbol.*
B —*¿Uds. piensan levantar pesas?*
A —*Sí, tienes razón. Pensamos levantar pesas.*

● **Más práctica** ·
Practice Workbook 7A-5

For: Practice with *e→ie* verbs
Visit: www.phschool.com
Web Code: jcd-0704

Gramática

Demonstrative adjectives

You use demonstrative adjectives to point out nouns: **this** cap, **these** socks, **that** shirt, **those** shoes. Notice that "this" and "these" refer to things that are close to you, while "that" and "those" refer to things that are at some distance from you.

Here are the corresponding demonstrative adjectives in Spanish. Like other adjectives, demonstrative adjectives agree in gender and number with the nouns that follow them.

Strategy

Using rhymes to remember meaning
To remember the difference between these demonstrative adjectives that are spelled very similarly, memorize this rhyme:

"This" and "these" both have *t's*, "that" and "those" don't.

	"this," "these"	"that," "those"
SINGULAR	este suéter esta falda	ese vestido esa chaqueta
PLURAL	estos suéteres estas faldas	esos vestidos esas chaquetas

GramActiva VIDEO

Want more help with demonstrative adjectives? Watch the **GramActiva** video.

¿Esta manzana?

17 **Gramática** **Leer/Escribir**

En la tienda de ropa

Carmen está en una tienda y habla con su amiga sobre la ropa que se están probando *(trying on)*. Escribe la forma correcta de *este(a)* o *estos(as)* para cada número.

Carmen: ___1.___ botas son bonitas, ¿no?

Mariel: Sí, pero creo que ___2.___ zapatos son bastante feos.

Carmen: ¿Qué piensas de ___3.___ blusa? A mí me gusta mucho.

Mariel: A mí también. ___4.___ suéter es demasiado grande, ¿no?

Carmen: Tienes razón. Y pienso que ___5.___ falda es muy larga también.

Mariel: Quizás. ___6.___ jeans no cuestan mucho. ¡Qué bueno!

Gramática **Hablar** ·

¡Un día con tu hermanito!

Tienes que cuidar *(take care of)* a tu hermanito.
Tus padres tienen toda la ropa para él encima
de la cama, pero ¡tu hermanito tiene sus
propias ideas!

Modelo

A (tú)—*Tienes que llevar esta ropa.*
B (tu hermanito)—*¡No! No quiero llevar esa
ropa. Prefiero esta ropa que está en el armario.*

 Gramática   **Escribir/Hablar** ·

Juego

¿Quién en tu clase sabe mejor cuánto cuestan diferentes cosas?

1 Trabaja con otro(a) estudiante. Escojan un objeto o una foto de un objeto.
Puede ser ropa, algo de la casa, algo de la escuela, etc. Escriban una
descripción de ese objeto y determinen cuánto cuesta.

Modelo

*Este suéter azul y amarillo es . . . . Puedes llevar este suéter a . . . . Puedes
comprar este suéter en . . . . ¿Cuánto cuesta este suéter? (Cuesta 55 dólares.)*

2 Ahora, trabajen en grupos de cuatro parejas (ocho estudiantes). Lean
la descripción de su objeto sin decir cuánto cuesta. La pareja que da
el precio más aproximado *(closest)* sin exceder *(without exceeding)* el
precio, gana.

Modelo

—*Pensamos que el suéter cuesta 50 dólares.*
—*Daniel y Eva, Uds. ganan. El suéter cuesta 55 dólares.*

Exploración del lenguaje ·

Nonverbal language

You've learned about the gesture *¡Ojo!*, which means "be careful." Another
common gesture used by Spanish speakers conveys the meaning of "a lot
of money." This gesture is made by holding the hand palm-up and rubbing
the fingertips together. It is often accompanied by expressions such as
¡Cuesta muchísimo! or *Es mucho dinero.* It can even be used when you're
describing someone who is rich.

Actividad 20 Leer/Hablar ·····················

¡Muchos regalos!

Muchas personas en tu familia y unos amigos tienen cumpleaños este mes y tienes que comprar regalos. Tú y un(a) compañero(a) miran este anuncio de una tienda de ropa. Habla con tu compañero(a) sobre qué necesitas comprar.

Modelo

tu tía o tío

A —*Necesito un regalo para mi tía. Voy a buscar un suéter para ella.*

B —*Buena idea. ¿Te gusta este suéter rosado? Sólo cuesta 32 dólares.*

A —*Sí. Vamos a la tienda a buscar este suéter.*

1. tu hermano o amigo
2. tu hermana o amiga
3. tu abuelo o abuela
4. tu mamá o papá

Actividad 21 Pensar/Hablar ·····················

En la tienda

La tienda de ropa Perfección
¡Sólo 1 día!

$35 orig. $50

$25 orig. $38

$18 orig. $30

$32 orig. $45

$19 orig. $28

$11 orig. $18

$16 orig. $24

$8 orig. $14

Conexiones | **Las matemáticas**

Estás ahora en la tienda de ropa Perfección de la Actividad 20. Hablas con un(a) dependiente(a) sobre los descuentos que hay en la ropa hoy.

1 Calcula el porcentaje de descuento de la ropa en el anuncio.

2 Pregunta y contesta según el modelo.

Modelo

A —*Perdón, señor (señorita). ¿Cuánto cuesta ese suéter rosado?*

B —*Hoy este suéter cuesta sólo 32 dólares. Es un descuento del 29 por ciento.*

A —*¡Genial! Quiero comprar el suéter. ¡Qué buen precio!*

334 **trescientos treinta y cuatro**
Tema 7 • De compras

Escribir/Hablar . . . .

Un desfile de modas

Trabajen en grupos de tres. Una persona de los tres va a ser el (la) modelo en un desfile de modas *(fashion show)*. Decidan qué va a llevar el (la) modelo. En una hoja de papel, describan tres o más cosas que lleva el (la) modelo. Pueden incluir los colores, cuánto cuesta, dónde pueden comprar la ropa y en qué ocasión o estación pueden llevar la ropa.

Su modelo va a participar con los otros modelos de la clase en el desfile de modas. Los otros dos leen la descripción de la ropa.

Para decir más . . .	
cómodo, -a	comfortable
elegante	elegant
de algodón	cotton
de lana	wool
de seda	silk

Modelo

El (La) modelo que entra en este momento lleva . . .

Carolina Herrera is one of the world's leading fashion designers. The clothes, perfume, and accessories by this Venezuelan designer are worn by some of the world's most elegant women. She is one of many creative Spanish-speaking designers who are making their mark in the fashion world.

• Think of the names of some fashion designers from the United States. In what ways do you think they influence everyday culture?

BOUTIQUE GUADALAJARA

Vestidos y accesorios para toda ocasión

Ropa sport y vaquera; sombreros, botas

• *Invitaciones y regalos*
• *Discos y casetes*
• *Libros y revistas*
• *Envío de dinero y tarjetas telefónicas*

1819 First Street Sonora, Arizona

El español en la comunidad

Locate a store in your community or on the Internet that sells products from Spanish-speaking countries. Visit the store or Web site and list the types of items you find there. Are they similar to the items listed in the ad? Bring your list to class and compare it with other students' lists. What are the most common types of items found in these stores?

Go Online
PHSchool.com
For: Practice with demonstrative adjectives
Visit: www.phschool.com
Web Code: jcd-0703

● **Más práctica** . . . .
Practice Workbook 7A-6, 7A-7

¡Adelante!

Lectura

Objectives

- **Read about traditional clothing of Panama**
- **Learn about and make a *mola***
- **Create and perform a skit about buying an article of clothing**
- **Watch *¿Eres tú, María?*, Episodio 5**

Tradiciones de la ropa panameña

Strategy

Predicting
Look at the maps and photos on these pages and read the title to predict what the reading will be about. This will help you anticipate the types of words and expressions you will encounter as you read.

Panamá

Mar Caribe

ISLAS DE SAN BLAS

COSTA RICA

Canal de Panamá

Ciudad de Panamá

PANAMÁ

Golfo de Panamá

Las Tablas

LOS SANTOS

OCÉANO PACÍFICO

COLOMBIA

Una tradición panameña de mucho orgullo[1] es llevar el vestido típico de las mujeres, "la pollera." Hay dos tipos de pollera, la pollera montuna[2] y la pollera de gala, que se lleva en los festivales. La pollera de gala se hace a mano y cuesta muchísimo por la cantidad de joyas[3] que adornan el vestido. ¿Cuánto cuesta una pollera de gala? Puede costar unos 1.850 dólares americanos, y requiere aproximadamente siete meses de trabajo. La pollera es tan importante que en la ciudad de Las Tablas celebran el Día Nacional de La Pollera el 22 de julio.

Si quieres celebrar con los panameños, puedes visitar la ciudad de Las Tablas en la provincia de Los Santos. Las Tablas es famosa por ser el mejor lugar para celebrar los carnavales. Durante el carnaval y en otros festivales, puedes admirar los vestidos y los bailes tradicionales.

El canal de Panamá conecta el océano Pacífico con el mar Caribe y el océano Atlántico.

El istmo de Panamá es la conexión entre dos continentes, y tiene costas sobre el océano Pacífico y el mar Caribe. Es famoso por el canal en el que navegan barcos[4] de todo el mundo. El folklore panameño es muy variado. La música, los bailes y los vestidos son importantes en la vida[5] social, especialmente en las provincias del centro del país.

[1] pride   [2] from the mountains   [3] jewels   [4] ships   [5] life

336

Molas de colores brillantes con formas de animales

Otro tipo de ropa auténtica de Panamá viene de los indios Kuna, un grupo de indígenas que viven en las islas de San Blas. Las mujeres llevan una blusa hecha[6] de molas. Las molas son paneles decorativos que forman la parte de adelante y de atrás de las blusas. Las mujeres demuestran[7] su talento y expresión personal con los diseños[8] originales de las molas. Los diseños representan formas humanas y animales. Hoy día, puedes ver y admirar molas como objetos de arte en muchos museos y colecciones.

[6]made   [7]demonstrate   [8]designs

¿Comprendes?

1. ¿Por qué es importante Panamá en el comercio global?

2. ¿Cuáles son las dos formas de ropa auténtica de Panamá en el artículo?

3. ¿Qué puedes celebrar si visitas Las Tablas?

4. ¿Cuánto puede costar una pollera de gala? En tu opinión, ¿es mucho o poco dinero?

5. ¿Cómo se llama el grupo de indígenas que viven en las islas de San Blas?

6. ¿Quiénes llevan las molas, los hombres o las mujeres?

7. ¿Por qué es diferente cada mola?

For: Internet link activity
Visit: www.phschool.com
Web Code: jcd-0705

Fondo cultural

Carnaval is a traditional celebration in many Latin American countries. It takes place in the weeks before the season of Lent. *Carnaval* normally includes the coronation of a beauty queen, parades, elaborate costumes, street music, and dancing. The *Carnaval* in Las Tablas, a town near the Pacific coast in Panama, is very popular and attracts thousands of visitors every year.

• What traditional parades or celebrations take place in your community? How do they compare to the celebration of *carnaval?*

Las molas

Molas are the bright fabric artwork created by the Kuna Indians of the San Blas Islands, a group of islands off the Panama coast in the Caribbean Sea. *Mola* is a Kuna word meaning "blouse." This art form was originally used to make clothing, but today the term *mola* refers to any piece of fabric made using this method.

Kuna women cut out a cloth pattern and sew it onto layers of cloth that have been sewn together. Pieces of the upper layers are cut away to expose the underlying colors and create a design. Later, the women embroider details. Many designs on *molas* represent nature or animals. Each *mola* may take many weeks to complete.

Try it out! Here's how you can make *molas* out of paper.

Materials

- 2 pencils
- rubber bands
- construction paper
- paste or glue
- scissors

Figure 1

Directions

1 Your teacher will provide a pattern to trace on a piece of construction paper. You may prefer to trace around a cookie cutter or draw a simple design found in nature (for example, a leaf, flower, or fir tree). *(Fig. 1)*

2 Double all the lines by drawing with two pencils fastened together with rubber bands. *(Fig. 2)*

Figure 2

3 Cut out all spaces that do NOT fall between the double lines. *(Fig. 3)*

4 Paste or glue the cutout figure onto construction paper of a contrasting color.

5 Cut around the pasted or glued figure, leaving a border of the second color. *(Fig. 4)*

Figure 3

6 Paste or glue this cutout figure onto another piece of construction paper and cut around it, leaving a border of the new color. Paste the entire piece on a contrasting background.

Think about it! Do you or anyone in your family practice a traditional handicraft? Do you have any clothes or outfits that you have made or customized to express your interests or personality?

Figure 4

¿En qué puedo servirle?

Task

You and a partner will play the roles of a customer and a salesclerk in a clothing store. You will ask and answer questions about the articles of clothing sold in the store. The customer will then decide whether or not to buy the articles.

① Prepare Work with a partner to prepare the skit. One of you will play the role of the salesperson, and the other will be the shopper. Be prepared to play both roles. Decide the type of clothing the store will sell and bring to class articles of clothing or pictures from a magazine. Give the store a name.

> **Cliente:** Make a list of expressions and questions you can use to ask about, describe, and say whether you will buy an article of clothing.

> **Dependiente(a):** Make a list of expressions and questions you can use to help your client, answer his or her questions, and show him or her the clothing.

② Practice Work with your partner and practice both roles. You might want to review *A primera vista,* the *Videohistoria,* and Actividad 9 for ideas. You can use your written notes when you practice, but not during the actual role play.

③ Present Your teacher will assign the roles. The clerk will begin the conversation. Keep talking until the customer has made a decision to buy or not to buy the article of clothing.

④ Evaluation Your teacher may give you a rubric for how your presentation will be graded. You probably will be graded on:

- how well you sustain a conversation
- how complete your preparation is
- how well you use new and previously learned vocabulary

Strategy

Seeking feedback
As you practice with a partner, seek his or her feedback to correct errors you have made and to improve your overall performance.

¿Eres tú, María?

Episodio 5

Antes de ver el video

Personaje importante

Rosalinda, una amiga de Carmela quien trabaja en el hospital San Carlos.

Resumen del episodio

Lola y Carmela van al hospital para hablar con Rosalinda sobre doña Gracia y María. Aprenden más sobre el accidente de coche de María. Ocurrió entre María y otra joven, Julia. Las dos fueron llevadas[1] al Hospital San Carlos. Desafortunadamente,[2] Julia murió. Rosalinda va a los archivos para buscar los historiales clínicos de Julia y María. Pero hay un problema. . . .

[1] were brought   [2] unfortunately

Palabras para comprender

Estuvo aquí . . . She was here . . .

¿Te acuerdas de ella? Do you remember her?

Sí, me acuerdo de María. Yes, I remember María.

Dos coches chocaron . . . Two cars crashed . . .

la carretera highway

murió died

Les ayudó a las dos. He helped the two of them.

No viene a trabajar.
  He hasn't been coming to work.

el archivo records

los historiales clínicos medical records

los visitantes visitors

"Primero, quiero hablar de una paciente que se llama María Requena. Estuvo aquí, en el hospital."

"Pues, no está su historial clínico. Ni un papel. Nada, absolutamente nada sobre María Requena."

"¿Eres tú, María?"

Después de ver el video

¿Comprendes?

Lee las frases. Decide a quién(es) describe cada frase: Lola, Rosalinda, Carmela, doña Gracia, Julia, María o Luis Antonio.

1. Dos coches y dos chicas. Fue muy triste.
2. Ella murió en el accidente.
3. Hay un enfermero que ayudó a las dos.
4. Es muy simpática tu amiga.
5. No hay nada sobre ellas en los archivos.
6. Está bastante mal.
7. Las amigas de Carmela son amigas mías.

Nota gramatical Rosalinda uses two *vosotros* commands when she is talking with Carmela and Lola: *esperad* ("wait") and *venid* ("come"). You will hear this verb form often if you go to Spain.

For: More on *¿Eres tú, María?*
Visit: www.phschool.com
Web Code: jcd-0507

Repaso del capítulo

Vocabulario y gramática

To prepare for the test, check to see if you . . .
- **know the new vocabulary and grammar**
- **can perform the tasks on p. 343**

to talk about shopping

buscar	to look for
comprar	to buy
el dependiente, la dependienta	salesperson
¿En qué puedo servirle?	How can I help you?
entrar	to enter
la tienda	store
la tienda de ropa	clothing store

to talk about clothing

el abrigo	coat
la blusa	blouse
las botas	boots
los calcetines	socks
la camisa	shirt
la camiseta	T-shirt
la chaqueta	jacket
la falda	skirt
la gorra	cap
los jeans	jeans
los pantalones	pants
los pantalones cortos	shorts
la sudadera	sweatshirt
el suéter	sweater
el traje	suit
el traje de baño	swimsuit
el vestido	dress
los zapatos	shoes
¿Cómo me / te queda(n)?	How does it (do they) fit (me / you)?
Me / te queda(n) bien / mal.	It fits (They fit) me / you well / poorly.
llevar	to wear
nuevo, -a	new

other useful words

quizás	maybe
Perdón.	Excuse me.
¡Vamos!	Let's go!

For *Vocabulario adicional,* see pp. 472–473.

to talk about prices

¿Cuánto cuesta(n) . . . ?	How much does (do) . . . cost?
costar (o → ue)	to cost
el precio	price
tanto	so much
doscientos, -as	two hundred
trescientos, -as	three hundred
cuatrocientos, -as	four hundred
quinientos, -as	five hundred
seiscientos, -as	six hundred
setecientos, -as	seven hundred
ochocientos, -as	eight hundred
novecientos, -as	nine hundred
mil	a thousand

to indicate if someone is correct

tener razón	to be correct

to indicate specific items

los / las dos	both
este, esta	this
estos, estas	these
ese, esa	that
esos, esas	those

pensar *to think, to plan*

pienso	pensamos
piensas	pensáis
piensa	piensan

preferir *to prefer*

prefiero	preferimos
prefieres	preferís
prefiere	prefieren

querer *to want*

quiero	queremos
quieres	queréis
quiere	quieren

● **Más práctica** . . . .

Practice Workbook Puzzle 7A-8

Practice Workbook Organizer 7A-9

Preparación para el examen

On the exam you will be asked to . . .	Here are practice tasks similar to those you will find on the exam . . .	If you need review . . .

1 Escuchar Listen and understand why people are returning clothing items

Listen as people explain to the clerk in a department store why they are returning or exchanging clothing they received as gifts. Try to decide if the reason is: a) it doesn't fit well; b) it's the wrong color or style; c) it's too expensive; d) they just didn't like it.

pp. 322–325 *A primera vista*
p. 326 Actividad 5
p. 328 Actividad 10
p. 329 Actividad 11
p. 332 Actividad 17

2 Hablar Describe what you are planning to buy with gift certificates from your favorite clothing store

You got gift certificates from your favorite clothing store for your birthday. Describe at least four items you would like to buy. You could say something like: *Me gustaría comprar un suéter rojo. Prefiero esos suéteres que me quedan grandes.*

pp. 322–325 *A primera vista*
p. 327 Actividad 6
p. 328 Actividad 9
p. 329 Actividad 12
p. 330 Actividad 13
p. 331 Actividad 15
p. 334 Actividad 20
p. 339 *Presentación oral*

3 Leer Read and understand an online order form for a popular department store

You want to apply for a job at a department store. They need someone who understands Spanish to interpret the online orders that come in. Read the entries to see if you can tell them: a) the description of the item ordered; b) the color; c) the price.

pp. 322–325 *A primera vista*
p. 328 Actividad 10
p. 334 Actividad 20

	Artículo	Color	Precio
A.	sudadera	rojo/azul	355 pesos
B.	abrigo	negro	801 pesos
C.	falda	blanco/marrón/verde	506 pesos

4 Escribir Fill in an order form for specific clothing items you might purchase as gifts

Order the following items using the online order form: a) black boots for your sister, who is very little; b) a blue-and-white baseball cap for your brother, who would need a small size; c) three pairs of gray socks for your dad, who has VERY big feet!

pp. 322–325 *A primera vista*
p. 327 Actividades 7–8
p. 329 Actividad 12
p. 331 Actividad 15

Artículo	Color	Tamaño

5 Pensar Demonstrate an understanding of cultural perspectives on crafts and clothing

Think about something you would consider to be American folk art that has been passed on from one generation to another. How would it be similar to or different from the *molas* made by the Kuna Indians?

pp. 336–337 *Lectura*
p. 338 *La cultura en vivo*

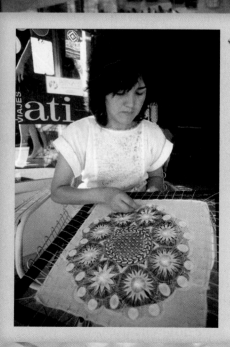

Fondo cultural

Ñandutí, which means "spider web" in the Guaraní language, refers to the fine lace weavings from the small South American country of Paraguay. Wall hangings and table linens are just a few of the intricately woven and multicolored items made from this fabric. *Ñandutí* looms are routinely found outside the doorways of houses in Itauguá, a small town where much of the country's *ñandutí* is made.

• Handmade items are usually more expensive than mass-produced ones. Why do you think some people are willing to pay more for these items?

¡Qué regalo!

Chapter Objectives

- **Talk about buying gifts**
- **Tell what happened in the past**
- **Use direct object pronouns**
- **Understand cultural perspectives on gift-giving**

Video Highlights

A primera vista: *Un regalo especial*

GramActiva Videos: the preterite of *-ar* verbs; the preterite of verbs ending in *-car* and *-gar*; direct object pronouns

Videomisterio: *¿Eres tú, María?*, Episodio 6

Country Connection

As you learn about shopping and buying gifts, you will make connections to these countries and places:

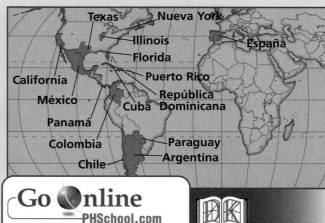

Texas · Nueva York · Illinois · España · Florida · California · Puerto Rico · México · República Dominicana · Cuba · Panamá · Colombia · Paraguay · Argentina · Chile

Go Online
PHSchool.com

For: Online Atlas
Visit: www.phschool.com
Web Code: jce-0002

El centro comercial Perisur,
Ciudad de México, México

A primera vista

Vocabulario y gramática en contexto

Objectives

Read, listen to, and understand information about
- stores
- shopping for gifts and accessories
- things done in the past

Las mejores tiendas . . .   ¡a su servicio!

1 **La Joyería La Perla**—
   Regalos de primera calidad

2 **La Zapatería Dos Pies**—
   Zapatos para toda la familia

3 **La Librería Barrera**—
   Selección completa de libros

4 **El Almacén Gardel**—
   Todo en una tienda

5 **Teletodo**—
   La tienda de electrodomésticos

6 **Menos y más**—
   La tienda de descuentos

—¡**Mira!** Todo cuesta menos aquí. ¡Qué **barato!**

—¡No puede ser! Yo **compré** esta cartera en el Almacén Gardel **hace una semana** y **pagué** mucho más. ¡**Uf!**

la cartera

la corbata

MENOS Y MÁS

los anteojos de sol

el llavero

los guantes

el bolso　**el perfume**

la cadena　**el reloj pulsera**

Joyería La Perla

el collar

la pulsera

los aretes　**el anillo**

—Mi **novio** necesita un reloj pulsera.

—¿Por qué no **lo** compras? Cuesta 30 dólares. No es muy **caro.**

—¡Buena idea! Vamos a entrar.

Actividad 1 Escuchar

¿Qué vas a hacer?

Estás de compras con tu hermana en un centro comercial. Tu hermana te está diciendo todo lo que quiere hacer, o lo que necesita en el centro comercial. Para cada cosa que dice, señala dónde en el centro comercial tiene que ir.

Actividad 2 Escuchar

¿Dónde lo llevas?

Escucha cada una de estas frases. Señala la parte del cuerpo en la que una persona lleva cada artículo que se menciona.

● **Más práctica**
Practice Workbook 7B-1, 7B-2

For: Vocabulary practice
Visit: www.phschool.com
Web Code: jcd-0711

Un regalo especial

¿Qué pasó cuando Manolo compró un regalo para su tía? Lee la historia.

Strategy

Using visuals
Look at the pictures as you read to help you understand the story.

Can you guess what happens at the end of the story?

México

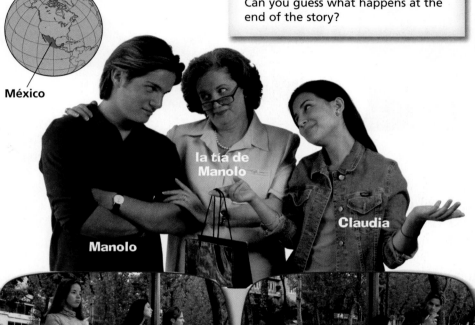

la tía de Manolo

Manolo

Claudia

Descuentos

1 **Manolo:** Necesito comprar un regalo para mi tía. Mañana es su cumpleaños.

Claudia: ¿Qué compraste **el año pasado?**

Manolo: Compré un libro. Quizás otro libro.

Claudia: ¡Qué aburrido! Vamos al centro comercial . . .

5 *Claudia y Manolo están esperando el autobús. Tienen el regalo para la tía. A su derecha hay otra chica con un perro y otro regalo también.*

6 **Manolo:** ¡Vamos, Claudia! Aquí viene el autobús.

Claudia: Bueno . . . bueno.

7 **Manolo:** ¡Feliz cumpleaños, tía! Te compré este regalo **ayer.**

Tía: ¿Para mí? Ah, es muy bonito, pero . . . sabes que no tenemos perro.

Manolo: ¡No entiendo . . . !

2 **Manolo:** Aquí **venden** guantes, corbatas . . .

Claudia: ¿Corbatas para tu tía? ¿No tienes otra idea? Mira, aquí hay otras cosas . . .

3 **Manolo:** ¡Ah! Tengo una idea. **Anoche** compré un videojuego **en la Red** con mi computadora. ¿Quizás podemos comprar **software?**

Claudia: Para un amigo, sí, pero para tu tía, ¡no!

4 **Claudia:** Yo prefiero la joyería: una pulsera, un collar, un anillo. A ver. Señorita, ¿cuánto cuesta ese collar?

Dependienta: Cuesta 200 pesos con el descuento.

Claudia: ¡Qué barato! **La semana pasada** yo **pagué** 300 pesos **por** un collar.

8 **Perro:** ¡Me gusta mucho este collar nuevo! Me queda bien, ¿no crees?

 Escribir/Hablar

¿Comprendes?

1. ¿Por qué van de compras Manolo y Claudia?
2. ¿Qué compró Manolo para su tía el año pasado?
3. ¿Qué piensa Claudia de comprar otro libro?
4. A Claudia, ¿qué regalos le gustan más?
5. ¿Qué regalo compran y cuánto pagan?
6. ¿A la tía le gusta el collar? ¿Por qué?
7. Al fin (At the end), ¿quién tiene el mejor collar?

● **Más práctica**
Practice Workbook 7B-3, 7B-4

Go Online
PHSchool.com
For: Vocabulary practice
Visit: www.phschool.com
Web Code: jcd-0712

Manos a la obra

Vocabulario y gramática en uso

Objectives
- Talk about stores and where they are located
- Ask and tell about shopping and buying
- Talk about the past
- Learn to use the preterite of *-ar* verbs and verbs that end in *-car* and *-gar*
- Use the direct object pronouns *lo, la, los,* and *las*

Actividad 4 — Escuchar/Escribir

Escucha y escribe

1 Vas a escuchar lo que unos jóvenes dicen de algunas tiendas. En una hoja de papel escribe los números del 1 al 6. Escribe lo que escuchas.

2 Escribe frases para describir lo que crees que van a comprar los jóvenes en cada tienda.

> **Modelo**
> *Creo que él (ella) va a comprar . . .*

Actividad 5 — Escribir/Hablar

En tu comunidad

1 Para cada tienda de la lista, piensa en una que está en tu comunidad. Escribe una frase para describir dos o más cosas que venden allí.

> **Modelo**
> una tienda de ropa
> *En la tienda de ropa Moda, venden camisas, pantalones y corbatas.*

1. una librería
2. una tienda de descuentos
3. una tienda de electrodomésticos
4. una joyería
5. un almacén
6. una zapatería

2 Trabaja con otro(a) estudiante. Lee lo que venden en cada tienda sin decir qué tipo de tienda es. Tu compañero(a) debe identificar qué tipo de tienda es.

> **Modelo**
> **A** —*Venden camisas, pantalones y corbatas allí.*
> **B** —*¿Es una tienda de ropa?*

Fondo cultural

Los centros comerciales and *grandes almacenes* are popular in Spanish-speaking countries, but many people still shop in traditional specialty stores. These stores are often owned and operated by families, and customer loyalty is built over generations.

- Why do you think small specialty stores continue to survive when large, one-stop superstores and malls are very popular? Where do you prefer to shop? Why?

Tienda en España

Actividad 6

  Dibujar/Escribir/Hablar · · · · · · · · · · · · · ·

¿Dónde está el almacén La Galería?

Habla con otro(a) estudiante sobre dónde están las tiendas en un centro comercial.

1 Haz un dibujo de un centro comercial. En el dibujo incluye *(include)*:

una zapatería   una tienda de descuentos   una tienda de
un almacén   una tienda de regalos   electrodomésticos
un restaurante   una tienda de ropa   **¡Respuesta personal!**
una librería

2 Inventa un nombre para cada tienda y el restaurante. Escribe los nombres en tu dibujo.

3 Muestra *(Show)* tu dibujo a otro(a) estudiante. Haz seis preguntas sobre el centro comercial. Tu compañero(a) debe contestar.

Modelo

A —*¿Dónde está <u>el restaurante La Mariposa</u>?*
B —*Está <u>detrás de la zapatería y la librería</u>.*
A —*¿Por qué quieres ir allí?*
B —*<u>Quiero comer con mi amigo</u>.*

¿Recuerdas?

To tell the location of something, use *está . . . :*

a la derecha de   **delante de**
a la izquierda de   **detrás de**
al lado de   **lejos de**
cerca de

Para decir más . . .

entre   between
enfrente de   across from

---

vas / voy a . . .   comer . . .
quieres / quiero . . .   buscar . . .
necesitas / necesito . . .   comprar . . .
te / me gustaría . . .   mirar . . .
piensas / pienso . . .

Actividad 7

  Hablar ·

Un buen regalo

Habla con otro(a) estudiante sobre los buenos regalos para diferentes personas.

Modelo

un señor que trabaja en una oficina

A —*¿Cuál es un buen* regalo para <u>un señor que trabaja en una oficina</u>?*
B —*Creo que <u>una corbata</u> es el mejor regalo para él.*
A —*¿Sabes dónde venden <u>corbatas</u>?*
B —*Por supuesto. En <u>la tienda de ropa</u>.*

Estudiante A

1. un(a) joven que no es puntual
2. un(a) joven que trabaja en un almacén
3. tu hermano(a) mayor (menor)
4. tu mejor amigo(a)
5. tu novio(a)
6. tu abuelo(a)

Estudiante B

¡Respuesta personal!

*Buen is used in front of a masculine singular noun.

Actividad 8 · Hablar

¡Qué barato! ¡Qué caro!

El fin de semana pasado compraste muchas cosas. Ahora un(a) amigo(a) quiere saber dónde compraste todas las cosas y cuánto pagaste.

Estudiante A

1. 2. 3.
4. 5. 6.

Modelo

A —¿Dónde compraste tu <u>suéter</u> nuevo?
B —Lo compré en <u>la tienda de ropa</u>.
A —¿Cuánto pagaste?
B —Pagué <u>25</u> dólares.
A —¡Qué barato!
o: ¡Uf! ¡Qué caro!

Estudiante B

¡Respuesta personal!

Actividad 9 · Leer/Escribir/Hablar

Vamos a la joyería

Lee el anuncio de una joyería en Tegucigalpa, Honduras, y luego contesta las preguntas.

1. ¿Qué venden en la tienda?

2. Según el anuncio, ¿las cosas que venden en la tienda cuestan mucho o poco?

3. Además de *(In addition to)* vender, ¿qué otros servicios hay en la joyería?

4. Pregunta a dos personas diferentes:
   • ¿Qué te gustaría comprar en una joyería?
   • ¿Qué joyas tienes?

Strategy

Using cognates and context clues

Try to figure out the meanings of unknown words by looking for cognates or by seeing how other words are used in the sentence.

• Can you guess the meanings of *bajos, diamantes, piedras preciosas, baterías,* and *arreglos* in this ad?

JOYERÍA HERMANOS SILVA

Vendemos relojes variados y todo tipo de joyas para toda ocasión

• Anillos y collares de diamantes y otras piedras preciosas

• Baterías de reloj, incluyendo instalación

• Hacemos reparaciones y joyas nuevas de su oro* viejo

• Reparación de cadenas y arreglos de pulseras

Abierto lunes a sábado de 10:00 hs. a 18:00 hs.

¡Precios bajos todos los días!

MENCIONE ESTE ANUNCIO Y RECIBA UN DESCUENTO DEL 10%

*gold

Nouns that end in *-ería*

The Spanish word ending, or suffix, *-ería* usually indicates a place where something is sold, made, or repaired. This suffix is added to a form of the word that names the specialty item. For example, if you know that *una joya* is a piece of jewelry, you understand that you can buy jewelry at *la joyería*.

Try it out! You will often see these signs over stores. Tell what each one sells.

heladería	librería	pastelería
papelería	panadería	zapatería

Modelo

joyería
En la joyería venden joyas como anillos, pulseras y collares.

Venden flores para todas las ocasiones en esta florería en Argentina.

Esta joyería vende pulseras, anillos y collares.

Muchos españoles pasan tiempo con sus amigos en una pastelería.

Muchos mexicanos compran tortillas frescas en una tortillería cerca de su casa.

Actividad 10

Escribir/Hablar

Y tú, ¿qué dices?

1. A qué tiendas vas de compras? ¿Qué te gusta comprar?

2. ¿Para quiénes compras regalos? ¿Qué tipo de regalos compras?

3. ¿Qué regalo compraste recientemente? ¿Cuándo y dónde compraste el regalo? ¿Pagaste mucho o poco dinero?

The preterite of -ar verbs

To talk about actions that were completed in the past, you use the preterite tense. To form the preterite tense of a regular -ar verb, add the preterite endings to the stem of the verb. Here are the preterite forms of *comprar:*

¿Recuerdas?

In Spanish, the endings of verbs identify both who is performing the action (the subject) and when it is being performed (the tense).

(yo)	compré	(nosotros) (nosotras)	compramos
(tú)	compraste	(vosotros) (vosotras)	comprasteis
Ud. (él) (ella)	compró	Uds. (ellos) (ellas)	compraron

Notice the accent marks on the endings -*é* and -*ó*.

The *nosotros* form is the same in the present and preterite tenses. You will need to look for other context clues to tell which tense is intended.

GramActiva VIDEO

Need more help with the preterite of -ar verbs? Watch the **GramActiva** video.

hablé

  Escuchar

¿El presente o el pasado?

En una hoja de papel escribe los números del 1 al 8. Vas a escuchar ocho frases que describen los quehaceres de una familia. ¿Ocurren los quehaceres en el presente o el pasado *(past)*? Escribe *presente* o *pasado*.

El dinero es un buen regalo

Tus abuelos les regalaron *(gave)* a todos dinero y cada uno compró algo. Explica lo que compraron todos y cuándo compraron las cosas.

Modelo

Mi hermano _____ hace una semana.
Mi hermano <u>*compró un reloj*</u>
<u>*pulsera*</u> *hace una semana.*

1. Mi madre _____ ayer.

2. Mis primos _____ anoche.

3. Mi papá _____ el año pasado.

4. Tú _____ hace tres días.

5. Mis tíos _____ hace un mes.

6. Mi hermana y yo _____ ayer.

Gramática **Hablar/GramActiva** . . . .

Juego

1 Tu profesor(a) va a enseñar a todos cómo deben señalar *(point to)* a diferentes personas *ella, nosotros, tú, ellos,* etc. Practica con tu profesor(a).

2 Trabaja en un grupo de cuatro. Una persona es líder y dice un infinitivo de la lista y un sujeto *(subject)*. Por ejemplo: *cantar/ella.* Los otros tienen que señalar a la persona, o a las personas, y decir el verbo en el pretérito: *ella cantó.* Continúa así con tres sujetos más y el mismo verbo. Después, cambia de *(change)* líderes.

¿Recuerdas?	
arreglar	hablar
bailar	lavar
caminar	levantar
cantar	limpiar
cocinar	montar
cortar	nadar
dibujar	pasar
escuchar	patinar
esquiar	trabajar
estudiar	usar

   Escribir/Hablar . . . .

Hace una semana

Usa el pretérito para escribir y hablar de tus actividades.

1 Copia la tabla en una hoja de papel. Usa los verbos de la lista de la Actividad 13 para escribir seis actividades que hiciste *(you did)* en el pasado. Indica cuándo hiciste cada actividad.

¿Qué?	¿Cuándo?
patiné	la semana pasada

Nota

To say when something happened, use *hace* + a time expression. It's like saying "ago."

• Compré la pulsera **hace un año.** *I bought the bracelet **a year ago.***

2 Usa la información de la tabla para escribir frases sobre tus actividades. Incluye información para contestar *¿dónde?* y *¿con quién?* Después, lee tus frases a otro(a) estudiante y pregunta: *¿Y tú?* Tu compañero(a) debe contestar. Escribe la respuesta de tu compañero(a).

> **Modelo**
> **A** —*Patiné en el parque con mis amigos la semana pasada. ¿Y tú?*
> **B** —*Monté en monopatín con mi hermana la semana pasada.*

3 Escribe tres frases con la información del paso 2.

> **Modelo**
> *Patiné en el parque con mis amigos la semana pasada, pero Luisa montó en monopatín con su hermana.*

Más práctica . . . .
Practice Workbook 7B-5

For: Practice with regular preterite *-ar* verbs
Visit: www.phschool.com
Web Code: jcd-0713

Gramática

The preterite of verbs ending in *-car* and *-gar*

Verbs that end in *-car* and *-gar* have a spelling change in the *yo* form of the preterite.

> *buscar: c → qu*   yo bus**qué**
>
> Silvia y Rosa bus**caron** aretes pero yo bus**qué** un collar.
>
> *pagar: g → gu*   yo pa**gué**
>
> ¿Cuánto pa**gaste** por tu cadena? Pa**gué** 13 dólares.

Verbs such as *jugar* that have a stem change in the present tense do not have a stem change in the preterite.

> El sábado pasado **jugué** al tenis.
> Mis hermanos **jugaron** al básquetbol.

¿Recuerdas?

You know these verbs that end in *-car* and *-gar*:

buscar	practicar
jugar	sacar
pagar	tocar

GramActiva VIDEO

Need more help with the preterite of verbs ending in *-car* and *-gar*? Watch the **GramActiva** video.

pagar, jugar . . .

 15 **Gramática**   **Escribir/Leer**

El viernes pasado

El viernes pasado Juan invitó a unos amigos a su casa. Completa la descripción de sus actividades con la forma apropiada del pretérito de los verbos *jugar, pagar, sacar* y *tocar*.

El viernes pasado mis amigos pasaron tiempo conmigo en mi casa. Tomás y Fernando **1.** videojuegos en mi dormitorio pero yo no **2.** con ellos. Yo **3.** la guitarra en la sala y todos cantamos. Jorge **4.** el piano un poco también. Después de cantar, nosotros **5.** al vóleibol. Mi amiga Ana **6.** fotos de nosotros. ¡Qué graciosas son las fotos! A las nueve fuimos por pizza y ¡mis padres **7.** la cuenta! ¡Qué bueno porque nunca tengo mucho dinero! Yo **8.** fotos de todos mis amigos en la pizzería. ¡Qué bien lo pasamos nosotros!

Fondo cultural

El Museo del Oro in Bogotá, Colombia, houses over 33,000 objects of gold, emeralds, and other precious stones made by pre-Columbian cultures—cultures that existed long before the arrival of Columbus in the Americas. These ancient civilizations viewed gold as life-giving energy from the sun.

• What kinds of specialized museums have you visited in your community or in other locations? What did you learn from the types of objects that were included there?

El Museo del Oro en Bogotá, Colombia

The letter combinations *gue, gui, que,* and *qui*

You know that when the letter *g* appears before the letters *a, o,* or *u,* it is pronounced like the *g* in "go," and that *g* before *e* and *i* is pronounced like the *h* in "he."

To keep the sound of the *g* in "go" before *e* and *i,* add the letter *u: gue, gui.* Don't pronounce the *u.* Listen to and say these words:

Guillermo	guitarra	espaguetis
guisantes	hamburguesa	Miguel

You also know that the letter *c* before *a, o,* or *u* is pronounced like the *c* in "cat," while the *c* before *e* and *i* is usually pronounced like the *s* in "Sally."

To keep the sound of the *c* in "cat" before *e* and *i,* words are spelled with *qu: que, qui.* The *u* is not pronounced. Listen to and say these words:

queso	quince	quieres	riquísimo
quehacer	quinientos	quisiera	querer

Try it out! Listen to the first verse of this traditional song from Puerto Rico entitled *"El coquí." El coquí* is a little tree frog found in Puerto Rico, named for the *coquí, coquí* sound that it makes at night. Say the verse.

**El coquí, el coquí siempre canta.
Es muy suave el cantar del coquí.
Por las noches a veces me duermo
con el dulce cantar del coquí.
Coquí, coquí, coquí, quí, quí, quí,
coquí, coquí, coquí, quí, quí, quí.**

Actividad 16

Escribir/Escuchar/Hablar/GramActiva . . . .

Juego

❶ Escribe en una hoja de papel una o dos frases para indicar qué regalo compraste, para quién es, dónde lo compraste y cuánto pagaste.

Modelo

Compré un collar para mi novia en la Red. Pagué 45 dólares.

❷ Trabaja con un grupo de cuatro. Pon tu hoja de papel en una bolsa *(bag)* con las otras hojas del grupo. Cada uno toma una hoja, que debe ser de otro(a) estudiante del grupo. Cambia una parte de la frase y lee la nueva frase al grupo. ¿Quién puede identificar el cambio?

Modelo

A —*Esta persona compró un collar para su madre en la Red. Pagó 45 dólares.*
B —*No es cierto. Compré un collar para mi novia.*

Actividad 17 **Gramática** · **Leer/Pensar/Escribir/Hablar** ·

Una lección de historia

Estudia la línea cronológica *(timeline),* los eventos y el mapa. Luego usa el pretérito para emparejar estos eventos históricos con las personas en la línea cronológica.

Nota

Here is how you say dates:
- **1500** mil quinientos
- **1898** mil ochocientos noventa y ocho
- **2005** dos mil cinco

Modelo

1. *En 1492 Cristóbal Colón llegó* (arrived) *a la República Dominicana.*

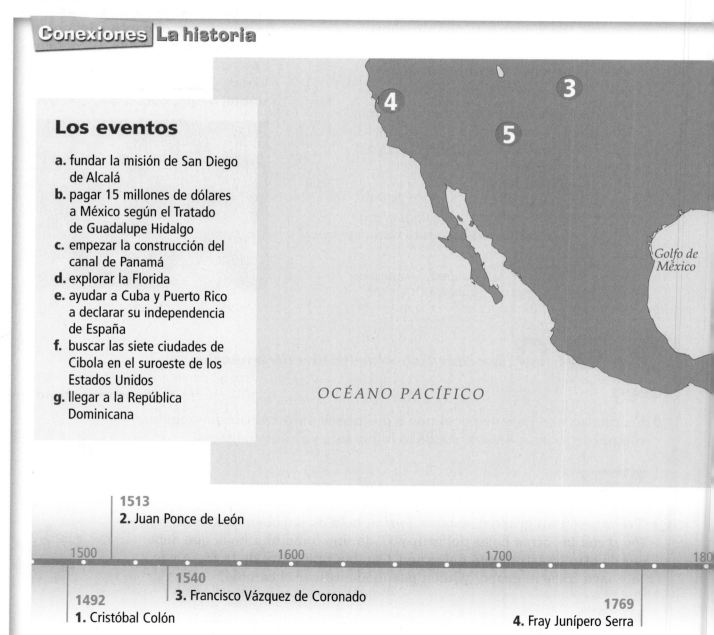

Conexiones **La historia**

Los eventos

a. fundar la misión de San Diego de Alcalá

b. pagar 15 millones de dólares a México según el Tratado de Guadalupe Hidalgo

c. empezar la construcción del canal de Panamá

d. explorar la Florida

e. ayudar a Cuba y Puerto Rico a declarar su independencia de España

f. buscar las siete ciudades de Cíbola en el suroeste de los Estados Unidos

g. llegar a la República Dominicana

Golfo de México

OCÉANO PACÍFICO

1513
2. Juan Ponce de León

1500   1600   1700   180

1540
3. Francisco Vázquez de Coronado

1492
1. Cristóbal Colón

1769
4. Fray Junípero Serra

El edificio más antiguo de los Estados Unidos está en San Agustín, en la Florida.

La misión de San Diego de Alcalá, fundada en 1769

Fray Junípero Serra

OCÉANO ATLÁNTICO

Mar Caribe

1848
5. El presidente James K. Polk y los Estados Unidos

1900

1898
6. El presidente William McKinley y los Estados Unidos

1904
7. El presidente Theodore Roosevelt y los Estados Unidos

Actividad 18

Escribir/Hablar ·

Y tú, ¿qué dices?

1. ¿Qué deportes practicaste el año pasado?

2. ¿Jugaste algún partido de tenis o de fútbol el mes pasado? ¿Cómo jugaste?

3. ¿Tocaste un instrumento musical ayer? ¿Cuál? Si no, ¿te gustaría saber tocar algún instrumento? ¿Cuál?

4. ¿Sacaste fotos durante tus vacaciones? Si no, ¿quién las sacó? ¿De qué?

5. Para el cumpleaños de tu mejor amigo(a), ¿qué compraste? ¿Cuánto pagaste?

● **Más práctica** ·
Practice Workbook 7B-6

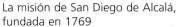

For: Practice with preterite verbs with -car, -gar
Visit: www.phschool.com
Web Code: jcd-0714

Direct object pronouns

A direct object tells who or what receives the action of the verb.

Busco **una cadena.**

Compré **unos guantes.**

To avoid repeating a direct object noun, you can replace it with a direct object pronoun.

¿Dónde compraste **tus aretes?**
*Where did you buy **your earrings?***

Los compré en la joyería Sánchez.
*I bought **them** at Sánchez Jewelry.*

	SINGULAR		PLURAL	
M.	**lo**	*it*	**los**	*them*
F.	**la**	*it*	**las**	*them*

Direct object pronouns agree in gender and number with the nouns they replace.

¿Tienes **mi pulsera?** No, no **la** tengo.

¿Tienes **mis anillos?** No, no **los** tengo.

A direct object noun *follows* the conjugated verb. A direct object pronoun comes *before* the conjugated verb.

When an infinitive follows a conjugated verb, the direct object pronoun can either be placed before the conjugated verb or be attached to the infinitive.

¿Quieres comprar **el llavero?**

Sí, **lo** quiero comprar.

o: Sí, quiero comprar**lo.**

GramActiva VIDEO

For more help with direct object pronouns watch the **GramActiva** video.

Las compré.

Actividad 19 **Gramática** **Escribir**

¡No compraron nada!

Ayer muchas personas fueron *(went)* al centro comercial y miraron muchas cosas pero ¡no compraron nada! Escribe lo que no compraron.

Modelo

Carlos

Ayer Carlos miró unas carteras pero no las compró.

1. Juanita

2. los novios

3. tú

4. nosotros

5. el señor Miró

6. yo

También se dice . . .

el anillo = la sortija *(muchos países)*

los aretes = los pendientes *(España);* los aros *(Argentina, Uruguay)*

la pulsera = el brazalete *(muchos países)*

el bolso = la cartera *(Argentina);* la bolsa *(Chile, México)*

los anteojos de sol = las gafas de sol *(Argentina, España)*

la cartera = la billetera *(Argentina, Uruguay)*

Gramática **Leer/Pensar/Escribir**

¿Quién compró qué?

¿Te gusta ser detective? ¡Vamos a ver si puedes descubrir lo que compraron las personas, dónde compraron las cosas y cuánto costó cada cosa!

1 Lee las pistas *(clues)*. Luego copia la tabla en una hoja de papel y completa la tabla.

Las pistas

1. José gastó *(spent)* $35 en la joyería.
2. El software costó $45.
3. Paco no compró la novela.
4. Isabel fue *(went)* de compras a la tienda de electrodomésticos.
5. Luisa gastó $20 en la librería.
6. Los guantes costaron $25.
7. Paco fue de compras al almacén, pero no compró el collar.

Nombre	¿Qué compró?	¿Dónde lo compró?	¿Cuánto costó?

2 Usa la información de la tabla y escribe tus frases completas.

Modelo

José compró . . . . Los (Las/Lo/La) compró en . . . . Costaron (Costó) . . . .

Gramática **Hablar**

¡Demasiadas preguntas!

Tu hermanito te hace muchas preguntas. Trabaja con otro(a) estudiante y contesta todas sus preguntas con mucha paciencia.

1. ¿Vas a comprar perritos calientes?
2. ¿Quieres leer este libro?
3. ¿Tienes que hacer la tarea?
4. ¿Quieres jugar videojuegos conmigo?
5. ¿Puedo comer este pastel?
6. ¿Vas a hacer mi cama?

Modelo

A —*¿Necesito llevar mis botas en el invierno?*
B —*Sí, necesitas llevarlas.*
o: *No, no necesitas llevarlas.*

Actividad 22 Gramática **Escribir/Hablar** . . . .

¿Cuándo los compró?

① Escribe cuatro frases para indicar lo que compró una persona y cuándo lo compró.

> **Modelo**
> _Mi padre compró unos guantes la semana pasada._

② Lee tus frases a otro(a) estudiante sin decir cuándo la persona compró el artículo. Tu compañero(a) va a preguntar cuándo lo compró.

> **Modelo**
> **A** —_Mi padre compró unos guantes._
> **B** —_¿Cuándo los compró?_
> **A** —_Los compró la semana pasada._

 Actividad 23 Gramática **Hablar/GramActiva** . . . .

Juego

Play this game in groups of five.

① Each student in a group of five puts an object in the center of the group. The objects must be items for which you have learned the name in Spanish. One student turns around while another hides one of the objects.

② The student who turned around now guesses who has the object. Correct first guesses are worth five points; correct second guesses are worth three. If the second guess is wrong, the student who has the object must say that he or she has it. All take turns being the "guesser."

> **Modelo**
> **A** —_Marta, ¿tienes el llavero?_
> **B** —_No, no lo tengo._
> **A** —_Carlos, ¿tienes el llavero?_
> **C** —_No, no lo tengo._
> **A** —_¿Quién tiene el llavero?_
> **D** —_¡Yo lo tengo!_

Fondo cultural ■◆▢◣▽▢◆▢◆▽▢◆

The Zapotecs and other indigenous groups in the Mexican state of Oaxaca have their own languages and cultures. However, every July they all gather to celebrate the _Guelaguetza_, a Zapotec word that means "offering" or "gift." The _Guelaguetza_ was first celebrated more than 3,000 years ago with music, dance, and food products. Today the festivities last two weeks and celebrate regional dances, music, costumes, and foods.

• What celebration in your culture is similar?

La fiesta de la Guelaguetza en Oaxaca, México

Actividad 24

Hablar . . . .

Pero mamá, necesito . . .

Quieres ir de compras, pero primero debes hablar con tu madre o padre. Explica lo que necesitas y ¡pide *(ask for)* dinero! Tu madre o padre va a explicar por qué no necesitas comprar nada. Tu profesor(a) te dará el papel *(will assign the role)* que vas a hacer.

1 **Hijo(a):** Piensa en lo que quieres comprar y cómo vas a convencer *(convince)* a tu padre o madre.

Padre (Madre): Tienes que decir a tu hijo(a) que no necesita lo que pide. Piensa en razones *(reasons)* para convencerle de esto.

2 Practica el drama con otro(a) estudiante.

3 Presenta el drama a tus compañeros. Ellos van a decidir quién tiene las mejores razones: los padres o los hijos.

El español en el mundo del trabajo

Large stores and mail-order companies employ buyers who search the world over for goods to offer their customers. Buyers often need to rely on their language skills when looking for products in places where English may not be spoken, and when negotiating prices.

- What stores in your community might employ buyers who travel the world (or the Internet) in search of products from Spanish-speaking countries?

Madrid's El Rastro is said to be the world's largest flea market. Located in one of the oldest sections of the city, *el Rastro* attracts thousands of visitors every Sunday of the year. Vendors line the streets with their stalls and offer everything from blue jeans to fine art. Bargain hunters as well as serious antique collectors bargain for the best prices.

- Have you ever gone to a flea market in your community or state? What kinds of things did you find there? How do you think they would differ from the things found in Madrid's *el Rastro*?

El Rastro en Madrid, España

Más práctica . . . .

Practice Workbook 7B-7

Go Online
PHSchool.com

For: Practice with direct object pronouns
Visit: www.phschool.com
Web Code: jcd-0715

¡Adelante!

Objectives

- Read about shopping in four Hispanic communities in the United States
- Learn about differences between consumers in Chile and the United States
- Write a letter describing a gift that you bought
- Watch *¿Eres tú, María?*, Episodio 6

Lectura

¡De compras!

Lee este artículo de una revista. A Luisa le encanta ir de compras. ¿Qué puede comprar en cada ciudad?

Strategy

Using prior experience
Think about a trip that you took to another city. Did you go shopping? What items did you find that were unique to that city?

De COMPRA$
con Luisa la compradora

¡Me encanta ir de compras! Hay muchos lugares donde me gusta ir de compras en los vecindarios[1] hispanos. Siempre es una experiencia divertida. Hay cosas que uno puede comprar que son muy baratas y que no hay en otros lugares. Voy a hablar de mis aventuras por las comunidades hispanas de Nueva York, Miami, Los Ángeles y San Antonio.

En el Barrio de Nueva York, en la calle[2] 116, venden ropa, comida típica del Caribe, discos compactos, libros y mucho más. Allí compré una camiseta con la bandera de Puerto Rico. En junio siempre hay una celebración grande que se llama el Festival de la calle 116. ¡Me encanta Nueva York!

La calle 116 en Nueva York

La Pequeña Habana y la calle Ocho son el corazón[3] de la comunidad cubana en Miami. Hay bodegas[4] que venden productos típicos cubanos: frijoles[5] negros y frutas tropicales como el maguey y la papaya. Allí compré pasta de guayaba, un dulce delicioso que los cubanos comen con queso blanco. ¡Qué rico!

Tienda en la Pequeña Habana, Miami

Pasta de guayaba

[1] neighborhoods   [2] street   [3] heart
[4] grocery stores   [5] beans

De compras en la calle Olvera, Los Ángeles

El Mercado en San Antonio, Texas

La calle Olvera es la calle más antigua[6] de la ciudad de Los Ángeles y allí uno puede ver la cultura mexicana. Hay muchos restaurantes y muchos lugares para comprar artesanías.[7] Me encanta ir de compras en las joyerías porque las joyas me fascinan. En las joyerías de la calle Olvera, venden joyas de plata:[8] aretes, collares, anillos y mucho más. En una joyería de allí compré una pulsera muy bonita a un precio muy bajo.

¡Ahora vamos a hablar de San Antonio! ¡Qué compras! En esta ciudad bonita de Texas, hay tiendas de artesanías mexicanas que son fabulosas. Mis favoritas están en el Mercado o como dicen en inglés, *Market Square.* Allí compré una piñata para mi hermano, una blusa bordada[9] para mi madre, una cartera para mi padre y un sarape[10] para decorar mi dormitorio... ¡y no pagué mucho!

[6]oldest   [7]handicrafts   [8]silver   [9]embroidered   [10]shawl; blanket

¿Comprendes?

1. De los cuatro lugares en *¡De compras!*, ¿adónde debe ir cada persona?

Ana: Me gustaría comprar algo de Puerto Rico.

Lorenzo: A mí me fascinan las artesanías mexicanas.

Miguel: ¿Mi almuerzo favorito? El sándwich cubano.

2. ¿Qué compró Luisa en cada lugar?

Go Online
PHSchool.com

For: Internet link activity
Visit: www.phschool.com
Web Code: jcd-0716

Fondo cultural

Las artesanías Handicrafts from Puerto Rico, Mexico, and other Spanish-speaking countries have been popular for years among tourists looking for gift ideas. Now these handicrafts are receiving recognition as museum quality artwork. At the Mexican Fine Arts Center Museum in the Pilsen neighborhood of Chicago, visitors can see permanent collections of paintings, weavings, sculpture, pottery, and silver jewelry from all over Mexico. Other types of handmade items are for sale in the museum's gift shop.

- Do you think that handicrafts should be displayed in museums along with fine art? Why or why not?

Una caja pintada de El Salvador

trescientos sesenta y cinco **365**
Capítulo 7B

¿Por qué vas al centro comercial?

Why do people go to the mall? Note the differences between consumers in Chile and the United States.

In the United States many people go to the mall to see what merchandise is available and to spend time. In Chile, many people go to the mall because they want to make a specific purchase. They decide where to go according to the merchandise they need to buy.

For many in the United States, going to the mall is more than going shopping. The mall offers an opportunity to eat and to spend time with friends. For 50% of United States consumers the atmosphere of a mall is very important. Only 13% of Chilean consumers think that atmosphere is important.

Although their motivation for going to the mall is different, 80% of both Chilean and United States consumers make a purchase once they are in the stores.

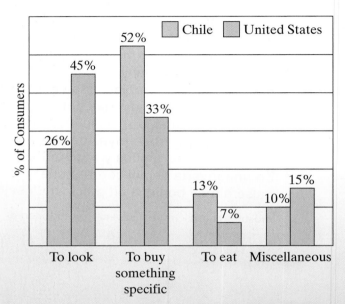

Check it out! Interview at least three people your age and at least three adults that you know and find out what their main reasons for going to a mall are, how they decide which mall to go to, and if they usually make a purchase while at the mall. Compare what you find out with the results above for shoppers in the United States and Chile.

Think about it! Why might shoppers in the United States consider the mall atmosphere an important factor in their decision about where to shop? Given what you have read about the reasons Chileans go shopping, what do you think a store clerk in a mall in Chile might expect you to do if you entered his or her store? How might a Chilean exchange student feel if he or she went to the mall with you and your friends?

En el centro comercial Galerías Pacífico en Buenos Aires, Argentina

Un regalo para mi . . .

Task
You recently bought a gift for a member of your family. Write a letter to a cousin or other relative about the gift so that he or she will not buy the same item.

❶ **Prewrite** A member of your family is celebrating a special birthday. Think about the gift you bought. Answer the following questions to help organize your thoughts.
- ¿Para quién es el regalo?
- ¿Qué compraste?
- ¿Dónde compraste el regalo?
- ¿Por qué compraste ese regalo?
- ¿Cuánto pagaste por el regalo?
- ¿Cuándo es la fiesta de cumpleaños?

❷ **Draft** Use the answers to the questions in Step 1 to help you write a first draft of your letter. You may want to begin your letter with *Querido(a) . . .* or *Hola . . .* , and close it with *Tu primo(a) . . .* or *Saludos,* or *Hasta pronto.*

❸ **Revise** Read the letter and check spelling, vocabulary choice, verb forms, and agreement. Share the letter with your partner, who will check the following:
- Is the letter easy to read and understand?
- Does it provide all the necessary information?
- Did you use appropriate letter form?
- Are there any errors?

❹ **Publish** Rewrite the letter, making any necessary changes or additions. Share your letter with your teacher. You may also want to add it to your portfolio.

❺ **Evaluation** Your teacher may give you a rubric that will be used to grade the letter. You may be evaluated on:
- how easy the letter is to understand
- how much information is included about the gift
- how appropriate the greeting and closing are
- the accuracy of the use of the preterite

Strategy

Organizing information
Thinking about the correct format and necessary information beforehand will help you write a better letter.

Querido Mauricio,

Compré un reloj pulsera para el abuelito. Lo compré en el almacén Génova que está en el centro comercial Plaza del Río. No pagué mucho por él. Creo que al abuelito le va a gustar. Voy a ver a toda la familia el dos de octubre para la fiesta de cumpleaños del abuelito.

Tu primo,

Luis

¿Eres tú, María?

Episodio 6

Antes de ver el video
Resumen del episodio

Lola llega a su oficina y hay un recado de Pedro Requena. Él viene a hablar con ella sobre su abuela, doña Gracia. Necesita un detective privado y quiere la ayuda de Lola y Paco. Pedro explica que su abuela es una mujer muy rica y que tiene joyas preciosas. Pero hay un problema. Las joyas de doña Gracia no están en el piso. Pedro cree que un ladrón robó las joyas. Pero, ¿cómo sabe el ladrón que hay joyas en el piso de doña Gracia?

"Por favor, ¿por qué no me tuteas?"

> **Nota cultural** Lola quotes Pedro a price for her agency's services in euros. The euro is the currency in Spain and many other countries in Europe that are part of the European Union.

> **Nota cultural** In Spain, it is customary for adults to speak to new acquaintances using the formal *Ud.* In most cases, the other person will then invite you to address them informally using the *tú* form. This is called *tutear.* In this scene, Pedro invites Lola to speak to him informally. When you visit Spain, you should address new adult acquaintances in the *Ud.* form and wait to be invited to *tutear.*

> ### Palabras para comprender
> **un recado** a message
> **una cita** an appointment
> **Acabo de venir del hospital.**
>   I just came from the hospital.
> **Vi a su abuela.** I saw your grandmother.
> **necesito saber . . .** I need to know . . .
> **el ladrón robó** the burglar stole
> **nosotros cobramos** we charge

"Mi abuela es una mujer rica. Tiene dinero y joyas de valor. Son de la familia."

"María va a recibir todo el dinero, todas las joyas, todo de mi abuela."

"Pedro, vamos a buscar las joyas."

Después de ver el video

¿Comprendes?

Termina las frases con la palabra más apropiada del recuadro.

1. Lola, hay un _____ para ti de un tal Pedro Reteña, Resqueña o Retena. Algo así.
2. El _____ de doña Gracia viene a la una y media.
3. ¡Qué bueno! Un cliente con _____.
4. Acabo de venir del hospital. Vi a su _____.
5. Aquí tengo unas _____ de ella.
6. Mira, las _____ no están en el piso.
7. Aquí está el número de _____: 318 18 02.

fotos	recado
joyas	dinero
sobrina	abuela
teléfono	nieto

For: More on *¿Eres tú, María?*
Visit: www.phschool.com
Web Code: jcd-0507

Repaso del capítulo

Vocabulario y gramática

Chapter Review

To prepare for the test, check to see if you . . .
- **know the new vocabulary and grammar**
- **can perform the tasks on p. 371**

to talk about places where you shop

el almacén	department store
pl. los almacenes	
en la Red	online
la joyería	jewelry store
la librería	bookstore
la tienda de descuentos	discount store
la tienda de electrodomésticos	household appliance store
la zapatería	shoe store

to talk about gifts you might buy

el anillo	ring
los anteojos de sol	sunglasses
los aretes	earrings
el bolso	purse
la cadena	chain
la cartera	wallet
el collar	necklace
la corbata	tie
los guantes	gloves
el llavero	key chain
el perfume	perfume
la pulsera	bracelet
el reloj pulsera	watch
el software	software

to talk about who might receive a gift

el novio	boyfriend
la novia	girlfriend

to talk about buying or selling

barato, -a	inexpensive, cheap
caro, -a	expensive
mirar	to look (at)
pagar (por)	to pay (for)
vender	to sell

to talk about time in the past

anoche	last night
el año pasado	last year
ayer	yesterday
hace + *time expression*	ago
la semana pasada	last week

other useful expressions

¡Uf!	Ugh! Yuck!

preterite of regular *-ar* verbs

compré	compramos
compraste	comprasteis
compró	compraron

preterite of *-car* and *-gar* verbs

These verbs have a spelling change in the *yo* form of the preterite.

buscar *c → qu*	yo busqué
pagar *g → gu*	yo pagué
jugar *g → gu*	yo jugué

direct object pronouns

	SINGULAR	PLURAL
M.	**lo** *it*	**los** *them*
F.	**la** *it*	**las** *them*

For *Vocabulario adicional*, see pp. 472–473.

● **Más práctica** . . . .
Practice Workbook Puzzle 7B-8
Practice Workbook Organizer 7B-9

Preparación para el examen

On the exam you will be asked to . . .	Here are practice tasks similar to those you will find on the exam . . .	If you need review . . .
1 Escuchar Listen as someone describes what she bought as a gift and where she bought it	As a teenager tells what she bought for her friend's *quinceañera,* see if you can tell: a) what she bought; b) where she bought it; c) how much she paid for it.	**pp. 346–349** *A primera vista* **p. 347** Actividad 1 **p. 350** Actividad 4
2 Hablar Exchange opinions about whether certain items are expensive or inexpensive	Think about a gift you've bought. Tell your partner what you bought, for whom you bought it, and how much you paid. Then ask your partner whether he or she thinks the gift was expensive or inexpensive. Your partner will then share the same information and ask the same questions about a gift that he or she bought.	**p. 350** Actividad 5 **p. 351** Actividades 6–7 **p. 352** Actividad 8 **p. 354** Actividad 12
3 Leer Read and understand an online advertisement for a store you might find on the Internet	While surfing on the Internet, you find a Web site for a discount store in Mexico City. Can you list at least two advantages for customers who shop here?	**pp. 346–349** *A primera vista* **p. 352** Actividad 9

Tienda virtual de descuentos

Todos nuestros clientes reciben un descuento del 10%. Tenemos de todo—perfume para su novia, bolsos para su mamá, videojuegos para su hermano y software para Ud. Tenemos los mejores precios y descuentos en la Red. Si paga por algo en la Tienda virtual, va a recibir "ePesos." Puede usarlos en su próxima visita.

4 Escribir Write a short explanation about some items that you have bought this school year with your own money	As an entry for your class journal, explain how you spent your money last month. Describe: a) at least two new clothing items or accessories you bought; b) where you bought the items; c) how much you paid for them.	**p. 354** Actividad 12 **p. 357** Actividad 16 **p. 360** Actividad 19 **p. 361** Actividad 20 **p. 362** Actividad 22 **p. 367** *Presentación escrita*
5 Pensar Demonstrate an understanding of cultural perspectives regarding shopping	Think about what you do when you go to a shopping mall. Based on what you've learned in this chapter, would these be the same things that Chileans do? What similarities and differences would you expect to see in shopping malls and in attitudes of shoppers in both countries?	**p. 366** *Perspectivas del mundo hispano*

Fondo cultural

View of Toledo is one of the most famous paintings by El Greco (the Greek). Born Doménikos Theotokópoulos in 1541 on the island of Crete, El Greco moved to Spain and settled in Toledo, a city south of Madrid. His *View of Toledo,* painted around 1597, was considered radical for its time because of its use of green, blue, and purple hues and its bold style. Instead of being realistic, the painting highlights the city's landmarks and its grandeur. El Greco's style has greatly influenced other painters.

• What would you highlight if you were painting your town or city?

Vista de Toledo (1597), El Greco

Oil on canvas.†Metropolitan Museum of Art, New York/Index/
Bridgeman Art Library, London/New York.

Capítulo 8A

De vacaciones

Chapter Objectives

- Talk about things to do on vacation
- Describe places to visit while on vacation
- Talk about events in the past
- Understand cultural perspectives on travel and vacations

Video Highlights

A primera vista: *¿Qué te pasó?*

GramActiva Videos: the preterite of *-er* and *-ir* verbs; the preterite of *ir*; the personal *a*

Videomisterio: *¿Eres tú, María?*, Episodio 7

Country Connection

As you learn about travel and vacations, you will make connections to these countries and places:

España
México
República Dominicana
Nicaragua
Costa Rica
Puerto Rico
Ecuador
Perú
Chile
Argentina

El Museo Guggenheim en Bilbao, España

Go Online
PHSchool.com

For: Online Atlas
Visit: www.phschool.com
Web Code: jce-0002

A primera vista

Vocabulario y gramática en contexto

Objectives

Read, listen to, and understand information about
- travel and vacations
- past events

el parque de diversiones

el teatro

la obra de teatro

el lago

pasear en bote

el monumento

el museo

el oso

el mono

el zoológico

—**Dime,** ¿adónde **fuiste** el mes pasado?

—**Fui de vacaciones** con mis padres a **un lugar fantástico.**

—¿Qué lugar **visitaste?**

—Fui a Barcelona. Me gusta mucho **viajar** a otros **países como** México, España, Guatemala . . .

el estadio

—**¿Qué hiciste?**

—Pues, fui al zoológico con mi familia.

—**¿Te gustó?** ¿Qué **viste?**

—**Fue** fantástico. **Vi** muchos **animales** como osos y monos y también muchas otras **atracciones.** También compré **unos recuerdos:** una camiseta, unos aretes y un llavero.

montar a caballo

el mar

bucear

tomar el sol

—Y ¿**saliste** de **la ciudad?**

—¡Por supuesto! **Salí*** muy **temprano** para ir al mar. **Durante** el día **aprendí a** bucear. Fue muy divertido. **Regresamos** al **hotel** muy **tarde,** como a las diez de la noche.

*The verb *salir* has an irregular *yo* form in the present tense: *salgo.*

el avión

el barco

el tren

el autobús

—¿Cómo prefieres viajar?

—**En** avión.

 Escuchar . . . .

El viaje de María Luisa

Vas a escuchar a María Luisa describir su viaje. Señala en tu libro cada lugar que ella menciona.

● **Más práctica** . . . .
Practice Workbook 8A-1, 8A-2

Go Online
PHSchool.com
For: Vocabulary practice
Visit: www.phschool.com
Web Code: jcd-0801

 Escuchar . . . .

¿Qué piensas? ¿Sí o no?

Vas a escuchar diez frases. Si la frase es lógica, haz el gesto del pulgar hacia arriba *("thumbs-up" sign)*. Si es ilógica, haz el gesto del pulgar hacia abajo *("thumbs-down" sign).*

¿Qué te pasó?

¿Qué le pasó a Tomás durante su visita al parque nacional Sarapiquí en Costa Rica?

Strategy

Using visuals to make predictions
Before you read the story, look at the pictures to try to predict what will happen. After you finish reading, see how your predictions compared with what you read.

Costa Rica

Raúl

Gloria

Tomás

1 **Raúl:** Aquí están **los boletos** para el autobús.

Tomás: ¿Cuánto dura **el viaje**?

Gloria: El parque está a 82 kilómetros de San José. Es un viaje de hora y media.

5 **Gloria:** Va a ser una foto fantástica, Tomás. Un momento . . . un poco más a la izquierda.

Tomás: ¿Aquí?

Gloria: No, un poco más. Uno, dos . . .

Tomás: ¡Ay!

Raúl: Tomás, ¿dónde estás? ¿Estás bien?

6 **Gloria:** Lo siento, Tomás. ¿Quieres regresar a casa?

Raúl: ¿Quieres **descansar** un poco?

Tomás: No. Estoy bien. ¡Vamos a la catarata* La Paz!

*waterfall

7 **Tomás:** Quiero una foto de la catarata. ¡Es **tremenda, impresionante!** Uno puede estar muy cerca de ella.

Raúl: No, creo que estar un poco lejos de ella es mejor. Voy a ayudarte, Tomás.

Gloria: Un poco más hacia atrás* y a la derecha . . .

*towards the back

2 **Gloria:** Mira este mapa del **parque nacional.** Es mi parque favorito y lo llamamos "bosque lluvioso."* No hace ni frío ni calor, pero llueve mucho.

Tomás: Aquí hay un libro sobre los animales del parque.

*rain forest

3 **Gloria:** ¿Lo viste? Allí en **el árbol.**

Tomás: No, no lo vi. ¿Qué es?

Gloria: Es **un pájaro.** Es un tucán. Hay más de cuatrocientas especies de pájaros en el parque.

4 **Raúl:** Tomás, **¿qué te pasó?**

Tomás: ¡Hay agua en las palmas! Eh . . . ¡no es nada divertido!

Raúl: Pero, Tomás, es un bosque lluvioso y llueve todo el tiempo. Siempre hay agua en las palmas. Pero sólo es un poco de agua.

Gloria: Estás aprendiendo muchas cosas, ¿verdad?

8 **Mamá:** ¡Tomás! ¿Cómo lo pasaste? ¿Qué te pasó?

Gloria: Pobre* Tomás . . . **fue un desastre.**

Tomás: No fue tan malo. **Me gustó.** Aprendí mucho y vi muchas cosas nuevas. ¡Pero hay mucha agua en el bosque lluvioso y en la catarata!

*Poor

Leer/Escribir . . . .

¿Comprendes?

1. Haz una lista de cinco cosas que aprendiste sobre el bosque lluvioso Sarapiquí.

2. ¿A quién se refiere cada frase: a Tomás, a Gloria o a Raúl?

   a. Compró los boletos para el autobús.

   b. Sacó fotos de los otros.

   c. No vio el pájaro.

   d. Sarapiquí es su parque favorito.

   e. Ayudó a Tomás delante de la catarata La Paz.

   f. Vio un libro sobre los animales del parque.

   g. Decidió no descansar.

   h. Cree que el viaje a Sarapiquí fue un desastre.

● **Más práctica** . . . .
Practice Workbook 8A-3, 8A-4

PHSchool.com
For: Vocabulary practice
Visit: www.phschool.com
Web Code: jcd-0802

Manos a la obra

Vocabulario y gramática en uso

Objectives

- Talk about vacations and trips
- Talk about places to visit and how to get there
- Learn the preterite tense of *-er* and *-ir* verbs and the preterite of *ir*
- Learn to use the personal *a*

Actividad 4 Escribir/Hablar ·

Una lista de actividades

1 ¿Qué actividades te gusta hacer cuando vas de vacaciones? ¿Qué actividades no te gusta hacer? En una hoja de papel, haz tres columnas y escribe *me gusta mucho, me gusta* y *no me gusta nada*. Debajo de cada expresión, escribe estas actividades en la columna apropiada.

ver . . .

visitar . . .

sacar fotos de . . .

ir a . . .

ir a . . .

comprar . . .

2 Usa tu lista de actividades y habla con otro(a) estudiante. Pregunta y contesta según el modelo. Haz por lo menos *(at least)* cuatro preguntas.

Modelo

A —*Cuando vas de vacaciones, ¿qué te gusta más: ver una obra de teatro o ir al zoológico?*
B —*Me gusta más ir al zoológico.*

Actividad 5 Escuchar/Escribir · · · · · · · · · · · · · · · · · · ·

Escucha y escribe

Vas a escuchar a una persona describir su viaje a Puerto Rico. Uno de los lugares que visitó es El Yunque. En una hoja de papel escribe los números del 1 al 6 y escribe las frases que escuchas.

El Yunque, un parque nacional en Puerto Rico

Hablar . . . .

¿Qué te gustaría hacer?

Habla con otro(a) estudiante sobre adónde les gustaría ir de vacaciones.

Modelo

A —*Dime, ¿te gustaría ir de vacaciones a una ciudad?*
B —*Sí, porque en una ciudad puedes ir de compras y
comer en restaurantes fantásticos.*
o: *No, me gustaría más ir a un parque nacional
porque puedes ir de cámping.*

Estudiante A

1. una ciudad
2. un parque nacional
3. un lago
4. el mar

Estudiante B

¡Respuesta personal!

 Leer/Escribir . . . .

El delta del río[1] Paraná

Lee la descripción del delta del río Paraná, a
30 kilómetros de Buenos Aires, y completa las
frases con las palabras correctas de los
recuadros. Después contesta las preguntas.

| tren | ciudad | país | lugar |

Argentina

El delta del Paraná, Argentina

Al norte de la **1.** de Buenos Aires, Argentina, está
el delta del río Paraná, un laberinto de islas y
canales con más de 2.500 kilómetros navegables. Es
un **2.** favorito de los habitantes de Buenos Aires
para ir de excursión. Para ir de Buenos Aires al
delta, muchas personas viajan en **3.** hasta[2] el
Tigre, un pueblo[3] pequeño.

| descansar | regresar | pasear | montar |

Aquí las personas pueden **4.** en bote por los
canales, **5.** y tomar el sol en la orilla,[4] **6.** a caballo
o practicar el esquí acuático.

| recuerdos | lagos | pájaros | árboles |

También pueden comprar comida y **7.** turísticos
en los mercados.[5] Las personas siempre tienen
sus cámaras en las excursiones al delta porque
hay muchos tipos de animales y **8.** que viven en
los **9.** muy altos.

- Para ti, ¿es el delta del río Paraná
un buen lugar para ir de vacaciones?
¿Por qué?

- ¿Qué actividades te gustaría hacer
en este lugar?

[1]river [2]as far as [3]town [4]riverbank [5]markets

Actividad 8 · Hablar

Cómo puedes viajar

Mira los mapas al principio del libro. Dile a tu compañero(a) que te gustaría viajar de un lugar o país a otro. Tu compañero(a) debe decir cómo puedes viajar entre los dos lugares.

Modelo

A —*Me gustaría viajar de la República Dominicana a Puerto Rico.*

B —*Pues, entonces, puedes viajar en barco o en avión.*

También se dice . . .

el autobús =
el camión *(México);*
el colectivo, el ómnibus *(Argentina);*
la guagua *(Puerto Rico, Cuba);*
el micro *(Bolivia, Perú, Chile)*

Estudiante A

¡Respuesta personal!

Estudiante B

Pronunciación

Diphthongs

In Spanish, there are two groups of vowels: "strong" *(a, e* and *o)* and "weak" *(i* and *u).*

When a weak vowel is combined with any other vowel, the individual vowel sounds become blended to form a single sound called a diphthong *(un diptongo).* Listen to and say these words:

limpiar	baile	siete	seis	estadio	ciudad
fuimos	cuarto	juego	aire	piensas	autobús

When two strong vowels are together, each vowel is pronounced as a separate sound. Listen to and say these words:

teatro	museo	pasear	bucear
cereal	video	leer	zoológico
traer	idea	tarea	cumpleaños

If there is an accent mark over a weak vowel, it causes that letter to be pronounced as though it were a strong vowel. Listen to and say these words:

día	frío	tíos	zapatería
joyería	país	esquío	gustaría

Try it out! Listen to some of the lines of *"Cielito lindo,"* a song from Mexico that is very popular with mariachi bands. Can you identify the diphthongs in the lyrics? Try saying the words and then singing the song.

De la sierra morena,
cielito lindo, vienen bajando
un par de ojitos negros,
cielito lindo, de contrabando.
¡Ay, ay, ay, ay!
Canta y no llores,
porque cantando se alegran,
cielito lindo, los corazones.

Actividad 9

Leer/Escribir/Hablar

¿Quieres aprender a bucear?

Lee el anuncio y contesta las preguntas.

República Dominicana

Escuela de buceo "Flor del mar"

Puerto Plata, República Dominicana

Cursos de buceo "Flor del mar"
¡Aprende a bucear en sólo tres cursos!
Ve peces impresionantes y otros animales del mar.
Practica un deporte interesante y divertido.
Pasa tiempo con amigos en un lugar fantástico.

Señales de buceo

Hay un lenguaje especial que permite a los buzos comunicarse en el agua con señales. En los cursos de buceo, puedes aprender estas señales. Así no vas a tener ningún problema practicando este deporte. Algunas de las señales más importantes son:

Si quieres información sobre un curso de buceo en la República Dominicana, comunícate al 555-19-19 con la Dra. María Elena Santos o al 555-02-28 con Marcos Morelos.

Alto	Ir hacia arriba	Ir hacia abajo	Preguntar si estás bien	Contestar OK o sí	Hay un problema	¡Peligro!

1. ¿Por qué debes estudiar cursos de buceo en la escuela "Flor del mar"?
2. Practica las señales con otro(a) estudiante. ¿Qué puedes comunicar?

Actividad 10

Hablar

¿Dónde aprendiste a bucear?

Habla con otro(a) estudiante sobre dónde aprendió a hacer las actividades de la lista.

1. bucear
2. montar a caballo
3. esquiar
4. montar en bicicleta
5. patinar
6. tocar la guitarra

Modelo

nadar

A —¿Dónde aprendiste a *nadar*?
B —Aprendí a *nadar* en *California*.
o: *No aprendí a nadar nunca pero me gustaría aprender.*
o: *No aprendí a nadar nunca y no quiero aprender.*

11 Hablar

¿Adónde fuiste?

La primavera pasada fuiste de vacaciones a la Ciudad de México. Ahora tienes tus fotos y hablas con otro(a) estudiante. En la Ciudad de México viste estas cosas:

El Paseo de la Reforma con el monumento del Ángel de la Independencia
¡Impresionante!

un partido de fútbol
muchas atracciones
una obra de teatro
el monumento del Ángel de la Independencia
animales como osos y monos
muchos cuadros interesantes

Modelo

A —*¿Adónde fuiste?*
B —*Fui al Paseo de la Reforma.*
A —*¿Qué viste?*
B —*Vi el monumento del Ángel de la Independencia.*
A —*¿Cómo lo pasaste allí? ¿Te gustó?*
B —*Fue impresionante. Me gustó mucho.*

1.

Museo de arte de Frida Kahlo
¡Fantástico!

2.

El Zoológico del Parque Chapultepec
¡Tremendo!

3.

El parque de diversiones en el Parque Chapultepec
¡Muy divertido!

4.

El Teatro del Auditorio
¡Fenomenal!

5.

El Estadio Azteca
¡Genial!

12 Escribir/Hablar

Y tú, ¿qué dices?

1. ¿Adónde te gustaría ir de vacaciones en los Estados Unidos? ¿Cómo quieres viajar? ¿Qué te gustaría hacer?

2. ¿Qué ciudades te gustaría visitar? ¿Qué lugares en esas ciudades quieres ver?

3. Cuando viajas, ¿prefieres salir temprano o tarde?

4. Durante un viaje, ¿descansas mucho o regresas a casa muy cansado(a)?

Gramática

The preterite of *-er* and *-ir* verbs

Regular *-er* and *-ir* verbs are similar to one another in the preterite. Here are the preterite forms of *aprender* and *salir*. Notice the accent marks on the endings *-í* and *-ió:*

¿Recuerdas?

You have already learned to talk about completed past actions using regular *-ar* verbs.

(yo)	**aprendí**	(nosotros) (nosotras)	**aprendimos**
(tú)	**aprendiste**	(vosotros) (vosotras)	**aprendisteis**
Ud. (él) (ella)	**aprendió**	Uds. (ellos) (ellas)	**aprendieron**

(yo)	**salí**	(nosotros) (nosotras)	**salimos**
(tú)	**saliste**	(vosotros) (vosotras)	**salisteis**
Ud. (él) (ella)	**salió**	Uds. (ellos) (ellas)	**salieron**

The verb *ver* is regular in the preterite but does not have accent marks in any of its forms:

vi   viste   vio   vimos   visteis   vieron

GramActiva VIDEO

Want more help with the preterite of *-er* and *-ir* verbs? Watch the **GramActiva** video.

comí, salí
-er -ir

 13 Gramática   **Leer/Escribir**

Ricitos de Oro y los tres osos

Escribe los verbos apropiados en el pretérito para completar cada frase del cuento de *Ricitos de Oro y los tres osos.*

Un día los tres osos **1.** *(salir/beber)* temprano de su casa para caminar. Ricitos de Oro, una chica muy bonita, **2.** *(comer/ver)* la casa de los tres osos y **3.** *(recibir/abrir)* la puerta. Ella no **4.** *(ver/comprender)* que era[1] la casa de los tres osos y **5.** *(comer/aprender)* toda la comida del oso chiquito. Luego ella **6.** *(beber/decidir)* dormir un poco. Poco después, los tres osos regresaron a su casa, **7.** *(abrir/salir)* la puerta y **8.** *(deber/ver)* a Ricitos de Oro en la cama del osito. Cuando Ricitos de Oro **9.** *(viajar/ver)* a los osos, **10.** *(abrir/salir)* de la casa rápidamente. **11.** *(Comer/Correr)* hasta llegar[2] a su propia casa.

[1]it was   [2]until she arrived

Mexico City's *Metro* is one of the most advanced subway systems in the world. It is fast, modern, and very inexpensive. In addition, an extensive bus service crosses the whole city. Smaller green and gray minibuses, called *peseros,* also serve passengers along major routes.

• Why do you think Mexico City has such an advanced and varied public transportation system?

Gramática **Escribir** . . . .

Durante las vacaciones

Escribe seis frases para decir qué hicieron *(did)* estas personas durante sus vacaciones. Usa las palabras de la lista.

| comer en . . . |
| compartir una casa en . . . |
| escribir . . . |
| correr en . . . |
| aprender a . . . |
| ver . . . |
| salir de casa temprano para . . . |
| salir con . . . |

Modelo

Durante las vacaciones, mi hermana y yo corrimos en la playa de Santa Mónica.

1. mi familia y yo
2. mis amigos
3. yo
4. mis padres
5. mi hermano(a)
6. mi amigo(a) *(nombre)*

 Escribir/Hablar . . . .

Tú y yo

① Trabaja con otro(a) estudiante. Lee una frase de la Actividad 14. Tu compañero(a) va a contestar si tiene una idea similar en su hoja de papel.

Modelo

A—*Mi hermana y yo corrimos en la playa de Santa Mónica.*

B—*Mi amigo y yo también corrimos, pero nosotros corrimos en un estadio.*

o: *Yo no corrí en las vacaciones. Escribí cuentos todos los días.*

② Escribe seis frases para comparar lo que hicieron tú y tu compañero(a) durante las vacaciones.

Modelo

Adela y yo corrimos durante las vacaciones. Ella corrió en un estadio con su amigo. Yo corrí en la playa con mi hermana.

● **Más práctica** . . . .
Practice Workbook 8A-5

Go Online
PHSchool.com

For: Practice with preterite *-er, -ir* verbs
Visit: www.phschool.com
Web Code: jcd-0803

La Patagonia is a vast, windy region of diverse climates and terrains at the southern tip of South America. It lies east of the Andes and spans parts of Chile and nearly a quarter of Argentina. A sparsely populated area, it is home to many species, including a large colony (400,000 breeding pairs) of Magellanic penguins, whose breeding grounds are the eastern and western coasts of Chile and Argentina, as well as offshore islands.

• What regions of the United States can be compared to Patagonia? What types of animals live in those regions?

Pingüinos de Patagonia

Gramática

The preterite of *ir*

Ir is irregular in the preterite. Notice that the preterite forms of *ir* do not have accent marks:

(yo) **fui**	(nosotros) (nosotras)	**fuimos**
(tú) **fuiste**	(vosotros) (vosotras)	**fuisteis**
Ud. (él) **fue** (ella)	Uds. (ellos) (ellas)	**fueron**

The preterite of *ir* is the same as the preterite of *ser*. The context makes the meaning clear.

José **fue** a Barcelona.   *José **went** to Barcelona.*
El viaje **fue** un desastre.   *The trip **was** a disaster.*

Strategy

Using memory devices
Here's a memory tip to help you remember the subjects of *fui* and *fue:*

The "I" form ends in *-i (fui).*

The "he" and "she" form ends in *-e (fue).*

GramActiva VIDEO

Want more help with the preterite of *ir*? Watch the **GramActiva** video.

¿Adónde fuiste?

 16 **Gramática** **Hablar**

¿Adónde fueron?

Con otro(a) estudiante, di adónde y cómo fueron estas personas a estos lugares.

Modelo

A —¿Adónde fueron Óscar y Lourdes?
B —Fueron al teatro.
A —¿Cómo fueron?
B —Fueron en coche.

Óscar y Lourdes

1.

los Sánchez

2.

tus amigos y tú

3.

Liliana

4.

Uds.

5.

Gregorio

6.

¡Respuesta personal!

tú

Juego

① Play in groups of four. Each person cuts a sheet of paper to form a perfect square. Fold that square into four smaller squares. Unfold the paper and label the squares *a, b, c,* and *d.* Follow Step *a* below for the *a* square. Fold the corner of that little square so it covers what you have written. Pass the paper to the person on your left. Follow Step *b* for the *b* square on the paper you receive from the person on your right, fold down the corner, and pass it to your left. Continue until all the squares have been filled. Do not look at what is written on the paper you receive. Write all of your answers in Spanish.

a. Write a subject plus the correct preterite form of *ir.*

b. Write a destination or place *(a / al / a la . . .).*

c. Write a mode of transportation.

d. Write a reason *(para* + infinitive) for going somewhere.

a.		b.
Mis amigos fuéron		al estadio
en barco		para ver una obra de teatro
c.		d.

② When you get your original paper back, unfold each square and read the complete sentence to your group. Let the group decide, *¿Cuál es la frase más tonta* (silly)? Read your silliest sentence to the class. Then make changes to the sentence so it makes sense.

  Escribir/Hablar •

Tus vacaciones pasadas

① Piensa en un lugar donde fuiste de vacaciones. Copia la tabla y escribe el lugar, dos o más actividades que hiciste y una descripción del viaje.

¿Adónde fuiste?	¿Qué hiciste?	¿Cómo fue?
San Diego	Visité el zoológico, vi muchos animales, compré recuerdos	fantástico

② Habla con dos estudiantes sobre sus vacaciones.

③ Escribe una descripción de los viajes de los dos estudiantes con quienes hablaste.

Modelo

A —*¿Adónde fuiste de vacaciones?*
B —*Fui a San Diego.*
A —*¿Qué hiciste allí?*
B —*Visité el zoológico y vi muchos animales. Compré recuerdos también.*
A —*¿Cómo lo pasaste? ¿Te gustó?*
B —*Fue fantástico.*

Modelo

Pedro fue a San Diego. Visitó el zoológico. Vio muchos animales y compró recuerdos. Su viaje fue fantástico. Miguel fue a . . .

● **Más práctica** •
Practice Workbook 8A-6

Go Online
PHSchool.com
For: Practice with preterite of *ir*
Visit: www.phschool.com
Web Code: jcd-0804

Gramática

The personal *a*

You know that the direct object is the person or thing that receives the action of a verb. When the direct object is a person or group of people, you usually use the word *a* before the object. This is called the "personal *a*."

Visité **a mi abuela.**   *I visited **my grandmother.***

Vimos **a Juan y Gloria.**   *We saw **Juan and Gloria.***

You can also use the personal *a* when the direct object is a pet.

Busco **a mi perro,** Capitán.

To ask who receives the action of a verb, use *¿A quién?*

¿A quién visitaron Uds.?

GramActiva VIDEO

Watch the **GramActiva** video for more help with the personal *a*.

Vi a mi abuela.

Actividad 19 **Gramática**   Leer/Escribir/Hablar

Don Pepito y don José

1 Lee esta rima tradicional.

—Hola, don Pepito.
—Hola, don José.
—¿Pasó* Ud. por mi casa?
—Por su casa no pasé.
—¿Vio Ud. a mi abuela?
—A su abuela no la vi.
—Adiós, don Pepito.
—Adiós, don José.

* Did (you) stop by

2 Ahora escribe las líneas *¿Vio Ud. a mi abuela?* y *A su abuela no la vi* y sustituye estos miembros de la familia por "abuela." Usa el pronombre *(pronoun)* apropiado.

1. tíos   2. hermano   3. primas   4. hermanita

3 Con otro(a) estudiante, lee la rima. Un(a) estudiante va a ser don Pepito y el (la) otro(a), don José. Lean la rima cuatro veces, cada vez con un miembro diferente de la familia.

Nota

You have learned the direct object pronouns *lo, la, los,* and *las.* These direct object pronouns can refer to people as well as to things. Note that the direct object pronouns do not take the personal *a.*

• ¿Viste **a tus primos** durante tus vacaciones?

• Sí, **los** vi.

En Barcelona, España

Gramática **Hablar** ·

De visita

Pregunta a otro(a) estudiante si visitó a diferentes personas o diferentes lugares durante las vacaciones.

Modelo

tus tíos

A —¿*Visitaste a tus tíos durante las vacaciones?*

B —*Sí, los visité.*

o: *No, no los visité.*

Estudiante A

1. tus abuelos
2. un(a) amigo(a) que no vive aquí
3. un parque de diversiones
4. tus primos
5. otra ciudad
6. el museo de arte

Estudiante B

¡Respuesta personal!

 Leer/Pensar ·

Juego de geografía: Las Américas

¿Conoces[1] bien los países de las Américas? Empareja las descripciones con los países apropiados.

Conexiones La geografía

1. Este país es el más grande de América Central. En el suroeste hay un lago muy grande que tiene el mismo nombre que el país. El lago está muy cerca de la frontera[2] con Costa Rica. En el este del país está el mar Caribe donde el clima es tropical y llueve mucho.

2. Este país pequeño tiene dos regiones tropicales—en el este y en el oeste—con montañas en el centro. Un cuarto de las personas en el país son de origen indígena y hablan quechua, el idioma[3] de los incas. Su nombre viene de la línea imaginaria que cruza el país.

3. Las ciudades más grandes de este país, como la capital, están en el centro del país donde hay montañas y volcanes. En el norte hay desiertos extensos y en el sur hay selvas[4] tropicales. Este país comparte una frontera con los Estados Unidos.

4. Este país es el más grande de América del Sur, con el río más grande del mundo.[5] Una gran parte del país es selva tropical con miles de especies de plantas, árboles y animales como monos, jaguares y tucanes. No hablan español aquí—hablan portugués.

5. Es el único[6] país de América del Sur que tiene playas en el mar Caribe y el océano Pacífico. Es un país famoso por su café, que viene de los valles fértiles.

México
El Salvador
Nicaragua
Colombia
Brasil
Uruguay
Chile
Bolivia
Ecuador
Cuba

norte
oeste este
sur

---

[1]Do you know   [2]border   [3]language   [4]forests   [5]world   [6]only

Exploración del lenguaje

Nouns that end in *-io* and *-eo*

Latin words for buildings and places have carried into many modern languages, including Spanish. In many place names, the Latin ending *-um* (which remains in a number of words in English today) changed to an *-io* or *-eo* in Spanish. You know some of these words: *el estadio, el museo, el gimnasio.*

Try it out! Based on your knowledge of English and what you have learned about Spanish place names from Latin, match the definitions with the Spanish words in the list.

Acuario de Madrid, España

1. where you stand to deliver a speech
2. usually found in a cemetery
3. where you can see all kinds of sea life
4. where you sit when you see school plays or concerts
5. where you go to learn about stars and planets
6. where the ancient Romans went to see sporting events

   a. el auditorio
   b. el podio
   c. el acuario
   d. el planetario
   e. el coliseo
   f. el mausoleo

Actividad 22

Escribir/Hablar

Y tú, ¿qué dices?

1. ¿Qué puedes visitar en tu comunidad? ¿Hay museos, parques de diversiones o monumentos? ¿Cuál prefieres visitar?

2. El año pasado, ¿fuiste a ver una obra de teatro en tu comunidad o en tu escuela? ¿Te gustó? ¿Por qué? ¿Cuestan mucho los boletos de teatro?

3. El año pasado, ¿visitaste un museo o un zoológico en tu comunidad? ¿Cómo lo pasaste?

4. ¿Prefieres viajar a otros países o ciudades, o prefieres visitar lugares en tu comunidad?

El español en la comunidad

POR FAVOR NO LES DE COMIDA A LOS ANIMALES

Your community may have some of the tourist destinations you learned about in this chapter, such as *un museo, un teatro, un zoológico,* or *un parque de diversiones.* Think of different opportunities to use your Spanish at each of the locations. As you learn more Spanish, perhaps you could provide tours to visitors who speak Spanish. You could help write brochures and maps in Spanish to assist Spanish-speaking visitors. Can you think of other opportunities?

• Visit one of these locations in person or online and see what written resources are available in Spanish. Bring these materials to class to share with other students.

● **Más práctica**
Practice Workbook 8A-7

Go Online
PHSchool.com

For: Practice with personal *a*
Visit: www.phschool.com
Web Code: jcd-0805

¡Adelante!

Perú

Objectives

- **Read journal entries about a trip to Peru**
- **Learn about *los ojos de Dios***
- **Describe a trip you have taken**
- **Watch *¿Eres tú, María?*, Episodio 7**

Lectura

Álbum de mi viaje a Perú

Por Sofía Porrúa

Strategy

Using context clues
If you don't recognize a word, use the other words in the sentence to guess its meaning. Can you guess the meaning of *antigua, altura, construyeron,* and *nivel*?

domingo, 25 de julio

Estoy en Perú con mis amigos Beto y Carmen. Vamos en autobús a Cuzco, antigua capital del imperio inca. Hoy día es una ciudad pequeña y una atracción turística. Beto está sacando muchas fotos con su cámara digital. Carmen está dibujando todo lo que ve. Las montañas son fantásticas.

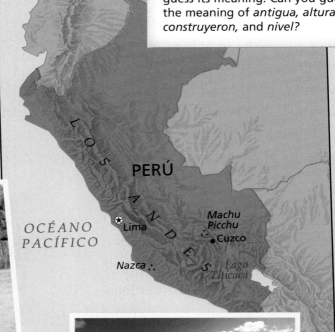

PERÚ

OCÉANO PACÍFICO

Lima

Machu Picchu

Cuzco

Nazca

Lago Titicaca

miércoles, 28 de julio

Hoy es el Día de la Independencia peruana. En esta fecha en 1821, José de San Martín proclamó la independencia de Perú. En Lima, una gran ciudad moderna y capital del país, hay grandes celebraciones.

jueves, 29 de julio

Hoy estamos en Machu Picchu, ruinas impresionantes de una ciudad antigua de los incas. A más de 2.000 metros de altura en los Andes, los incas construyeron calles, casas, acueductos, palacios, templos y terrazas para cultivar. Hiram Bingham, un arqueólogo de la Universidad de Yale, descubrió[1] Machu Picchu en 1911.

[1] discovered

sábado, 31 de julio

Estamos paseando en bote por el lago Titicaca, en la frontera de Perú y Bolivia. Es el lago más grande de estos países y el más alto del mundo.[2] ¡Estamos a más de 3.800 metros sobre el nivel del mar!

miércoles, 4 de agosto

Ahora estamos en un avión pequeño. Sobre la tierra[3] podemos ver algo muy misterioso: hay un desierto donde vemos enormes dibujos de animales y figuras geométricas. Estos dibujos se llaman las líneas de Nazca. Miden[4] más de 300 metros y tienen más de dos mil años. ¿Quiénes los dibujaron—y por qué? Es necesario estar en un avión para verlos. ¿Cómo dibujaron los artistas algo tan[5] grande sin poder verlo?

Mañana regresamos a Cuzco y el domingo salimos de Perú. ¡Un viaje muy interesante! Beto tiene sus fotos y Carmen, sus dibujos. Yo no soy ni fotógrafa ni artista, por eso voy a comprar tarjetas postales como recuerdos.

[2]world   [3]ground   [4]They measure   [5]so

¿Comprendes?

1. ¿Cómo va a recordar Sofía su viaje a Perú? ¿Y Beto y Carmen?

2. Pizarro y los españoles descubrieron muchas de las ciudades de los incas. ¿Por qué piensas que no descubrieron Machu Picchu? ¿Quién lo descubrió?

3. Para muchos turistas que visitan el lago Titicaca es difícil caminar y respirar *(breathe)*. ¿Por qué piensas que tienen estos problemas?

4. ¿Cuáles son los misterios de las líneas de Nazca?

5. Copia la tabla en una hoja de papel. Usa la información de la lectura para comparar Perú con los Estados Unidos.

		Perú	Estados Unidos
a.	Dos lugares históricos y turísticos		
b.	Día de la Independencia		
c.	Año de la proclamación de la independencia		
d.	Capital del país hoy		
e.	Héroe nacional		

Go Online
PHSchool.com

For: Internet link activity
Visit: www.phschool.com
Web Code: jcd-0806

Los ojos de Dios

Traveling in the Spanish-speaking world you will encounter a marvelous variety of artwork and crafts, many of which have their origins in the time before the Spaniards came to the Americas. One form of art that is popular among visitors to parts of Mexico is the *ojo de Dios.*

Mujer tarahumara en San Rafael, México

The *ojo de Dios* is a diamond-shaped weaving. As a gift, it symbolizes good wishes from one person to another. *Ojos de Dios* may have originated in Peru about 300 B.C. The people best known for making these today are the Indians of Mexico's Sierra Madre region. The Cora, Huichol, Tarahumara, and Tepehuane all make and use these weavings in their daily lives.

How to make an ojo de Dios

Materials
- yarn
- scissors
- two sticks of the same size
- optional: feathers, beads, or tassels for finishing touches

Figure 1

Directions

1 Tie the sticks together to form a cross. *(Fig. 1)*

2 Tie the end of the yarn to the center of the cross.

3 Weave the yarn over and around each stick, keeping the yarn pulled tight. *(Fig. 2)* To change color, knot together two ends of different-colored yarn. The knot should fall on the back side. Continue wrapping until the sticks are covered with yarn. Tie a small knot at the back and leave enough yarn to make a loop for hanging.

4 You may want to add feathers, beads, or tassels to the ends of the sticks. Hang your decorative piece for everyone to enjoy.

Figure 2

Think about it! What are some of the traditional handicrafts in the United States? What is the ethnic heritage of these crafts?

Figure 3

Mi viaje

Task
Tell a friend about a trip you took. It could be a vacation or a trip to visit family members, or you can make up a trip. Use photographs or drawings to make your talk more interesting.

1 **Prepare** Use the word web to help you think about what you did on your trip. Think of information and events to include in each circle. Bring in photos from the trip or draw pictures to illustrate each part of the trip represented on the word web. Design the illustration of your trip so it looks appealing.

Strategy

Using graphic organizers
Using a graphic organizer such as a word web will help you think through what you want to say in your presentation.

¿Qué lugares visitaste?   ¿A quiénes viste?

Mi viaje a . . .

¿Qué hiciste?   ¿Qué compraste?

2 **Practice** Work with a partner and use the information in your word web to tell about your trip. Go through your story several times using the photographs or illustrations. You can use your notes in practice, but not when you present. End your presentation by saying how you felt about the trip.

Modelo

En marzo, fui a Florida para visitar a mi abuelita y a mis primos. Tomamos el sol en la playa y nadamos mucho. Aprendí a bucear y vi animales muy interesantes en el mar. Me gusta mucho Florida. Es un lugar fantástico. El viaje fue muy divertido.

3 **Present** Talk about your trip to a small group or the whole class. Use your photos or drawings to help you present.

4 **Evaluation** Your teacher may give you a rubric for how your presentation will be graded. You may be evaluated on:

• how much information you provide

• how well you use photographs or visuals to illustrate your story

• how well you are understood

¿Eres tú, María?

Episodio 7

Antes de ver el video

Resumen del episodio

Lola y Pedro visitan el piso elegante de doña Gracia. Entran en la habitación[1] de María. Hay ropa, libros, unas fotos y una tarjeta postal. Lola y Pedro leen algo muy interesante en la tarjeta postal. Después, van al piso de Julia. Allí vive un hombre que no conoce a Julia. Pero antes vivía[2] una chica en el piso. Todavía hay unas cosas de esa chica: ropa, unas cartas y unos papeles. ¿Y qué más?

[1] bedroom   [2] used to live

Nota cultural Addresses in Spain are written differently than in the United States. For example, the name of Julia's street is Calle Norte. The building number is 23. The 1° *(primero)* indicates the apartment is on the first floor (not the ground floor, but what we would call the second floor), and Julia lives in apartment D.

Palabras para comprender

¡Suerte! Good luck!

No la conozco. I don't know her.

tenía un secretario had a secretary

tuvo problemas con él
  had problems with him

¡Qué casualidad! What a coincidence!

"Lola, te llamo porque tengo información sobre la otra chica en el accidente. Tengo la dirección de su piso. Es Calle Norte, 23, 1°, D."

"¿A quién buscáis? Antes aquí vivía una chica . . ."

"Mira esta tarjeta postal. Interesante, ¿no?"

"¿Sabes, Pedro? En mi profesión la casualidad no existe."

Después de ver el video

¿Comprendes?

Pon las frases en orden según el episodio.

1. Pedro recuerda el nombre de Luis Antonio Llamas, un secretario de su papá.
2. Leen la tarjeta postal de Luis Antonio.
3. Pedro llama a Lola para invitarla a visitar el piso de su abuela.
4. El joven en el piso de Julia no está nada contento.
5. Rosalinda llama a Lola para darle la dirección de Julia.
6. Quieren ver la habitación de María.
7. Deciden visitar el piso de Julia.

Nota gramatical In this episode you will hear a few more examples of the *vosotros* form: *queréis, sois, podéis, buscáis.* Remember that in Spain you use *vosotros* or *vosotras* when talking to more than one person whom you would address individually as *tú.*

For: More on *¿Eres tú, María?*
Visit: www.phschool.com
Web Code: jcd-0507

Repaso del capítulo

Vocabulario y gramática

Chapter Review

To prepare for the test, check to see if you . . .
- know the new vocabulary and grammar
- can perform the tasks on p. 397

to talk about places to visit on vacation

la ciudad	city
el estadio	stadium
el lago	lake
el lugar	place
el mar	sea
el monumento	monument
el museo	museum
el país	country
el parque de diversiones	amusement park
el parque nacional	national park
el teatro	theater
la obra de teatro	play
el zoológico	zoo

to talk about things to see on vacation

el animal	animal
el árbol	tree
la atracción pl. las atracciones	attraction(s)
el mono	monkey
el oso	bear
el pájaro	bird

to talk about things to do on vacation

aprender (a)	to learn
bucear	to scuba dive / snorkel
(comprar) recuerdos	(to buy) souvenirs
descansar	to rest, to relax
montar a caballo	to ride horseback
pasear en bote	to go boating
tomar el sol	to sunbathe
visitar	to visit

to talk about ways to travel

en	by
el autobús	bus
el avión	airplane
el barco	boat, ship
el tren	train

For *Vocabulario adicional,* see pp. 472–473.

to talk about your vacation

el boleto	ticket
como	like, such as
¿Cómo lo pasaste?	How was it (for you)?
dime	tell me
fantástico, -a	fantastic
Fue un desastre.	It was a disaster.
el hotel	hotel
impresionante	impressive
ir de vacaciones	to go on vacation
Me gustó.	I liked it.
¿Qué hiciste?	What did you do?
¿Qué te pasó?	What happened to you?
regresar	to return
salir	to leave, to go out
¿Te gustó?	Did you like it?
tremendo, -a	tremendous
vi	I saw
¿viste . . . ?	Did you see . . . ?
viajar	to travel
el viaje	trip

to express time

durante	during
tarde	late
temprano	early

preterite of -er and -ir verbs

aprendí salí	aprendimos salimos
aprendiste saliste	aprendisteis salisteis
aprendió salió	aprendieron salieron

preterite of *ir*

fui	fuimos
fuiste	fuisteis
fue	fueron

Más práctica

Practice Workbook Puzzle 8A-8
Practice Workbook Organizer 8A-9

Preparación para el examen

Go Online
PHSchool.com

For: Test preparation
Visit: www.phschool.com
Web Code: jcd-0807

On the exam you will be asked to . . .	Here are practice tasks similar to those you will find on the exam . . .	If you need review . . .
① Escuchar Listen to and understand what someone says he did and where he went during his last vacation	As part of a presentation in Spanish class, a student talked about his last vacation. As you listen, see if you can determine: a) where he went; b) one thing he did; c) one thing he saw.	**pp. 374–377** *A primera vista* **p. 375** Actividad 1 **p. 378** Actividades 4–5
② Hablar Tell about your best trip or vacation	Find out where your partner went on his or her best vacation, and what he or she did and saw. As you listen, make a drawing that includes details of the trip. Then your partner will ask you to describe your best vacation. Do your drawings match the descriptions?	**p. 379** Actividad 6 **p. 380** Actividad 8 **p. 382** Actividad 11 **p. 385** Actividad 16 **p. 386** Actividad 18 **p. 393** *Presentación oral*
③ Leer Read and understand a vacation postcard	Read the postcard Javier sent to his friend last summer during his family vacation. Which things does he say he liked? Was there anything he didn't like? *¡Hola! Salí de vacaciones la semana pasada y ahora estamos aquí en Puerto Rico. Visitamos a nuestra tía en San Juan. Ayer fuimos al Viejo San Juan, donde vi muchos monumentos. También vi El Morro, un lugar muy famoso. ¡Fue fabuloso! Hoy fui a la playa de Luquillo y tomé el sol. Los otros bucearon por tres horas, pero a mí no me gusta el mar. Después, comimos arroz con pollo en un restaurante. ¡Uf! ¡Siempre arroz con pollo aquí! Regreso el sábado. ¡Hasta luego! Javier*	**p. 379** Actividad 7 **p. 381** Actividad 9 **p. 388** Actividad 21 **pp. 390–391** *Lectura*
④ Escribir Write a brief narrative about an imaginary character's trip	You have been asked by a first-grade teacher to write a story in Spanish for her students. She has a stuffed bear in her room, *el Oso Teo,* so you decide to write the story about him and his trip. Tell where he went, what he did, what he saw, and what he ate. Begin with something like, *"El Oso Teo fue de viaje a su parque favorito . . ."*	**p. 378** Actividad 4 **p. 384** Actividades 14–15 **p. 386** Actividad 18 **p. 389** Actividad 22 **pp. 390–391** *Lectura*
⑤ Pensar Demonstrate an understanding of cultural perspectives regarding artwork and crafts	Think about a gift you might give someone to symbolize good luck and good fortune in our culture. Compare it to a traditional craft from Mexico that is given for the same reason. Describe its significance and history in the Spanish-speaking world.	**p. 392** *La cultura en vivo*

Fondo cultural ■◆◇◆◇■◆◇■◆

The United States Peace Corps has programs in countries throughout the world. The volunteer in this photo is working on a project in Guatemala, where more than 4,000 United States volunteers have served since the establishment of the Peace Corps program. Since 1963, Peace Corps volunteers have been helping rural communities through projects in agriculture, the environment, health, and business development.

• How do you think your language skills could help you serve other people? What types of projects might you want to work on if you were a Peace Corps volunteer?

Un proyecto del Cuerpo de Paz en Guatemala

Ayudando en la comunidad

Chapter Objectives

- **Discuss volunteer work and ways to protect the environment**
- **Talk about what people say**
- **Talk about what people did for others**
- **Understand cultural perspectives on volunteer work**

Video Highlights

A primera vista: *Cómo ayudamos a los demás*

GramActiva Videos: the present tense of *decir;* indirect object pronouns; the preterite of *hacer* and *dar*

Videomisterio: *¿Eres tú, María?*, Episodio 8

Country Connection

As you learn about volunteer work and ways to protect the environment, you will make connections to these countries and places:

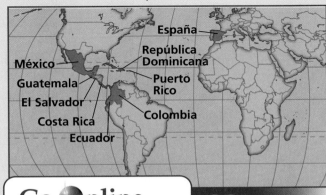

España
República Dominicana
México
Puerto Rico
Guatemala
El Salvador
Costa Rica
Colombia
Ecuador

Go Online
PHSchool.com

For: Online Atlas
Visit: www.phschool.com
Web Code: jce-0002

A primera vista

Vocabulario y gramática en contexto

Objectives

Read, listen to, and understand information about
- volunteer work
- community-service tasks
- what people did to help others

¿Quieres ayudar a los demás?

¡Trabaja como voluntario en tu comunidad!

¡Habla con los Amigos del barrio hoy! ¡Tú puedes ser la diferencia!

ayudar en un jardín

trabajar en un proyecto de construcción

hacer trabajo voluntario en una escuela primaria

trabajar en un campamento de deportes

—Mira el cartel. Hay **problemas*** en nuestra comunidad. Debemos trabajar como voluntarios.

—Tienes razón. ¿Cómo puedes **decidir** qué hacer? Es la primera **vez** que trabajo como voluntario.

—Quiero enseñar**les** a **los niños** a leer. **Es necesario** poder leer, ¿no crees?

*Even though *problema* ends in *-a*, it is a masculine noun: *Tengo **un problema**.*

recoger la basura de la calle

al lado del río

Centro de reciclaje

los periódicos

las latas

las botellas

el plástico

el vidrio

las cajas

las bolsas

el cartón

—¿Me ayudas a **reciclar** la basura del río y de las calles? Son cosas que se pueden usar **otra vez. Dicen** que tenemos que **separar**las.

—Bueno, te ayudo. ¿Adónde vamos a **llevar**las?

—Al centro de reciclaje en la calle Bolívar.

Actividad 1

Escuchar . . . .

El trabajo voluntario

Gloria investiga *(is researching)* los trabajos voluntarios en la comunidad. Señala cada lugar que ella menciona.

Go Online
PHSchool.com

For: Vocabulary practice
Visit: www.phschool.com
Web Code: jcd-0811

Actividad 2

Escuchar . . . .

¿Qué puedes reciclar?

Estás separando unos artículos en dos cajas: una es para el papel y la otra es para todos los demás artículos. Levanta una mano si debes poner el artículo en la caja para papel. Levanta dos manos si debes ponerlo en la otra caja.

● **Más práctica** . . . .
Practice Workbook 8B-1, 8B-2

Cómo ayudamos a los demás

Gloria, Raúl y Tomás hacen trabajo voluntario. ¿Por qué les gusta ser voluntarios?

Costa Rica

Strategy

Activating prior knowledge
Before you read this selection, think about what you know about the topic of volunteer work. In what ways can one volunteer in your community?

1 **Gloria:** Raúl y yo trabajamos como voluntarios en **el Hospital** Nacional de Niños. ¿Quieres venir con nosotros?

Tomás: Sí. Me encanta el trabajo voluntario. Es **increíble** la satisfacción que **nos** da cuando ayudamos a los demás.

Raúl   Gloria   Tomás

5 **Raúl:** El año pasado yo trabajé en un centro para **ancianos.** Pasé mucho tiempo con ellos.

6 **Tomás:** Soy miembro de un club que se llama "Casa latina." El año pasado recogimos ropa **usada.** ¿Sabes que **hay que** separar la ropa y después lavarla?

Gloria: ¿**Qué más hicieron** Uds.?

Tomás: Luego le **dimos** la ropa a **la gente pobre.**

7 **Raúl:** Aquí podemos reciclar el papel y las botellas.

Gloria: Mira, para el plástico, el papel y el vidrio.

Tomás: En mi comunidad también reciclamos.

2 **Papá:** Un momento. ¿Pueden Uds. reciclar este papel y estas botellas?

Tomás: ¡Por supuesto! Dame la bolsa de plástico.

3 **Tomás:** ¿Y qué hacen Uds. en el hospital?

Gloria: Ayudamos con los niños. Leemos libros y cantamos y jugamos con ellos. **A menudo** les traemos **juguetes.**

4 **Gloria:** A veces es difícil porque los niños están muy enfermos. Pero es **una experiencia inolvidable.**

8 **Raúl:** Mira. Aquí está el hospital. ¿Entramos?

Leer/Hablar •

¿Comprendes?

¿A quién describe cada frase: a Gloria, a Tomás o a Raúl? ¡Ojo! Una frase puede describir a más de una persona.

1. "Me gusta mucho el trabajo voluntario."

2. "Trabajo en un hospital para niños."

3. "Ayudar a los demás me da mucha satisfacción."

4. "Trabajo con los niños y les traigo juguetes."

5. "Me gusta pasar tiempo con los ancianos. Les leo el periódico y hablo con ellos."

6. "Recojo* la ropa usada."

7. "Es importante reciclar las botellas y latas."

*Recoger is a regular -er verb with a spelling change in the yo form of the present tense: recojo.

● **Más práctica** •
Practice Workbook 8B-3, 8B-4

Go Online
PHSchool.com

For: Vocabulary practice
Visit: www.phschool.com
Web Code: jcd-0812

Manos a la obra

Vocabulario y gramática en uso

Objectives

- **Talk about helping your community**
- **Ask and tell about recycling**
- **Ask and tell about volunteering**
- **Learn the present tense of** *decir* **and the preterite of** *hacer* **and** *dar*
- **Learn to use indirect object pronouns**

Actividad 4 · Escuchar/Escribir

Escucha y escribe

España

En la región de Cataluña en España, hay un sistema para reciclar que usan muchas personas.

1 En una hoja de papel, escribe los números del 1 al 6. Escucha la descripción de este sistema y escribe las frases.

2 Escribe tres frases para describir el sistema de reciclaje que usan, o que deben usar, en tu comunidad o barrio. Si quieres, usa las frases sobre Cataluña como modelo.

> **También se dice . . .**
>
> **la lata** = el bote *(España, Puerto Rico)*

En Cataluña, España

Actividad 5 · Hablar

El reciclaje

Habla con otro(a) estudiante sobre el reciclaje.

> **¿Recuerdas?**
>
> The direct object pronouns *lo, la, los,* and *las* replace nouns. They have the same gender and number as the nouns they replace.

> **Modelo**
>
> **A** —*En nuestra comunidad, ¿hay que reciclar el papel?*
>
> **B** —*¡Por supuesto! Lo separamos y lo ponemos en la caja azul.*
>
> **o:** *No sé. Nosotros no lo reciclamos.*

1.

2.

3.

4.

5.

6.

Leer/Pensar/Escribir/Hablar · · · · · · · · ·

El trabajo voluntario

Samuel debe trabajar en un hospital.

Según las preferencias de los jóvenes de las fotos, explica dónde debe trabajar cada uno de ellos.

Teresa: Prefiero los trabajos al aire libre* como un proyecto de construcción. Me encanta trabajar con las manos.

*outdoors

Rafael: Mi trabajo voluntario favorito es estar con niños—en un campamento o una escuela primaria. Para mí es una experiencia inolvidable ver cómo aprenden tanto.

Samuel: Me gusta mucho ayudar a la gente pobre o a las víctimas de los desastres. Sus problemas son muy importantes para mí.

Bárbara: Me gusta mucho pasar tiempo con los ancianos. Son muy interesantes y simpáticos y me enseñan muchas cosas.

1.

2.

3.

4.

5.

6.

Fondo cultural

El reciclaje Spain is one of the leading European countries in recycling. Spain's glass recycling program is called *Ecovidrio,* from the Spanish words for ecology *(ecología)* and glass *(vidrio). Ecovidrio* started in the late 1990s and has been very successful. Glass recycling is an excellent way of reducing waste and protecting the environment.

• How do efforts in your community compare to glass recycling in Spain? What other efforts are available in your community?

Reciclaje en Cataluña, España

Exploración del lenguaje

Nouns that end in *-dad*, *-tad*, *-ción*, and *-sión*

You know that *actividad* means "activity" and that *comunidad* means "community." In Spanish, nouns that end in *-dad* or *-tad* usually correspond to nouns in English that end in "-ty." Nouns that end in *-dad* or *-tad* are feminine.

In a similar way, nouns in Spanish that end in *-ción* or *-sión* frequently correspond to nouns in English that end in "-tion" or "-sion." These nouns are also feminine. You know that *construcción* means "construction" and that *posesión* means "possession."

Try it out! Figure out the meanings of these Spanish words.

la generosidad	la comunicación
la responsabilidad	la comisión
la variedad	la vegetación
la tranquilidad	la información
la libertad	la organización
la universidad	la presentación

Los médicos *(doctors)* de Interplast, una organización voluntaria, ayudan a la comunidad ecuatoriana de Azogues, en los Andes.

El arte de vidrio Mexico is known for its production of beautiful glassware. Many of these works of art—including a wonderful variety of drinking glasses, bowls, and vases—are made from recycled bottles or car windshields. The glass is melted and hand-blown into new forms. Artisans also make trays and decorative windows by cutting different pieces of colored glass into a collage, then melting them together into a single piece. Each recycled glass artwork is unique.

• What everyday items or art objects are you familiar with that are made from recycled materials?

Arte de vidrio de México

Actividad 7 · Escribir/Hablar

Y tú, ¿qué dices?

1. ¿Qué cosas reciclas en casa? ¿Y en la escuela? ¿Qué más podemos reciclar?

2. ¿Qué puede hacer la gente para tener un barrio más limpio?

3. ¿Qué tipo de trabajo voluntario te gustaría hacer?

4. Escribe dos recomendaciones sobre cómo debemos ayudar a los demás.

5. ¿Qué organizaciones en tu comunidad reciben ropa usada o juguetes como donación? ¿Qué más podemos darles a las personas que necesitan ayuda?

Leer/Hablar/Escribir ·

La protección de las áreas naturales

Costa Rica

Costa Rica es un país increíble con mucha vegetación y una gran variedad de animales. La conservación de estas áreas naturales del país es muy importante. Por eso hay muchas áreas protegidas[1] en el país.

Conexiones | Las matemáticas

① Mira el mapa de Costa Rica. Las áreas protegidas (como parques nacionales y reservas) están indicadas en verde. Estima qué porcentaje del área total del país es el área protegida.

② Mira la tabla que compara las áreas protegidas con el área total del país. Trabaja con otro(a) estudiante para:

- calcular qué porcentaje del área total es el área protegida.

- comparar la respuesta con las estimaciones que hicieron Uds.

③ Averigua[2] cuántas millas cuadradas tiene los Estados Unidos y cuántas de estas millas son parques nacionales o estatales y, por lo tanto,[3] áreas protegidas. Busca la información en una enciclopedia o en el Internet.

Áreas protegidas	Área total
4.459 millas cuadradas	19.652 millas cuadradas

④ Calcula qué porcentaje del área total de los Estados Unidos son estos parques. Preparen un informe sobre los resultados.

Modelo

El área total de los Estados Unidos es de ___ millas cuadradas.
___ millas cuadradas son parques nacionales o estatales.
Estos parques representan el ___ por ciento del país.

[1] protected   [2] Figure out   [3] therefore

 Fondo cultural

La Asociación conservacionista de Monteverde in Costa Rica helps protect the rain forest in the Monteverde Cloud Forest Preserve. Young people from around the world come to help preserve the natural forest. Volunteers maintain trails and help in preservation projects.

- What programs in your community or state are similar to the program in Costa Rica?

Gramática

The present tense of *decir*

The verb *decir* means "to say" or "to tell." Here are all its present-tense forms:

(yo)	**digo**	(nosotros) (nosotras)	**decimos**
(tú)	**dices**	(vosotros) (vosotras)	**decís**
Ud. (él) (ella)	**dice**	Uds. (ellos) (ellas)	**dicen**

The *yo* form is irregular: **digo.**

Notice that the *e* of *decir* changes to *i* in all forms except *nosotros* and *vosotros.*

> **¿Recuerdas?**
>
> You have used forms of *decir* in the questions *¿Cómo se dice?* and *Y tú, ¿qué dices?*

> **GramActiva** VIDEO
>
> Need more help with the verb *decir*? Watch the **GramActiva** video.

---

 9 **Gramática** **Escribir**

Hay que reciclar

Escribe las formas apropiadas del verbo *decir* para completar las opiniones de diferentes personas sobre cómo tener una comunidad limpia.

1. Mis padres ____ que es necesario recoger la basura en las calles.

2. La gente ____ que es importante llevar los periódicos a un centro de reciclaje.

3. Las personas en mi comunidad ____ que tenemos que separar la basura.

4. Mi profesor de biología ____ que es necesario reciclar el vidrio y el plástico.

5. Nosotros ____ que debemos limpiar nuestro barrio y comunidad.

6. Yo ____ que el reciclaje es muy importante.

7. ¿Qué ____ tú?

> **Nota**
>
> Use the *él/ella* form of the verb with *la gente.*
>
> To tell *what* people say, use **que** after *decir.*
>
> • La gente **dice que** . . .

---

 10 **Gramática** **Leer/Escribir**

¿Qué dices tú?

Lee las frases del 1 al 5 de la Actividad 9. Escribe otras para decir si haces estas mismas actividades a menudo, a veces o nunca.

Más práctica

Practice Workbook 8B-5

For: Practice with present-tense *decir*
Visit: www.phschool.com
Web Code: jcd-0813

Escribir/Hablar ·

¿Cómo debemos participar más?

① Forma un grupo con cuatro estudiantes. Comparen las frases que escribieron para la Actividad 10 y digan con qué frecuencia *(how often)* todos hacen las cosas. Cada grupo va a presentar sus frases a la clase.

② Cada estudiante debe anotar las respuestas de todos los grupos.

Modelo

En nuestro grupo, una persona dice que recoge la basura en las calles a menudo. Tres personas dicen que no la recogen nunca.

③ Después de escuchar y anotar las frases de todos los grupos, calcula el porcentaje de estudiantes que hacen estas actividades a menudo, a veces o nunca. Escribe frases sobre los resultados.

Modelo

En esta clase, el 10 por ciento de las personas dicen que recogen la basura en las calles a menudo; el 70 por ciento dicen que la recogen a veces; y el 20 por ciento dicen que no la recogen nunca.

 Leer/Hablar/Escribir ·

Las 3 Rs

Lee el anuncio que está abajo *(below)*. Habla de Puerto Rico y la importancia de la conservación. Luego contesta las preguntas.

Puerto Rico

¡Tú puedes ser parte de la solución del problema de la basura en nuestra isla!

Recuerda esta guía práctica de las 3Rs

Reduce: Cuando vas de compras, decide no comprar cosas que no son necesarias.

Reusa: Usa un producto, objeto o material varias veces.[1] No debes tirar[2] a la basura las cosas que puedes usar otra vez.

Recicla: Usa los mismos materiales otra vez o usa un proceso natural o industrial para hacer el mismo o nuevos productos.

Lo que compras, comes, cultivas o tiras puede ser la diferencia entre un buen futuro o un futuro de destrucción para Puerto Rico.

Fundación Puertorriqueña de Conservación

[1]several times   [2]throw away

1. ¿Cómo puedes "reducir"? ¿Qué cosas compras o usas a veces que no son necesarias?

2. ¿Cómo puedes reciclar o reusar cosas en casa o en la escuela?

3. Según las frases que escribiste para la Actividad 11, escribe tres recomendaciones para cuidar *(take care of)* más tu comunidad.

Gramática

Indirect object pronouns

An indirect object tells *to whom* or *for whom* an action is performed. Indirect object pronouns are used to replace an indirect object noun.

Les doy dinero.	*I give money **to them**.*
Te llevo el vidrio y las latas.	*I'll bring **you** the glass and the cans.*
¿**Nos** reciclas estas botellas, por favor?	*Will you please recycle these bottles **for us**?*

The indirect object pronoun comes right before the conjugated verb. Here are the different indirect object pronouns:

SINGULAR		PLURAL	
me	(to / for) me	**nos**	(to / for) us
te	(to / for) you	**os**	(to / for) you
le	(to / for) him, her; you *(formal)*	**les**	(to / for) them; you *(formal)*

When an infinitive follows a conjugated verb, the indirect object pronoun can be attached to the infinitive or be placed before the conjugated verb.

Quiero **darle** un juguete al niño.

o: **Le quiero dar** un juguete al niño.

Because *le* and *les* have more than one meaning, you can make the meaning clear, or show emphasis, by adding *a* + the corresponding name, noun, or pronoun.

Les damos lecciones **a Miguel y a Felipe**.

Les damos lecciones **a los niños**.

Les damos lecciones **a ellos**.

GramActiva VIDEO

Need more help with indirect object pronouns? Watch the **GramActiva** video.

---

 13 **Gramática** **Leer/Escribir** ·

Las Olimpiadas Especiales

Unos jóvenes ayudan con las Olimpiadas Especiales. Escribe *me, te, le, nos* o *les* para completar cada frase.

Modelo

____ llevan comida a los padres de los niños.
Les llevan comida a los padres de los niños.

1. ____ dan naranjas y jugo a los participantes.
2. ____ hacen una donación a la señora que organizó el evento.
3. ____ traen agua a mis compañeros porque tienen sed.
4. ____ dan lecciones de varios deportes a los participantes.
5. ____ dicen a nosotros que debemos preparar los concursos *(contests)*.
6. ____ traen a mí un sándwich porque tengo hambre.
7. ____ dicen a nosotros que necesitan más ayuda.

Lanzador de bala *(shotputter)*

Juego

1 Tu profesor(a) va a dividir a los estudiantes en grupos de cinco. Cada grupo forma una fila *(line)*. Las primeras personas de cada fila van al frente de la clase y el (la) profesor(a) les dice una frase.

2 Las personas regresan a sus grupos y le dicen a la primera persona en la fila, *"Me dice que . . . "* y repite la frase del (de la) profesor(a). Luego la primera persona repite la frase a la segunda persona de la fila.

3 Cada grupo continúa hasta decir la frase a la última *(last)* persona. Esta persona escribe la frase que escucha en una hoja de papel. El grupo más rápido y que dice la frase más correcta gana *(wins)* el juego.

 Gramática Escribir

¿Cómo ayuda la gente a los demás?

Escribe frases para decir cómo la gente ayuda a los demás. Usa las palabras de las listas y *a menudo, a veces* o *nunca.*

Modelo
A veces la gente les lleva comida a los ancianos.

dar	dinero	ropa usada	los pobres
enseñar	flores	juguetes	los niños
comprar	cuentos	periódicos	las personas
llevar	comida	revistas	enfermas
leer	una lección de . . .		los ancianos

   Gramática Escribir/Hablar

Regalos

1 En una hoja de papel, haz dos listas. En la primera, escribe los nombres de cinco personas. En la segunda, escribe un regalo para cada una de estas personas.

2 Habla con otro(a) estudiante sobre los regalos que vas a comprar.

Modelo
A —*¿A quién vas a comprar un regalo?*
B —*Le voy a comprar un regalo a mi abuela.*
A —*¿Qué le vas a comprar?*
B —*Le voy a comprar flores.*

Más práctica
Practice Workbook 8B-6

For: Practice with indirect object pronouns
Visit: www.phschool.com
Web Code: jcd-0815

Gramática

The preterite of *hacer* and *dar*

Hacer and *dar* are irregular verbs in the preterite.
Notice that these verbs do not have any accent marks
in the preterite.

> **¿Recuerdas?**
>
> You used the preterite *tú* form
> of *hacer* when you asked,
> *¿Qué hiciste?*

- The preterite stem for *hacer* is *hic-*. In the *Ud. / él / ella*
  form, the *-c-* changes to a *-z-* so that it keeps the "s" sound: *hizo*.

- The preterite stem for *dar* is *di-*. The same stem is used for all
  the preterite forms.

(yo)	hice	(nosotros) (nosotras)	hicimos
(tú)	hiciste	(vosotros) (vosotras)	hicisteis
Ud. (él) (ella)	hizo	Uds. (ellos) (ellas)	hicieron

(yo)	di	(nosotros) (nosotras)	dimos
(tú)	diste	(vosotros) (vosotras)	disteis
Ud. (él) (ella)	dio	Uds. (ellos) (ellas)	dieron

GramActiva VIDEO

Watch the
GramActiva video to
learn more about the
preterite of *hacer*
and *dar*.

Actividad 17 Gramática **Leer/Escribir**

En un hospital

Una joven habla de su experiencia como
voluntaria en un hospital. Escribe los verbos
en el pretérito para completar las frases.

Mis amigos y yo __1.__ *(dar / decidir)* hacer un trabajo
voluntario en un hospital. Nosotros __2.__ *(ir / hacer)*
dibujos para los ancianos en el hospital. La semana
pasada una amiga y yo __3.__ *(llevar / hablar)* los dibujos
al hospital. La enfermera[1] nos __4.__ *(dar / decidir)*
permiso para entrar en los cuartos de varios ancianos.
Nosotros __5.__ *(llevar / visitar)* a los ancianos y les __6.__
(decidir / dar) los dibujos. Los ancianos nos __7.__ *(hablar /
llevar)* de sus familias y nos __8.__ *(decidir / dar)*
abrazos.[2] Ésta fue la primera vez que yo __9.__ *(hacer /
llevar)* un trabajo voluntario. Fue una experiencia
inolvidable para nosotros. Vamos a regresar al
hospital otra vez.

[1] nurse   [2] hugs

Fondo cultural

El Hospital de la Caridad, a hospice in Seville,
Spain, was founded in the 1600s by the monks of
la Hermandad de la Caridad (Charity Brotherhood).
Today, the brothers still look after people who are
old or poor, as part of a long tradition of caring
for the needy.

- What programs in your
  community provide support
  for people in need?

El Hospital de la Caridad en Sevilla, España

Actividad 18 **Gramática** **Escuchar/Escribir** • • • • • • • • • •

Las donaciones

Vas a escuchar cómo varias personas y organizaciones, como la Cruz Roja, ayudaron a las víctimas de un desastre en El Salvador. En una hoja de papel, escribe los números del 1 al 6. Escribe las frases que escuchas.

La Cruz Roja ayuda en El Salvador

Actividad 19 **Gramática**   **Escribir/Hablar** • • • • • • • • • • • • • •

¿Qué hicieron el sábado pasado?

1 Escribe lo que hicieron estas personas el fin de semana pasado.

tu mejor amigo(a)	tu madre (padre)
tú y tus amigos	tu profesor(a) de . . .
tus amigos(as)	tú

2 Habla con otro(a) estudiante sobre lo que hicieron las personas.

Modelo

tus amigos
A —¿Qué _hicieron_ tus amigos el fin de semana pasado?
B —Mis amigos _fueron al río._ Y _tus amigos,_ ¿qué _hicieron ellos?_
A —_Vieron una película en el cine._
o: _No sé qué hicieron ellos._

Una voluntaria de The Mobility Project de Colorado Springs, CO, conversando con dos amigos en Villa Guerrero, México

Actividad 20 **Escribir/Hablar** •

Y tú, ¿qué dices?

1. ¿Qué hiciste el viernes pasado? ¿Qué hicieron tus amigos?

2. ¿Qué hizo tu familia el verano pasado?

3. ¿Qué les diste a tus hermanos o a tus amigos para su cumpleaños? ¿Qué te dieron a ti?

4. ¿Qué hizo la gente de tu comunidad el año pasado para ayudar a los pobres o a las víctimas de un desastre?

5. ¿Hizo tu barrio algo para ayudar a los ancianos o a los niños? ¿Qué?

● **Más práctica** • • • • • • • • • • • •
Practice Workbook 8B-7

Go Online PHSchool.com

For: Practice with preterite of _hacer, dar_
Visit: www.phschool.com
Web Code: jcd-0814

Actividad 21

Escribir/Hablar ·

Juego

1 En grupos de cuatro, deben pensar en diferentes premios *(prizes)* que reciben las personas: por ejemplo, el premio Nobel, el Heisman, el Óscar, el Emmy, el Golden Globe o el Grammy. Cada uno escribe una pregunta que tu grupo va a hacerle a otro grupo sobre los premios que dieron el año pasado.

2 Tu grupo debe leer una de las preguntas a otro grupo, que tiene 30 segundos para contestarla. Si el grupo contesta bien la primera vez, recibe tres puntos. Si contesta bien la segunda vez, recibe un punto. Si contesta mal, tu grupo debe decirles la respuesta.

Para decir más . . .

la actriz	actress
el actor	actor
el / la cantante	singer
el / la atleta	athlete

Modelo

A —¿A quién le dieron el Óscar por ser la mejor actriz el año pasado?

B —Le dieron el premio a . . .

Al colombiano Gabriel García Márquez le dieron el premio Nobel de Literatura.

Pronunciación ·

The letter *x*

The letter *x* is pronounced several ways. When it is between vowels or at the end of a word, it is pronounced "ks." Listen to and say these words:

examen	taxi	aproximadamente
exactamente	dúplex	éxito

When the *x* is at the beginning of a word, it is usually pronounced "s." At the end of a syllable, the *x* can be pronounced "s," "ks," or "gs." Listen to and say these words:

xilófono	explicar	experiencia
exploración	experimento	experto

Try it out! Work with a partner to ask and answer these questions, paying special attention to how you pronounce the letter *x*.

1. ¿En qué clase son más difíciles los exámenes?

2. ¿Qué clase tienes durante la sexta hora?

3. ¿En qué clase haces experimentos? ¿Qué tipo de experimentos haces?

4. ¿En qué clase hablas o escribes mucho de tus experiencias personales?

In the 1500s, the *x* represented the "h" sound of the Spanish letter *j*. That is why you see some words, like México, Oaxaca, and Texas written with *x*, even though the *x* is pronounced like the letter *j*. In words from indigenous languages of Mexico and Central America, the *x* has the "sh" sound, as with the Mayan cities of Xel-há and Uxmal.

Una familia en Xochimilco, México

Actividad 22

Leer/Escribir/Hablar ....

Las tortugas tinglar

Lee esta información sobre las tortugas tinglar. Luego contesta las preguntas.

¡La tortuga tinglar es enorme! Es la tortuga marina más grande del mundo.[1] Los tinglares adultos pueden ser de hasta siete pies de largo y pesar[2] hasta 1.400 libras.[3] Cada año, entre febrero y julio, esta tortuga sale del mar en la noche y pone sus huevos en playas tropicales, como las de la República Dominicana, Costa Rica o de la isla de Culebra cerca de Puerto Rico. Después regresa a aguas frías.

Desde 1970 el tinglar está en peligro[4] de extinción. Por eso, en la primavera voluntarios de diferentes países van a las playas como las de la isla de Culebra. Llevan trajes de baño, jeans, sudaderas, camisetas, cámaras, binoculares, linternas,[5] repelente contra mosquitos y muchas ganas de[6] ayudar a las tortugas. Patrullan[7] las playas buscando las tortugas.

Después de poner las tortugas los huevos, los voluntarios los llevan a un nido artificial. Aproximadamente 60 días después, las tortuguitas salen de los huevos. Los voluntarios llevan a las tortuguitas al mar donde nadan contínuamente por unas 28 horas. Estos voluntarios son muy importantes para la preservación de la tortuga tinglar.

[1]in the world   [2]weigh   [3]pounds   [4]danger   [5]flashlights   [6]the desire   [7]They patrol

1. Para ti, ¿cuáles son los hechos *(facts)* más increíbles sobre la tortuga tinglar?

2. Escribe una lista, en orden, del trabajo que hacen los voluntarios en la playa.

3. ¿Te gustaría trabajar como voluntario en una de las playas donde están las tortugas tinglar? ¿Por qué?

Protegiendo a las tortugas en las Islas Cayman

El español en el mundo del trabajo

There may be community service organizations in your neighborhood where knowing Spanish is helpful. These organizations include medical clinics, food kitchens, senior centers, career counseling and job training, and after-school programs. Volunteering your skills for these agencies is the first step to finding out if you would be interested in pursuing work in the nonprofit sector.

• Check with local agencies to find out which ones offer services in Spanish (or in other languages). Develop a class list of volunteer opportunities in your community in which you could use your Spanish skills.

¡Adelante!

Objectives

- **Read about an international volunteer organization**
- **Learn about volunteer work in Spanish-speaking countries**
- **Create a poster announcing a community-service project**
- **Watch ¿Eres tú, María?, Episodio 8**

Lectura

Lee este artículo sobre una organización que hace proyectos de construcción en muchos países del mundo.

Strategy

Recognizing cognates
Recognizing cognates in the following article can help improve your understanding of the reading.

Hábitat para la Humanidad Internacional

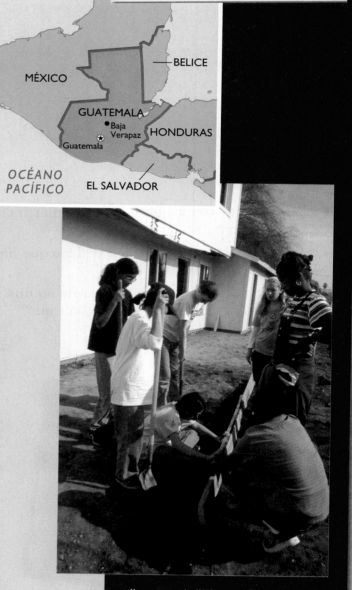

Hábitat es una organización internacional que ayuda a la gente pobre a tener casa. Su objetivo es construir casas seguras[1] que no cuestan mucho para las personas que no tienen mucho dinero. Hábitat trabaja con las familias pobres, con los grupos de voluntarios y con las personas que les dan dinero. Esta organización tiene más de 2.500 proyectos en muchas comunidades de los Estados Unidos y otros 1.600 proyectos en más de 83 países diferentes. Hábitat ha construido[2] unas 125.000 casas en todo el mundo.

Guatemala tiene catorce afiliados de Hábitat. Cada afiliado tiene su propio dinero y hace su plan de construcción y sus proyectos. Los afiliados de Guatemala tienen mucho éxito.[3] Han construido más de 10.000 casas y tienen planes para construir 15.000 más en los años que vienen. Según Hábitat, las personas pobres tienen que ayudar a construir sus casas. Es una manera positiva de ayudar a los demás. Hábitat les da los materiales de construcción y los trabajadores voluntarios. Cuando la casa está construida, el nuevo propietario[4] paga una pequeña hipoteca[5] cada mes. Después, los nuevos propietarios tienen que ayudar a otros futuros propietarios a construir sus casas.

[1] safe [2] has built [3] success [4] owner [5] mortgage

Un proyecto de Hábitat para la Humanidad Internacional

Para todos, es una experiencia increíble.

Trabajadores de Hábitat para la Humanidad Internacional

—Ayer fue mi cumpleaños y recibí el mejor regalo de mi vida, mi propia casa —dijo una señora de la comunidad de Baja Verapaz.

La mayoría[6] del dinero viene de donaciones privadas y del trabajo voluntario de muchísimas personas.

¿Sabes que el ex-presidente Jimmy Carter y su esposa Rosalynn son dos de los primeros miembros voluntarios de Hábitat? Los grupos de voluntarios son una parte fundamental del éxito de la organización.

—Es una experiencia inolvidable para ayudar a los demás —dijo un voluntario en Guatemala.

[6] the majority

¿Comprendes?

1. ¿Qué hace Hábitat?
2. ¿Con quiénes trabaja Hábitat?
3. ¿En cuántos países está Hábitat?
4. ¿Cuántas casas construyeron los afiliados de Guatemala?
5. ¿Qué tienen que pagar los nuevos propietarios?
6. ¿Qué tienen que hacer los nuevos propietarios?
7. ¿De dónde viene el dinero para construir las casas?
8. Y a ti, ¿te gustaría trabajar con Hábitat? ¿Por qué?

Go Online
PHSchool.com
For: Internet link activity
Visit: www.phschool.com
Web Code: jcd-0816

Fondo cultural

El trabajo voluntario AmeriCorps is an organization of volunteers who work in urban and rural communities throughout the United States. They teach children to read, assist victims of natural disasters, and participate in other activities that benefit needy people.

One of the advantages of serving as an AmeriCorps volunteer is learning skills that can be used later in the workplace.

• What are some of the skills a volunteer might learn? Why are they important?

Doctores de las Naciones Unidas en Santa Cruz, Perú

¿Trabajas como voluntario?

Throughout the Spanish-speaking world students are involved in volunteer activities and organizations. In many private schools students are encouraged to serve their community for two to three hours per week to help them learn responsibilities that will make them good citizens. Community service also provides a good occasion to explore different professions such as education, medicine, or social work. For example, many young people work with local branches of the *Cruz Roja* (Red Cross) and learn how to respond in times of emergency. Courses are offered by the organization, and some students even study for a degree in health services.

In many Spanish-speaking countries, students are involved in causes dealing with the environment. In these countries, the natural beauty of the land is not only a source of national pride, it is also an economic resource and important to the well-being of the country. Students work at recycling centers collecting paper, glass, and plastic and collect trash along roadsides and in parks.

En una clínica en Trinidad, Honduras

Check it out! Survey the students in your class. Who does volunteer work? What kind of work do they do? How often are they involved in community service activities?

Think about it! How does the involvement in volunteerism among teenagers in many Spanish-speaking countries compare with the involvement of teenagers in your community?

En la Reserva Ecológica El Ángel, Ecuador

¿Puedes ayudarnos?

Task
Your school sponsors community-service projects every year, so you want to organize a clean-up campaign for a park, recreation center, school playground, or other place in your community. Make a poster announcing the project and inviting students to participate.

1 **Prewrite** Answer the following questions about your project:

- ¿Qué van a limpiar?
- ¿Qué tienen que hacer?
- ¿Dónde está el lugar?
- ¿Cuándo van a trabajar?
- ¿Cuántas horas van a trabajar?
- ¿Quién(es) puede(n) participar?

2 **Draft** Prepare a first draft using the answers to the questions. Organize the information in a clear and logical manner. Remember that you want students to stop and read the poster.

3 **Revise** Check your poster idea for spelling, accent marks, punctuation, and vocabulary usage. Share your work with a partner, who will check the following:

- Is the information presented clearly and easy to understand?
- Is it arranged logically?
- Is there anything that you should add or change?
- Are there any errors?

4 **Publish** Prepare a final version of the poster making any necessary changes. Add visuals to make the poster appealing. Display it in the classroom, cafeteria, or school library, or add it to your portfolio.

5 **Evaluation** Your teacher may give you a rubric for grading the poster. You may be evaluated on:

- how complete the information is
- the accuracy of the language in the poster
- the visual presentation

Strategy

Using key questions
Answering key questions can help you think of ideas for writing.

¿Eres tú, María?

Episodio 8

Antes de ver el video

"A ver. Esta foto. Yo conozco a este hombre. Pero no sé de qué. ¡Qué problema!"

Resumen del episodio

Después de visitar el piso de Julia, Lola y Pedro van a un café a tomar unos refrescos. Hablan de las cosas de Julia que el joven acaba de darles:[1] la ropa, las fotos, los papeles. Cuando Lola llega a su piso en la noche, ve que una mujer entra en el edificio número 8. Lola cree que es María. Sale rápidamente de su piso y espera[2] enfrente. Una mujer sale del edificio y Lola le pregunta, "¿Eres tú, María?"

[1] just gave them   [2] waits

Palabras para comprender

María tenía las llaves.
  María had the keys.

Ella las perdió. She lost them.

¡No me sigas! Don't follow me!

Acabo de ver . . . I just saw . . .

Acabo de hablar con . . .
  I just spoke with . . .

—¿Eres María Requena?
—¿Por qué quieres saberlo?

—Acabo de hablar con María Requena delante del piso de doña Gracia.

—Srta. Lago, esto es cosa de la policía.

Después de ver el video

¿Comprendes?

A. ¿Quién lo dice: Lola, Carmela, Pedro, el Inspector Gil, la camarera o María?

1. ¿Qué desean Uds.?
2. Y yo, un agua mineral.
3. ¿Cómo es que tienes las llaves del piso de Julia?
4. ¿Sabes algo más sobre el caso de doña Gracia?
5. Las diez y media. ¡Por fin!
6. ¿Qué quieres? ¿Quién eres?
7. ¡No me sigas! ¡No me sigas!
8. Acabo de ver a María Requena.
9. Ahora trabajo para Pedro Requena, el nieto de doña Gracia.
10. Hay que decirlo todo a la policía.

B. Escribe dos frases que describan cada foto de esta página.

Go Online
PHSchool.com

For: More on *¿Eres tú, María?*
Visit: www.phschool.com
Web Code: jcd-0507

Repaso del capítulo

Vocabulario y gramática

Chapter Review

To prepare for the test, check to see if you . . .
- **know the new vocabulary and grammar**
- **can perform the tasks on p. 423**

to talk about recycling

la bolsa	bag, sack
la botella	bottle
la caja	box
el cartón	cardboard
el centro de reciclaje	recycling center
la lata	can
llevar	to take; to carry
el periódico	newspaper
el plástico	plastic
reciclar	to recycle
recoger	to collect; to gather
separar	to separate
usado, -a	used
el vidrio	glass

to talk about places in a community

el barrio	neighborhood
la calle	street, road
la comunidad	community
el jardín	garden, yard
el río	river

to discuss possibilities for volunteer work

los ancianos	older people
el anciano	older man
la anciana	older woman
el campamento	camp
los demás	others
la escuela primaria	primary school
la gente	people
el hospital	hospital
el juguete	toy
los niños	children
el niño	young boy
la niña	young girl
pobre	poor
el problema	problem

el proyecto de construcción	construction project
el trabajo voluntario	volunteer work
el voluntario, la voluntaria	volunteer

other useful expressions

a menudo	often
decidir	to decide
Es necesario.	It's necessary.
la experiencia	experience
Hay que . . .	One must . . .
increíble	incredible
inolvidable	unforgetable
¿Qué más?	What else?
la vez pl. las veces	time
otra vez	again

decir *to say, to tell*

digo	decimos
dices	decís
dice	dicen

indirect object pronouns

SINGULAR	PLURAL
me (to/for) me	**nos** (to/for) us
te (to/for) you	**os** (to/for) you
le (to/for) him, her; you (*formal*)	**les** (to/for) them; you (*formal*)

preterite of *dar*

di	dimos
diste	disteis
dio	dieron

preterite of *hacer*

hice	hicimos
hiciste	hicisteis
hizo	hicieron

For *Vocabulario adicional,* see pp. 472–473.

● **Más práctica** . . . .
Practice Workbook Puzzle 8B-8
Practice Workbook Organizer 8B-9

Preparación para el examen

For: Test preparation
Visit: www.phschool.com
Web Code: jcd-0817

On the exam you will be asked to . . .	Here are practice tasks similar to those you will find on the exam . . .	If you need review . . .
① Escuchar Listen and understand as someone describes what he did in his community	A radio station is sponsoring a contest to encourage people to help in the community. Listen as a teen tells the announcer what he did. Identify whether he: a) helped older people; b) worked on a recycling project; c) contributed money; d) volunteered in a hospital or school.	**pp. 400–403** *A primera vista* **p. 401** Actividades 1–2 **p. 404** Actividad 4 **p. 413** Actividad 18
② Hablar Ask and answer questions about what you or someone you know did to help others in the past few months	Many organizations offer scholarships to students who help others. With a partner, practice asking and answering the following questions for the scholarship interviews with a local agency that works in the Spanish-speaking community: a) What did you do to help others? b) Why did you decide to do volunteer work?	**p. 404** Actividad 5 **p. 405** Actividad 6 **p. 406** Actividad 7
③ Leer Read and understand what people gave as donations to various people or groups	The Spanish Club treasurer's report about charitable contributions is ready for the members. Read one line item from the report. Indicate whether the member(s) donated: a) cash; b) lessons for an individual or group; c) clothing; d) furniture. For example, you might read: *Scott y Jamie le dieron una cama y una cómoda a una familia pobre.*	**p. 412** Actividad 17 **p. 415** Actividad 22 **pp. 416–417** *Lectura*
④ Escribir Write a list of things teenagers can do to help in your community	To encourage your classmates to participate in *La semana de la comunidad,* make a poster for your classroom with at least five suggestions for activities. For example: *Recicla las botellas. Ayuda a los niños de la escuela primaria.*	**p. 408** Actividades 9–10 **p. 409** Actividad 12 **p. 410** Actividad 13 **p. 411** Actividad 15 **p. 412** Actividad 17 **p. 419** *Presentación escrita*
⑤ Pensar Demonstrate an understanding of cultural perspectives regarding volunteer work	Think about the volunteer activities in which you and your friends participate. Based on what you've learned in this chapter, compare these to the type of work teenage volunteers do in Spanish-speaking countries.	**pp. 400–403** *A primera vista* **p. 407** *Fondo cultural* **pp. 416–417** *Lectura* **p. 417** *Fondo cultural* **p. 418** *Perspectivas del mundo hispano*

Fondo cultural

Portrait of Luis Buñuel Luis Buñuel (1900–1983) was a Spanish-born film director. He made films in Spain, the United States, Mexico, and France. His films were often controversial because of their strong imagery and difficult topics. Buñuel made two surrealist films with artist Salvador Dalí (1904–1989), Spain's most famous surrealist painter. The films mixed reality and dreams. This portrait of Buñuel was painted by Dalí in 1924 when the painter was 20 years old and Buñuel was 24.

• Who are some young film directors today whose films are considered to be "cutting edge"?

Retrato de Luis Buñuel (1924), Salvador Dalí

Oil on canvas, .70 x .60 m. Coll. Luis Buñuel, México City, D.F., México. © 2004 Salvador Dalí, Gala-Salvador Dalí Foundation/Artists Rights Society (ARS), NY. Photo credit: Bridgeman-Giraudon / Art Resource, NY.

El cine y la televisión

Chapter Objectives

- **Describe movies and television programs**
- **Express opinions about media entertainment**
- **Talk about things you have done recently**
- **Understand cultural perspectives on common gestures**

Video Highlights

A primera vista: *¿Qué dan en la tele?*

GramActiva Videos: *acabar de* + infinitive; *gustar* and similar verbs

Videomisterio: *¿Eres tú, María?*, Episodio 9

Country Connection

As you learn about movies and television programs, you will make connections to these countries and places:

España
Florida
Venezuela
México
Chile
Argentina

Go Online
PHSchool.com
For: Online Atlas
Visit: www.phschool.com
Web Code: jce-0002

Presentadoras de Primer Impacto, un programa de Univisión

A primera vista

Vocabulario y gramática en contexto

Objectives

Read, listen to, and understand information about
• movies and television programs
• opinions on media entertainment

¡Le damos el mundo en **el Canal 9!** **9**

¿Qué le interesa? Un programa . . .

¿ . . . **de entrevistas?**

Pablo Ramírez habla con personas **fascinantes.**

Entre tú y yo

¿ . . . **de noticias?**

Presentamos todo lo que necesita saber del mundo en 30 minutos.

Las noticias de hoy

¿ . . . **educativo?**

Explora el mundo de los animales.

Nuestro planeta

¿ . . . **de dibujos animados?**

Una presentación **cómica** para todos los niños.

Patito y Paquito

¿ . . . **de concursos?**

¡Los participantes pueden recibir mucho dinero!

¡Una fortuna para ti!

¿ . . . **deportivo?**

Hay fútbol, fútbol y más fútbol.

Fútbol hoy

¿ . . . **musical?**

Le presenta música de **más de** 20 países diferentes.

Ritmos latinos

¿Quizás **una telenovela?**

¿Qué va a pasar con Rosario y Felipe en este programa **emocionante?**

Secretos de amor

—¿Qué quieres ver en la tele?

—¿La verdad? **Me aburre** la televisión. No me interesan nada los programas que **dan.**

—No estoy de acuerdo. Pienso que la televisión presenta muchos programas interesantes y divertidos.

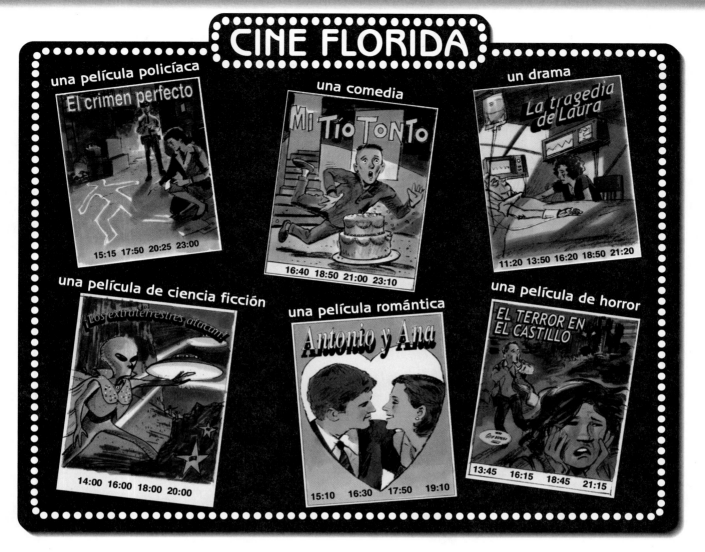

una película policíaca — El crimen perfecto — 15:15 17:50 20:25 23:00

una comedia — MI TÍO TONTO — 16:40 18:50 21:00 23:10

un drama — La tragedia de Laura — 11:20 13:50 16:20 18:50 21:20

una película de ciencia ficción — ¡Los extraterrestres atacan! — 14:00 16:00 18:00 20:00

una película romántica — Antonio y Ana — 15:10 16:30 17:50 19:10

una película de horror — EL TERROR EN EL CASTILLO — 13:45 16:15 18:45 21:15

—¿Qué dan en el Cine Florida?

—Hay seis películas. Mis amigos dicen que esta película policíaca es muy **violenta.** No quiero verla. Me interesan más las películas románticas como *Antonio y Ana.*

—Yo también quiero verla. ¿A qué hora va a **empezar?**

—**Empieza** a las cuatro y media, y **termina antes de** las seis. **Dura menos de** una hora y **media.**

—**¿De veras?** Son **casi** las cuatro. ¡Vamos ahora!

● **Más práctica**
Practice Workbook 9A-1, 9A-2

Go Online PHSchool.com
For: Vocabulary practice
Visit: www.phschool.com
Web Code: jcd-0901

Actividad 1
Escuchar

¿Qué dan en la tele hoy?

Vas a escuchar información sobre ocho programas del Canal 9. Señala cada tipo de programa en tu libro.

Actividad 2
Escuchar

¿Qué película vamos a ver?

Vas a escuchar siete frases sobre las películas que dan en el Cine Florida. Si una frase es lógica, haz el gesto del pulgar hacia arriba. Si no es lógica, haz el gesto del pulgar hacia abajo.

¿Qué dan en la tele?

¿Qué programa de televisión van a ver los chicos? Lee la historia.

Strategy

Scanning
Looking for details prior to reading can help with comprehension. Scan the reading and look for instances in which one or more people disagree about something. What do they disagree about and what are some expressions used?

España

1 **Ignacio:** ¿Qué dan en la televisión? Elena, ¿dónde está el mando a distancia?*

Elena: Está encima de la mesita, al lado de la lámpara.

Ignacio: ¡Ah, sí! Lo veo. Vamos a ver lo que hay . . .

*remote control

Ignacio

Javier

Jorgito

Elena

Ana

5 **Ignacio:** No me gustan estos programas **infantiles.** ¿Qué más hay?

Elena: Un momento . . . este programa de entrevistas es mi favorito. Hablan de todo. Ohhh, **¡acaban de** hablar con mi actor favorito!

Ignacio: Sí, y ya terminaron. **Por eso** no tenemos que verlo.

6 **Ignacio:** Podemos ver un programa de concursos.

Javier: ¿O un programa educativo? ¿O las noticias?

Todos: ¡Nooo!

Ignacio: ¡Tantos canales y no hay nada que ver!

Ana: ¿Por qué no vamos al cine?

7 **Ana:** Quiero ver una comedia.

Elena: Yo prefiero ver una película romántica.

Ignacio: No, son tontas. ¿Qué tal una película de ciencia ficción?

Todos: ¡Nooo!

Javier: Dan un drama nuevo en el Cine Capitol.

Todos: ¡Nooo!

2 **Ana:** ¡Fabuloso! Mi telenovela favorita.

Elena: Sí, me encanta. Es muy emocionante. **El actor** y **la actriz** principales son muy guapos.

Ignacio: ¡No! Me aburren las telenovelas. Vamos a ver otro canal.

Ana y Elena: Ignacio, ¡nuestra telenovela, por favor!

3 **Elena:** ¿Qué más hay? Mmmm. **¿Qué clase de** programa es éste?

Ana: Es **un programa de la vida real.** Es muy **realista.**

Ignacio: No son realistas. Pienso que son **tontos.** ¿Verdad, Javier?

Javier: Pues, no sé mucho **sobre** esta clase de programas.

4 **Jorgito:** Elena, quiero ver dibujos animados. **Ya** son las cuatro.

Elena: Jorgito, ¿no ves que estoy con mis amigos? Tú puedes ver la tele más tarde. Mira, puedes escuchar música en mi dormitorio.

Jorgito: Está bien, pero sólo hoy.

Todos: Adiós, Jorgito.

8 **Jorgito:** Ahora puedo ver los dibujos animados, **especialmente** mi favorito, *Rin, ran, run.* ¡Qué bien!

Actividad 3

Escribir/Hablar ·

¿Comprendes?

¿A quién(es) se refiere *(refers)* cada frase: Ana, Elena, Ignacio, Javier o Jorgito? Una frase puede referirse a más de una persona.

1. No me interesan nada las telenovelas.

2. No veo mucho los programas de la vida real.

3. Me encanta este programa. Hablan con actores.

4. Me encantan las telenovelas.

5. Voy a escuchar música.

6. Yo prefiero ver una película romántica.

7. Ahora no hay nadie aquí. Puedo ver mi programa favorito.

● **Más práctica** ·
Practice Workbook 9A-3, 9A-4

Go Online PHSchool.com

For: Vocabulary practice
Visit: www.phschool.com
Web Code: jcd-0902

Manos a la obra

Vocabulario y gramática en uso

Objectives

- Talk about different kinds of movies and television programs
- Express opinions and preferences about entertainment
- Use *acabar de* + infinitive to talk about things you have just done
- Tell why you don't do something
- Learn to use *gustar* and similar verbs

Actividad 4

Escuchar/Escribir/Hablar . . . .

Muchas opiniones

Un programa de radio les pregunta a sus oyentes *(listeners)* qué piensan de los diferentes programas de televisión.

 En una hoja de papel copia la tabla y escribe los números del 1 al 6. Vas a escuchar las opiniones de unas personas. Escribe la clase de programa en la primera columna y la descripción en la segunda columna. Luego escribe frases para expresar tu opinión.

Programa de televisión	Descripción
1. las comedias	muy cómicas

Modelo

Me encantan las comedias porque son muy cómicas.

❷ Habla con otro(a) estudiante. Di si estás de acuerdo con sus opiniones.

Modelo

Estoy de acuerdo. Las comedias son muy cómicas.
o: *No estoy de acuerdo. Las comedias son muy tontas.*

Actividad 5

Escribir . . . .

Buenos ejemplos

Escoge seis de los siguientes programas de televisión. Luego escribe frases para dar un buen ejemplo de los diferentes programas.

Modelo

Frasier *es una comedia.*

Hablar ···

¿Te gustaría ver . . . ?

Usa la información que escribiste en la Actividad 5 y habla con otro(a) estudiante sobre qué clase de programas le gustaría ver. Él o ella puede usar las siguientes palabras.

me aburren	tontos, -as	fascinantes
me gustan	emocionantes	cómicos, -as
me interesan	violentos, -as	infantiles
me encantan	realistas	**¡Respuesta personal!**

Modelo

A —¿Te gustaría ver <u>una comedia</u> como <u>Frasier</u>?
B —¡Uf! <u>Me aburren las comedias. Son tontas.</u>
o: ¡Por supuesto! <u>Me encantan las comedias. Son cómicas.</u>

 Escuchar/Escribir ················

Escucha y escribe

Escucha y luego escribe en una hoja de papel lo que dice un joven sobre un programa de televisión que ve.

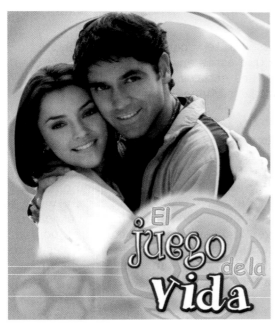

El juego de la vida, una telenovela popular de Televisa (México)

  Escribir/Hablar ············

¿Qué programa ves tú?

❶ Usa la descripción del programa de televisión de la Actividad 7 como modelo y escribe sobre un programa que tú ves. No debes nombrar el programa en la descripción.

❷ Lee tu descripción a otros(as) estudiantes de la clase. Ellos deben identificar el programa que describes.

Fondo cultural

Las telenovelas Venezuela, Mexico, Argentina, and Spain produce many soap operas that are popular with people of all ages. Unlike soap operas in the United States that continue for years with the same characters, the *telenovelas* frequently last only a matter of months. They are then replaced with new shows and different characters.

• What are the advantages of stories that continue for years versus stories that are new every several months? Which would you prefer?

Actividad 9

Leer/Hablar ·

¿Qué dicen los críticos?

Lee el artículo abajo que escribieron los críticos Guillo y
Nadia. Luego trabaja con otro(a) estudiante para decidir qué
película van a ver. Contesta las preguntas en el recuadro.

Nota

Use *más / menos de* with
numbers.

- **más de** tres horas
- **menos de** diez personas

> **Modelo**
>
> **A** —*Acabo de leer un artículo sobre la película . . .*
> *¿Te gustaría verla?*
> **B** —*¿Qué clase de película es?*

¿Qué clase de película es?	¿Cuánto tiempo dura?
¿De veras? ¿Cómo es?	¿Quiénes son los actores principales?
¿Sí? ¿Qué pasa en la película?	Pues, ¿quieres verla?

En nuestra opinión

¿Piensas ir al cine este fin de
semana? Nadia y Guillo te dan
sus impresiones de tres nuevas
películas . . .

★★★ recomendable
★★ más o menos
★ no la recomiendo

Guillo

Nadia

Cuando el amor llega Con Cristina Campos y
Rafael Montenegro. Una película romántica
sobre un joven rico enamorado de una chica
pobre. Ante la oposición de sus padres, el
amor de los jóvenes es imposible. Esta
película, de dos horas y media, es similar a
las viejas fórmulas de las telenovelas—un
poco tonta y aburrida. Los protagonistas son
buenos, pero los actores secundarios son
demasiado dramáticos. Recomendable para
personas que no tienen nada que hacer. (★)

Mis padres son de otro planeta Unos chicos
descubren que sus padres son originarios
de otra galaxia y que están en este planeta
para explorar y planear una invasión. Una
producción para toda la familia que combina
elementos de comedia y ciencia ficción. Es
tan fascinante y cómica que no puedes
creer que estás en el cine por más de tres
horas. Los actores principales, Javier
Zaragoza y Miguel Vilar, son fantásticos.
(★★★)

Mi perro es mi héroe Un drama para toda
la familia—no es violenta y es bastante
realista. Un poco infantil, pero con mucha
acción y emoción. El mejor amigo del
hombre, el perro, con inteligencia y valor, le
salva la vida* a toda la familia. La película
es divertida pero un poco corta (menos de
dos horas). Tiene muy buenos actores, como
Ana Jiménez y Antonio Barrera. Es una
buena película. (★★★)

*saves the life

Pensar/Hablar/Escribir ·

¿Cuántas horas de tele?

Vas a calcular el promedio *(average)* de horas que tus compañeros ven la tele.

Conexiones | Las matemáticas

1 Escribe el número de horas que viste la tele cada día de la semana pasada. Suma *(Add up)* estas horas. Calcula el promedio de horas para cada día.

_____ *(total de horas)* dividido por 7

2 Trabaja con un grupo de cuatro personas. Pregunta a tus compañeros(as) el tiempo promedio que vieron la televisión cada día. Escribe la información que recibes de tu grupo.

Modelo
_____

A —*Como promedio, ¿cuántas horas viste la tele cada día?*

B —*La vi casi dos horas cada día.*

3 Calcula el promedio de horas que tu grupo vio la tele cada día la semana pasada. Escribe una frase para presentar la información a la clase.

  Pensar/Leer/Hablar ·

La tele en tu vida

En un estudio reciente, se dio a conocer que, como promedio, las personas de los Estados Unidos ven casi cuatro horas de tele al día. ¡La suma de estas horas equivale a casi dos meses al año frente a la televisión!

1 Usa el promedio de horas de tu grupo de la Actividad 10 y calcula el número total de horas que vieron la tele en un año.

• 365 días al año por *(promedio de horas)* son *(total de horas)* al año

2 Usa el total de horas al año para contestar estas preguntas. *(Nota: Hay aproximadamente 720 horas en un mes.)*

1. ¿Tu grupo ve la tele más de un mes al año o menos?

2. ¿La ven Uds. más que el promedio de personas en los Estados Unidos o menos? ¿Y de las personas en los otros países de la gráfica?

3. ¿Crees que las personas en los países de la gráfica ven demasiada tele? ¿Por qué?

Fuente: Red de los que apagan la tele

Gramática

Acabar de + infinitive

When you want to say that something just happened,
use the present tense of *acabar de* + infinitive.

Acabo de ver un programa musical.   *I just saw a music program.*

Mis padres **acaban de ir** al cine.   *My parents **just went** to the movies.*

Acabamos de hablar de esa película.   *We just talked about that movie.*

Although the action took place in the past, the
present-tense forms of *acabar* are used.

GramActiva VIDEO

Want more help with
acabar de + infinitive?
Watch the
GramActiva video.

acabo de

Actividad 12 · Gramática · Escribir

¡Acaban de hacer muchas cosas!

La familia Martínez acaba de hacer muchas
cosas esta mañana antes de ir a estudiar y
trabajar. Lee la lista de quehaceres y escribe
quién acaba de hacer qué cosa.

Modelo

mamá / preparar el desayuno de sus hijos
*Mamá acaba de preparar el desayuno de
sus hijos.*

Quehaceres ...

1. mamá / preparar el desayuno de sus hijos ✓
2. Carlitos / comer el desayuno ✓
3. Mariel / limpiar su dormitorio ✓
4. Ezequiel / sacar la basura ✓
5. Ezequiel, Carlitos y Mariel / terminar ✓ su tarea
6. papá / pasar la aspiradora en la sala ✓
7. Elena / dar de comer al gato ✓
8. todos / buscar sus abrigos ✓

Fondo cultural ■◆◇▽■◆◇▽■◆

Sábado gigante is one of the longest running
shows in television history. Its popular host, Don
Francisco, started this unique variety program in
his native Chile in 1962. It now airs from Miami
every Saturday night and brings comedy, celebrity
guests, musical performances, games, and contests
to its more than 100 million viewers in 42
countries.

- What television shows do you know that have
  enjoyed continued success over the years?

El famosísimo Don Francisco

434 **cuatrocientos treinta y cuatro**
Tema 9 • Medios de comunicación

Actividad 13

Escribir/Hablar

Acabo de ver . . .

1 Copia la gráfica en una hoja de papel. Escribe tres clases de programas de televisión, obras de teatro o películas que acabas de ver. Da el nombre y haz una descripción.

Acabo de ver . . .	Nombre	Descripción
Una película romántica	¡No puedo vivir sin ti!	demasiado triste

¿Recuerdas?

Some adverbs you can use in descriptions are:

bastante   muy

demasiado   un poco

2 Trabaja con otro(a) estudiante para hablar sobre lo que acaban de ver.

Modelo

A —*Acabo de ver una película romántica.*

B —*¿De veras? ¿Cómo se llama?*

A —*¡No puedo vivir sin ti!*

B —*¿Te gustó?*

A —*No, no me gustó porque es demasiado triste.*

● **Más práctica**

Practice Workbook 9A-5

Go Online
PHSchool.com

For: Practice with *acabar de*
Visit: www.phschool.com
Web Code: jcd-0903

Exploración del lenguaje

Words of Greek and Arabic origin

Languages change when regions and nations interact with, or are conquered or colonized by, people who speak a different language. Long before the Romans brought Latin to Spain, certain Greek words had entered the Latin language. Words like *el problema, el programa,* and *el drama* originally were masculine nouns in Greek. When they came into Latin and then Spanish, they kept their masculine gender even though they end in *a*.

Try it out! Which of these new words would you use in the following sentences?

el clima   el sistema   el poema

1. No comprendo _____ de clasificación de películas en ese país.

2. Me gustaría visitar Panamá porque _____ allí es tropical.

3. Me gusta _____ que acabo de leer.

Arabic also had a large influence on Spanish. Around A.D. 700 the Arabic-speaking Moors invaded Spain from northern Africa. They ruled for 800 years and played a major role in the development of the Spanish language and culture. Words that came from Arabic often begin with the letters *al-*. Many words in Spanish that have a *z* or a *j* in them are also of Arabic origin. You know these words that came from Arabic: *alfombra, azúcar, naranja.*

Try it out! You also know these words that are from Arabic. Fill in the missing letters.

a_ul   _macén   _anahoria

Gramática

Gustar and similar verbs

Even though we usually translate the verb *gustar* as "to like," it literally means "to please." So when you say, *Me gustan los programas deportivos,* you're actually saying, "Sports programs are pleasing to me." *Programas deportivos* is the subject of the sentence, and *me* is the indirect object. Here's the pattern:

indirect object + form of *gustar* + subject

The subject in a sentence with *gustar* usually follows the verb. You need to know if the subject is singular or plural to know which form of *gustar* to use. If the subject is singular, use *gusta.* If it's plural, use *gustan.* If it's an infinitive, use *gusta.*

Me gust**a el actor** en la telenovela pero no me gust**an las actrices.**

A mis amigos les gusta **ver** películas.

To emphasize or clarify *who* is pleased, you can use an additional *a* + pronoun:

A mí me gustan los dibujos animados, pero **a él** no le gustan.

Here are the other verbs you know that are similar to *gustar:*

aburrir	A mí **me aburren** las películas románticas.
doler *(o→ue)*	A Fernando **le duelen** los pies.
encantar	A mis padres **les encanta** el teatro.
faltar	**Me faltan** un cuchillo y un tenedor.
interesar	**Nos interesan** mucho los programas musicales.
quedar	¿No **te queda** bien el vestido?

¿Recuerdas?

You have used *me gusta(n), te gusta(n),* and *le gusta(n)* to talk about what a person likes.

• A mí **me gusta** el cine pero a mi hermano **le gusta** más la televisión.

GramActiva VIDEO

Want more help with *gustar* and other similar verbs? Watch the **GramActiva** video.

le gustan

Actividad 14 **Gramática** **Escuchar/Escribir**

Escucha y escribe

Escucha las opiniones de la familia Linares sobre los programas que dan en la televisión. En una hoja de papel, escribe los números del 1 al 6 y escribe las frases que escuchas.

Mirando la tele en familia.

Actividad 15 Escribir/Hablar

A mí y a ti

❶ Trabaja con otro(a) estudiante. Copia el diagrama Venn en una hoja de papel. Escribe el nombre de tu compañero(a) encima del óvalo a la derecha. En el óvalo indicado con *A mí* escribe cinco clases de películas o programas de televisión que te gustan.

❷ Pregunta a tu compañero(a) si le gustan las clases de programas y películas que tú escribiste. Si a él o a ella le gusta la clase de programa o película, escribe el nombre en el óvalo de la derecha. (Vas a usar el diagrama Venn en la Actividad 16.)

Modelo

A mí   A nosotros   A Rosa

los programas policíacos
las películas de horror

las películas de horror

Modelo

A —¿*Te gustan los programas policíacos?*
B —*A ver . . . no, no me gustan mucho.*
A —*Pues, ¿te gustan las películas de horror?*
B —*Sí, me gustan mucho.*

Actividad 16 Escribir

A nosotros nos gusta . . .

Compara los dos lados de tu diagrama. Escribe las clases de programas y películas que a los dos les gustan en el centro de ese diagrama. Escribe al menos cinco frases completas para describir qué les gusta a Uds.

Modelo

A mí   A nosotros   A Rosa

los programas policíacos
las películas de horror

las películas de horror

las películas de horror

Modelo

A nosotros nos gustan las películas de horror.
A mí me gustan los programas policíacos pero a Rosa no le gustan.

Fondo cultural

Cable television The cable and satellite television industry in Latin America has grown tremendously. Hundreds of channels are available to viewers. Some cable channels specialize in news or sports, and offer their programming to other countries as well. Among the sports, soccer is the one that attracts the most viewers. The World Cup is enormously popular in Latin America and around the world.

• What Latin American programs can you find in your local cable or satellite listings? Watch some of them to find out where these programs are produced.

LO MEJOR DEL DESCENTRALIZADO 2002 SÓLO EN CABLE MÁGICO DEPORTES.

CABLE MÁGICO

Juego

1 Trabaja en grupos de cuatro personas. Necesitas 20 tarjetas de tres colores. Debes tener cinco tarjetas de un color para la columna 1, cinco de otro color para la columna 2 y diez del tercer color para la columna 3. En cada tarjeta, escribe una de las palabras o expresiones de las dos primeras columnas. Para la tercera columna, escribe dos palabras para cada categoría (por ejemplo, para "cuerpo" puedes escribir *el brazo* en una tarjeta, y *la pierna* en otra).

a mí	encanta(n)	cuerpo
a mi amigo(a)	duele(n)	películas
a nosotros	interesa(n)	clases
a mis amigos	aburre(n)	ropa
a Uds.	queda(n) bien	comidas

2 Baraja *(Shuffle)* las tarjetas de cada columna y ponlas boca abajo *(face down)* en sus tres grupos. Toma una tarjeta de cada grupo, forma una frase completa y di la frase. *Importante:* Para las palabras del primer grupo, vas a tener que escoger una de estas palabras: *me, te, le, nos, les.* Si tu grupo decide que la gramática de tu frase es correcta, recibes 1 punto. Recibes otro punto si la frase es lógica. Si puedes cambiar la frase para hacerla lógica, recibes 2 puntos.

duele(n)

a mi amigo(a)

el pescado

Modelo

A mi amigo le duele el pescado. (1 punto)
A mi amigo le duele la pierna. (2 puntos)

Pronunciación

Linking words

In Spanish just as in English, you don't pronounce a sentence as completely separate words. Instead, the words flow together in phrases. That is why it often seems that phrases or sentences sound as if they are one long word.

How the words flow together depends on the last sound of a word and the beginning sound of the following word. The flow of sounds is usually created by two of the same vowels, two different vowels, or a consonant followed by a vowel. Listen to and say these word combinations:

me‿encanta	de‿entrevistas	le‿aburre
nos‿interesa	dibujos‿animados	de‿horror

Try it out! Listen to and say these sentences. Be careful not to break the flow of sound where you see "‿".

Me‿interesa‿ese programa de‿entrevistas.

A‿Ana le‿aburre‿ese programa‿educativo.

La película de‿horror dura‿una‿hora‿y media.

Vamos‿a ver lo que‿hay‿en la tele.

Me‿encanta‿el‿actor y la‿actriz de‿esa telenovela.

Actividad 18

Escribir/Hablar

¿Qué hay en la tele?

A veces decimos, "¡Hay tantos canales y programas en la tele pero no hay nada interesante!" Ahora tienes la oportunidad de planear seis horas de televisión para el sábado, desde las 17.00 horas hasta las 23.00 horas, para un concurso que se llama "Tus propias seis horas en la tele."

1 Trabaja en un grupo de tres. Escriban una lista de programas o películas que les gustaría incluir *(include)* en las seis horas. Den esta información para cada programa o película:

- la clase de programa
- el nombre
- cómo es
- cuánto tiempo dura
- para quiénes es recomendable
- por qué le va a interesar al público

2 Preparen una presentación para la clase. Pueden hacer algo visual para acompañar su presentación.

3 Después de escuchar a los diferentes grupos, cada grupo va a votar por la mejor presentación. ¡No pueden votar por la suya *(your own)*! Los grupos tienen que escribir cuatro frases para explicar su decisión. El grupo que recibe más votos gana el concurso.

Modelo

Nosotros votamos por la presentación del grupo de Ana, David y Kathy. Tienen muchos programas que nos interesan a nosotros.

El español en la comunidad

- While many television networks are losing viewers, the number of viewers watching Spanish-language networks is growing. Look in your newspaper's TV guide and find listings for a Spanish-language network. Find the name of a program for each kind of show on p. 426. Watch a few minutes of one of the programs. Although you might find it difficult to understand, tune in from time to time. You'll be amazed at how much you'll learn!

- How are the listings similar to or different from those for the networks you usually watch? Write your impressions of the television show you watched.

● **Más práctica**

Practice Workbook 9A-6, 9A-7

Go Online
PHSchool.com

For: Practice with verbs like *gustar*
Visit: www.phschool.com
Web Code: jcd-0904

¡Adelante!

Lectura

Objectives

- **Read about TV-watching habits of teens**
- **Learn to use gestures**
- **Present a summary of a movie or TV show**
- **Watch *¿Eres tú, María?*, Episodio 9**

Una semana sin televisión

Strategy

Reading for comprehension
Read without stopping at unknown words. Then go back, decide if the words are important, and see if you can guess their meanings.

¿Sabes que los niños estadounidenses pasan más horas al año pegados a la pantalla de su televisión que haciendo cualquier otra cosa, a excepción de dormir?

Hay estudios que dicen que ver demasiado la televisión puede causar malos hábitos de comida, falta de ejercicio y obesidad. En cuatro horas de dibujos animados el sábado por la mañana los niños pueden ver 202 anuncios sobre refrescos, dulces y cereales azucarados. Esta comida combinada con las horas frente a la pantalla resulta en que uno de cada ocho niños estadounidenses tenga exceso de peso.

También hay estudios que dan nuevas pruebas de la relación entre la televisión y la violencia. Uno de estos estudios indica que niños que ven más de una hora de televisión al día tienen más probabilidad de ser violentos y agresivos de adultos.

Used with permission from TIME FOR KIDS magazine.

¿Quieres participar en una solución? Durante el mes de abril millones de personas en más de doce países apagan la tele por una semana. En vez de ver la tele los participantes van con sus familias o con amigos al campo, o a caminar, montar en bicicleta o visitar un parque.

¿Y qué pasa después de unos días sin televisión? Una niña de diez años dice:
—¿Para qué necesito la tele? Hay muchas cosas más interesantes que puedo hacer.

¿Comprendes?

Prepara información para un debate sobre la cuestión:
¿Es bueno o malo ver la televisión?

1. Escribe una lista de cuatro razones *(reasons)* en favor de no ver la tele. Usa información que leíste en el artículo.

2. Escribe una lista de cuatro razones en favor de ver la tele.

Y tú, ¿qué dices?

1. Usa la información en tu lista para expresar tu opinión: ¿Es bueno o malo ver la televisión? ¿Por qué?

2. Para ti, ¿va a ser fácil o difícil pasar una semana sin ver la televisión? ¿Por qué?

3. En Chile, a una persona que ve mucha televisión se le llama "un(a) tevito(a)." ¿Qué puedes decirle a un(a) tevito(a) para persuadirlo(a) a hacer otras cosas que son mejores para la salud?

For: Internet link activity
Visit: www.phschool.com
Web Code: jcd-0905

Comunicación sin palabras

Every culture has gestures that communicate a message. You've already seen gestures for *¡ojo!* and *más o menos*. Here are a few more gestures used in many Spanish-speaking countries to communicate a message.

mucha gente

¡Hay mucha gente en la fiesta!

(Place your fingertips together, then open your hand. Repeat this motion in a rhythmic gesture.)

un poco

Por favor, un poquito de postre.

¡a comer!

¡Vamos a comer!

(With your fingertips bunched, bring your hand up close to your mouth, then extend it forward, bending your arm at the elbow. Repeat the motion two or three times.)

¡qué rico!

¡Este plato está muy rico!

(Kiss the bunched fingertips of one hand, then quickly pull your hand away, extending your fingers.)

no sé

No sé dónde está el libro.

nada

No tengo nada.

Try it out! Work with a partner and create a short skit in which you use one of these gestures. Present it for the class.

Think about it! What gestures do you use most often? Do you ever use gestures that are the same as or similar to the ones shown on this page? Do you think you would understand some of the gestures on this page even without an explanation?

¿Qué dan esta semana?

Task
You are reviewing a movie or television show you have just seen for your school's closed-circuit TV system. Prepare a summary of the movie or show.

① Prepare Choose a movie or TV show to talk about. Cut out ads or photos about it from a newspaper or TV guide or download them from the Internet. Copy the chart below on a sheet of paper and provide the information for the movie or show you have chosen.

Strategy

Using charts
Create a chart to help you think through the key information you will want to talk about. This will help you speak more effectively.

Nombre	
Clase de película o programa	
Actor / actores	
Actriz / actrices	
Cómo es	
Cuánto tiempo dura	
Para quiénes es	
Tus impresiones	

② Practice Use your notes from the chart for your presentation. Create a poster with the visuals you have collected. Go through your presentation several times. You may use your notes in practice, but not when you present. Try to:

• provide all key information about the film or show

• use complete sentences in your presentation

• speak clearly

③ Present Present your chosen movie or television show to a small group or the class. Use your poster to help guide you through the presentation.

④ Evaluation Your teacher may give you a rubric for how your presentation will be graded. You probably will be graded on:

• how complete your presentation is

• how much information you communicate

• how easy it is to understand you

¿Eres tú, María?

Episodio 9

Antes de ver el video

"Paco, te digo que te necesito ahora mismo.
Por favor, rápido. Y a Margarita, también."

Nota gramatical What's a good mystery without an expression like "Follow her!"? In this episode you'll hear several uses of the verb to follow: *seguir*.

sigo	seguimos
sigues	seguís
sigue	siguen

Resumen del episodio

Al día siguiente Lola va a su trabajo, cuando ve a María. ¡Qué suerte! Lola la sigue y llama a Paco y a Margarita. Ella necesita a los dos ahora mismo para ayudarla. Vigilan[1] a María y a un hombre en el café, y Margarita muestra[2] sus talentos de detective. Es evidente que María y el hombre no están nada contentos. Pero, ¿quién es este hombre misterioso y por qué quiere irse de Madrid?

[1] They watch   [2] shows

Palabras para comprender

¡Venid! Come!
ve a sentarte go sit
aparece appears
quiere irse wants to go away
vengan en seguida come right away
sigue vigilando continue watching

—¡Ay de mí!
—Cálmate, Lola.

"Lola, ¿quién es ese hombre? ¿De qué están hablando?"

"Ahora lo comprendo todo. Voy a llamar al Inspector Gil."

Después de ver el video

¿Comprendes?

A. Contesta las preguntas.

1. ¿Quiénes ayudan a Lola con la investigación?

2. ¿Quién va al café para escuchar a María y al hombre?

3. ¿Está Lola tranquila o nerviosa? ¿Por qué?

4. Según Lola, ¿quién es el hombre en el café?

5. Según Margarita, ¿quién es la chica en el café?

6. Según Margarita, ¿el hombre quiere quedarse (stay) en Madrid o quiere irse?

B. Lola dice, "Ahora lo comprendo todo." En tu opinión, ¿qué comprende Lola? ¿Cuál es la solución del misterio?

For: More on *¿Eres tú, María?*
Visit: www.phschool.com
Web Code: jcd-0507

Repaso del capítulo

Vocabulario y gramática

Chapter Review

To prepare for the test, check to see if you . . .
- **know the new vocabulary and grammar**
- **can perform the tasks on p. 447**

to talk about television shows

el canal	channel
el programa de concursos	game show
el programa deportivo	sports show
el programa de dibujos animados	cartoon show
el programa de entrevistas	interview program
el programa de la vida real	reality program
el programa de noticias	news program
el programa educativo	educational program
el programa musical	musical program
la telenovela	soap opera

to talk about movies

la comedia	comedy
el drama	drama
la película de ciencia ficción	science fiction movie
la película de horror	horror movie
la película policíaca	crime movie, mystery
la película romántica	romantic movie

to give your opinion of a movie or program

cómico, -a	funny
emocionante	touching
fascinante	fascinating
infantil	for children; childish
realista	realistic
tonto, -a	silly, stupid
violento, -a	violent
me aburre(n)	it bores me (they bore me)
me interesa(n)	it interests me (they interest me)

to ask and tell about movies or programs

el actor	actor
la actriz	actress
dar	to show
durar	to last
empezar *(e → ie)*	to begin
terminar	to end
más / menos de	more / less than
medio, -a	half
¿Qué clase de . . . ?	What kind of . . . ?

to talk about what has just happened

acabar de + *infinitive*	to have just . . .

verbs similar to *gustar*

aburrir	to bore
doler *(o → ue)*	to hurt, to ache
encantar	to please very much, to love
faltar	to be missing
interesar	to interest
quedar	to fit

other useful expressions

antes de	before
casi	almost
¿De veras?	Really?
especialmente	especially
por eso	therefore, for that reason
sobre	about
ya	already

● **Más práctica**
Practice Workbook Puzzle 9A-8
Practice Workbook Organizer 9A-9

For *Vocabulario adicional,* see pp. 472–473.

Preparación para el examen

On the exam you will be asked to . . .	Here are practice tasks similar to those you will find on the exam . . .	If you need review . . .

1 Escuchar Listen and understand as people express opinions about movies and TV programs

Listen as you hear a phone pollster ask people about TV programs they have watched on the new Spanish-language cable station. For each viewer, decide if the shows were: a) boring; b) interesting; c) too violent; d) too childish or silly.

pp. 426-429 *A primera vista*
p. 430 Actividad 4
p. 431 Actividades 6–7
p. 435 Actividad 13

2 Hablar Ask and answer questions about the types of movies and TV programs people prefer

Tell your partner about a movie or TV program you just saw and express your opinion about it. Ask if your partner saw the same thing and what he or she thought of it. If your partner didn't see it, ask him or her to tell about something he or she just saw. You might say: *Acabo de ver una película fantástica con Tom Cruise . . .*

pp. 426-429 *A primera vista*
p. 430 Actividad 4
p. 431 Actividad 6
p. 432 Actividad 9
p. 435 Actividad 13
p. 437 Actividad 15
p. 443 *Presentación oral*

3 Leer Read and understand what an entertainment critic writes about a new TV program

Before class begins, you grab a Spanish-language magazine and turn to the entertainment section. After reading part of the entertainment critic's review, see if you can determine his opinion of a new soap opera series, *Mi secreto.* Does he like it? Why or why not?

*En el primer episodio de **Mi secreto,** nos aburren con una historia infantil y con actores sin talento que quieren ser emocionantes pero no pueden. ¡Pienso que este programa es para las personas que no tienen nada que hacer!*

pp. 426-429 *A primera vista*
p. 432 Actividad 9

4 Escribir Write about a movie you recently saw

You are keeping a journal to practice writing in Spanish. Today you are going to write about a movie you saw recently. Mention the name of the movie, the type of movie it is, and what you liked or disliked about it.

p. 431 Actividad 8
p. 435 Actividad 13
p. 437 Actividades 15–16
p. 443 *Presentación oral*

5 Pensar Demonstrate an understanding of common gestures

You have learned that almost all cultures can communicate without words. With a partner, see if you can demonstrate the six gestures you have learned in this chapter from the Spanish-speaking world. Are these gestures similar to those in our culture?

p. 442 *La cultura en vivo*

Fondo cultural

Reading the Letter is from painter Pablo Picasso's Neo-Classical period, when he was influenced by ancient Roman sculpture. He used simplified color and heavy lines. The thickness of the hand over the man's shoulder on the right can remind you of weighty, unmoving, ancient statuary.

• What other characteristics of statuary do you see in the painting?

Reading the Letter (1921), Pablo Picasso

Oil on canvas, 184 x 105 cm. Photo: J.G. Berizzi. Musée Picasso, Paris, France.
© 2004 Estate of Pablo Picasso/Artists Rights Society ARS, New York. Photo credit: Réunion des Musées Nationaux/Art Resource, NY.

Edificio de Correos, Madrid, España

Capítulo 9B

La tecnología

Chapter Objectives

- **Talk about computers and the Internet**
- **Learn to ask for something and to tell what something is used for**
- **Talk about knowing people or knowing how to do things**
- **Understand cultural perspectives on using technology**

Video Highlights

A primera vista: *¿Cómo se comunica?*

GramActiva Videos: the present tense of *pedir* and *servir; saber* and *conocer*

Videomisterio: *¿Eres tú, María?*, Episodio 10

Country Connection

As you learn about different means of communication and how technology changes people's lives, you will make connections to these countries and places:

España

México   Texas

Go Online
PHSchool.com

For: Online Atlas
Visit: www.phschool.com
Web Code: jce-0002

A primera vista

Vocabulario y gramática en contexto

Objectives

Read, listen to, and understand information about
- computers and ways to use computers
- ways to communicate

" En **el laboratorio** en nuestra escuela, los estudiantes **saben** usar las computadoras para hacer muchas cosas. A muchos estudiantes les gusta . . .

la diapositiva

la computadora portátil

. . . **crear documentos** o escribir **una composición,**

. . . hacer **gráficos,**

. . . y preparar **presentaciones** con diapositivas.

Otros estudiantes **están en línea** para **navegar en la Red.** Pueden **buscar un sitio Web** o **bajar información** para **un informe.**

una canción

A otros les interesa **grabar un disco compacto.** Esta chica graba canciones."

—Nunca **me comunico** con **el correo electrónico**. ¿Es **complicado?** ¿Debo **tomar un curso** para aprender?

—No, abuelito, puedes aprender fácilmente. No debes **tener miedo de** usar la computadora. Y siempre me puedes **pedir** ayuda. ¿Cómo **te comunicas** con tus amigos que no viven cerca?

—Prefiero **enviarles** una carta o una tarjeta o puedo visitarlos para hablar cara a cara. Es mucho más personal.

la carta

Querida amiga,

la tarjeta

Feliz cumpleaños

hablar cara a cara

 Escuchar . . . .

¿Sí o no?

Vas a escuchar siete frases. Si una frase es cierta, haz el gesto del pulgar hacia arriba. Si una frase es falsa, haz el gesto del pulgar hacia abajo.

● **Más práctica** . . . .
Practice Workbook 9B-1, 9B-2

For: Vocabulary practice
Visit: www.phschool.com
Web Code: jcd-0911

 Escuchar . . . .

¿Es lógico?

Primero lee las respuestas. Luego escucha cada conversación y escoge el comentario más lógico.

1. **a.** Al papá le gusta usar la Red.
   b. El papá no sabe usar la Red.

2. **a.** El estudiante quiere grabar un disco compacto.
   b. El estudiante quiere bajar información.

3. **a.** Va a enviarle una carta.
   b. Va a enviarle una tarjeta.

¿Cómo se comunica?

Ana sabe usar una cámara digital y una computadora. Ella puede navegar en la Red y tiene su propia página Web. ¿Qué le va a enseñar a Javier?

Strategy

Recognizing cognates
Recognizing cognates in the following dialogue can help improve your understanding. Skim the reading and make a list of the cognates.

España

Javier

Ana

1 Javier: Hola, Ana. ¿Cómo estás?

Ana: Muy bien, ¿y tú? Mira. Acabo de comprar esta **cámara digital.** Es fascinante. ¿La **conoces?**

Javier: A ver. No **conozco** ese tipo de cámara. ¡Qué interesante!

5 Ana: Aquí puedes navegar en la Red o **visitar salones de chat.** Mira, mi **página Web.** Yo la hice.

Javier: ¿Tú la hiciste? ¡Qué bien! Pero . . . **¿para qué sirve?**

Ana: El Internet **sirve para** mucho. Puedes **escribir por** correo electrónico, buscar información, jugar juegos . . .

6 Ana: Tengo una idea. Tu amigo Esteban tiene **dirección electrónica, ¿**no?

Javier: Creo que sí. ¡Ah! Aquí está en su carta.

7 Javier: Hola, Esteban. Saludos desde un cibercafé en Madrid . . .

Ana: ¡Eso es! Tú vas a escribirle por correo electrónico. Y le vamos a enviar esta foto de nosotros.

2 **Ana:** ¿Adónde vas?

Javier: Voy a enviar una tarjeta a Esteban, mi amigo en San Antonio. Mira, tengo una foto de él.

Ana: Mmmm. Es muy simpático, ¿no? Si quieres, te acompaño.

3 **Ana:** Vamos, Javier. Uno, dos, tres. Y mira, aquí estás. **¿Qué te parece?**

Javier: Muy bien. Sacaste las fotos muy **rápidamente.** Veo que no es complicado.

4 **Javier:** Un momento, voy a enviar mi tarjeta.

Ana: ¿Por qué no te comunicas con Esteban por correo electrónico?

Javier: Porque no tengo ordenador.

Ana: No importa. En Madrid hay muchos cibercafés. Vamos a uno.

8 **Javier:** . . . y aquí estoy con mi buena amiga, Ana. ¿Qué tal la familia? Y el cumpleaños de Cristina, ¿cómo lo pasaste?

Esteban: Es evidente que Javier está muy contento en Madrid.

También se dice . . .

la computadora = el ordenador (*España*)

 Actividad 3 Leer/Escribir · · · · · · · · · · · · · · · ·

¿Comprendes?

En cada frase hay un error. Lee la frase y después escribe la frase con la información correcta.

1. Ana acaba de comprar una computadora portátil.

2. Javier quiere enviarle a Esteban una carta.

3. Javier no le escribe por correo electrónico porque no le gusta usar las computadoras.

4. Javier saca las fotos con la cámara digital.

5. Según Ana, la Red no sirve para mucho.

6. Ana le escribe a Esteban por correo electrónico.

7. Javier le pregunta a Esteban sobre el cumpleaños de Angélica.

● **Más práctica** ·
Practice Workbook 9B-3, 9B-4

Go Online
PHSchool.com

For: Vocabulary practice
Visit: www.phschool.com
Web Code: jcd-0912

Manos a la obra

Vocabulario y gramática en uso

Objectives
- Talk about traditional and electronic forms of communication
- Talk about how computers are used
- Express opinions about computers
- Learn *e→i* stem-changing verbs: *pedir* and *servir*
- Know when to use *saber* and *conocer*

Actividad 4

 Leer/Pensar/Hablar

La computadora y tú

① Toma esta prueba *(test)* sobre cómo usas la computadora. Determina tu evaluación y lee la recomendación del Centro de Computación.

② Pregunta a otro(a) estudiante qué curso debe tomar según los resultados de la prueba. Tiene que darte tres razones *(reasons)* para justificar el curso.

Modelo

A —¿Qué curso debes tomar?
B —Debo tomar un curso avanzado.
A —¿Por qué?
B —Porque ya navego en la Red y busco sitios Web. Sé crear un sitio Web.

Fondo cultural

Las cuevas de Altamira Long before people were able to write, they drew pictures on cave walls. These are the first record we have of communication. Spectacular paintings of bison, deer, horses, and wild boars were discovered in 1879 in the caves of Altamira in northern Spain. These drawings are more than 14,000 years old.

- Why do you think the cave dwellers drew pictures of animals? What would you draw?

Un bisonte en la cueva de Altamira

La computadora y tú

1. ¿Cómo te comunicas más con otras personas?
   a. Les hablo cara a cara.
   b. Les envío cartas o tarjetas.
   c. Les escribo por correo electrónico.
   d. Visito salones de chat.

2. ¿Cómo buscas información cuando escribes informes?
   a. Voy a la biblioteca por un libro.
   b. Les pido ayuda a mis amigos.
   c. Navego en la Red y busco sitios Web.
   d. Bajo documentos que me sirven mucho.

3. ¿Qué sabes hacer en la computadora?
   a. Sé encender* la computadora.
   b. Sé escribir una composición.
   c. Sé crear una presentación usando diapositivas.
   d. Sé crear un sitio Web.

4. ¿Para qué te sirve la computadora?
   a. No me sirve para nada.
   b. Me sirve para jugar juegos.
   c. Me sirve para navegar en la Red.
   d. Me sirve para buscar y bajar información.

5. ¿Cuál es tu opinión de las computadoras?
   a. Tengo miedo de las computadoras.
   b. Las computadoras son demasiado complicadas.
   c. Las computadoras me ayudan a hacer cosas más rápidamente.
   d. Las computadoras son necesarias para la comunicación.

Evaluación
Cada a = 1 punto
Cada b = 3 puntos
Cada c = 4 puntos
Cada d = 6 puntos

El Centro de Computación tiene cursos ideales para ti. Según el resultado de la prueba, debes tomar uno de estos cursos:

Puntos	Tu curso ideal
de 5 a 10	Básico 1
de 11 a 16	Básico 2
de 17 a 23	Intermedio
de 24 a 30	Avanzado

*turn on

Actividad 5

Escuchar/Escribir

Opiniones diferentes

1 Vas a escuchar las opiniones de cuatro personas sobre cómo prefieren comunicarse. En una hoja de papel, escribe los números del 1 al 4 y escribe lo que escuchas.

2 Después de escuchar sus opiniones, indica si crees que las personas que tienen estas opiniones están en la sala o en el laboratorio de computadoras.

Actividad 6

Leer/Escribir

Definiciones

Lee las definiciones y escribe la palabra correspondiente.

Modelo

Es cómo puedes enviar una carta por computadora.
el correo electrónico

1. Es una foto que podemos proyectar durante una presentación.

2. Es una composición musical que podemos cantar.

3. Es una forma de comunicación que usa bolígrafo y papel. *(Hay dos posibilidades.)*

4. Es un lugar en la Red que da información sobre una organización o una persona.

5. Es una computadora pequeña que puedes llevar a diferentes lugares.

6. Es un lugar en la escuela donde hay muchas computadoras que los estudiantes pueden usar.

7. Es una forma de comunicación bonita o cómica que le envías* a una persona para su cumpleaños.

8. Es algo visual que puedes crear o ver en la computadora.

9. Es algo que escribes sobre un tópico para una clase. *(Hay dos posibilidades.)*

*Enviar has an accent mark on the *i* in all present-tense forms except *nosotros* and *vosotros*.

La Real Academia Española was founded in Spain in 1713 with a mission to preserve the quality, elegance, and purity of the Spanish language. There are now *Academias* in all the Spanish-speaking countries, including the Philippines and the United States. Today the *Academias* ensure that changes in Spanish reflect the needs of its more than 360 million native speakers. La Real Academia Española publishes the most complete, authoritative dictionary of the Spanish language.

• Why do you think that it's important to preserve the quality and purity of a language?

La Real Academia Española en Madrid

Actividad 7

 Escribir/Hablar ·

¿Cómo te comunicas?

❶ Mira cada dibujo y escribe qué forma de comunicación es. Luego escribe por qué se usa esta forma de comunicación.

Modelo

hablar por teléfono
Casi todos tienen teléfonos. Es fácil.

1.

2.

3.

4.

❷ Trabaja con un grupo de cinco personas y pregunta a tus compañeros cómo se comunican con otras personas y por qué. Escriban sus respuestas.

❸ Una persona de cada grupo va a escribir en la pizarra la forma preferida de comunicación de su grupo. Según esta información, ¿cuál es la forma de comunicación preferida de la clase?

> **¿Recuerdas?**
> You use the indirect object pronoun *les* to mean "to them" or "for them."

> **Para decir más . . .**
> **eficiente** efficient
> **íntimo, -a** personal
> **rápido, -a** quick, fast

Modelo

A —*¿Cómo te comunicas con otras personas?*
B —*Les hablo por teléfono.*
A —*¿Por qué?*
B —*Porque casi todos tienen teléfonos y es fácil.*

Actividad 8

 Leer/Escribir/Hablar ·

¿Quiénes están en línea?

Lee el anuncio y luego contesta estas preguntas.

1. ¿Quiénes usan más el Internet: los estadounidenses o los españoles? ¿Los estadounidenses o los suecos?

2. ¿Usas tú el Internet a menudo, a veces o nunca?

3. Entre *(Among)* las personas que conoces, ¿quién usa más el Internet? ¿Para qué lo usa?

A sus teclados[1], listos... ¡a navegar!

¿Usas el Internet? En el mundo hay más de 400 millones de internautas. El récord lo tienen los suecos:[2] siete de cada diez personas usan la Red. En los Estados Unidos, seis de cada diez estadounidenses[3] la usan. En España la gente está muy lejos de esa cifra.[4] Sólo dos de cada diez españoles están conectados al Internet.

[1]keyboards　　[2]Swedes　　[3]Americans　　[4]figure

Escribir/Hablar

Y tú, ¿que dices?

1. ¿Tienes tú, o tiene tu familia o un(a) amigo(a), una computadora portátil? ¿Qué te parece?

2. ¿A veces tienes miedo de las computadoras? ¿Por qué?

3. ¿Tienes tu propia dirección electrónica? Crea una nueva dirección electrónica "inolvidable" para las personas que nunca recuerdan *(remember)* tu dirección.

4. ¿Qué sabes crear en la computadora?

5. ¿Qué sitio Web conoces mejor? ¿Qué te parece?

Exploración del lenguaje

Using *-mente* to form an adverb

Adverbs are words that describe verbs. They often tell *how* an action is performed. Many adverbs in English end in the letters *-ly: slowly, frequently, happily,* and so on. To form similar adverbs in Spanish, add the ending *-mente* to the feminine singular form of an adjective. This *-mente* ending is equivalent to the *-ly* ending in English.

rápida → rápidamente	fácil → fácilmente	general → generalmente
práctica → prácticamente	feliz → felizmente	especial → especialmente

Note that if the adjective has a written accent, as with *rápida, fácil,* and *práctica,* the accent appears in the same place in the adverb form.

Try it out! Give the adverb for each of the adjectives in the list. Then use each adverb in one of the sentences. Some sentences have more than one possible answer.

    normal   total   completo   frecuente   reciente

1. El laboratorio de nuestra escuela es _____ nuevo.

2. _____ les escribo a mis amigos por correo electrónico pero hoy les envío una carta.

3. _____ mis padres nos compraron una nueva computadora.

4. Mi hermano está _____ contento cuando está usando la computadora.

5. _____ grabamos canciones en un disco compacto.

The present tense of *pedir* and *servir*

Pedir and *servir* are stem-changing verbs in which the *e* in the stem of the infinitive changes to *i* in all forms except *nosotros* and *vosotros*.

Here are the present-tense forms of *pedir* and *servir*:

(yo)	pido	(nosotros) (nosotras)	pedimos
(tú)	pides	(vosotros) (vosotras)	pedís
Ud. (él) (ella)	pide	Uds. (ellos) (ellas)	piden

(yo)	sirvo	(nosotros) (nosotras)	servimos
(tú)	sirves	(vosotros) (vosotras)	servís
Ud. (él) (ella)	sirve	Uds. (ellos) (ellas)	sirven

Pedir means "to ask for."

    Juan **pide** la dirección electrónica.

    Pedimos más información sobre la Red.

Servir means "to serve" or "to be useful for."

    Servimos refrescos después de la clase.

    Las computadoras **sirven** para mucho.

GramActiva VIDEO

Need more help with *pedir* and *servir*? Watch the **GramActiva** video.

pido, sirvo

Actividad 10 **Gramática** **Escribir**

En la clase de tecnología

En la clase de tecnología hay muchas cosas que los estudiantes no pueden hacer. Por eso le piden ayuda al profesor. Escribe las frases.

Modelo

Fernando (no poder / bajar los gráficos)
Fernando le pide ayuda al profesor porque no puede bajar los gráficos.

1. Mario (no saber / grabar un disco compacto)
2. nosotros (no comprender / por qué hay un error)
3. tú (querer / crear una canción)
4. Marisol y Elena (no poder / abrir el documento)
5. yo (desear / enviar una foto por correo electrónico)
6. Vicente y yo (no poder / crear nuestro sitio Web)

Nota

In English you say that you ask *for* help. In Spanish, "for" is implied in the meaning of *pedir* and a separate word is *not* used.

Actividad 11

Hablar . . . .

¿Pides muchas cosas?

Habla con otro(a) estudiante sobre las cosas que les pides a diferentes personas.

| Modelo |

dinero

A —¿A quién le pides dinero?
B —Le pido dinero a mi mejor amiga, Luisa.
o: Les pido dinero a mis padres.

1. ropa nueva
2. tiempo libre sin tarea
3. ayuda con . . .
4. tu propio(a) . . .
5. tiempo libre sin quehaceres
6. ¡Respuesta personal!

> **¿Recuerdas?**
> The indirect object pronouns *le* and *les* mean "to him, her, you *(pl.)*, them." With *pedir*, they refer to the person whom you ask for something.

Actividad 12

Hablar/Escribir . . . .

Los mejores restaurantes

❶ Piensa en los restaurantes que conoces. ¿Qué sirven allí que te gusta? Con otro(a) estudiante, habla sobre los restaurantes y la comida que sirven.

| Modelo |

A —¿En qué restaurante comes?
B —Como en el restaurante . . . . A menudo pido . . . allí. Es muy . . . . Lo sirven con . . . .

❷ Ahora hablen con otra pareja de los restaurantes donde Uds. comen, lo que piden y con qué sirven las comidas. Preparen tres o más recomendaciones de restaurantes para presentar a la clase.

| Modelo |

Si Uds. quieren comer bien, recomendamos el restaurante Las Palmeras. Siempre pedimos el pescado . . . ¡es delicioso! Lo sirven con arroz. . . .

Actividad 13

Escribir/Hablar . . . .

Juego

Con otro(a) estudiante, escriban descripciones de tres cosas y expliquen para qué sirven. Lean las frases a otra pareja para ver si ellos pueden identificar las cosas.

| Modelo |

A —*Es una cosa bastante pequeña. Puede estar en tu mochila o pupitre. No cuesta mucho dinero.*
B —*¿Para qué sirve?*
A —*Sirve para escribir cartas o composiciones.*
B —*Es un bolígrafo.*

Actividad 14

Escribir/Hablar . . . .

Y tú, ¿qué dices?

1. ¿A quién le pides ayuda con la computadora? ¿Le pides ayuda a menudo o sólo a veces?

2. ¿Qué haces cuando tus amigos te piden ayuda con la computadora? ¿Para qué cosas te piden ayuda?

● **Más práctica** . . . .
Practice Workbook 9B-5

Gramática

Saber and conocer

Sé and *sabes* come from the verb *saber,* "to know." There is another verb in Spanish that also means "to know": *conocer.* Use *conocer* to talk about people, places, and things that you are familiar with.

Here are the present-tense forms of *saber* and *conocer.* Except for the *yo* forms, they are regular in the present tense.

¿Recuerdas?

You have used *(yo) sé* and *(tú) sabes* to talk about knowing a fact and to say what you know how to do.

• ¿**Sabes** dónde está la biblioteca?

• Yo **sé** esquiar bastante bien.

(yo)	sé	(nosotros) (nosotras)	sabemos
(tú)	sabes	(vosotros) (vosotras)	sabéis
Ud. (él) (ella)	sabe	Uds. (ellos) (ellas)	saben

(yo)	conozco	(nosotros) (nosotras)	conocemos
(tú)	conoces	(vosotros) (vosotras)	conocéis
Ud. (él) (ella)	conoce	Uds. (ellos) (ellas)	conocen

• *Conocer* is followed by the personal *a* when the direct object is a person. Direct object pronouns can also be used with *conocer.*

¿Conocen Uds. **a la señora** que trabaja en el laboratorio?

Sí, **la** conocemos bien. ¿Quieres **conocerla?**

GramActiva VIDEO

Watch the **GramActiva** video to learn more about using the verbs *saber* and *conocer.*

Sé bailar.

Actividad 15 Gramática Hablar

Lo que sabemos hacer

Habla con otro(a) estudiante sobre quiénes saben hacer las diferentes actividades en los dibujos.

Modelo

A —¿Quién sabe *esquiar?*

B —*Mario sabe esquiar.* *Lo hace a menudo.*

1.

2.

3.

4.

5.

6.

Actividad 16 Gramática
Escribir/Hablar

¿Qué lugares conoces?
¿Y a qué personas?

Si una persona visita tu comunidad y tu escuela, ¿puedes ayudarla a conocer a diferentes personas y lugares? Escribe frases completas con las formas apropiadas del verbo *conocer* y la información necesaria. Después lee tus frases a otro(a) estudiante. ¿Conocen Uds. a las mismas personas y los mismos lugares?

1. (Yo) _____ a muchos de los estudiantes en la clase de . . .

2. Mis amigos y yo (no) _____ a la secretaria de la escuela. Es la Sra. . . .

3. Mi hermano(a) / amigo(a) _____ bastante bien al (a la) profesor(a) de . . .

4. Mis amigos _____ bien el parque de diversiones . . .

5. (Yo) _____ la tienda . . . donde me gusta comprar . . .

6. Mi madre (padre) _____ bien *(un lugar en tu ciudad)* . . .

7. Si la persona necesita usar la computadora, nosotros _____ el programa de software . . .

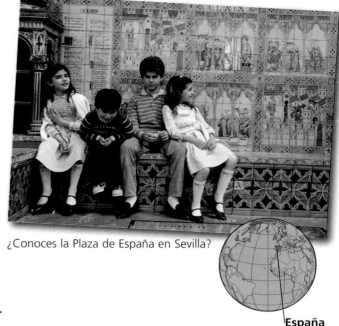

¿Conoces la Plaza de España en Sevilla?

España

Actividad 17 Gramática
Hablar

¿Saber o conocer?

Trabaja con otro(a) estudiante para ver lo que sabe y conoce.

Modelo

la persona que trabaja en la biblioteca de la escuela
A —¿Conoces a la persona que trabaja en la biblioteca de la escuela?
B —Sí, la conozco. Es la Sra. Wilton. Es muy simpática.
o: No, no la conozco.

bailar salsa
A —¿Sabes bailar salsa?
B —Sí, sé bailar salsa. Me encanta.
o: No, no sé bailar salsa.

1. la hermana de . . .
2. bajar información de la Red
3. el nombre de una canción en español
4. las cámaras digitales

5. España o México
6. la dirección electrónica de . . .
7. un sitio Web interesante
8. enviar fotos por la Red

Dividing words into syllables

Knowing how to divide words into syllables will help you sound out a new word. Just as in English, all syllables in Spanish include a vowel. When there is a consonant between two vowels, you divide the word into syllables before the consonant. The letter combinations *ch, ll,* and *rr* are never divided in Spanish.

Listen to and say these words:

ju-gar	pá-gi-na	la-bo-ra-to-rio	na-ve-gar
ca-lle	no-ti-cias	co-mu-ni-dad	a-bu-rri-do

When there are two consonants between vowels, you divide the word between the consonants. Exceptions are the blends *pr, pl, br, bl, fr, fl, tr, dr, cr, cl, gr,* and *gl*. These blends are never divided and go with the following vowel: *pro-ble-ma.* Listen to and say these words:

car-ta	in-fan-til	con-cur-sos	jar-dín
par-que	a-bri-go	des-can-sar	pa-dres

When there are three or more consonants between vowel sounds, the first two go with the vowel that precedes them and the third goes with the vowel that follows them: *trans-por-te.* When the second and third consonants form a blend, however, the first consonant goes with the vowel before it and the other consonants go with the vowel that follows them: *en-tre.*

Listen to and say these words:

es-cri-to-rio	com-pli-ca-do
en-tre-vis-tas	com-pras-te

Try it out! See if you can separate the following words into the correct syllables.

1. emocionante
2. rápidamente
3. computadora
4. anaranjado
5. electrónico
6. comunicamos

Actividad 18 Leer/Escribir

Los tres cerditos

Lee el anuncio y contesta las preguntas.

1. ¿Conocen los cerditos a la "persona" que está en la ventana? ¿Saben ellos lo que quiere?

2. ¿Tiene tu familia un servicio de identificación de llamadas en su teléfono? ¿Te gusta este servicio, o te gustaría tener este servicio? ¿Por qué?

3. ¿Te parece bien saber quién llama por teléfono? ¿Por qué?

4. ¿Te gusta hablar por teléfono? ¿Con quién te gusta hablar más?

¿Sabes quién es?
Pide el servicio de identificación de llamadas.
Si eres cliente de Teléfonos Caribe, es completamente gratis.

Así, siempre vas a saber quién está llamando.
¡Pídelo hoy! Llama al teléfono 20-05-617.

Leer/Pensar/Escribir/Dibujar . . . .

¿Qué inventos conoces?

Mucho antes de la invención de la computadora personal, había *(there were)* otros inventos que nos ayudaron a comunicar y que seguimos *(keep)* usando. Mira la línea cronológica y lee la lista de inventos. Luego contesta las preguntas.

Conexiones La tecnología

1829 | 1839 | 1868 | 1910 | 1939 | 1980
1800 | 1850 | 1900 | 1950 | 2000
1837 | 1840 | 1878 | 1884 | 1927 | 1953

la máquina de escribir
el teléfono móvil
el alfabeto Braille
el televisor

el televisor de color
la pluma
la primera película con sonido
el telégrafo

el sello
el código Morse
el teléfono
el walkie talkie

1. Identifica cada invento según el año en que se inventó y explica qué impacto tiene sobre la comunicación.

2. Busca información en la Red o en la biblioteca para identificar los inventores de cada invento de la lista.

3. ¿Cuál de estos inventos te parece el más importante? ¿Por qué?

4. Piensa en un invento que quieres hacer. ¿Para qué sirve? Escribe un párrafo y haz un dibujo para explicar tu invento.

El español en el mundo del trabajo

The need to share information will be crucial in the 21st century. Innovations from medicine, science, technology, engineering, manufacturing, and social services need to be communicated across the globe. With a partner, make a list of six ways in which information can be spread. For each, tell how knowing Spanish would be beneficial. Share your ideas with the class.

● **Más práctica** . . . .
Practice Workbook 9B-6, 9B-7

Go Online
PHSchool.com

For: Practice with *saber* vs. *conocer*
Visit: www.phschool.com
Web Code: jcd-0914

cuatrocientos sesenta y tres 463
Capítulo 9B

¡Adelante!

Lectura

La invasión del ciberspanglish

Lee este artículo sobre el Internet. El Internet sirve para muchas cosas aquí en los Estados Unidos y también en los otros países donde hablan español. Pero no es siempre fácil traducir[1] los términos técnicos.

Objectives

- **Read about the Internet and its impact on the Spanish language**
- **Learn about** *cibercafés*
- **Write an e-mail message defending your use of the computer**
- **Watch** *¿Eres tú, María?*, **Episodio 10**

Strategy

Using prior knowledge
Use what you know about a topic to help you understand what you read. This article is on the Internet and its impact on the Spanish language. List five things you know about the Internet that might help you with this reading.

La invasión del ciberspanglish

¿Te gusta usar el Internet? Actualmente[2] hay gente en todos los países del mundo que usa el Internet. Sirve para muchas cosas: para hacer compras, divertirse, educarse, trabajar, buscar información, hacer planes para un viaje y mucho más. Hoy en día uno no puede pensar en una vida sin computadoras o el Internet.

eTodo
Internet para todos

Bienvenido

**Haz clic en el botón
para entrar al sistema.**

Entrar

Si quieres explorar el Internet en español, hay una explosión de portales (sitios que sirven como puerta al Internet) en los Estados Unidos, España y América Latina. Como puedes imaginar, hay una rivalidad[3] grande entre estos portales para atraer[4] a los hispanohablantes. Algunos portales dan la misma información en inglés y español; sólo tienes que hacer clic para cambiarla.

[1] to translate [2] Nowadays
[3] rivalry [4] to attract

Juntos,[5] el inglés y el español en el Internet dieron origen al "ciberspanglish." A algunas personas no les gusta nada este nuevo "idioma."[6] Piensan que el español es suficientemente rico para poder traducir los términos del inglés. Hay otros que dicen que no hay problema con mezclar[7] los idiomas para comunicarse mejor. Piensan que el "ciberspanglish" es más fácil y lógico porque los términos técnicos vienen del inglés y expresarlos en español es bastante complicado.

Éste es un debate que va a durar[8] mucho tiempo, y no presenta grises.

Términos de ciberspanglish	Términos en español
emailear	mandar por correo electrónico
espam	un bombardeo de grandes cantidades de correo electrónico
chatear	conversar
hacer clic	picar con el ratón
hacer doble clic	picar dos veces con el ratón
rebootear	rearrancar
linkear	enlazar con una página en Internet
crashear	quebrar o chocar
formatear	hacer un formato
programar	escribir un programa
escanear	rastrear o digitalizar
surfear	explorar o navegar
hacer un upgrade	actualizar o subir un grado
el clipart	dibujos artísticos
hacer un exit	salir
printear	imprimir

[5]Together   [6]language   [7]mixing

¿Comprendes?

1. Look at the list you created for the Strategy "Using prior knowledge." Place a check mark next to any pieces of information mentioned in the article.

2. According to the article, how could the Internet help you learn more Spanish?

3. Summarize briefly the two sides of the argument related to *ciberspanglish.*

4. You have already learned that Spanish borrowed words from languages such as Greek and Arabic. Is *ciberspanglish* different? Why or why not?

5. What do you think the statement *Éste es un debate que . . . no presenta grises* means? Why is it appropriate as the closing statement for this article?

For: Internet link activity
Visit: www.phschool.com
Web Code: jcd-0915

¿Para qué usas una computadora?

In many Spanish-speaking countries, the use of computers and access to the Internet are often not as widespread as in the United States. Many homes don't have telephones, computers cost more money, and in many cases, the Internet is not as accessible. Schools and libraries may not have computers and the same access to the Internet as they do in most communities in the United States. For these reasons, many cybercafés have opened. Cybercafés are nice places for students to meet after school and work on assignments, do research, or e-mail friends. They offer very inexpensive access to the Internet.

Usando computadoras para estudiar en Quito, Ecuador

In recent years, the number of *portales* (portals) that serve as access points to the Internet has increased and many of these are offered in Spanish as well as English. The number of *buscadores* (search engines) has also increased, making it easier for Spanish speakers to search for information or just surf the Internet.

Check it out! Survey your friends. Over the course of one week, how much time do they spend using a computer and for what reasons?

Think about it! Name three ways that you think Spanish-language Internet sites could help you learn more Spanish and understand the perspectives of Spanish speakers.

Haciendo la tarea en la computadora

La computadora en mi vida

Task
Your parents think that you are spending too much time on the computer and you disagree. Send an e-mail message (of course!) to your best friend in Mexico explaining your position and how you plan to defend your computer use to your parents.

1 **Prewrite** Create a chart. In the first column, list at least three ways you use the computer. In the second column, write the benefit *(la ventaja)* to you.

Cómo uso la computadora	La ventaja
Busco información para mis clases en Internet.	Aprendo mucho y es muy interesante.

2 **Draft** Use the information from the chart to write the first draft of your e-mail. Here are some expressions you might include:

pienso que . . .   tengo que . . .
creo que . . .   primero (segundo, tercero), . . .

Strategy

Using supporting examples
When preparing a persuasive argument, you should first clearly state your position and then provide examples to support it. Making a list of your arguments will help you make a strong statement.

3 **Revise** Check for spelling, accent marks, verb forms, pronouns, and vocabulary use. Share the e-mail with a partner. Your partner should check the following:

• Is the paragraph easy to read and understand?

• Does it provide good reasons and support for your position?

• Is there anything that you could add to give more information or change to make it clearer?

• Are there any errors?

4 **Publish** Rewrite the e-mail, making necessary changes. Make a copy for your teacher and add it to your portfolio.

5 **Evaluation** Your teacher may give you a rubric for grading the paragraph. You may be evaluated on:

• the amount of information provided

• how well you presented each reason and its benefit

• use of vocabulary and accuracy of spelling and grammar

Videomisterio

¿Eres tú, María?

Episodio 10

Antes de ver el video

Resumen del episodio

Es el último episodio y Lola y el Inspector Gil van a solucionarlo todo. En realidad, ¿quién es María? ¿Qué importancia tiene Luis Antonio? ¿Quién tiene las joyas? ¿Cómo y por qué ocurrió el crimen? ¿Quién va a la cárcel? ¿Quién va a necesitar un buen abogado? ¿Qué pasa cuando Pedro ve a su abuela por primera vez?

Palabras para comprender

Deténgala. Arrest her.

No quería. I didn't want to.

las reconoció recognized them

los novios boyfriend and girlfriend

tomó took

mucha suerte a lot of luck

robarlas to steal them

no quería esperar didn't want to wait

Parece que . . . It seems like . . .

la cárcel jail

un abogado lawyer

Y tú, ¿qué piensas?

¿Sabes lo que va a pasar en este episodio? Escribe tus respuestas a las preguntas en el Resumen del episodio. Ahora, mira el episodio y compara tus respuestas con lo que pasó. ¿Tenías razón?

Después de ver el video

¿Comprendes?

A. ¿A quién(es) describe cada frase: Lola, María, Julia, Luis Antonio, Pedro o doña Gracia?

1. Pues, señorita, es evidente que Ud. sabe mucho.
2. Las reconoció en el hospital.
3. Es evidente en la foto que son novios.
4. Murió en el hospital.
5. No puede ver muy bien.
6. Viene a Madrid para vivir con ella.
7. Tiene ochenta y cinco años y está en buena salud.
8. Entra en el piso y ataca a la señora.
9. Ud. no va a París, señor. Ud. va a la cárcel.
10. La mejor detective de Madrid.

B. Con un grupo de tres o cuatro estudiantes, escoge una escena del video. Tu profesor(a) les va a dar el guión *(script)* de la escena. Representen la escena para la clase. Hay que aprender de memoria el papel *(the part),* llevar la ropa del personaje y representar la escena de una manera bien profesional.

Go Online
PHSchool.com

For: More on *¿Eres tú, María?*
Visit: www.phschool.com
Web Code: jcd-0507

Repaso del capítulo

Vocabulario y gramática

Chapter Review

To prepare for the test, check to see if you . . .
- know the new vocabulary and grammar
- can perform the tasks on p. 471

to talk about communication

cara a cara	face-to-face
la carta	letter
comunicarse	to communicate
(yo) me comunico	(with)
(tú) te comunicas	
enviar	to send
la tarjeta	card

to talk about computer-related activities

bajar	to download
buscar	to search (for)
la cámara digital	digital camera
la canción,	song
pl. las canciones	
la composición,	composition
pl. las composiciones	
la computadora portátil	laptop computer
crear	to create
el curso	course
tomar un curso	to take a course
la diapositiva	slide
la dirección electrónica	e-mail address
el documento	document
escribir por correo	to send an e-mail
electrónico	message
estar en línea	to be online
grabar un disco	to burn a CD
compacto	
los gráficos	graphics
la información	information
el informe	report
el laboratorio	laboratory
navegar en la Red	to surf the Web
la página Web	Web page
la presentación,	presentation
pl. las presentaciones	
el sitio Web	Web site
visitar salones de chat	to visit chat rooms

For *Vocabulario adicional*, see pp. 472–473.

other useful expressions

complicado, -a	complicated
¿Para qué sirve?	What's it (used) for?
¿Qué te parece?	What do you think?
rápidamente	quickly
Sirve para . . .	It's used for . . .
tener miedo (de)	to be afraid (of)

pedir (e → i) *to ask for*

pido	pedimos
pides	pedís
pide	piden

servir (e → i) *to serve, to be useful for*

sirvo	servimos
sirves	servís
sirve	sirven

saber *to know (how)*

sé	sabemos
sabes	sabéis
sabe	saben

conocer *to know, to be acquainted with*

conozco	conocemos
conoces	conocéis
conoce	conocen

● **Más práctica** ·
Practice Workbook Puzzle 9B-8
Practice Workbook Organizer 9B-9

Preparación para el examen

On the exam you will be asked to . . .	Here are practice tasks similar to those you will find on the exam . . .	If you need review . . .

 1 Escuchar Listen and understand as people talk about how they use computers

You overhear some people expressing their opinions about computers. Tell whether each person likes or dislikes using computers.

pp. 450–454 *A primera vista*
p. 451 Actividades 1–2
p. 455 Actividad 5

 2 Hablar Ask and answer questions about what you know about computers and the Internet

A local Internet company wants to interview you to work as a telephone tech support assistant. To prepare, you and your partner take turns interviewing each other. Ask if your partner: a) knows how to surf the Web; b) is familiar with Web sites for teens; c) knows how to use the computer to create music; d) knows how to make graphics. Then switch roles.

pp. 450–454 *A primera vista*
p. 454 Actividad 4
p. 457 Actividad 9
p. 459 Actividad 14
p. 460 Actividad 15
p. 461 Actividad 17

 3 Leer Read and understand part of an online conversation in a chat room

A teen in the chat room *Mis padres y yo* is upset. According to the teenager, what do his parents not understand? What is his parents' opinion?

¡Yo soy muy impaciente! Para hacer la tarea, me gusta tener la información que necesito rápidamente. Mis padres dicen que puedo ir a la biblioteca y buscar libros allí para hacer mi tarea, pero me gustaría tener mi propia computadora. Ellos piensan que las computadoras sólo sirven para jugar videojuegos. ¿Qué hago?

pp. 450–454 *A primera vista*
p. 454 Actividad 4
p. 455 Actividad 6
p. 456 Actividad 8
pp. 464–465 *Lectura*

 4 Escribir Write your personal profile (*perfil*) for a Web survey

You are completing a Web survey online for *MundoChat*. Provide answers to the following questions: a) what you like to do; b) your favorite Web site; c) how often you visit chat rooms; d) how much time you spend online each day.

p. 458 Actividad 10
p. 459 Actividad 14
p. 461 Actividad 16
p. 467 *Presentación escrita*

 5 Pensar Demonstrate an understanding of cultural perspectives regarding technology

Explain why cybercafés are so popular in many Spanish-speaking countries. Compare how you use computers to the way in which teenagers might use them in these countries. If you were to live in one of these countries, how might you approach homework differently?

p. 466 *Perspectivas del mundo hispano*

Vocabulario adicional

Las actividades

coleccionar sellos / monedas to collect stamps / coins

jugar al ajedrez to play chess

patinar sobre hielo to ice-skate

practicar artes marciales *(f.)* to practice martial arts

tocar to play *(an instrument)*

    el bajo bass

    la batería drums

    el clarinete clarinet

    el oboe oboe

    el saxofón *pl.* **los saxofones** saxophone

    el sintetizador synthesizer

    el trombón *pl.* **los trombones** trombone

    la trompeta trumpet

    la tuba tuba

    el violín *pl.* **los violines** violin

Las clases

el alemán German

el álgebra *(f.)* algebra

el anuario yearbook

la banda band

la biología biology

el cálculo calculus

el drama drama

la fotografía photography

el francés French

la geografía geography

la geometría geometry

el latín Latin

la química chemistry

la trigonometría trigonometry

Las cosas para la clase

la grapadora stapler

las grapas staples

el sacapuntas *pl.* **los sacapuntas** pencil sharpener

el sujetapapeles *pl.* **los sujetapapeles** paper clip

las tijeras scissors

Las comidas

Las frutas

el aguacate avocado

la cereza cherry

la ciruela plum

el coco coconut

el durazno peach

la frambuesa raspberry

el limón *pl.* **los limones** lemon

el melón *pl.* **los melones** melon

la pera pear

la sandía watermelon

la toronja grapefruit

Las verduras

el apio celery

el brócoli broccoli

la calabaza pumpkin

el champiñón *pl.* **los champiñones** mushroom

la col cabbage

la coliflor cauliflower

los espárragos asparagus

las espinacas spinach

el pepino cucumber

La carne

la chuleta de cerdo pork chop

el cordero lamb

la ternera veal

Los condimentos

la mayonesa mayonnaise

la mostaza mustard

la salsa de tomate ketchup

Otro tipo de comidas

los fideos noodles

Los lugares y actividades

el banco bank

el club club

el equipo de . . . ___ team

la farmacia pharmacy

la oficina office

la práctica de . . . ___ practice

la reunión *pl.* **las reuniones de . . . ___** meeting

el supermercado supermarket

Los animales

el conejillo de Indias guinea pig

el conejo rabbit

el gerbo gerbil

el hámster *pl.* **los hámsters** hamster

el hurón *pl.* **los hurones** ferret

el loro parrot

el pez *pl.* **los peces** fish

la serpiente snake

la tortuga turtle

Los miembros de la familia

el bisabuelo, la bisabuela great-grandfather, great-grandmother

el nieto, la nieta grandson, granddaughter

el sobrino, la sobrina nephew, niece

Las descripciones de personas

llevar anteojos to wear glasses
ser
   calvo, -a bald
   delgado, -a thin
   gordo, -a fat
tener
   la barba beard
   el bigote moustache
   las pecas freckles
   el pelo lacio straight hair
   el pelo rizado curly hair
   las trenzas braids

Las partes de la casa y cosas en la casa

el balcón *pl.* **los balcones** balcony
la estufa stove
el jardín *pl.* **los jardines** garden
el lavadero laundry room
la lavadora washing machine
el lavaplatos *pl.* **los lavaplatos** dishwasher
el microondas *pl.* **los microondas** microwave oven
los muebles furniture
el patio patio
el refrigerador refrigerator
la secadora clothes dryer
el sillón *pl.* **los sillones** armchair
el sofá sofa
el tocador dressing table

Los quehaceres

quitar
   la nieve con la pala to shovel snow
   los platos de la mesa to clear the table
rastrillar las hojas to rake leaves

Los colores

(azul) claro light (blue)
(azul) marino navy (blue)
(azul) oscuro dark (blue)

Las expresiones para las compras

ahorrar to save
el dinero en efectivo cash
gastar to spend
la(s) rebaja(s) sale(s)
regatear to bargain
se vende for sale

La ropa

la bata bathrobe
el chaleco vest
las pantimedias pantyhose
el paraguas *pl.* **los paraguas** umbrella
el pijama pajamas
la ropa interior underwear
el saco loose-fitting jacket
los tenis tennis shoes
las zapatillas slippers
los zapatos atléticos athletic shoes
los zapatos de tacón alto high-heeled shoes

Las expresiones para los viajes

el aeropuerto airport
la agencia de viajes travel agency
los cheques de viajero travelers' checks
el equipaje luggage
hacer una reservación to make a reservation
el lugar de interés place of interest

el pasaporte passport
volar *(o → ue)* to fly

Los animales del zoológico

el ave *(f.)* *pl.* **las aves** bird
el canguro kangaroo
la cebra zebra
el cocodrilo crocodile
el delfín *pl.* **los delfines** dolphin
el elefante elephant
la foca seal
el gorila gorilla
el hipopótamo hippopotamus
la jirafa giraffe
el león *pl.* **los leones** lion
el oso bear
el oso blanco polar bear
el pingüino penguin
el tigre tiger

Las expresiones para las computadoras

la búsqueda search
comenzar *(e → ie)* **la sesión** to log on
el disco duro hard disk
la impresora printer
imprimir to print
el marcapáginas *pl.* **los marcapáginas** bookmark
multimedia multimedia
la página inicial home page
la tecla de borrar delete key
la tecla de intro enter key

Resumen de gramática

Grammar Terms

Adjectives describe nouns: *a **red** car.*

Adverbs usually describe verbs; they tell when, where, or how an action happens: *He read it **quickly**.* Adverbs can also describe adjectives or other adverbs: ***very tall, quite well**.*

Articles are words in Spanish that can tell you whether a noun is masculine, feminine, singular, or plural. In English, the articles are *the, a,* and *an.*

Commands are verb forms that tell people to do something: ***Study!, Work!***

Comparatives compare people or things.

Conjugations are verb forms that add endings to the stem in order to tell who the subject is and what tense is being used: *escrib**o**, escrib**iste**.*

Conjunctions join words or groups of words. The most common ones are ***and, but,*** and ***or**.*

Direct objects are nouns or pronouns that receive the action of a verb: *I read the **book**. I read **it**.*

Gender in Spanish tells you whether a noun, pronoun, or article is masculine or feminine.

Indirect objects are nouns or pronouns that tell you to whom / what or for whom / what something is done: *I gave **him** the book.*

Infinitives are the basic forms of verbs. In English, infinitives have the word "to" in front of them: ***to walk**.*

Interrogatives are words that ask questions: ***What** is that? **Who** are you?*

Nouns name people, places, or things: ***students, Mexico City, books**.*

Number tells you if a noun, pronoun, article, or verb is singular or plural.

Prepositions show relationship between their objects and another word in the sentence: *He is **in** the classroom.*

Present tense is used to talk about actions that always take place, or that are happening now: *I always **take** the bus; I **study** Spanish.*

Present progressive tense is used to emphasize that an action is happening *right now: I **am doing** my homework; he **is finishing** dinner.*

Preterite tense is used to talk about actions that were completed in the past: *I **took** the train yesterday; I **studied** for the test.*

Pronouns are words that take the place of nouns: ***She** is my friend.*

Subjects are the nouns or pronouns that perform the action in a sentence: ***John** sings.*

Superlatives describe which things have the most or least of a given quality: *She is the **best** student.*

Verbs show action or link the subject with a word or words in the predicate (what the subject does or is): *Ana **writes**; Ana **is** my sister.*

- -

Nouns, Number, and Gender

Nouns refer to people, animals, places, things, and ideas. Nouns are singular or plural. In Spanish, nouns have gender, which means that they are either masculine or feminine.

Singular Nouns	
Masculine	**Feminine**
libro	carpeta
pupitre	casa
profesor	noche
lápiz	ciudad

Plural Nouns	
Masculine	**Feminine**
libros	carpetas
pupitres	casas
profesores	noches
lápices	ciudades

Definite Articles

El, la, los, and *las* are definite articles and are the equivalent of "the" in English. *El* is used with masculine singular nouns; *los* with masculine plural nouns. *La* is used with feminine singular nouns; *las* with feminine plural nouns. When you use the words *a* or *de* before *el,* you form the contractions *al* and *del: Voy al centro; Es el libro del profesor.*

Masculine	
Singular	**Plural**
el libro	los libros
el pupitre	los pupitres
el profesor	los profesores
el lápiz	los lápices

Feminine	
Singular	**Plural**
la carpeta	las carpetas
la casa	las casas
la noche	las noches
la ciudad	las ciudades

Indefinite Articles

Un and *una* are indefinite articles and are the equivalent of "a" and "an" in English. *Un* is used with singular masculine nouns; *una* is used with singular feminine nouns. The plural indefinite articles are *unos* and *unas.*

Masculine	
Singular	**Plural**
un libro	unos libros
un escritorio	unos escritorios
un baile	unos bailes

Feminine	
Singular	**Plural**
una revista	unas revistas
una mochila	unas mochilas
una bandera	unas banderas

Pronouns

Subject pronouns tell who is doing the action. They replace nouns or names in a sentence. Subject pronouns are often used for emphasis or clarification: *Gregorio escucha música. Él escucha música.*

A direct object tells who or what receives the action of the verb. To avoid repeating a direct object noun, you can replace it with a *direct object pronoun.* Direct object pronouns have the same gender and number as the nouns they replace: *¿Cuándo compraste el libro? Lo compré ayer.*

An indirect object tells to whom or for whom an action is performed. *Indirect object pronouns* are used to replace an indirect object noun: *Les doy dinero. (I give money to them.)* Because *le* and *les* have more than one meaning, you can make the meaning clear, or show emphasis, by adding *a* + the corresponding name, noun, or pronoun: *Les doy el dinero a ellos.*

After most prepositions, you use *mí* and *ti* for "me" and "you." The forms change with the preposition *con: conmigo, contigo.* For all other persons, you use subject pronouns after prepositions.

The personal a

When the direct object is a person, a group of people, or a pet, use the word *a* before the object. This is called the "personal *a*": *Visité a mi abuela. Busco a mi perro, Capitán.*

Subject Pronouns		Direct Object Pronouns		Indirect Object Pronouns		Objects of Prepositions	
Singular	**Plural**	**Singular**	**Plural**	**Singular**	**Plural**	**Singular**	**Plural**
yo tú usted (Ud.) él, ella	nosotros, nosotras vosotros, vosotras ustedes (Uds.) ellos, ellas	me te lo, la	nos os los, las	me te le	nos os les	(para) mí, conmigo (para) ti, contigo Ud. él, ella	nosotros, nosotras vosotros, vosotras Uds. ellos, ellas

Adjectives

Words that describe people and things are called adjectives. In Spanish, most adjectives have both masculine and feminine forms, as well as singular and plural forms. Adjectives must agree with the noun they describe in both gender and number. When an adjective describes a group including both masculine and feminine nouns, use the masculine plural form.

Masculine	
Singular	Plural
alto	altos
inteligente	inteligentes
trabajador	trabajadores
fácil	fáciles

Feminine	
Singular	Plural
alta	altas
inteligente	inteligentes
trabajadora	trabajadoras
fácil	fáciles

Shortened Forms of Adjectives

When placed before masculine singular nouns, some adjectives change into a shortened form.

bueno	buen chico
malo	mal día
primero	primer trabajo
tercero	tercer plato
grande	gran señor

One adjective, **grande,** changes to a shortened form before any singular noun: *una gran señora, un gran libro.*

Possessive Adjectives

Possessive adjectives are used to tell what belongs to someone or to show relationships. Like other adjectives, possessive adjectives agree in number with the nouns that follow them.

Only *nuestro* and *vuestro* have different masculine and feminine endings. *Su* and *sus* can have many different meanings: *his, her, its, your,* or *their.*

Singular	Plural
mi	mis
tu	tus
su	sus
nuestro, -a	nuestros, -as
vuestro, -a	vuestros, -as
su	sus

Demonstrative Adjectives

Like other adjectives, demonstrative adjectives agree in gender and number with the nouns that follow them. Use *este, esta, estos, estas* ("this" / "these") before nouns that name people or things that are close to you. Use *ese, esa, esos, esas* ("that" / "those") before nouns that name people or things that are at some distance from you.

Singular	Plural
este libro	estos libros
esta casa	estas casas

Singular	Plural
ese niño	esos niños
esa manzana	esas manzanas

Interrogative Words

You use interrogative words to ask questions. When you ask a question with an interrogative word, you put the verb before the subject. All interrogative words have a written accent mark.

¿Adónde?	¿Cuándo?	¿Dónde?
¿Cómo?	¿Cuánto, -a?	¿Por qué?
¿Con quién?	¿Cuántos, -as?	¿Qué?
¿Cuál?	¿De dónde?	¿Quién?

Comparatives and Superlatives

Comparatives Use *más . . . que* or *menos . . . que* to compare people or things: *más interesante que . . . , menos alta que . . .*

When talking about number, use *de* instead of *que: Tengo más de cien monedas en mi colección.*

Superlatives Use this pattern to express the idea of "most" or "least."

el
la   + noun + más / menos + adjective
los
las

Es la chica más seria de la clase.
Son los perritos más pequeños.

Several adjectives are irregular when used with comparatives and superlatives.

older	**mayor**
younger	**menor**
better	**mejor**
worse	**peor**

Affirmative and Negative Words

To make a sentence negative in Spanish, *no* usually goes in front of the verb or expression. To show that you do not like either of two choices, use *ni . . . ni.*

Alguno, alguna, algunos, algunas and *ninguno, ninguna* match the number and gender of the noun to which they refer. *Ningunos* and *ningunas* are rarely used. When *alguno* and *ninguno* come before a masculine singular noun, they change to *algún* and *ningún.*

Affirmative	Negative
algo	nada
alguien	nadie
algún	ningún
alguno, -a, -os, -as	ninguno, -a, -os, -as
siempre	nunca
también	tampoco

Adverbs

To form an adverb in Spanish, *-mente* is added to the feminine singular form of an adjective. This *-mente* ending is equivalent to the "-ly" ending in English. If the adjective has a written accent, such as *rápida, fácil,* and *práctica,* the accent appears in the same place in the adverb form.

general	→ generalmente
especial	→ especialmente
fácil	→ fácilmente
feliz	→ felizmente
rápida	→ rápidamente
práctica	→ prácticamente

Verbos

Regular Present and Preterite Tenses

Here are the conjugations for regular *-ar, -er,* and *-ir* verbs in the present and preterite tense.

Infinitive	Present		Preterite	
estudiar	estudio	estudiamos	estudié	estudiamos
	estudias	estudiáis	estudiaste	estudiasteis
	estudia	estudian	estudió	estudiaron
correr	corro	corremos	corrí	corrimos
	corres	corréis	corriste	corristeis
	corre	corren	corrió	corrieron
escribir	escribo	escribimos	escribí	escribimos
	escribes	escribís	escribiste	escribisteis
	escribe	escriben	escribió	escribieron

Present Progressive

When you want to emphasize that an action is happening *right now,* you use the present progressive tense.

estudiar	estoy	estudiando	estamos	estudiando
	estás	estudiando	estáis	estudiando
	está	estudiando	están	estudiando
correr	estoy	corriendo	estamos	corriendo
	estás	corriendo	estáis	corriendo
	está	corriendo	están	corriendo
escribir	estoy	escribiendo	estamos	escribiendo
	estás	escribiendo	estáis	escribiendo
	está	escribiendo	están	escribiendo

Affirmative tú Commands

When telling a friend, a family member, or a young person to do something, use an affirmative *tú* command. To give these commands for most verbs, use the same present-tense forms that are used for *Ud., él, ella.* Some verbs have an irregular affirmative *tú* command.

Regular	Irregular	
¡Estudia!	decir	di
¡Corre!	hacer	haz
¡Escribe!	ir	ve
	poner	pon
	salir	sal
	ser	sé
	tener	ten
	venir	ven

Stem-changing Verbs

Here is an alphabetical list of the stem-changing verbs. You will learn the verb forms that are in italic type next year.

Infinitive and Present Participle	Present		Preterite	
costar (o → ue) costando	cuesta	cuestan	costó	costaron
doler (o → ue) doliendo	duele	duelen	dolió	dolieron
dormir (o → ue) *durmiendo*	duermo duermes duerme	dormimos dormís duermen	dormí dormiste *durmió*	dormimos dormisteis *durmieron*
empezar (e → ie) empezando	empiezo empiezas empieza	empezamos empezáis empiezan	*empecé* empezaste empezó	empezamos empezasteis empezaron
jugar (u → ue) jugando	juego juegas juega	jugamos jugáis juegan	jugué jugaste jugó	jugamos jugasteis jugaron
llover (o → ue) lloviendo	llueve		llovió	
nevar (e → ie) nevando	nieva		nevó	
pedir (e → i) *pidiendo*	pido pides pide	pedimos pedís piden	pedí pediste *pidió*	pedimos pedisteis *pidieron*
pensar (e → ie) pensando	pienso piensas piensa	pensamos pensáis piensan	pensé pensaste pensó	pensamos pensasteis pensaron
preferir (e → ie) *prefiriendo*	prefiero prefieres prefiere	preferimos preferís prefieren	preferí preferiste *prefirió*	preferimos preferisteis *prefirieron*
sentir (e → ie) *sintiendo*	See **preferir**			
servir (e → i) *sirviendo*	See **pedir**			

Spelling-changing Verbs

These verbs have spelling changes in different tenses. The spelling changes are indicated in black.

You will learn the verb forms that are in italic type next year.

Infinitive and Present Participle	Present		Preterite	
buscar (c → qu) buscando	*See regular verbs*		**busqué** buscaste buscó	buscamos buscasteis buscaron
comunicarse (c → qu) *comunicándose*	*See reflexive verbs*		*See reflexive verbs and* **buscar**	
conocer (c → zc) conociendo	**conozco** conoces conoce	conocemos conocéis conocen	*See regular verbs*	
creer (i → y) *creyendo*	*See regular verbs*		creí creíste *creyó*	creímos creísteis *creyeron*
empezar (z → c) empezando	*See stem-changing verbs*		**empecé** empezaste empezó	empezamos empezasteis empezaron
enviar (i → í) enviando	**envío** **envías** **envía**	enviamos enviáis **envían**	*See regular verbs*	
esquiar (i → í) esquiando	*See* **enviar**		*See regular verbs*	
jugar (g → gu) jugando	*See stem-changing verbs*		**jugué** jugaste jugó	jugamos jugasteis jugaron
leer (i → y) leyendo	*See regular verbs*		*See* **creer**	
pagar (g → gu) pagando	*See regular verbs*		*See* **jugar**	
parecer (c → zc) pareciendo	*See* **conocer**		*See regular verbs*	
practicar (c → qu) practicando	*See regular verbs*		*See* **buscar**	
recoger (g → j) recogiendo	**recojo** recoges recoge	recogemos recogéis recogen	*See regular verbs*	
sacar (c → qu) sacando	*See regular verbs*		*See* **buscar**	
tocar (c → qu) tocando	*See regular verbs*		*See* **buscar**	

Irregular Verbs

These verbs have irregular patterns. You will learn the verb forms that are in italic type next year.

Infinitive and Present Participle	Present		Preterite	
dar dando	doy das da	damos dais dan	di diste dio	dimos disteis dieron
decir *diciendo*	digo dices dice	decimos decís dicen	*dije* *dijiste* *dijo*	*dijimos* *dijisteis* *dijeron*
estar estando	estoy estás está	estamos estáis están	*estuve* *estuviste* *estuvo*	*estuvimos* *estuvisteis* *estuvieron*
hacer haciendo	hago haces hace	hacemos hacéis hacen	hice hiciste hizo	hicimos hicisteis hicieron
ir *yendo*	voy vas va	vamos vais van	fui fuiste fue	fuimos fuisteis fueron
poder *pudiendo*	puedo puedes puede	podemos podéis pueden	*pude* *pudiste* *pudo*	*pudimos* *pudisteis* *pudieron*
poner poniendo	pongo pones pone	ponemos ponéis ponen	*puse* *pusiste* *puso*	*pusimos* *pusisteis* *pusieron*
querer queriendo	quiero quieres quiere	queremos queréis quieren	*quise* *quisiste* *quiso*	*quisimos* *quisisteis* *quisieron*
saber sabiendo	sé sabes sabe	sabemos sabéis saben	*supe* *supiste* *supo*	*supimos* *supisteis* *supieron*
salir saliendo	salgo sales sale	salimos salís salen	salí saliste salió	salimos salisteis salieron
ser siendo	soy eres es	somos sois son	fui fuiste fue	fuimos fuisteis fueron
tener teniendo	tengo tienes tiene	tenemos tenéis tienen	*tuve* *tuviste* *tuvo*	*tuvimos* *tuvisteis* *tuvieron*

Irregular Verbs (continued)

You will learn the verb forms
that are in italic type next year.

Infinitive and Present Participle	Present		Preterite	
traer *trayendo*	traigo traes trae	traemos traéis traen	*traje* *trajiste* *trajo*	*trajimos* *trajisteis* *trajeron*
venir *viniendo*	vengo vienes viene	venimos venís vienen	*vine* *viniste* *vino*	*vinimos* *vinisteis* *vinieron*
ver viendo	veo ves ve	vemos veis ven	vi viste vio	vimos visteis vieron

Reflexive Verbs

You will learn the verb forms
that are in italic type next year.

Infinitive and Present Participle	Present	
comunicarse *comunicándose*	me comunico te comunicas *se comunica*	*nos comunicamos* *os comunicáis* *se comunican*
Affirmative Familiar (*tú*) Command	Preterite	
comunícate	me comuniqué te comunicaste *se comunicó*	*nos comunicamos* *os comunicasteis* *se comunicaron*

Expresiones útiles para conversar

The following are expressions that you can use when you find yourself in a specific situation and need help to begin, continue, or end a conversation.

Greeting someone

Buenos días. Good morning.

Buenas tardes. Good afternoon.

Buenas noches. Good evening. Good night.

Making introductions

Me llamo . . . My name is . . .

Soy . . . I'm . . .

¿Cómo te llamas? What's your name?

Éste es mi amigo *m.* **. . .** This is my friend . . .

Ésta es mi amiga *f.* **. . .** This is my friend . . .

Se llama . . . His / Her name is . . .

¡Mucho gusto! It's a pleasure!

Encantado, -a. Delighted.

Igualmente. Likewise.

Asking how someone is

¿Cómo estás? How are you?

¿Cómo andas? How's it going?

¿Cómo te sientes? How do you feel?

¿Qué tal? How's it going?

Estoy bien, gracias. I'm fine, thank you.

Muy bien. ¿Y tú? Very well. And you?

Regular. Okay. Alright.

Más o menos. More or less.

(Muy) mal. (Very) bad.

¡Horrible! Awful!

¡Excelente! Great!

Talking on the phone

Aló. Hello.

Diga. Hello.

Bueno. Hello.

¿Quién habla? Who's calling?

Habla . . . It's [name of person calling].

¿Está . . . , por favor? Is . . . there, please?

¿De parte de quién? Who is calling?

¿Puedo dejar un recado? May I leave a message?

Un momento. Just a moment.

Llamo más tarde. I'll call later.

¿Cómo? No le oigo. What? I can't hear you.

Making plans

¿Adónde vas? Where are you going?

Voy a . . . I'm going to . . .

¿Estás listo, -a? Are you ready?

Tengo prisa. I'm in a hurry.

¡Date prisa! Hurry up!

Sí, ahora voy. OK, I'm coming.

Todavía necesito . . . I still need . . .

¿Te gustaría . . . ? Would you like to . . . ?

Sí, me gustaría . . . Yes, I'd like to . . .

¡Claro que sí (no)! Of course (not)!

¿Quieres . . . ? Do you want to . . . ?

Quiero . . . I want to . . .

¿Qué quieres hacer hoy? What do you want to do today?

¿Qué haces después de las clases? What do you do after school (class)?

¿Qué estás haciendo? What are you doing?

Te invito. It's my treat.

¿Qué tal si . . . ? What about . . . ?

Primero . . . First . . .

Después . . . Later . . .

Luego . . . Then . . .

Making an excuse

Estoy ocupado, -a. I'm busy.

Lo siento, pero no puedo. I'm sorry, but I can't.

¡Qué lástima! What a shame!

Ya tengo planes. I already have plans.

Tal vez otro día. Maybe another day.

Being polite

Con mucho gusto. With great pleasure.

De nada. You're welcome.

Disculpe. Excuse me.

Lo siento. I'm sorry.

Muchísimas gracias. Thank you very much.

Te (Se) lo agradezco mucho. I appreciate it a lot.

Muy amable. That's very kind of you.

Perdón. Pardon me.

¿Puede Ud. repetirlo? Can you repeat that?

¿Puede Ud. hablar más despacio? Can you speak more slowly?

Keeping a conversation going

¿De veras? Really?

¿Verdad? Isn't that so? Right?

¿En serio? Seriously?

¡No lo puedo creer! I don't believe it!

¡No me digas! You don't say!

Y entonces, ¿qué? And then what?

¿Qué hiciste? What did you do?

¿Qué dijiste? What did you say?

¿Crees que . . . ? Do you think that . . .?

Me parece bien. It seems alright.

Perfecto. Perfect.

¡Qué buena idea! What a good idea!

¡Cómo no! Of course!

De acuerdo. Agreed.

Está bien. It's all right.

Giving a description when you don't know the name of someone or something

Se usa para . . . It's used to / for . . .

Es la palabra que significa . . . It's the word that means . . .

Es la persona que . . . It's the person who . . .

Ending a conversation

Bueno, tengo que irme. Well, I have to go.

Chao. (Chau.) Bye.

Hasta pronto. See you soon.

Hasta mañana. See you tomorrow.

Vocabulario español-inglés

The *Vocabulario español–inglés* contains all active vocabulary from the text, including vocabulary presented in the grammar sections.

A dash (—) represents the main entry word. For example, **pasar la —** after **la aspiradora** means **pasar la aspiradora.**

The number following each entry indicates the chapter in which the word or expression is presented. The letter *P* following an entry refers to the *Para empezar* section.

The following abbreviations are used in this list: *adj.* (adjective), *dir. obj.* (direct object), *f.* (feminine), *fam.* (familiar), *ind. obj.* (indirect object), *inf.* (infinitive), *m.* (masculine), *pl.* (plural), *prep.* (preposition), *pron.* (pronoun), *sing.* (singular).

A

a to *(prep.)* (4A)

— **…le gusta(n)** he/she likes (5A)

— **…le encanta(n)** he/she loves (5A)

— **casa** (to) home (4A)

— **la derecha (de)** to the right (of) (6A)

— **la izquierda (de)** to the left (of) (6A)

— **la una de la tarde** at one (o'clock) in the afternoon (4B)

— **las ocho de la mañana** at eight (o'clock) in the morning (4B)

— **las ocho de la noche** at eight (o'clock) in the evening / at night (4B)

— **menudo** often (8B)

— **mí también** I do (like to) too (1A)

— **mí tampoco** I don't (like to) either (1A)

¿— **qué hora?** (At) what time? (4B)

— **veces** sometimes (1B)

— **ver** Let's see (2A)

el abrigo coat (7A)

abril April (P)

abrir to open (5A)

la abuela, el abuelo grandmother, grandfather (5A)

los abuelos grandparents (5A)

aburrido, -a boring (2A)

me aburre(n) it bores me (they bore me) (9A)

aburrir to bore (9A)

acabar de + *inf.* to have just …(9A)

el actor actor (9A)

la actriz *pl.* **las actrices** actress (9A)

acuerdo:

Estoy de —. I agree. (3B)

No estoy de —. I don't agree. (3B)

¡Adiós! Good-bye! (P)

¿Adónde? (To) where? (4A)

agosto August (P)

el agua *f.* water (3A)

ahora now (5B)

al *(a + el),* **a la,** to the (4A)

al lado de next to (2B)

la alfombra rug (6A)

algo something (3B)

¿— **más?** Anything else? (5B)

allí there (2B)

el almacén *pl.* **los almacenes** department store (7B)

el almuerzo lunch (2A)

en el — for lunch (3A)

alto, -a tall (5B)

amarillo, -a yellow (6A)

el amigo male friend (1B)

la amiga female friend (1B)

anaranjado, -a orange (6A)

la anciana, el anciano older woman, older man (8B)

los ancianos older people (8B)

el anillo ring (7B)

el animal animal (8A)

anoche last night (7B)

los anteojos de sol sunglasses (7B)

antes de before (9A)

el año year (P)

el — pasado last year (7B)

¿Cuántos años tiene(n) …? How old is/are …? (5A)

Tiene(n) … años. He/She is / They are … (years old). (5A)

el apartamento apartment (6B)

aprender (a) to learn (to) (8A)

aquí here (2B)

el árbol tree (8A)

los aretes earrings (7B)

el armario closet (6A)

arreglar el cuarto to straighten up the room (6B)

el arroz rice (3B)

el arte:

la clase de — art class (2A)

artístico, -a artistic (1B)

asco:

¡Qué —! How awful! (3A)

la atracción *pl.* **las atracciones** attraction(s) (8A)

atrevido, -a daring (1B)

el autobús *pl.* **los autobuses** bus (8A)

el avión *pl.* **los aviones** airplane (8A)

¡Ay! ¡Qué pena! Oh! What a shame/pity! (4B)

ayer yesterday (7B)

ayudar to help (6B)

el azúcar sugar (5B)

azul blue (6A)

B

bailar to dance (1A)

el baile dance (4B)

bajar (información) to download (9B)

bajo, -a short (5B)

la bandera flag (2B)

el baño bathroom (6B)

el traje de — swimsuit (7A)

barato, -a inexpensive, cheap (7B)

el barco boat, ship (8A)

el barrio neighborhood (8B)

el básquetbol: jugar al — to play basketball (4B)

bastante enough, rather (6B)

beber to drink (3A)

las bebidas beverages (3B)

béisbol: jugar al — to play baseball (4B)

la biblioteca library (4A)

bien well (P)

el bistec beefsteak (3B)

blanco, -a white (6A)

la blusa blouse (7A)

la boca mouth (P)

el boleto ticket (8A)

el bolígrafo pen (P)

la bolsa bag, sack (8B)

el bolso purse (7B)

bonito, -a pretty (6A)

las botas boots (7A)

el bote: pasear en — to go boating (8A)

la botella bottle (8B)

el brazo arm (P)

bucear to scuba dive, to snorkel (8A)

bueno (buen), -a good (1B)

    Buenas noches. Good evening. (P)

    Buenas tardes. Good afternoon. (P)

    Buenos días. Good morning. (P)

buscar to look for (7A); to search (for) (9B)

C

el caballo: montar a — to ride horseback (8A)

la cabeza head (P)

    cada día every day (3B)

la cadena chain (7B)

el café coffee (3A); café (4A)

la caja box (8B)

los calcetines socks (7A)

la calculadora calculator (2A)

la calle street, road (8B)

    calor:

        Hace —. It's hot. (P)

        tener — to be warm (5B)

la cama bed (6A)

    hacer la — to make the bed (6B)

la cámara camera (5A)

    la — digital digital camera (9A)

el camarero, la camarera waiter, waitress (5B)

    caminar to walk (3B)

la camisa shirt (7A)

la camiseta T-shirt (7A)

el campamento camp (8B)

el campo countryside (4A)

el canal (TV) channel (9A)

la canción *pl.* **las canciones** song (9B)

    canoso: pelo — gray hair (5B)

    cansado, -a tired (4B)

    cantar to sing (1A)

    cara a cara face-to-face (9B)

la carne meat (3B)

    caro, -a expensive (7B)

la carpeta folder (P)

    la — de argollas three-ring binder (2A)

la carta letter (9B)

el cartel poster (2B)

la cartera wallet (7B)

el cartón cardboard (8B)

la casa home, house (4A)

    a — (to) home (4A)

    en — at home (4A)

    casi almost (9A)

    castaño: pelo — brown (chestnut) hair (5B)

    catorce fourteen (P)

la cebolla onion (3B)

    celebrar to celebrate (5A)

la cena dinner (3B)

el centro:

    el — comercial mall (4A)

    el — de reciclaje recycling center (8B)

    cerca (de) close (to), near (6B)

el cereal cereal (3A)

los cereales grains (3B)

cero zero (P)

la chaqueta jacket (7A)

la chica girl (1B)

el chico boy (1B)

    cien one hundred (P)

las ciencias:

    la clase de — naturales science class (2A)

    la clase de — sociales social studies class (2A)

    cinco five (P)

    cincuenta fifty (P)

el cine movie theater (4A)

la ciudad city (8A)

la clase class (2A)

    la sala de clases classroom (P)

    ¿Qué — de…? What kind of …? (9A)

el coche car (6B)

la cocina kitchen (6B)

    cocinar to cook (6B)

el collar necklace (7B)

el color *pl.* **los colores** (6A)

    ¿De qué — …? What color …? (6A)

la comedia comedy (9A)

el comedor dining room (6B)

    comer to eat (3A)

    cómico, -a funny, comical (9A)

la comida food, meal (3A)

    como like, as (8A)

    ¿cómo?:

    ¿— eres? What are you like? (1B)

    ¿— es? What is he/she like? (1B)

    ¿— está Ud.? How are you? *formal* (P)

    ¿— estás? How are you? *fam.* (P)

    ¿— lo pasaste? How was it (for you)? (8A)

    ¿— se dice …? How do you say …? (P)

    ¿— se escribe …? How is … spelled? (P)

¿— se llama? What's his/her name? (1B)

¿— te llamas? What is your name? (P)

¿— te queda(n)? How does it (do they) fit (you)? (7A)

la cómoda dresser (6A)

compartir to share (3A)

complicado, -a complicated (9B)

la composición *pl.* **las composiciones** composition (9B)

comprar to buy (7A)

comprar recuerdos to buy souvenirs (8A)

comprender to understand (3A)

la computadora computer (2B)

la — portátil laptop computer (9B)

usar la — to use the computer (1A)

comunicarse to communicate (9B)

(tú) te comunicas you communicate (9B)

(yo) me comunico I communicate (9B)

la comunidad community (8B)

con with (3A)

— mis/tus amigos with my/your friends (4A)

¿— quién? With whom? (4A)

el concierto concert (4B)

conmigo with me (4B)

conocer to know, to be acquainted with (9B)

contento, -a happy (4B)

contigo with you (4B)

la corbata tie (7B)

correr to run (1A)

cortar el césped to cut/to mow the lawn (6B)

las cortinas curtains (6A)

corto, -a short (5B)

los pantalones cortos shorts (7A)

la cosa thing (6A)

costar (o → ue) to cost (7A)

¿Cuánto cuesta(n) …? How much does (do) … cost? (7A)

crear to create (9B)

creer to think (3B)

Creo que … I think … (3B)

Creo que no. I don't think so. (3B)

Creo que sí. I think so. (3B)

el cuaderno notebook (P)

el cuadro painting (6A)

¿Cuál? Which?, What? (3A)

¿— es la fecha? What is the date? (P)

¿Cuándo? When? (4A)

¿cuánto?: ¿— cuesta(n) … ? How much does (do) … cost? (7A)

¿cuántos, -as? how many? (P)

¿Cuántos años tiene(n) …? How old is/are …? (5A)

cuarenta forty (P)

el cuarto room (6B)

cuarto, -a fourth (2A)

y — *(time)* quarter past (P)

menos — *(time)* quarter to (P)

cuatro four (P)

cuatrocientos, -as four hundred (7A)

la cuchara spoon (5B)

el cuchillo knife (5B)

la cuenta bill (5B)

el cumpleaños birthday (5A)

¡Feliz —! Happy birthday! (5A)

el curso: tomar un curso to take a course (9B)

D ....

dar to give (6B)

— + *movie or TV program* to show (9A)

— de comer al perro to feed the dog (6B)

de of (2B); from (4A)

¿— dónde eres? Where are you from? (4A)

— la mañana/la tarde/la noche in the morning /afternoon / evening (4B)

— nada. You're welcome. (5B)

— plato principal as a main dish (5B)

— postre for dessert (5B)

¿— qué color …? What color …? (6A)

¿— veras? Really? (9A)

debajo de underneath (2B)

deber should, must (3B)

decidir to decide (8B)

décimo, -a tenth (2A)

decir to say, to tell (8B)

¿Cómo se dice …? How do you say …? (P)

dime tell me (8A)

¡No me digas! You don't say! (4A)

¿Qué quiere — …? What does … mean? (P)

Quiere — … It means … (P)

Se dice … You say … (P)

las decoraciones decorations (5A)

decorar to decorate (5A)

el dedo finger (P)

delante de in front of (2B)

delicioso, -a delicious (5B)

los demás, las demás others (8B)

demasiado too (4B)

el dependiente, la dependienta salesperson (7A)

deportista sports-minded (1B)

derecha: a la — (de) to the right (of) (6A)

el desayuno breakfast (3A)

en el — for breakfast (3A)

descansar to rest, to relax (8A)

los descuentos: la tienda de — discount store (7B)

desear to wish (5B)

¿Qué desean (Uds.)? What would you like? (5B)

desordenado, -a messy (1B)

el despacho office (home) (6B)

el despertador alarm clock (6A)

después afterwards (4A)

después (de) after (4A)

detrás de behind (2B)

el día day (P)

    Buenos —s . Good morning. (P)

    cada — every day (3B)

    ¿Qué — es hoy? What day is today? (P)

    todos los —s every day (3A)

la diapositiva slide (9B)

dibujar to draw (1A)

el diccionario dictionary (2A)

diciembre December (P)

diecinueve nineteen (P)

dieciocho eighteen (P)

dieciséis sixteen (P)

diecisiete seventeen (P)

diez ten (P)

difícil difficult (2A)

digital: la cámara — digital camera (9B)

dime tell me (8A)

el dinero money (6B)

la dirección electrónica e-mail address (9B)

el disco compacto compact disc (6A)

    grabar un disco compacto to burn a CD (9B)

el disquete diskette (2B)

divertido, -a amusing, fun (2A)

doce twelve (P)

el documento document (9B)

doler (o → ue) to hurt (9A)

domingo Sunday (P)

dónde:

    ¿—? Where? (2B)

    ¿De — eres? Where are you from? (4A)

dormir (o → ue) to sleep (6A)

el dormitorio bedroom (6A)

dos two (P)

    los/las dos both (7A)

doscientos, -as two hundred (7A)

el drama drama (9A)

los dulces candy (5A)

    durante during (8A)

    durar to last (9A)

E

la educación física: la clase de — physical education class (2A)

el ejercicio: hacer — to exercise (3B)

el the *m. sing.* (1B)

él he (1B)

los electrodomésticos: la tienda de — household appliance store (7B)

electrónico, -a: la dirección — e-mail address (9B)

ella she (1B)

ellas they *f. pl.* (2A)

ellos they *m. pl.* (2A)

emocionante touching (9A)

empezar (e → ie) to begin, to start (9A)

en in, on (2B)

    — + *vehicle* by, in, on (8A)

    — casa at home (4A)

    — la ... hora in the ... hour class period) (2A)

    — la Red online (7B)

    ¿— qué puedo servirle? How can I help you? (7A)

encantado, -a delighted (P)

encantar to please very much, to love (9A)

    a él/ella le encanta(n) he/she loves (5A)

    me/te encanta(n) ... I/you love ... (3A)

encima de on top of (2B)

enero January (P)

enfermo, -a sick (4B)

la ensalada salad (3A)

    la — de frutas fruit salad (3A)

enseñar to teach (2A)

entonces then (4B)

entrar to enter (7A)

enviar (i → í) to send (9B)

el equipo de sonido sound (stereo) system (6A)

¿Eres...? Are you ...? (1B)

es is (P); (he/she/it) is (1B)

    — el *(number)* **de** *(month)* it is the ... of ... *(in telling the date)* (P)

    — el primero de *(month)*. It is the first of ... (P)

    — la una. It is one o'clock. (P)

    — necesario. It's necessary. (8B)

    — un(a) ... it's a ... (2B)

la escalera stairs, stairway (6B)

escribir:

    ¿Cómo se escribe ...? How is ... spelled? (P)

    — cuentos to write stories (1A)

    — por correo electrónico to write e-mail (9B)

    Se escribe ... It's spelled ... (P)

el escritorio desk (2B)

escuchar música to listen to music (1A)

la escuela primaria primary school (8B)

ese, esa that (7A)

eso: por — that's why, therefore (9A)

esos, esas those (7A)

los espaguetis spaghetti (3B)

el español: la clase de — Spanish class (2A)

especialmente especially (9A)

el espejo mirror (6A)

la esposa wife (5A)

el esposo husband (5A)

esquiar (i → í) to ski (1A)

la estación *pl.* **las estaciones** season (P)

el estadio stadium (8A)

el estante shelf, bookshelf (6A)

estar to be (2B)

    ¿Cómo está Ud.? How are you? *formal* (P)

    ¿Cómo estás? How are you *fam.* (P)

— + *present participle* to be + *present participle* (6B)

— en línea to be online (9B)

Estoy de acuerdo. I agree. (3B)

No estoy de acuerdo. I don't agree. (3B)

este, esta this (7A)

esta noche this evening (4B)

esta tarde this afternoon (4B)

este fin de semana this weekend (4B)

el estómago stomach (P)

estos, estas these (7A)

Estoy de acuerdo. I agree. (3B)

el/la estudiante student (P)

estudiar to study (2A)

estudioso, -a studious (1B)

la experiencia experience (8B)

F . . . .

fácil easy (2A)

la falda skirt (7A)

faltar to be missing (9A)

la familia family (1B)

fantástico, -a fantastic (8A)

fascinante fascinating (9A)

favorito, -a favorite (2A)

febrero February (P)

la fecha: ¿Cuál es la —? What is the date? (P)

¡Feliz cumpleaños! Happy birthday! (5A)

feo, -a ugly (6A)

la fiesta party (4B)

el fin de semana:

este — this weekend (4B)

los fines de semana on weekends (4A)

la flor *pl.* **las flores** flower (5A)

la foto photo (5A)

las fresas strawberries (3A)

frío:

Hace —. It's cold. (P)

tener — to be cold (5B)

fue it was (8A)

— un desastre. It was a disaster. (8A)

el fútbol: jugar al — to play soccer (4B)

el fútbol americano: jugar al — to play football (4B)

G . . . .

la galleta cookie (3A)

el garaje garage (6B)

el gato cat (5A)

generalmente generally (4A)

¡Genial! Great! (4B)

la gente people (8B)

el gimnasio gym (4A)

el globo balloon (5A)

el golf: jugar al — to play golf (4B)

la gorra cap (7A)

grabar un disco compacto to burn a CD (9B)

gracias thank you (P)

gracioso, -a funny (1B)

los gráficos computer graphics (9B)

grande large (6A)

las grasas fats (3B)

gris gray (6A)

los guantes gloves (7B)

guapo, -a good-looking (5B)

los guisantes peas (3B)

gustar:

a él/ella le gusta(n) he/she likes (5A)

(A mí) me gusta … I like to … (1A)

(A mí) me gusta más … I like to … better (I prefer to …) (1A)

(A mí) me gusta mucho … I like to … a lot (1A)

(A mí) no me gusta … I don't like to … (1A)

(A mí) no me gusta nada … I don't like to … at all. (1A)

Le gusta … He/She likes … (1B)

Me gusta … I like … (3A)

Me gustaría … I would like … (4B)

Me gustó. I liked it. (8A)

No le gusta … He/She doesn't like … (1B)

¿Qué te gusta hacer? What do you like to do? (1A)

¿Qué te gusta hacer más? What do you like better (prefer) to do? (1A)

Te gusta … You like … (3A)

¿Te gusta …? Do you like to …? (1A)

¿Te gustaría …? Would you like … ? (4B)

¿Te gustó? Did you like it? (8A)

H . . . .

hablar to talk (2A)

— por teléfono to talk on the phone (1A)

hacer to do (3B)

hace + *time expression* ago (7B)

Hace calor. It's hot. (P)

Hace frío. It's cold. (P)

Hace sol. It's sunny. (P)

— ejercicio to exercise (3B)

— la cama to make the bed (6B)

— un video to videotape (5A)

haz *(command)* do, make (6B)

¿Qué hiciste? What did you do? (8A)

¿Qué tiempo hace? What's the weather like? (P)

(yo) hago I do (3B)

(tú) haces you do (3B)

hambre: Tengo —. I'm hungry. (3B)

la hamburguesa hamburger (3A)

hasta:

— luego. See you later. (P)

— mañana. See you tomorrow. (P)

Hay There is, There are (P, 2B)

— que one must (8B)

el helado ice cream (3B)

el hermano, la hermana brother, sister (5A)

el hermanastro, la hermanastra stepbrother, stepsister (5A)

los hermanos brothers; brother(s) and sister(s) (5A)

el hijo, la hija son, daughter (5A)

los hijos children; sons (5A)

la hoja de papel sheet of paper (P)

¡Hola! Hello! (P)

el hombre man (5B)

la hora:

    en la … — in the … hour (class period) (2A)

    ¿A qué hora? (At) what time? (4B)

el horario schedule (2A)

horrible horrible (3B)

el horror: la película de — horror movie (9A)

el hospital hospital (8B)

el hotel hotel (8A)

hoy today (P)

los huevos eggs (3A)

I ·

la iglesia church (4A)

igualmente likewise (P)

impaciente impatient (1B)

importante important (6A)

impresionante impressive (8A)

increíble incredible (8B)

infantil childish (9A)

la información information (9B)

el informe report (9B)

el inglés: la clase de — English class (2A)

inolvidable unforgettable (8B)

inteligente intelligent (1B)

interesante interesting (2A)

interesar to interest (9A)

    me interesa (n) it interests me (they interest me) (9A)

el invierno winter (P)

ir to go (4A)

    — a + *inf.* to be going to + *verb* (4B)

— a la escuela to go to school (1A)

— de cámping to go camping (4B)

— de compras to go shopping (4A)

— de pesca to go fishing (4B)

— de vacaciones to go on vacation (8A)

¡Vamos! Let's go! (7A)

izquierda: a la — (de) to the left (of) (6A)

J ·

el jardín *pl.* **los jardines** garden, yard (8B)

los jeans jeans (7A)

el joven, la joven young man, young woman (5B)

joven *adj.* young (5B)

la joyería jewelry store (7B)

las judías verdes green beans (3B)

jueves Thursday (P)

jugar (a) (u → ue) to play (games, sports) (4B)

    — al básquetbol to play basketball (4B)

    — al béisbol to play baseball (4B)

    — al fútbol to play soccer (4B)

    — al fútbol americano to play football (4B)

    — al golf to play golf (4B)

    — al tenis to play tennis (4B)

    — al vóleibol to play volleyball (4B)

    — videojuegos to play video games (1A)

el jugo:

    — de manzana apple juice (3A)

    — de naranja orange juice (3A)

el juguete toy (8B)

julio July (P)

junio June (P)

L ·

la the *f. sing.* (1B); it, her *f. dir. obj. pron.* (7B)

el laboratorio laboratory (9B)

lado: al — de next to, beside (2B)

el lago lake (8A)

la lámpara lamp (6A)

el lápiz *pl.* **los lápices** pencil (P)

largo, -a long (5B)

las the *f. pl.* (2B); them *f. dir. obj. pron.* (7B)

    — dos, los dos both (7A)

la lata can (8B)

lavar to wash (6B)

    — el coche to wash the car (6B)

    — la ropa to wash the clothes (6B)

    — los platos to wash the dishes (6B)

le (to/for) him, her, *(formal)* you *sing. ind. obj. pron.* (8B)

    — gusta … He/She likes … (1B)

    — traigo … I will bring you … (5B)

    No — gusta … He/She doesn't like … (1B)

la lección *pl.* **las lecciones de piano** piano lesson (class) (4A)

la leche milk (3A)

la lechuga lettuce (3B)

el lector DVD DVD player (6A)

leer revistas to read magazines (1A)

lejos (de) far (from) (6B)

les (to/for) them, *(formal)* you *pl. ind. obj. pron.* (8B)

levantar pesas to lift weights (3B)

la librería bookstore (7B)

el libro book (P)

la limonada lemonade (3A)

limpiar el baño to clean the bathroom (6B)

limpio, -a clean (6B)

línea: estar en — to be online (9B)

llamar:

¿Cómo se llama? What's his/her name? (1B)

¿Cómo te llamas? What is your name? (P)

Me llamo … My name is … (P)

el llavero key chain (7B)

llevar to wear (7A); to take, to carry, to bring (8B)

llover (o → ue): Llueve. It's raining. (P)

lo it, him *m. dir. obj. pron.* (7B)

— siento. I'm sorry. (4B)

los the *m. pl.* (2B); them *m. dir. obj. pron* (7B)

— dos, las dos both (7A)

— fines de semana on weekends (4A)

— lunes, los martes … on Mondays, on Tuesdays … (4A)

el lugar place (8A)

lunes Monday (P)

los lunes on Mondays (4A)

la luz *pl.* **las luces** light (5A)

M . . . .

la madrastra stepmother (5A)

la madre (mamá) mother (5A)

mal bad, badly (4B)

malo, -a bad (3B)

la mano hand (P)

mantener: para — la salud to maintain one's health (3B)

la mantequilla butter (3B)

la manzana apple (3A)

el jugo de — apple juice (3A)

mañana tomorrow (P)

la mañana:

a las ocho de la — at eight (o'clock) in the morning (4B)

de la — in the morning (4B)

el mar sea (8A)

marrón *pl.* **marrones** brown (6A)

martes Tuesday (P)

los martes on Tuesdays (4A)

marzo March (P)

más:

¿Qué —? What else? (8B)

— … que more … than (2A)

— de more than (9A)

— o menos more or less (3A)

las matemáticas: la clase de — mathematics class (2A)

mayo May (P)

mayor older (5A)

me (to/for) me *ind. obj. pron.* (8B)

— aburre(n) it/they bore(s) me (9A)

— falta(n) … I need … (5B)

— gustaría I would like (4B)

— gustó. I liked it. (8A)

— interesa(n) it/they interest(s) me (9A)

— llamo … My name is … (P)

— queda(n) bien/mal. It/They fit(s) me well/poorly. (7A)

— quedo en casa. I stay at home. (4A)

¿— trae …? Will you bring me …? (5B)

media, -o half (P)

y — thirty, half-past (P)

mejor:

el/la —, los/las —es the best (6A)

—(es) que better than (6A)

menor younger (5A)

menos:

más o — more or less (3A)

— … que less/fewer … than (6A)

— de less/fewer than (9A)

el menú menu (5B)

menudo: a — often (8B)

el mes month (P)

la mesa table (2B)

poner la — to set the table (6B)

la mesita night table (6A)

la mezquita mosque (4A)

mi, mis my (2B, 5A)

mí:

a — también I do (like to) too (1A)

a — tampoco I don't (like to) either (1A)

para — in my opinion, for me (6A)

miedo: tener — (de) to be scared (of), to be afraid (of) (9B)

miércoles Wednesday (P)

mil a thousand (7A)

mirar to look (at) (7B)

mismo, -a same (6A)

la mochila bookbag, backpack (2B)

el momento: un — a moment (6B)

el mono monkey (8A)

las montañas mountains (4A)

montar:

— a caballo to ride horseback (8A)

— en bicicleta to ride a bicycle (1A)

— en monopatín to skateboard (1A)

el monumento monument (8A)

morado, -a purple (6A)

mucho a lot (2A)

— gusto pleased to meet you (P)

muchos, -as many (3B)

la mujer woman (5B)

el museo museum (8A)

muy very (1B)

— bien very well (P)

N . . . .

nada nothing (P)

(A mí) no me gusta — … I don't like to … at all. (1A)

De —. You're welcome. (5B)

nadar to swim (1A)

la naranja: el jugo de — orange juice (3A)

la **nariz** *pl.* **las narices** nose (P)

navegar en la Red to surf the Web (9B)

necesario: Es —. It's necessary. (8B)

necesitar:

   (yo) necesito I need (2A)

   (tú) necesitas you need (2A)

negro, –a black (6A)

   el pelo — black hair (5B)

nevar (e → ie) Nieva. It's snowing. (P)

ni … ni neither … nor, not … or (1A)

el niño, la niña young boy, young girl (8B)

los niños children (8B)

No estoy de acuerdo. I don't agree. (3B)

¡No me digas! You don't say! (4A)

no soy I am not (1A)

noche:

   a las ocho de la — at eight (o'clock) in the evening, at night (4B)

   Buenas —s. Good evening. (P)

   de la — in the evening, at night (4B)

   esta — this evening (4B)

nos (to/for) us *ind. obj. pron.* (8B)

¡— vemos! See you later! (P)

nosotros, -as we (2A)

novecientos, -as nine hundred (7A)

noveno, -a ninth (2A)

noventa ninety (P)

noviembre November (P)

el novio, la novia boyfriend, girlfriend (7B)

nuestro(s), -a(s) our (5A)

nueve nine (P)

nuevo, -a new (7A)

nunca never (3A)

O ●

o or (1A)

la obra de teatro play (8A)

ochenta eighty (P)

ocho eight (P)

ochocientos, -as eight hundred (7A)

octavo, -a eighth (2A)

octubre October (P)

ocupado, -a busy (4B)

el ojo eye (P)

once eleven (P)

ordenado, -a neat (1B)

os (to/for) you *pl. fam. ind. obj. pron.* (8B)

el otoño fall, autumn (P)

otro, -a other, another (5B)

   otra vez again (8B)

¡Oye! Hey! (4B)

P ●

paciente patient (1B)

el padrastro stepfather (5A)

el padre (papá) father (5A)

los padres parents (5A)

   pagar (por) to pay (for) (7B)

la página Web Web page (9B)

el país country (8A)

el pájaro bird (8A)

el pan bread (3A)

   el — tostado toast (3A)

la pantalla (computer) screen (2B)

los pantalones pants (7A)

   los — cortos shorts (7A)

las papas potatoes (3B)

   las — fritas French fries (3A)

el papel picado cut-paper decorations (5A)

la papelera wastepaper basket (2B)

para for (2A)

   — + *inf.* in order to + *inf.* (4A)

   — la salud for one's health (3B)

   — mantener la salud to maintain one's health (3B)

   — mí in my opinion, for me (6A)

¿— qué sirve? What's it (used) for? (9B)

— ti in your opinion, for you (6A)

la pared wall (6A)

el parque park (4A)

   el — de diversiones amusement park (8A)

   el — nacional national park (8A)

el partido game, match (4B)

pasar:

   ¿Cómo lo pasaste? How was it (for you)? (8A)

   — la aspiradora to vacuum (6B)

   — tiempo con amigos to spend time with friends (1A)

   ¿Qué pasa? What's happening? (P)

   ¿Qué te pasó? What happened to you? (8A)

   pasear en bote to go boating (8A)

el pastel cake (5A)

los pasteles pastries (3B)

   patinar to skate (1A)

   pedir (e → i) to order (5B); to ask for (9B)

la película film, movie (9A)

   la — de ciencia ficción science fiction movie (9A)

   la — de horror horror movie (9A)

   la — policíaca crime movie, mystery (9A)

   la — romántica romantic movie (9A)

   ver una — to see a movie (4A)

   pelirrojo, -a red-haired (5B)

el pelo hair (5B)

   el — canoso gray hair (5B)

   el — castaño brown (chestnut) hair (5B)

   el — negro black hair (5B)

   el — rubio blond hair (5B)

pensar (e → ie) to plan, to think (7A)

peor:

 el/la —, los/las —es the worst (6A)

 —(es) que worse than (6A)

pequeño, -a small (6A)

Perdón. Excuse me. (7A)

perezoso, -a lazy (1B)

el perfume perfume (7B)

el periódico newspaper (8B)

 pero but (1B)

el perrito caliente hot dog (3A)

el perro dog (5A)

la persona person (5A)

 pesas: levantar — to lift weights (3B)

el pescado fish (3B)

el pie foot (P)

la pierna leg (P)

la pimienta pepper (5B)

la piñata piñata (5A)

la piscina pool (4A)

el piso story, floor (6B)

 primer — second floor (6B)

 segundo — third floor (6B)

la pizza pizza (3A)

la planta baja ground floor (6B)

el plástico plastic (8B)

el plátano banana (3A)

el plato plate, dish (5B)

 de — principal as a main dish (5B)

 el — principal main dish (5B)

la playa beach (4A)

 pobre poor (8B)

 poco: un — (de) a little (4B)

 poder (o → ue) to be able (6A)

 (yo) puedo I can (4B)

 (tú) puedes you can (4B)

 policíaca: la película — crime movie, mystery (9A)

el pollo chicken (3B)

 poner to put, to place (6B)

pon (command) put, place (6B)

 — la mesa to set the table (6B)

 (yo) pongo I put (6B)

 (tú) pones you put (6B)

por:

 — eso that's why, therefore (9A)

 — favor please (P)

 ¿— qué? Why? (3B)

 — supuesto of course (3A)

 porque because (3B)

la posesión pl. **las posesiones** possession (6A)

el postre dessert (5B)

 de — for dessert (5B)

 practicar deportes to play sports (1A)

 práctico, -a practical (2A)

el precio price (7A)

 preferir (e → ie) to prefer (7A)

 (yo) prefiero I prefer (3B)

 (tú) prefieres you prefer (3B)

 preparar to prepare (5A)

la presentación pl. **las presentaciones** presentation (9B)

la primavera spring (P)

 primer (primero), -a first (2A)

 — piso second floor (6B)

el primo, la prima cousin (5A)

los primos cousins (5A)

el problema problem (8B)

el profesor, la profesora teacher (P)

el programa program, show (9A)

 el — de concursos game show (9A)

 el — de dibujos animados cartoon (9A)

 el — de entrevistas interview program (9A)

 el — de la vida real reality program (9A)

 el — de noticias news program (9A)

 el — deportivo sports program (9A)

el — educativo educational program (9A)

el — musical musical program (9A)

propio, -a own (6A)

el proyecto de construcción construction project (8B)

puedes: (tú) — you can (4B)

puedo: (yo) — I can (4B)

la puerta door (2B)

 pues well (to indicate pause) (1A)

la pulsera bracelet (7B)

 el reloj — watch (7B)

el pupitre student desk (P)

Q

que who, that (5A)

qué:

 ¿Para — sirve? What's it (used) for? (9B)

 ¡— + adj.! How …! (5B)

 ¡— asco! How awful! (3A)

 ¡— buena idea! What a good/nice idea! (4B)

 ¿— clase de …? What kind of …? (9A)

 ¿— desean (Uds.)? What would you like? (5B)

 ¿— día es hoy? What day is today? (P)

 ¿— es esto? What is this? (2B)

 ¿— hiciste? What did you do? (8A)

 ¿— hora es? What time is it? (P)

 ¿— más? What else? (8B)

 ¿— pasa? What's happening? (P)

 ¡— pena! What a shame/pity! (4B)

 ¿— quiere decir … ? What does … mean? (P)

 ¿— tal? How are you? (P)

 ¿— te gusta hacer? What do you like to do? (1A)

 ¿— te gusta más? What do you like better (prefer) to do? (1A)

¿— te parece? What do you think (about it)? (9B)

¿— te pasó? What happened to you? (8A)

¿— tiempo hace? What's the weather like? (P)

quedar to fit (7A), to stay (4A)

¿Cómo me queda? How does it fit (me)? (7A)

Me / te queda bien. It fits me / you well. (7A)

Me quedo en casa. I stay home. (4A)

el quehacer (de la casa) (household) chore (6B)

querer (e → ie) to want (7A)

¿Qué quiere decir ...? What does ... mean? (P)

Quiere decir ... It means ... (P)

quisiera I would like (5B)

(yo) quiero I want (4B)

(tú) quieres you want (4B)

el queso cheese (3A)

¿Quién? Who? (2A)

quince fifteen (P)

quinientos, -as five hundred (7A)

quinto, -a fifth (2A)

quisiera I would like (5B)

quitar el polvo to dust (6B)

quizás maybe (7A)

R . . . .

rápidamente quickly (9B)

el ratón *pl.* **los ratones** (computer) mouse (2B)

razón: tener — to be correct (7A)

realista realistic (9A)

recibir to receive (6B)

reciclar to recycle (8B)

los recuerdos souvenirs (8A)

comprar recuerdos to buy souvenirs (8A)

la Red:

en la — online (7B)

navegar en la — to surf the Web (9B)

recoger (g → j) to collect, to gather (8B)

el refresco soft drink (3A)

el regalo gift, present (5A)

regresar to return (8A)

regular okay, so-so (P)

el reloj clock (2B)

el — pulsera watch (7B)

reservado, -a reserved, shy (1B)

el restaurante restaurant (4A)

rico, -a rich, tasty (5B)

el río river (8B)

rojo, -a red (6A)

romántico, -a: la película — romantic movie (9A)

romper to break (5A)

la ropa: la tienda de — clothing store (7B)

rosado, -a pink (6A)

rubio, -a blond (5B)

S . . . .

sábado Saturday (P)

saber to know (how) (9B)

(yo) sé I know (how to) (4B)

(tú) sabes you know (how to) (4B)

sabroso, -a tasty, flavorful (3B)

el sacapuntas pencil sharpener (2B)

sacar:

— fotos to take photos (5A)

— la basura to take out the trash (6B)

la sal salt (5B)

la sala living room (6B)

la sala de clases classroom (P)

la salchicha sausage (3A)

salir to leave, to go out (8A)

la salud:

para la — for one's health (3B)

para mantener la — to maintain one's health (3B)

el sándwich de jamón y queso ham and cheese sandwich (3A)

sé: (yo) — I know (how to) (1B)

sed: Tengo —. I'm thirsty. (3B)

según according to (1B)

— mi familia according to my family (1B)

segundo, -a second (2A)

— piso third floor (6B)

seis six (P)

seiscientos, -as six hundred (7A)

la semana week (P)

este fin de — this weekend (4B)

la — pasada last week (7B)

los fines de — on weekends (4A)

señor (Sr.) sir, Mr. (P)

señora (Sra.) madam, Mrs. (P)

señorita (Srta.) miss, Miss (P)

separar to separate (8B)

septiembre September (P)

séptimo, -a seventh (2A)

ser to be (3B)

¿Eres ...? Are you ...? (1B)

es he/she is (1B)

fue it was (8A)

no soy I am not (1B)

soy I am (1B)

serio, -a serious (1B)

la servilleta napkin (5B)

servir (e → i) to serve, to be useful (9B)

¿En qué puedo servirle? How can I help you? (7A)

¿Para qué sirve? What's it (used) for? (9B)

Sirve para ... It's used for ... (9B)

sesenta sixty (P)

setecientos, -as seven hundred (7A)

setenta seventy (P)

sexto, -a sixth (2A)

si if, whether (6B)

sí yes (1A)

siempre always (3A)

siento: lo — I'm sorry (4B)

siete seven (P)

la silla chair (2B)

simpático, -a nice, friendly (1B)

sin without (3A)

la sinagoga synagogue (4A)

el sitio Web Web site (9B)

sobre about (9A)

sociable sociable (1B)

el software software (7B)

el sol:

 Hace —. It's sunny. (P)

 los anteojos de — sunglasses (7B)

 tomar el — to sunbathe (8A)

sólo only (5A)

solo, -a alone (4A)

Son las … It's … *(time)* (P)

la sopa de verduras vegetable soup (3A)

el sótano basement (6B)

soy I am (1B)

su, sus his, her, your *formal,* their (5A)

sucio, -a dirty (6B)

la sudadera sweatshirt (7A)

sueño: tener — to be sleepy (5B)

el suéter sweater (7A)

supuesto: por — of course (3A)

T ....

tal: ¿Qué — ? How are you? (P)

talentoso, -a talented (1B)

también also, too (1A)

 a mí — I do (like to) too (1A)

tampoco: a mí — I don't (like to) either (1A)

tanto so much (7A)

tarde late (8A); afternoon (4B)

 a la una de la — at one (o'clock) in the afternoon (4B)

 Buenas —s. Good afternoon. (P)

 de la tarde in the afternoon (4B)

 esta — this afternoon (4B)

la tarea homework (2A)

la tarjeta card (9B)

la taza cup (5B)

te (to/for) you *sing. ind. obj. pron.* (8B)

 ¿— gusta …? Do you like to … ? (1A)

 ¿— gustaría …? Would you like …? (4B)

 ¿— gustó? Did you like it? (8A)

el té tea (3A)

 el — helado iced tea (3A)

el teatro theater (8A)

el teclado (computer) keyboard (2B)

la tecnología technology/computers (2A)

 la clase de — technology/ computer class (2A)

la telenovela soap opera (9A)

el televisor television set (6A)

el templo temple; Protestant church (4A)

temprano early (8A)

el tenedor fork (5B)

tener to have (5A)

 (yo) tengo I have (2A)

 (tú) tienes you have (2A)

 ¿Cuántos años tiene(n) …? How old is/are … ? (5A)

 — calor to be warm (5B)

 — frío to be cold (5B)

 — miedo (de) to be scared (of), to be afraid (of) (9B)

 — razón to be correct (7A)

 — sueño to be sleepy (5B)

 Tengo hambre. I'm hungry. (3B)

 Tengo que … I have to … (4B)

 Tengo sed. I'm thirsty. (3B)

 Tiene(n) … años. He/She is/ They are … (years old). (5A)

el tenis: jugar al — to play tennis (4B)

tercer (tercero), -a third (2A)

terminar to finish, to end (9A)

ti you *fam. after prep.*

¿Y a —? And you? (1A)

para — in your opinion, for you (6A)

el tiempo:

 el — libre free time (4A)

 pasar — con amigos to spend time with friends (1A)

 ¿Qué — hace? What's the weather like? (P)

la tienda store (7A)

 la — de descuentos discount store (7B)

 la — de electrodomésticos household appliance store (7B)

 la — de ropa clothing store (7A)

Tiene(n) … años. He/She is / They are … (years old). (5A)

el tío, la tía uncle, aunt (5A)

los tíos uncles; aunt(s) and uncle(s) (5A)

 tocar la guitarra to play the guitar (1A)

el tocino bacon (3A)

 todos, -as all (3B)

 — los días every day (3A)

 tomar:

 — el sol to sunbathe (8A)

 — un curso to take a course (9B)

los tomates tomatoes (3B)

 tonto, -a silly, stupid (9A)

 trabajador, -ora hardworking (1B)

 trabajar to work (1A)

el trabajo work, job (4A)

 el — voluntario volunteer work (8B)

 traer:

 Le traigo … I will bring you … (5B)

 ¿Me trae …? Will you bring me …? (5B)

el traje suit (7A)

 el — de baño swimsuit (7A)

 trece thirteen (P)

 treinta thirty (P)

treinta y uno thirty-one (P)

tremendo, -a tremendous (8A)

el tren train (8A)

tres three (P)

trescientos, as three hundred (7A)

triste sad (4B)

tu, tus your (2B, 5A)

tú you *fam.* (2A)

U

Ud. (usted) you *formal sing.* (2A)

Uds. (ustedes) you *formal pl.* (2A)

¡Uf! Ugh!, Yuck! (7B)

un, una a, an (1B)

un poco (de) a little (4B)

la una: a la — at one o'clock (4B)

uno one (P)

unos, -as some (2B)

usado, -a used (8B)

usar la computadora to use the computer (1A)

usted (Ud.) you *formal sing.* (2A)

ustedes (Uds.) you *formal pl.* (2A)

las uvas grapes (3B)

V

las vacaciones: ir de — to go on vacation (8A)

¡Vamos! Let's go! (7A)

el vaso glass (5B)

veinte twenty (P)

veintiuno (veintiún) twenty-one (P)

vender to sell (7B)

venir to come (5B)

la ventana window (2B)

ver to see (8A)

a — ... Let's see (2A)

¡Nos vemos! See you later! (P)

— la tele to watch television (1A)

— una película to see a movie (4A)

el verano summer (P)

veras: ¿De —? Right? (9A)

¿Verdad? Right? (3A)

verde green (6A)

el vestido dress (7A)

la vez, *pl.* **las veces** time (8B)

a veces sometimes (1B)

otra — again (8B)

vi I saw (8A)

viajar to travel (8A)

el viaje trip (8A)

el video videocassette (6A)

la videocasetera VCR (6A)

los videojuegos: jugar — to play video games (1A)

el vidrio glass (8B)

viejo, -a old (5B)

viernes Friday (P)

violento, -a violent (9A)

visitar to visit (8A)

— salones de chat to visit chat rooms (9B)

¿Viste? Did you see? (8A)

vivir to live (6B)

el vóleibol: jugar al — to play volleyball (4B)

el voluntario, la voluntaria volunteer (8B)

vosotros, -as you *pl.* (2A)

vuestro(s), -a(s) your (5A)

Y

y and (1A)

¿— a ti? And you? (1A)

— cuarto quarter past (P)

— media thirty, half-past (in telling time) (P)

¿— tú? And you? *fam.* (P)

¿— usted (Ud.)? And you? *formal* (P)

ya already (9A)

yo I (1B)

el yogur yogurt (3A)

Z

las zanahorias carrots (3B)

la zapatería shoe store (7B)

los zapatos shoes (7A)

el zoológico zoo (8A)

English-Spanish Vocabulary

The *English-Spanish Vocabulary* contains all active vocabulary from the text, including vocabulary presented in the grammar sections.

A dash (—) represents the main entry word. For example, **to play** — after **baseball** means **to play baseball.**

The number following each entry indicates the chapter in which the word or expression is presented. The letter *P* following an entry refers to the *Para empezar* section.

The following abbreviations are used in this list: *adj.* (adjective), *dir. obj.* (direct object), *f.* (feminine), *fam.*(familiar), *ind. obj.* (indirect object), *inf.* (infinitive), *m.* (masculine), *pl.* (plural), *prep.* (preposition), *pron.* (pronoun), *sing.* (singular).

A

a, an un, una (1B)

  a little un poco (de) (4B)

  a lot mucho, -a (2A)

  a thousand mil (7A)

able: to be — poder (o → ue) (6A)

about sobre (9A)

according to según (1B)

  — **my family** según mi familia (1B)

acquainted: to be —with conocer (9B)

actor el actor (9A)

actress la actriz *pl.* las actrices (9A)

address: e-mail — la dirección electrónica (9B)

afraid: to be — **(of)** tener miedo (de) (9B)

after después (de) (4A)

afternoon:

  at one (o'clock) in the afternoon a la una de la tarde (4B)

  Good —. Buenas tardes. (P)

  in the — de la tarde (4B)

  this — esta tarde (4B)

afterwards después (4A)

again otra vez (8B)

ago hace + *time expression* (7B)

agree:

  I —. Estoy de acuerdo. (3B)

  I don't —. No estoy de acuerdo. (3B)

airplane el avión *pl.* los aviones (8A)

alarm clock el despertador (6A)

all todos, -as (3B)

almost casi (9A)

alone solo, -a (4A)

already ya (9A)

also también (1A)

always siempre (3A)

am:

  I — (yo) soy (1B)

  I — **not** (yo) no soy (1B)

amusement park el parque de diversiones (8A)

amusing divertido, -a (2A)

and y (1A)

  ¿— **you?** ¿Y a ti? *fam.* (1A); ¿Y tú? *fam.* (P); ¿Y usted (Ud.)? *formal* (P)

animal el animal (8A)

another otro, -a (5B)

Anything else? ¿Algo más? (5B)

apartment el apartamento (6B)

apple la manzana (3A)

  — **juice** el jugo de manzana (3A)

April abril (P)

Are you ... ? ¿Eres ... ? (1B)

arm el brazo (P)

art class la clase de arte (2A)

artistic artístico, -a (1B)

as como (8A)

  — **a main dish** de plato principal (5B)

to ask for pedir (e → i) (9B)

at:

  — **eight (o'clock)** a las ocho (4B)

  — **eight (o'clock) at night** a las ocho de la noche (4B)

  — **eight (o'clock) in the evening** a las ocho de la noche (4B)

  — **eight (o'clock) in the morning** a las ocho de la mañana (4B)

  — **home** en casa (4A)

  — **one (o'clock)** a la una (4B)

  — **one (o'clock) in the afternoon** a la una de la tarde (4B)

  — **what time?** ¿A qué hora? (4B)

attraction(s) la atracción *pl.* las atracciones (8A)

August agosto (P)

aunt la tía (5A)

aunt(s) and uncle(s) los tíos (5A)

autumn el otoño (P)

B

backpack la mochila (2B)

bacon el tocino (3A)

bad malo, -a (3B); mal (4B)

badly mal (4B)

bag la bolsa (8B)

balloon el globo (5A)

banana el plátano (3A)

baseball: to play — jugar al béisbol (4B)

basement el sótano (6B)

basketball: to play — jugar al básquetbol (4B)

bathroom el baño (6B)

to be ser (3B); estar (2B)

  He/She is / They are ... (years old). Tiene(n) ... años. (5A)

  How old is/are ... ? ¿Cuántos años tiene(n) ... ? (5A)

  to — + *present participle* estar + *present participle* (6B)

  to — **able** poder (o → ue) (6A)

  to — **acquainted with** conocer (9B)

  to — **afraid (of)** tener miedo (de) (9B)

  to — **cold** tener frío (5B)

to — **correct** tener razón (7A)

to — **going to** + *verb* ir a + *inf.* (4B)

to — **online** estar en línea (9B)

to — **scared (of)** tener miedo (de) (9B)

to — **sleepy** tener sueño (5B)

to — **useful** servir (e → i) (9B)

to — **warm** tener calor (5B)

beach la playa (4A)

bear el oso (8A)

because porque (3B)

bed la cama (6A)

to make the — hacer la cama (6B)

bedroom el dormitorio (6A)

beefsteak el bistec (3B)

before antes de (9A)

to **begin** empezar (e → ie) (9A)

behind detrás de (2B)

best: the — el/la mejor, los/las mejores (6A)

better than mejor(es) que (6A)

beverages las bebidas (3B)

bicycle: to ride a — montar en bicicleta (1A)

bill la cuenta (5B)

binder: three-ring — la carpeta de argollas (2A)

bird el pájaro (8A)

birthday el cumpleaños (5A)

Happy —! ¡Feliz cumpleaños! (5A)

black negro (6A)

black hair el pelo negro (5B)

blond hair el pelo rubio (5B)

blouse la blusa (7A)

blue azul (6A)

boat el barco (8A)

boating: to go — pasear en bote (8A)

book el libro (P)

bookbag la mochila (2B)

bookshelf el estante (6A)

bookstore la librería (7B)

boots las botas (7A)

to **bore** aburrir (9A)

it/they —(s) me me aburre(n) (9A)

boring aburrido, -a (2A)

both los dos, las dos (7A)

bottle la botella (8B)

box la caja (8B)

boy el chico (1B)

—friend el novio (7B)

young — el niño (8B)

bracelet la pulsera (7B)

bread el pan (3A)

to **break** romper (5A)

breakfast el desayuno (3A)

for — en el desayuno (3A)

to **bring** traer (5B); llevar (8B)

I will — you … Le traigo … (5B)

Will you — me …? ¿Me trae …? (5B)

brother el hermano (5A)

brothers; brother(s) and sister(s) los hermanos (5A)

brown marrón *pl.* marrones (6A)

— (chestnut) hair el pelo castaño (5B)

to **burn a CD** grabar un disco compacto (9B)

bus el autobús *pl.* los autobuses (8A)

busy ocupado, -a (4B)

but pero (1B)

butter la mantequilla (3B)

to **buy** comprar (7A)

to — souvenirs comprar recuerdos (8A)

by + *vehicle* en + *vehicle* (8A)

C . . . .

café el café (4A)

cake el pastel (5A)

calculator la calculadora (2A)

camera la cámara (5A)

digital — la cámara digital (9B)

camp el campamento (8B)

can la lata (8B)

can:

I — (yo) puedo (4B)

you — (tú) puedes (4B)

candy los dulces (5A)

cap la gorra (7A)

car el coche (6B)

card la tarjeta (9B)

cardboard el cartón (8B)

carrots las zanahorias (3B)

to **carry** llevar (8B)

cartoon el programa de dibujos animados (9A)

cat el gato (5A)

CD: to burn a CD grabar un disco compacto (9B)

to **celebrate** celebrar (5A)

cereal el cereal (3A)

chain la cadena (7B)

chair la silla (2B)

channel (TV) el canal (9A)

cheap barato, -a (7B)

cheese el queso (3A)

chicken el pollo (3B)

childish infantil (9A)

children los hijos (5A); los niños (8B)

chore: household — el quehacer (de la casa) (6B)

church la iglesia (4A)

Protestant — el templo (4A)

city la ciudad (8A)

class la clase (2A)

classroom la sala de clases (P)

clean limpio, -a (6B)

to **clean the bathroom** limpiar el baño (6B)

clock el reloj (2B)

close (to) cerca (de) (6B)

closet el armario (6A)

clothing store la tienda de ropa (7A)

coat el abrigo (7A)

coffee el café (3A)

cold:

   It's —. Hace frío. (P)

   to be — tener frío (5B)

to collect recoger (g → j) (8B)

color:

   What — ...? ¿De qué color ...? (6A)

   —s los colores (6A)

to come venir (5B)

   comedy la comedia (9A)

   comical cómico, -a (9A)

to communicate comunicarse (9B)

   I — (yo) me comunico (9B)

   you — (tú) te comunicas (9B)

   community la comunidad (8B)

   compact disc el disco compacto (6A)

   to burn a — grabar un disco compacto (9B)

   complicated complicado, -a (9B)

   composition la composición *pl.* las composiciones (9B)

   computer la computadora (2B)

   — graphics los gráficos (9B)

   — keyboard el teclado (2B)

   — mouse el ratón (2B)

   — screen la pantalla (2B)

   —s/technology la tecnología (2B)

   laptop — la computadora portátil (9B)

   to use the — usar la computadora (1A)

   concert el concierto (4B)

   construction project el proyecto de construcción (8B)

to cook cocinar (6B)

   cookie la galleta (3A)

   correct: to be — tener razón (7A)

to cost costar (o → ue) (7A)

   How much does (do) ... — ? ¿Cuánto cuesta(n)? (7A)

   country el país (8A)

   countryside el campo (4A)

   course: to take a course tomar un curso (9B)

   cousin el primo, la prima (5A)

   —s los primos (5A)

to create crear (9B)

   crime movie la película policíaca (9A)

   cup la taza (5B)

   curtains las cortinas (6A)

to cut the lawn cortar el césped (6B)

   cut-paper decorations el papel picado (5A)

D ....

   dance el baile (4B)

to dance bailar (1A)

   daring atrevido, -a (1B)

   date: What is the —? ¿Cuál es la fecha? (P)

   daughter la hija (5A)

   day el día (P)

   every — todos los días (3A); cada día (3B)

   What — is today? ¿Qué día es hoy? (P)

   December diciembre (P)

to decide decidir (8B)

to decorate decorar (5A)

   decorations las decoraciones (5A)

   delicious delicioso, -a (5B)

   delighted encantado, -a (P)

   department store el almacén *pl.* los almacenes (7B)

   desk el pupitre (P); el escritorio (2B)

   dessert el postre (5B)

   for — de postre (5B)

   dictionary el diccionario (2A)

   Did you like it? ¿Te gustó? (8A)

   difficult difícil (2A)

   digital camera la cámara digital (9B)

   dining room el comedor (6B)

   dinner la cena (3B)

   dirty sucio, -a (6B)

   disaster: It was a — . Fue un desastre. (8A)

   discount store la tienda de descuentos (7B)

dish el plato (5B)

   as a main — de plato principal (5B)

   main — el plato principal (5B)

diskette el disquete (2B)

to do hacer (3B)

   — *(command)* haz (6B)

   — you like to ...? ¿Te gusta ...? (1A)

   I — (yo) hago (3B)

   What did you —? ¿Qué hiciste? (8A)

   you — (tú) haces (3B)

document el documento (9B)

dog el perro (5A)

   to feed the — dar de comer al perro (6B)

door la puerta (2B)

to download bajar (información) (9B)

drama el drama (9A)

to draw dibujar (1A)

   dress el vestido (7A)

   dresser la cómoda (6A)

to drink beber (3A)

   during durante (8A)

to dust quitar el polvo (6B)

   DVD player el lector DVD (6A)

E ....

   e-mail:

   — address la dirección electrónica (9B)

   to write an — message escribir por correo electrónico (9B)

   early temprano (8A)

   earrings los aretes (7B)

   easy fácil (2A)

to eat comer (3A)

   educational program el programa educativo (9A)

   eggs los huevos (3A)

   eight ocho (P)

   eight hundred ochocientos, -as (7A)

   eighteen dieciocho (P)

   eighth octavo, -a (2A)

   eighty ochenta (P)

either tampoco (1A)

  I don't (like to) — a mí tampoco (1A)

eleven once (P)

else:

  Anything —? ¿Algo más? (5B)

  What —? ¿Qué más? (8B)

to end terminar (9A)

  English class la clase de inglés (2A)

  enough bastante (6B)

to enter entrar (7A)

  especially especialmente (9A)

  evening:

    Good —. Buenas noches. (P)

    in the — de la noche (4B)

    this — esta noche (4B)

  every day cada día (3B); todos los días (3A)

  Excuse me. Perdón. (7A)

to exercise hacer ejercicio (3B)

  expensive caro, -a (7B)

  experience la experiencia (8B)

  eye el ojo (P)

F

face-to-face cara a cara (9B)

fall el otoño (P)

family la familia (1B)

fantastic fantástico, -a (8A)

far (from) lejos (de) (6B)

fascinating fascinante (9A)

fast rápidamente (9B)

father el padre (papá) (5A)

fats las grasas (3B)

favorite favorito, -a (2A)

February febrero (P)

to feed the dog dar de comer al perro (6B)

fewer:

  — … than menos … que (6A)

  — than … menos de … (9A)

fifteen quince (P)

fifth quinto, -a (2A)

fifty cincuenta (P)

film la película (9A)

finger el dedo (P)

to finish terminar (9A)

first primer (primero), -a (2A)

fish el pescado (3B)

  to go —ing ir de pesca (4B)

to fit:

  How does it (do they) fit me / you? ¿Cómo me / te queda(n)? (7A)

  It / They —(s) me well / poorly. Me queda(n) bien / mal. (7A)

five cinco (P)

five hundred quinientos, -as (7A)

flag la bandera (2B)

flavorful sabroso, -a (3B)

floor el piso (6B)

  ground — la planta baja (6B)

  second — el primer piso (6B)

  third — el segundo piso (6B)

flower la flor *pl.* las flores (5A)

folder la carpeta (P)

food la comida (3A)

foot el pie (P)

football: to play — jugar al fútbol americano (4B)

for para (2A)

  — breakfast en el desayuno (3A)

  — lunch en el almuerzo (3A)

  — me para mí (6A)

  — you para ti (6A)

fork el tenedor (5B)

forty cuarenta (P)

four cuatro (P)

four hundred cuatrocientos, -as (7A)

fourteen catorce (P)

fourth cuarto, -a (2A)

free time el tiempo libre (4A)

French fries las papas fritas (3A)

Friday viernes (P)

friendly simpático, -a (1B)

from de (4A)

  Where are you —? ¿De dónde eres? (4A)

fruit salad la ensalada de frutas (3A)

fun divertido, -a (2A)

funny gracioso, -a (1B); cómico, -a (9A)

G

game el partido (4B)

  — show el programa de concursos (9A)

garage el garaje (6B)

garden el jardín *pl.* los jardines (8B)

to gather recoger (g → j) (8B)

generally generalmente (4A)

gift el regalo (5A)

girl la chica (1B)

  —friend la novia (7B)

  young — la niña (8B)

to give dar (6B)

glass el vaso (5B); el vidrio (8B)

gloves los guantes (7B)

to go ir (4A)

  Let's —! ¡Vamos! (7A)

  to be —ing to + *verb* ir a + *inf.* (4B)

  to — boating pasear en bote (8A)

  to — camping ir de cámping (4B)

  to — fishing ir de pesca (4B)

  to — on vacation ir de vacaciones (8A)

  to — shopping ir de compras (4A)

  to — to school ir a la escuela (1A)

  to — out salir (8A)

golf: to play — jugar al golf (4B)

good bueno (buen), -a (1B)

  — afternoon. Buenas tardes. (P)

  — evening. Buenas noches. (P)

  — morning. Buenos días. (P)

Good-bye! ¡Adiós! (P)

good-looking guapo, -a (5B)

grains los cereales (3B)

grandfather el abuelo (5A)

grandmother la abuela (5A)

grandparents los abuelos (5A)

grapes las uvas (3B)

graphics los gráficos (9B)

gray gris (6A)

  — hair el pelo canoso (5B)

Great! ¡Genial! (4B)

green verde (6A)

— **beans** las judías verdes (3B)

ground floor la planta baja (6B)

guitar: to play the — tocar la guitarra (1A)

gym el gimnasio (4A)

H

hair el pelo (5B)

black — el pelo negro (5B)

blond — el pelo rubio (5B)

brown (chestnut) — el pelo castaño (5B)

gray — el pelo canoso (5B)

half media, -o (P)

— **-past** y media (P)

ham and cheese sandwich el sándwich de jamón y queso (3A)

hamburger la hamburguesa (3A)

hand la mano (P)

happy contento, -a (4B)

— **birthday!** ¡Feliz cumpleaños! (5A)

hardworking trabajador, -ora (1B)

to have tener (5A)

to — just ... acabar de + *inf.* (9A)

I — to ... tengo que + *inf.* (4B)

he él (1B)

he/she is es (1B)

He/She is / They are ... (years old). Tiene(n) ... años. (5A)

head la cabeza (P)

health:

for one's — para la salud (3B)

to maintain one's — para mantener la salud (3B)

Hello! ¡Hola! (P)

to help ayudar (6B)

How can I — you? ¿En qué puedo servirle? (7A)

her su, sus *possessive adj.* (5A); la *dir. obj. pron.* (7B); le *ind. obj. pron.* (8B)

here aquí (2B)

Hey! ¡Oye! (4B)

him lo *dir. obj. pron.* (7B); le *ind. obj. pron.* (8B)

his su, sus (5A)

home la casa (4A)

at — en casa (4A)

— **office** el despacho (6B)

(to) — a casa (4A)

homework la tarea (2A)

horrible horrible (3B)

horror movie la película de horror (9A)

horseback: to ride — montar a caballo (8A)

hospital el hospital (8B)

hot:

— **dog** el perrito caliente (3A)

It's —. Hace calor. (P)

hotel el hotel (8A)

hour: in the ... — en la ... hora (class period) (2A)

house la casa (4A)

household:

— **chore** el quehacer (de la casa) (6B)

— **appliance store** la tienda de electrodomésticos (7B)

how:

— **+ *adj.*!** ¡Qué + *adj.*! (5B)

— **awful!** ¡Qué asco! (3A)

how? ¿cómo? (P)

— **are you?** ¿Cómo está Ud.? *formal* (P); ¿Cómo estás? *fam.* (P); ¿Qué tal? *fam.* (P)

— **can I help you?** ¿En qué puedo servirle? (7A)

— **do you say ... ?** ¿Cómo se dice ...? (P)

— **does it (do they) fit (you)?** ¿Cómo te queda(n)? (7A)

— **is ... spelled?** ¿Cómo se escribe ...? (P)

— **many?** ¿cuántos, -as? (P)

— **much does (do) ... cost?** ¿Cuánto cuesta(n) ...? (7A)

— **old is/are ...?** ¿Cuántos años tiene(n) ...? (5A)

— **was it (for you)?** ¿Cómo lo pasaste? (8A)

hundred: one — cien (P)

hungry: I'm —. Tengo hambre. (3B)

to hurt doler (o → ue) (9A)

husband el esposo (5A)

I

I yo (1B)

— **am** soy (1B)

— **am not** no soy (1B)

— **do too** a mí también (1A)

— **don't either** a mí tampoco (1A)

— **don't think so.** Creo que no. (3B)

— **stay at home.** Me quedo en casa. (4A)

— **think ...** Creo que ... (3B)

— **think so.** Creo que sí. (3B)

— **will bring you ...** Le traigo ... (5B)

— **would like ...** Me gustaría (4B); quisiera (5B)

—**'m hungry.** Tengo hambre. (3B)

—**'m sorry.** Lo siento. (4B)

—**'m thirsty.** Tengo sed. (3B)

ice cream el helado (3B)

iced tea el té helado (3A)

if si (6B)

impatient impaciente (1B)

important importante (6A)

impressive impresionante (8A)

in en (P, 2B)

— **front of** delante de (2B)

— **my opinion** para mí (6A)

— **order to** para + *inf.* (4A)

— **the ... hour** en la ... hora (class period) (2A)

— **your opinion** para ti (6A)

incredible increíble (8B)

inexpensive barato, -a (7B)

information la información (9B)

intelligent inteligente (1B)

to interest interesar (9A)

it/they interest(s) me me interesa(n) (9A)

interesting interesante (2A)

interview program el programa de entrevistas (9A)

is es (P)

   he/she — es (1B)

it la, lo *dir. obj. pron.* (7B)

   — fits (they fit) me well/poorly. Me queda(n) bien/mal. (7A)

   — is ... Son las *(in telling time)* (P)

   — is one o'clock. Es la una. (P)

   — is the ... of ... Es el *(number)* de *(month)* *(in telling the date)* (P)

   — is the first of ... Es el primero de *(month)*. (P)

   — was fue (8A)

   — was a disaster. Fue un desastre. (8A)

   —'s a ... es un/una ... (2B)

   —'s cold. Hace frío. (P)

   —'s hot. Hace calor. (P)

   —'s necessary. Es necesario. (8B)

   —'s raining. Llueve. (P)

   —'s snowing. Nieva. (P)

   —'s sunny. Hace sol. (P)

J ··

jacket la chaqueta (7A)

January enero (P)

jeans los jeans (7A)

jewelry store la joyería (7B)

job el trabajo (4A)

juice:

   apple — el jugo de manzana (3A)

   orange — el jugo de naranja (3A)

July julio (P)

June junio (P)

just: to have — (done something) acabar de + *inf.* (9A)

K ··

key chain el llavero (7B)

keyboard (computer) el teclado (2B)

kind: What — of ... ? ¿Qué clase de ...? (9A)

kitchen la cocina (6B)

knife el cuchillo (5B)

to know saber (4B, 9B); conocer (9B)

I — (yo) conozco (9B)

I — (how to) (yo) sé (4B)

you — (tú) conoces (9B)

you — (how to) (tú) sabes (4B)

L ··

laboratory el laboratorio (9B)

lake el lago (8A)

lamp la lámpara (6A)

laptop computer la computadora portátil (9B)

large grande (6A)

last:

   — night anoche (7B)

   — week la semana pasada (7B)

   — year el año pasado (7B)

to last durar (9A)

late tarde (8A)

later: See you — ¡Hasta luego!, ¡Nos vemos! (P)

lazy perezoso, -a (1B)

to learn aprender (a) (8A)

to leave salir (8A)

   left: to the — (of) a la izquierda (de) (6A)

leg la pierna (P)

lemonade la limonada (3A)

less:

   less ... than menos ... que (6A)

   less than menos de (9A)

Let's go! ¡Vamos! (7A)

Let's see A ver ... (2A)

letter la carta (9B)

lettuce la lechuga (3B)

library la biblioteca (4A)

to lift weights levantar pesas (3B)

light la luz *pl.* las luces (5A)

like como (8A)

to like:

   Did you — it? ¿Te gustó? (8A)

   Do you — to ...? ¿Te gusta ...? (1A)

   He/She doesn't — ... No le gusta ... (1B)

   He/She —s ... Le gusta ... (1B); A él/ella le gusta(n) ... (5A)

   I don't — to ... (A mí) no me gusta ... (1A)

   I don't — to ... at all. (A mí) no me gusta nada ... (1A)

   I — ... Me gusta ... (3A)

   I — to ... (A mí) me gusta ... (1A)

   I — to ... a lot (A mí) me gusta mucho ... (1A)

   I — to ... better (A mí) me gusta más ... (1A)

   I —d it. Me gustó. (8A)

   I would — Me gustaría (4B); quisiera (5B)

   What do you — better (prefer) to do? ¿Qué te gusta más? (1A)

   What do you — to do? ¿Qué te gusta hacer? (1A)

   What would you —? ¿Qué desean (Uds.)? (5B)

   Would you —? ¿Te gustaría? (4B)

   You — ... Te gusta ... (3A)

likewise igualmente (P)

to listen to music escuchar música (1A)

   little: a — un poco (de) (4B)

to live vivir (6B)

   living room la sala (6B)

   long largo, -a (5B)

to look:

   to — (at) mirar (7B)

   to — for buscar (7A)

   lot: a — mucho, -a (2A)

to love encantar (9A)

   He/She —s ... A él/ella le encanta(n) ... (5A)

   I/You — ... Me/Te encanta(n)... (3A)

lunch el almuerzo (2A)

   for — en el almuerzo (3A)

M ··

madam (la) señora (Sra.) (P)

main dish el plato principal (5B)

   as a — de plato principal (5B)

to maintain one's health para mantener la salud (3B)

make (command) haz (6B)

to make the bed hacer la cama (6B)

mall el centro comercial (4A)

man el hombre (5B)

  older — el anciano (8B)

many muchos, -as (3B)

  how — ¿cuántos, -as? (P)

March marzo (P)

match el partido (4B)

mathematics class la clase de matemáticas (2A)

May mayo (P)

maybe quizás (7A)

me me *ind. obj. pron* (8B)

  for — para mí (6A), me (8B)

  — too a mí también (1A)

  to — me (8B)

  with — conmigo (4B)

meal la comida (3A)

to mean:

  It —s … Quiere decir … (P)

  What does … — ? ¿Qué quiere decir … ? (P)

meat la carne (3B)

menu el menú (5B)

messy desordenado, -a (1B)

milk la leche (3A)

mirror el espejo (6A)

miss, Miss (la) señorita (Srta.) (P)

missing: to be — faltar (9A)

moment: a — un momento (6B)

Monday lunes (P)

  on Mondays los lunes (4A)

money el dinero (6B)

monkey el mono (8A)

month el mes (P)

monument el monumento (8A)

more:

  — … than más … que (2A)

  — or less más o menos (3A)

  — than más de (9A)

morning:

  Good —. Buenos días. (P)

  in the — de la mañana (4B)

mosque la mezquita (4A)

mother la madre (mamá) (5A)

mountains las montañas (4A)

mouse (computer) el ratón (2B)

mouth la boca (P)

movie la película (9A)

  to see a — ver una película (4A)

  — theater el cine (4A)

to mow the lawn cortar el césped (6B)

Mr. (el) señor (Sr.) (P)

Mrs. (la) señora (Sra.) (P)

much: so — tanto (7A)

museum el museo (8A)

music:

  to listen to — escuchar música (1A)

  —al program el programa musical (9A)

must deber (3B)

  one — hay que (8B)

my mi (2B); mis (5A)

  — name is … Me llamo … (P)

mystery la película policíaca (9A)

N ....

name:

  My — is … Me llamo … (P)

  What is your —? ¿Cómo te llamas? (P)

  What's his/her —? ¿Cómo se llama? (1B)

napkin la servilleta (5B)

national park el parque nacional (8A)

near cerca (de) (6B)

neat ordenado, -a (1B)

necessary: It's —. Es necesario. (8B)

necklace el collar (7B)

to need

  I — necesito (2A)

  I — … Me falta(n) … (5B)

  you — necesitas (2A)

neighborhood el barrio (8B)

neither … nor ni … ni (1A)

never nunca (3A)

new nuevo, -a (7A)

news program el programa de noticias (9A)

newspaper el periódico (8B)

next to al lado de (2B)

nice simpático, -a (1B)

night:

  at — de la noche (4B)

  last — anoche (7B)

night table la mesita (6A)

nine nueve (P)

nine hundred novecientos, -as (7A)

nineteen diecinueve (P)

ninety noventa (P)

ninth noveno, -a (2A)

nose la nariz *pl.* las narices (P)

not … or ni … ni (1A)

notebook el cuaderno (P)

nothing nada (P)

November noviembre (P)

now ahora (5B)

O ....

o'clock:

  at eight — a las ocho (4B)

  at one — a la una (4B)

  It's one —. Es la una. (P)

  It's … — Son les … (P)

October octubre (P)

of de (2B)

  — course por supuesto (3A)

office (home) el despacho (6B)

often a menudo (8B)

Oh! What a shame/pity! ¡Ay! ¡Qué pena! (4B)

okay regular (P)

old viejo, -a (5B)

  He/She is / They are … years —. Tiene(n) … años. (5A)

  How — is/are … ? ¿Cuántos años tiene(n) … ? (5A)

  —er mayor (5A)

  —er man el anciano (8B)

  —er people los ancianos (8B)

  —er woman la anciana (8B)

on en (2B)

  — **Mondays, on Tuesdays …** los lunes, los martes … (4A)

  — **top of** encima de (2B)

  — **weekends** los fines de semana (4A)

one uno (un), -a (P)

  at — (o'clock) a la una (4B)

one hundred cien (P)

one must hay que (8B)

onion la cebolla (3B)

online en la Red (7B)

  to be — estar en línea (9B)

only sólo (5A)

to open abrir (5A)

opinion:

  in my — para mí (6A)

  in your — para tí (6A)

or o (1A)

orange anaranjado, -a (6A)

  — **juice** el jugo de naranja (3A)

to order pedir (e → i) (5B)

other otro, -a (5B)

others los/las demás (8B)

our nuestro(s), -a(s) (5A)

own propio, -a (6A)

P . . . .

painting el cuadro (6A)

pants los pantalones (7A)

paper: sheet of — la hoja de papel (P)

parents los padres (5A)

park el parque (4A)

  amusement — el parque de diversiones (8A)

  national — el parque nacional (8A)

party la fiesta (4B)

pastries los pasteles (3B)

patient paciente (1B)

to pay (for) pagar (por) (7B)

peas los guisantes (3B)

pen el bolígrafo (P)

pencil el lápiz *pl.* los lápices (P)

  — **sharpener** el sacapuntas (2B)

people la gente (8B)

  older — los ancianos (8B)

pepper la pimienta (5B)

perfume el perfume (7B)

person la persona (5A)

phone: to talk on the — hablar por teléfono (1A)

photo la foto (5A)

  to take —s sacar fotos (5A)

physical education class la clase de educación física (2A)

piano lesson (class) la lección *pl.* las lecciones de piano (4A)

pink rosado, -a (6A)

piñata la piñata (5A)

pizza la pizza (3A)

place el lugar (8A)

to place poner (6B)

to plan pensar (e → ie) (7A)

plastic el plástico (8B)

plate el plato (5B)

play la obra de teatro (8A)

to play jugar (a) (u → ue) (4B); tocar (1A)

  to — baseball jugar al béisbol (4B)

  to — basketball jugar al básquetbol (4B)

  to — football jugar al fútbol americano (4B)

  to — golf jugar al golf (4B)

  to — soccer jugar al fútbol (4B)

  to — sports practicar deportes (1A)

  to — tennis jugar al tenis (4B)

  to — the guitar tocar la guitarra (1A)

  to — video games jugar videojuegos (1A)

  to — volleyball jugar al vóleibol (4B)

please por favor (P)

to please very much encantar (9A)

pleased to meet you mucho gusto (P)

pool la piscina (4A)

poor pobre (8B)

possession la posesión *pl.* las posesiones (6A)

poster el cartel (2B)

potatoes las papas (3B)

practical práctico, -a (2A)

to prefer preferir (e → ie) (7A)

  I — (yo) prefiero (3B)

  I — to … (a mí) me gusta más … (1A)

  you — (tú) prefieres (3B)

to prepare preparar (5A)

present el regalo (5A)

presentation la presentación *pl.* las presentaciones (9B)

pretty bonito, -a (6A)

price el precio (7A)

primary school la escuela primaria (8B)

problem el problema (8B)

program el programa (9A)

purple morado, -a (6A)

purse el bolso (7B)

to put poner (6B)

  I — (yo) pongo (6B)

  — *(command)* pon (6B)

  you — (tú) pones (6B)

Q . . . .

quarter past y cuarto (P)

quarter to menos cuarto

quickly rápidamente (9B)

R . . . .

rain: It's —ing. Llueve. (P)

rather bastante (6B)

to read magazines leer revistas (1A)

realistic realista (9A)

reality program el programa de la vida real (9A)

Really? ¿De veras? (9A)

to receive recibir (6B)

to recycle reciclar (8B)

  recycling center el centro de reciclaje (8B)

red rojo, -a (6A)

    —-haired pelirrojo, -a (5B)

to relax descansar (8A)

report el informe (9B)

reserved reservado, -a (1B)

to rest descansar (8A)

restaurant el restaurante (4A)

to return regresar (8A)

rice el arroz (3B)

rich rico, -a (5B)

to ride:

    to — a bicycle montar en bicicleta (1A)

    to — horseback montar a caballo (8A)

right: to the — (of) a la derecha (de) (6A)

Right? ¿Verdad? (3A)

ring el anillo (7B)

river el río (8B)

road la calle (8B)

romantic movie la película romántica (9A)

room el cuarto (6B)

    to straighten up the — arreglar el cuarto (6B)

rug la alfombra (6A)

to run correr (1A)

S •••••••••••••••••••••

sack la bolsa (8B)

sad triste (4B)

salad la ensalada (3A)

    fruit — la ensalada de frutas (3A)

salesperson el dependiente, la dependienta (7A)

salt la sal (5B)

same mismo, -a (6A)

sandwich: ham and cheese — el sándwich de jamón y queso (3A)

Saturday sábado (P)

sausage la salchicha (3A)

to say decir (8B)

    How do you —? ¿Cómo se dice? (P)

    You — … Se dice … (P)

    You don't —! ¡No me digas! (4A)

scared: to be — (of) tener miedo (de) (9B)

schedule el horario (2A)

science:

    — class la clase de ciencias naturales (2A)

    — fiction movie la película de ciencia ficción (9A)

screen: computer — la pantalla (2B)

to scuba dive bucear (8A)

sea el mar (8A)

to search (for) buscar (9B)

    season la estación *pl.* las estaciones (P)

    second segundo, -a (2A)

    — floor el primer piso (6B)

to see ver (8A)

    Let's — A ver … (2A)

    — you later! ¡Nos vemos!, Hasta luego. (P)

    — you tomorrow. Hasta mañana. (P)

    to — a movie ver una película (4A)

to sell vender (7B)

to send enviar (i → í) (9B)

to separate separar (8B)

    September septiembre (P)

    serious serio, -a (1B)

to serve servir (e → i) (9B)

to set the table poner la mesa (6B)

    seven siete (P)

    seven hundred setecientos, -as (7A)

    seventeen diecisiete (P)

    seventh séptimo, -a (2A)

    seventy setenta (P)

to share compartir (3A)

    she ella (1B)

    sheet of paper la hoja de papel (P)

    shelf el estante (6A)

ship el barco (8A)

shirt la camisa (7A)

    T- — la camiseta (7A)

shoe store la zapatería (7B)

shoes los zapatos (7A)

short bajo, -a; corto, -a (5B)

shorts los pantalones cortos (7A)

should deber (3B)

show el programa (9A)

to show + *movie or TV program* dar (9A)

shy reservado, -a (1B)

sick enfermo, -a (4B)

silly tonto, -a (9A)

to sing cantar (1A)

    sir (el) señor (Sr.) (P)

    sister la hermana (5A)

    site: Web — el sitio Web (9B)

    six seis (P)

    six hundred seiscientos, -as (7A)

    sixteen dieciséis (P)

    sixth sexto, -a (2A)

    sixty sesenta (P)

to skate patinar (1A)

to skateboard montar en monopatín (1A)

to ski esquiar (i fi í) (1A)

    skirt la falda (7A)

to sleep dormir (o → ue) (6A)

    sleepy: to be — tener sueño (5B)

    slide la diapositiva (9B)

    small pequeño, -a (6A)

to snorkel bucear (8A)

    snow: It's —ing. Nieva. (P)

    so much tanto (7A)

    so-so regular (P)

    soap opera la telenovela (9A)

    soccer: to play — jugar al fútbol (4B)

    sociable sociable (1B)

    social studies class la clase de ciencias sociales (2A)

    socks los calcetines (7A)

    soft drink el refresco (3A)

    software el software (7B)

some unos, -as (2B)

something algo (3B)

sometimes a veces (1B)

son el hijo (5A)

    —s; —(s) and daughter(s) los hijos (5A)

song la canción *pl.* las canciones (9B)

sorry: I'm —. Lo siento. (4B)

sound (stereo) system el equipo de sonido (6A)

soup: vegetable — la sopa de verduras (3A)

souvenirs los recuerdos (8A)

    to buy — comprar recuerdos (8A)

spaghetti los espaguetis (3B)

Spanish class la clase de español (2A)

to spell:

    How is ... spelled? ¿Cómo se escribe ... ? (P)

    It's spelled ... Se escribe ... (P)

to spend time with friends pasar tiempo con amigos (1A)

spoon la cuchara (5B)

sports:

    to play — practicar deportes (1A)

    —-minded deportista (1B)

    — show el programa deportivo (9A)

spring la primavera (P)

stadium el estadio (8A)

stairs, stairway la escalera (6B)

to start empezar (e → ie) (9A)

to stay: I — at home. Me quedo en casa. (4A)

stepbrother el hermanastro (5A)

stepfather el padrastro (5A)

stepmother la madrastra (5A)

stepsister la hermanastra (5A)

stereo system el equipo de sonido (6A)

stomach el estómago (P)

store la tienda (7A)

    book— la librería (7B)

    clothing — la tienda de ropa (7A)

department — el almacén *pl.* los almacenes (7B)

discount — la tienda de descuentos (7B)

household appliance — la tienda de electrodomésticos (7B)

jewelry — la joyería (7B)

shoe — la zapatería (7B)

story el piso (6B)

stories: to write — escribir cuentos (1A)

to straighten up the room arreglar el cuarto (6B)

strawberries las fresas (3A)

street la calle (8B)

student el/la estudiante (P)

studious estudioso, -a (1B)

to study estudiar (2A)

    stupid tonto, -a (9A)

    sugar el azúcar (5B)

    suit el traje (7A)

    summer el verano (P)

to sunbathe tomar el sol (8A)

    Sunday domingo (P)

    sunglasses los anteojos de sol (7B)

    sunny: It's —. Hace sol. (P)

to surf the Web navegar en la Red (9B)

    sweater el suéter (7A)

    sweatshirt la sudadera (7A)

to swim nadar (1A)

    swimming pool la piscina (4A)

    swimsuit el traje de baño (7A)

    synagogue la sinagoga (4A)

T . . . .

T-shirt la camiseta (7A)

table la mesa (2B)

    to set the — poner la mesa (6B)

to take llevar (8B)

    to — a course tomar un curso (9B)

    to — out the trash sacar la basura (6B)

    to — photos sacar fotos (5A)

talented talentoso, -a (1B)

to talk hablar (2A)

    to — on the phone hablar por teléfono (1A)

tall alto, -a (5B)

tasty sabroso, -a (3B); rico, -a (5B)

tea el té (3A)

    iced — el té helado (3A)

to teach enseñar (2A)

teacher el profesor, la profesora (P)

technology/computers la tecnología (2A)

technology/computer class la clase de tecnología (2A)

television: to watch — ver la tele (1A)

television set el televisor (6A)

to tell decir (8B)

    — me dime (8A)

temple el templo (4A)

ten diez (P)

tennis: to play — jugar al tenis (4B)

tenth décimo, -a (2A)

thank you gracias (P)

that que (5A); ese, esa (7A)

    —'s why por eso (9A)

the el, la (1B); los, las (2B)

    — best el/la mejor, los/las mejores (6A)

    — worst el/la peor, los/las peores (6A)

theater el teatro (8A)

movie — el cine (4A)

their su, sus (5A)

them las, los *dir. obj. pron.* (7B); les *ind. obj. pron.* (8B)

then entonces (4B)

there allí (2B)

    — is/are hay (P, 2B)

therefore por eso (9A)

these estos, estas (7A)

they ellos, ellas (2A)

thing la cosa (6A)

to think creer (3B)

    pensar (e → ie) (7A)

    I don't — so. Creo que no. (3B)

I — ... Creo que ... (3B)

I — so. Creo que sí. (3B)

What do you — (about it)? ¿Qué te parece? (9B)

third tercer (tercero), -a (2A)

third floor el segundo piso (6B)

thirsty: I'm —. Tengo sed. (3B)

thirteen trece (P)

thirty treinta (P); y media *(in telling time)* (P)

thirty-one treinta y uno (P)

this este, esta (7A)

— afternoon esta tarde (4B)

— evening esta noche (4B)

— weekend este fin de semana (4B)

What is — ? ¿Qué es esto? (2B)

those esos, esas (7A)

thousand: a — mil (7A)

three tres (P)

three hundred trescientos, -as (7A)

three-ring binder la carpeta de argollas (2A)

Thursday jueves (P)

ticket el boleto (8A)

tie la corbata (7B)

time la vez *pl.* las veces (8B)

At what —? ¿A qué hora? (4B)

free — el tiempo libre (4A)

to spend — with friends pasar tiempo con amigos (1A)

What — is it? ¿Qué hora es? (P)

tired cansado, -a (4B)

to a *(prep.)* (4A)

in order — para + *inf.* (4A)

— the a la, al (4A)

— the left (of) a la izquierda (de) (6A)

— the right (of) a la derecha (de) (6A)

toast el pan tostado (3A)

today hoy (P)

tomatoes los tomates (3B)

tomorrow mañana (P)

See you —. Hasta mañana. (P)

too también (1A); demasiado (4B)

I do (like to) — a mí también (1A)

me — a mí también (1A)

top: on — of encima de (2B)

touching emocionante (9A)

toy el juguete (8B)

train el tren (8A)

to travel viajar (8A)

tree el árbol (8A)

tremendous tremendo, -a (8A)

trip el viaje (8A)

Tuesday martes (P)

on —s los martes (4A)

TV channel el canal (9A)

twelve doce (P)

twenty veinte (P)

twenty-one veintiuno (veintiún) (P)

two dos (P)

two hundred doscientos, -as (7A)

U ....

Ugh! ¡Uf! (7B)

ugly feo, -a (6A)

uncle el tío (5A)

uncles; uncle(s) and aunt(s) los tíos (5A)

underneath debajo de (2B)

to understand comprender (3A)

unforgettable inolvidable (8B)

us: (to/for) — nos *ind. obj. pron.* (8B)

to use:

to — the computer usar la computadora (1A)

What's it —d for? ¿Para qué sirve? (9B)

used usado, -a (8B)

useful:

to be — servir (9B)

is — for sirve para (9B)

V ....

vacation: to go on — ir de vacaciones (8A)

to vacuum pasar la aspiradora (6B)

VCR la videocasetera (6A)

vegetable soup la sopa de verduras (3A)

very muy (1B)

— well muy bien (P)

video games: to play — jugar videojuegos (1A)

videocassette el video (5A, 6A)

to videotape hacer un video (5A)

violent violento, -a (9A)

to visit visitar (8A)

to — chat rooms visitar salones de chat (9B)

volleyball: to play — jugar al vóleibol (4B)

volunteer el voluntario, la voluntaria (8B)

— work el trabajo voluntario (8B)

W ....

waiter, waitress el camarero, la camarera (5B)

to walk caminar (3B)

wall la pared (6A)

wallet la cartera (7B)

to want querer (e → ie) (7A)

I — (yo) quiero (4B)

you — (tú) quieres (4B)

warm: to be — tener calor (5B)

was fue (8B)

to wash lavar (6B)

to — the car lavar el coche (6B)

to — the clothes lavar la ropa (6B)

to — the dishes lavar los platos (6B)

wastepaper basket la papelera (2B)

watch el reloj pulsera (7B)

to watch television ver la tele (1A)

water el agua *f.* (3A)

we nosotros, -as (2A)

to wear llevar (7A)

weather: What's the — like? ¿Qué tiempo hace? (P)

Web:

to surf the — navegar en la Red (9B)

— page la página Web (9B)

— site el sitio Web (9B)

Wednesday miércoles (P)

week la semana (P)

last — la semana pasada (7B)

weekend:

on —s los fines de semana (4A)

this — este fin de semana (4B)

welcome: You're —. De nada. (5B)

well bien (P); pues … *(to indicate pause)* (1A)

very — muy bien (P)

what? ¿cuál? (3A)

— are you like? ¿Cómo eres? (1B)

(At) — time? ¿A qué hora? (4B)

— color … ? ¿De qué color … ? (6A)

— day is today? ¿Qué día es hoy? (P)

— did you do? ¿Qué hiciste? (8A)

— do you like better (prefer) to do? ¿Qué te gusta hacer más? (1A)

— do you like to do? ¿Qué te gusta hacer? (1A)

— do you think (about it)? ¿Qué te parece? (9B)

— does … mean? ¿Qué quiere decir … ? (P)

— else? ¿Qué más? (8B)

— happened to you? ¿Qué te pasó? (8A)

— is she/he like? ¿Cómo es? (1B)

— is the date? ¿Cuál es la fecha? (P)

— is this? ¿Qué es esto? (2B)

— is your name? ¿Cómo te llamas? (P)

— kind of … ? ¿Qué clase de…? (9A)

— time is it? ¿Qué hora es? (P)

— would you like? ¿Qué desean (Uds.)? (5B)

—'s happening? ¿Qué pasa? (P)

—'s his/her name? ¿Cómo se llama? (1B)

—'s it (used) for? ¿Para qué sirve? (9B)

—'s the weather like? ¿Qué tiempo hace? (P)

what!:

— a good/nice idea! ¡Qué buena idea! (4B)

— a shame/pity! ¡Qué pena! (4B)

When? ¿Cuándo? (4A)

Where? ¿Dónde? (2B)

— are you from? ¿De dónde eres? (4A)

(To) —? ¿Adónde? (4A)

whether si (6B)

which? ¿cuál? (3A)

white blanco, -a (6A)

who que (5A)

Who? ¿Quién? (2A)

Why? ¿Por qué? (3B)

wife la esposa (5A)

Will you bring me … ? ¿Me trae … ? (5B)

window la ventana (2B)

winter el invierno (P)

with con (3A)

— me conmigo (4B)

— my/your friends con mis/tus amigos (4A)

— whom? ¿Con quién? (4A)

— you contigo (4B)

without sin (3A)

woman la mujer (5B)

older woman la anciana (8B)

work el trabajo (4A)

volunteer — el trabajo voluntario (8B)

to work trabajar (1A)

worse than peor(es) que (6A)

worst: the — el/la peor, los/las peores (6A)

Would you like …? ¿Te gustaría …? (4B)

to write:

to — e-mail escribir por correo electrónico (9B)

to — stories escribir cuentos (1A)

Y . . . .

yard el jardín *pl.* los jardines (8B)

year el año (P)

He/She is / They are … —s old. Tiene(n) … años. (5A)

last — el año pasado (7B)

yellow amarillo, -a (6A)

yes sí (1A)

yesterday ayer (7B)

yogurt el yogur (3A)

you *fam. sing.* tú (2A); *formal sing.* usted (Ud.) (2A); *fam. pl.* vosotros, -as (2A); *formal pl.* ustedes (Uds.) (2A); *fam. after prep.* ti (1A); *sing. ind. obj. pron.* te (8B); *pl. fam. ind. obj. pron.* os (8B); *ind. obj. pron.* le, les (8B)

And — ? ¿Y a ti? (1A)

for — para ti (6A)

to/for — *fam. pl.* os (8B)

to/for — *fam. sing.* te (8B)

with — contigo (4B)

— don't say! ¡No me digas! (4A)

— say … Se dice … (P)

You're welcome De nada (5B)

young joven (5B)

— boy/girl el niño, la niña (8B)

— man el joven (5B)

— woman la joven (5B)

—er menor (5A)

your *fam.* tu (2B); *fam.* tus, vuestro(s), -a(s) (5A); *formal* su, sus (5A)

Yuck! ¡Uf! (7B)

Z . . . .

zero cero (P)

zoo el zoológico (8A)

Grammar Index

Structures are most often presented first in *A primera vista*, where they are practiced lexically. They are then explained later in a *Gramática* section or a *Nota*. Light-face numbers refer to the pages where structures are initially presented or, after explanation, where student reminders occur. **Bold-face numbers** refer to pages where structures are explained or are otherwise highlighted.

hacer 26, 149

    preterite 402, **412**, 422

    tú affirmative command form 300, **305**, 318

    use of in weather expressions 18

hay 14

    + **que** 402

indirect object **410**. *See also* pronouns

infinitive **32**

    + object pronoun 360, 460

    after **acabar de** 428, **434**

    after **gustar 436**

    after **ir a** 199, **206**

    after **para** 172

    after **pensar/querer/preferir 330**

    after **poder** 284

    after **tener que** 199

interesar 426, **436**

interrogative words **184**

ir 29, 172, **180**, 194

    + **a** + infinitive 199, **206**

    preterite 374, **385**, 396

    with future meaning 199, **206**

-ir verbs 32

    present 126, **132**, 144

    preterite 374, **383**, 396

jugar 27, 198, **208**, 218

    preterite **356**

negative 27, **36**, **38**, 62

    nada used for emphasis 27, **36**

    ni . . . ni 27, **36**

    tampoco 27, **38**

nouns **11**

    compound **130**

    diminutive **235**

    plural **110**, 156

    used with **gustar/encantar 135**

numbers 7, 311, 323

    in dates 15, **358**

    in telling time **8**

    ordinal **74**, 298, **302**

parecer 453

pedir 251, 451, **458**, 470

pensar 323, 325, **330**, 342

plural:

    of adjectives **156**, 168

    of nouns **110**, 156

poder 199, 275, **284**, 294

poner 299, 301, **303**, 318

    tú affirmative command form 300, **305**, 318

possession:

    adjectives 28, 100, 224, **232**, 244

    with **de** 101, **111**, **232**

    with **tener 228**

preferir 150, 322, **330**, 342

prepositions 101

present. *See individual verb listings*

present progressive 300, **308**, 318

preterite:

    of **-ar** verbs 347, **354**, **356**, 368

    of **dar** 402, **412**, 422

    of **-er/-ir** verbs 375, **383**, 396

    of **hacer** 402, **412**, 422

    of **ir** 374, **385**, 396

    of spelling-changing verbs **356**, 370

    of **ver** 374, **383**, 396

pronouns:

    conmigo/contigo 199

    direct object 347, **360**, 370, **387**, 401

    indirect object 250–251, 322, **410**, 451, **456**. *See also* **aburrir/doler /encantar /faltar/gustar /interesar /quedar**

    prepositional, used for agreement, clarity, or emphasis 26–27, **38**, 229, 274, **436**, **456**

    subject 52–53, **82**, 96

subject, omission of **84**

subject, use of for clarification or emphasis **84**

pronunciation:

    a, e, i **39**

    accent marks **183**

    b/v **257**

    c **89**

    d **210**

    diphthongs **380**

    g **113**

    gue/gui **357**

    h/j **136**

    l/ll **155**

    linking words **438**

    n/ñ **310**

    o/u **61**

    p/t/q **236**

    que/qui **357**

    r/rr **285**

    stress **183**

    word division **462**

    x **414**

    z **329**

punctuation marks **13**

quedar 323, **329**, **436**

querer 198, 324, **330**, 342

question formation **184**

    accent marks **184**

    with **¿no?** 77

    with **¿verdad?** 125

saber 200–201, 450, **460**, 470

salir, preterite 375, **383**, 396

ser 28, 51, **158**, 168

    in telling time 8

    vs. **estar 258**, 260, **277**

servir 322, 452, **458**, 470

spelling-changing verbs, preterite **356**, 370

Acknowledgments

Cover Design Tamada Brown & Associates

Program Graphic Development Herman Adler Design

Maps Mapping Specialists

Technical Illustration/Additional Graphics Herman Adler Design; New England Typographic Services; Publicom; John Reece; Joseph Taylor

Illustrations Wilkinson Studios Artists; Bob Brugger: pp. **136, 167, 210, 257, 285, 307, 329, 383**; Donna Catanese: pp. **235**; Dennis Dzielak: pp. **8, 67, 81, 96, 100, 101, 133, 136, 205, 323, 373, 380**; George Hamblin: p. **382**; Seitu Hayden: pp. **6, 12, 16, 27, 32, 36, 37, 77, 172, 173, 176, 199, 202, 203, 204, 276, 303, 306, 329, 331, 355, 430, 448**; Reggie Holladay: pp. **18, 27, 37, 58, 86, 188, 189, 246, 256, 257**; Tim Jones: pp. **18, 26, 31, 32, 54, 56, 58, 63, 74, 79, 199, 206, 252, 253, 278, 293, 299, 308, 310, 311, 322, 326, 327, 373, 376, 428, 456, 460**; Victor Kennedy: pp. **39, 84, 254, 257, 329, 409**; Gary Krejca: pp. **27, 37**; Miguel Luna: pp. **7, 12, 86, 155, 378**; Jonathan Massie: pp. **102, 149, 298, 302, 346, 401, 404, 406, 457, 460**; Tom McKee: pp. **2, 4, 15, 54, 58, 115, 154, 190, 209, 248, 249, 312, 313, 323, 332, 335, 352, 372, 392, 397, 426, 427, 453**; Donna Perrone: pp. **86, 128, 130, 131, 148, 153, 159, 272**; Jud Stead: pp. **3, 18, 60, 79, 105, 198, 204, 223, 273, 280, 282, 350, 352, 354, 359, 449**; Nicole Wong: pp. **8, 172, 173, 176, 334, 347, 361, 383, 463**

Photography Front and back covers: Dancers from the state of Jalisco, Mexico, Jose Carrillo/PhotoEdit. Inc.; (front cover inset) Cliff Hollenbeck/IS. Photographers who contibuted to the studio/location photography: Bill Burlingham, Burlingham Photography and John Morrison, Morrison Photography.

vi, ©LWA-Stephen Welstead/CORBIS; **xvi-xvii**, ©José Fuste Raga/CORBIS; **xvi inset**, ©Danny Lehman/CORBIS, **xvii inset**, ©Phil Schermeister/CORBIS; **xvii-xix**, ©Danny Lehman/CORBIS; **xx-xxi**, ©David Zimmerman/CORBIS; **xx inset**, ©Stuart Westmorland/CORBIS; **xxii-xix**, ©Jim Erickson/CORBIS; **xxiv-xxv** ©Galen Rowell/CORBIS; **xxvi-xxvii** ©Paul Hardy/CORBIS; **xxvi inset**, ©Mark L. Stephenson, **xxvii br inset** ©José Fuste Raga/CORBIS; **xxvii inset**, ©Strauss/Curtis/CORBIS; **xxviii** ©Craig Tuttle/CORBIS, **xxix br inset**, ©Ron Watts/CORBIS, **xxix bl inset** Royalty– Free/Corbis; **xxx tl**, Pablo Picasso (1881-1973) ᵃ ARS, NY ᵃErich Lessing/Art Resource, NY; **xxx tr**, ©Paul Barton/CORBIS; **xxx bm**, ©ᵃS.P. Gillette/CORBIS; **xxxii** ©Robert Frerck/Odyssey/Chicago; **1 t**, ©Robert Frerck/Odyssey/Chicago; **1 b**, H. Huntly Hersch/DDB; **3 (1)**, Bob Daemmrich/SB; **3 (2)**, Spencer Grant/SB; **3 (3)**, David Young-Wolff/PhotoEdit; **3 (4)**, M. Ferguson/PhotoEdit; **3 (5)**, Bachmann/SB; **3 (6)**, Mary Kate Denny/PhotoEdit; **8**, A.K.G., Berlin/SuperStock; **11**, Michael Newman/PhotoEdit; **13**, Bridgeman Art Library International, Ltd./Museo Nacional de Antropología, Mexico City, Mexico; **15**, David Young-Wolff/PhotoEdit; **16**, A. Ramey/PhotoEdit; **17**, Peter Wilson/Dorling Kindersley Media Library ©CONACULTA-INAH-MEX. Authorized reproduction by the Instituto Nacional de Antropología e Historia; **18 (1-4)**, George Gold/SuperStock, Inc.; **19 (1)**, ©Gordon R. Gainer/CORBIS; **19 (2)**, Rocio Escobar; **19 (3)**, Joseph Nettis/Photo Researchers, Inc.; **19 (4)**, *Causes and effects*, Philip Steele; **20 tl**, Spencer Swanger/Tom Stack & Associates, Inc.; **20 tr**, Ann Duncan/Tom Stack & Associates, Inc.; **20 bl**, J. Schulte/DDB; **20 br**, Ricardo Carrasco/DDB; **20 m**, ©ESA/ELI/CORBIS; **24-25**, Latin Focus.com; **24 inset**, Picasso, Pablo (1881-1973). (c) ARS, NY. *Three musicians*. 1921. Oil on canvas, 6'7" x 7'3 3/4". Mrs. Simon Guggenheim Fund. (55.1949). Museum of Modern Art, New York, N.Y., U.S.A./The Bridgeman Art Library International, Ltd.; **28 tm**, Roberto M. Arakaki/ImageState/International Stock Photography Ltd.; **28 bm**, ©Danny Lehman/CORBIS; **29 tm**, SuperStock, Inc.; **29 bm**, Buddy Mays/IS; **31 bl**, Peter Menzel/StockBoston; **34 m**, Museo Bellapart; **35 tl**, Bonnie Kamin/PhotoEdit; **35 tr**, Blaine Harrington; **35**, Jeff Greenberg/PhotoEdit; **35 bl**, David Young-Wolff/PhotoEdit; **35 br**, PictureQuest; **40 t**, David Young-Wolff/PhotoEdit; **40 b**, Marison Diaz/LF; **41**, ©Robert Frerck/Odyssey/ Chicago; **41 t**, Blaine Harrington; **41 b**, Myrleen Ferguson Cate/PhotoEdit Inc.; **42**, Danilo Boschung/eStock Photography LLC; **43 t**, Bob Daemmrich Photography, Inc.; **43 b**, Kathy Ferguson-Johnson/PhtotoEdit; **44-45**, ©Mark L. Stephenson/CORBIS; **45**, ©José Fuste Raga/CORBIS; **45**, ©Owen Franken/CORBIS; **45**, ©Adam Woolfitt/CORBIS; **46**, Robert Frerck/OP; **48 inset**, Albright-Knox Art Gallery; **48**, Jeff Greenberg/PhotoEdit; **51 br**, Paul Mark Smith/Panos Pictures; **57**, David Simson/SB; **58 b**, The Bridgeman Art Library International, Ltd.; **59 b**, David Sanger Photography; **62**, ©Robert Fried/Stock Boston; **65**, ©Robert Frerck/OP; **66 tr**, Huntly Hersch/D. Donne Bryant Stock Photography; **66 br**, David Simson/SB; **66 tl**, Tony Arruza/CORBIS; **66 bl**, RFP; **67 t and b**, David Young-Wolff/PhotoEdit; **68-69**, ©Reinhard Eisele/CORBIS; **69 inset t**, ©Richard Bickel/CORBIS; **69 inset m**, ©Roger Ressmeyer/CORBIS; **69 inset b**, ©Jan Butchofsky-Houser/CORBIS; **72-73**, ©Robert Fried/Stock Boston; **72 inset**, Marlborough Gallery, Inc.; **80**, Jeff Greenberg/PhotoEdit; **81**, Dave Bartruff/SB; **83 (1,8)**, ©Robert Frerck/OP; **83 (2,6)**, RFP; **83 (3)**, Charlie Marsden/Panos Pictures; **83 (4)**, Jeff Greenberg/PhotoEdit; **83 (5)**, Owen Franken/SB; **83 (7)**, Richard Pasley/SB; **85**, Carlos S. Pereyra/DDB; **86 lt**, Ulrike Welsch/PhotoEdit; **86 lb**, Paul Conklin/PhotoEdit; **88**, Charlie Marsden/Panos Pictures; **89**, H. Huntly Hersch/DDB; **90**, ©José Fuste Raga/CORBIS; **90 inset**, Bob Daemmrich/SB; **91 t**, ©2004 Ulrike Welsch/SB; **91 b**, RFP; **92 t**, RFP; **92 b**, Joe Viesti/VC; **93 t**, ©2004 Ulrike Welsch/SB; **93 b**, Jeff Greenberg/PhotoEdit; **94-95**, José Fuste Raga/CORBIS; **95 inset tr**, ©Lindsay Hebberd/CORBIS; **95 inset mr**, ©Danny Lehman/CORBIS, **95 inset br**, ©Randy Faris/CORBIS; **98 inset**, Instituto Amatller de Arte Hispánico; **98**, Carlos S. Pereyra/D. Donne Bryant Stock Photography; **98-99**, DDB; **104**, H. Huntly Hersch/DDB, **106**, June Conord/D. Donne Bryant Stock Photography; **108 b**, Carlos S. Pereyra/DDB; **111 br**, Jeff Greenberg/PhotoEdit; **112**, Ulrike Welsch/PhotoEdit; **113 t**, Ulrike Welsch Photography; **113 b**, Ulrike Welsch Photography; **114 t**, Wolfgang Kaehler Photography; **114 b**, Jeremy Horner/Panos Pictures; **115 tl**, Jeremy Horner/Panos Pictures; **115 bm**, Jon Spaul/Panos Pictures; **115 bl**, Sean Sprague/ Panos Pictures; **115 br**, Jean-Leo Dugast/Panos Pictures; **115 tr**, Sean Sprague/Panos Pictures; **116 t**, Jeff Greenberg/PhotoEdit; **116 b**, Carlos S. Pereyra/DDB; **117**, Beryl Goldberg; **118-119**, Gail Shumway/Getty Images, **118 inset**, ©Kennan Ward/CORBIS; **119 inset tr**, ©Shepard Sherbell/CORBIS SABA; **119 inset m**, ©Bill Gentile/CORBIS; **119 inset br**, José Ángel Murillo; **122-123**, Bob Daemmrich/SB; **122 inset**, Murillo, Bartolomeo Esteban. (1618-1682) ᵃARS, NY. *Children Eating Sweets*. Copyright Scala/Art Resource, NY. Alte Pinakothek, Munich, Germany; **132**, Ivonne Barreto/LF; **133**, Robert Fried Photography; **134**, Morgan Cain & Associates; **137**, ©Robert Frerck/Odyssey/Chicago; **139**, M. Barlow/Trip/The Viesti Collection, Inc.; **140 t**, Richard Hutchings/PhotoEdit; **140 tm**, David Young-Wolff/PhotoEdit; **141 t**, PatrickRamsey/IS; **141 b**, David Shopper/SB; **142-143**, ©James Sparshatt/CORBIS; **143**, ©Royalty-Free/CORBIS; **143 inset tr**, ©Jim Zuckerman/CORBIS; **143 inset ml**, ©Caroline Penn/CORBIS; **143 inset bl**, S.Am-turtle-Owen Franken/SB; **146-147**, Steve Vidler/eStock Photography LLC; **146 inset**, Robert Frerck/OP; **152**, Carlos Goldwin/Focus/DDB; **156**, Robert Arakaki/ImageState/International/Stock Photography Ltd.; **158 m**, AGE FotoStock America, Inc.; **158 b**, Look GMBH/eStock Photography, LLC; **160 t**, James Nelson/Tony Image Studio; **160 b**, AP/Wide World Photos; **161**, Ulrike Welsch/PhotoEdit; **163 tl**, AP/Wide World Photos; **163 br**, David Cannon/Hulton Archive/GettyImages; **164 tr**, Martin Rogers/SB; **164 br**, ©Robert Frerck/OP; **165 tr**, The Stock Market; **165 br**, Jimmy Dorantes/Latin Focus Photo Agency; **166-167**, ©Larry Lee/CORBIS; **167 inset tr**, ©Hubert Stadler/CORBIS; **167 inset ml**, ©Yann Arthus-Bertrand/CORBIS; **167 inset br**, ©Pablo Corral/CORBIS; **170-171**, ©Patrick Ward/CORBIS; **170 inset**, Paul Conklin/PhotoEdit; **177**, Art Museum of The Americas/Audio Visual Program; **179**, ©Daniel Rivadamar/Odyssey/Chicago; **180**, Fernando Pastene/Latin Focus Photo Agency; **181**, Bob Daemmrich Photography, Inc.; **181**, Latin Focus.com; **182 bl**,Vic Bider/Photo Edit Inc.; **182 br**, Vic Bider/Photo Edit Inc.; **185**, Paul Conklin/PhotoEdit; **186**, Robert Fried Photography; **187 t and b**, ©Robert Frerck/OP; **189**, Malcolm Fife/eStock Photography, LLC; **190 t and b**, RFP; **191 t and b**, Latin Focus.com; **192-193**, ©Wolfgang Kaehler/CORBIS; **192-193 inset tm**, ©Alan Schein Photography/CORBIS; **192 inset ml**, ©D. Boone/CORBIS; **193 bl**, ©Richard Cummins/CORBIS; **194**, ©Robert Frerck/OP; **196-197**, AFP

Photo/Phillipe Huguen/CORBIS; **196 inset,** ©AFP/Greg Wood/CORBIS; **205,** ©Robert Frerck/OP; **208 (2 & 8),** Rob Tingali Jr./SportsChrome-USA; **208 (3),** Chris Trotman/Duomo Photography, Inc.; **208 (4),** Michae Zito/SportsChrome-USA; **208 (5),** AP/Wide World Photos; **208 (6),** Henri Szwarc/SportsChrome-USA; **208 (7),** Ron J. Bernard/Duomo Photography Inc.; **209,** ©Reuters NewMedia Inc.CORBIS; **210 bl and br,** Myrleen Ferguson Cate/PhotoEdit; **211,** Robert Frerck/Woodfin Camp & Associates; **212,** Chris Trotman/Duomo Photography Incorporated; **213 t,** AP/Wide World Photos; **213 b,** Chris Trotman/Duomo Photography Incorporated; **214 t,** Robert Frerck/Odyssey; **214,** Pearson Education Corporate Digital Archive; **214 b,** Jimmy Corantes/LF; **215 t,** Bob Daemmrich/SB; **215 m,** David Young-Wolff/PhotoEdit; **215 b,** Richard V. Procopio/SB; **216-217,** ©Nik Wheeler/CORBIS; **216 inset tl,** ©TiziouJacques/CORBIS/Sygma; **216 inset tr,** ©CORBIS; **217 inset tr,** ©Kevin Fleming/CORBIS; **217 inset mr,** ©Randy Faris/CORBIS; **220 inset,** M. Lee Fatherree. Collection of Federal Reserve Bank of Dallas; **226,** Carmen Lomas Garza; **228,** Dorling Kindersley Media Library; **229,** Bill Bachmann/eStock Photography LLC; **230 t,** ©CORBIS/Sygma; **231 tl,** Goya, Francisco (1746-1828). *Ritratto della famiglia di Carlo IV.* Prado Madrid./Art Resource, N.Y.; **231 br,** The Bridgeman Art Library International, Ltd.; **235 t,** Steve Shott/Dorling Kindersley Media Library; **236 tr,** Rivera, Diego (1866-1957). *The grinder (La molendera).* 1926. Oil on canvas, 35 7/16 x 46 1/16 in. Museo Nacional de Arte Moderno, Instituto Nacional de Bellas Artes, Mexico City, D.F., Mexico./Art Resource, N.Y.; **236 bl,** DDB; **238,** RFP; **239,** Robert Fried Photography; **240,** ©David Seawell/CORBIS; **241 t,** Mark Bolster/Image State/International Stock Photography Ltd.; **241 m,** Patrick Ramsey/Image State International Stock Photography Ltd.; **241 b,** Steve Whalen/Image State/International Stock Photography Ltd.; **246-247,** John Hicks/eStock Photo; **246 inset,** Simon Silva; **253,** Englebert Photography, Inc.; **254,** Carlos Goldin/D. Donne Stock; **255,** Ilene Perlman/SB; **256 b,** Joe Viesti/VC; **259 t,** David Young-Wolffe/PhotoEdit; **259 b,** Jimmy Dorantes LF; **260,** Comnet Ltd./eStock Photography; **261,** Bob Nichols/U.S. Department of Agriculture; **261,** Image State/International Stock Photography Ltd.; **262,** Megan Bowers/LF; **263 t,** ©Buddy Mays/CORBIS; **263 m,** ©Danny Lehman/CORBIS; **264 t,** Robert Frerck/Odyssey Productions; **264 m,** ©2004 Ulrike Welsch/PhotoEdit; **265,** RFP; **270-271,** Robert Fried/SB; **270 inset,** Dali, Salvador (1904-89), *Young girl looking out of the window.* Museo Español de Arte Contemporaneo, Madrid, Spain. The Bridgeman Art Library International, Ltd.; **276,** Joe Viesti/VC; **279,** AP/Wide World Photos; **286 t,** Bob Daemmrich/SB; **286 b,** Jimmy Dorantes/LF; **287,** Patti McConville/IS; **290,** Jeff Greenberg/SB; **291 t,** Rhoda Sidney/SB; **291 m,** Bonnie Kamin/Photo Edit; **291 b,** Reuters NewMedia Inc./CORBIS; **296-297,** ©Robert Frerck/Odyssey Productions; **303,** Robert Frerck/Woodfin Camp & Associates; **306,** RFP; **311,** Alan Keohane/Dorling Kindersley Media Library; **314 t,** Kim Newton/VC; **314 m,** Bob Krist/eStock Photography, LLC; **314 b,** Rob Crandall/SB; **315 t,** Kal Muller/WC; **315 b,** RFP; **320-321,** ©Robert Frerck/Odyssey/Chicago; **320 inset,** Miro, Joan (1893-1983). *Self-portrait, 1919.* Oil on canvas. (c)ARS, NY. PHoto: J.G. Berizzi. Musee Picasso, Paris, France./Art Resource, N.Y.; **326,** Robert Frerck/Woodfin Camp & Associates; **327,** Marlborough Gallery, Inc.; **328 money,** Jimmy Dorantes/Latin Focus.com; **331,** Robert Frerck/WC; **335,** ©Mitchell Gerber/CORBIS; **336 bl, t,** Joe Viesti/VC; **336 m,** IFA Bilderteam/eStock Photography LLC; **337 tl,** IFA Bilderteam/eStock Photography; **337 b,** Joe Viesti/VC; **338,** Wolfgang Kaehler Photography; **339 t,** RFP; **339 b,** Robert Frerck/WC; **344-345,** Robert Frerck/WC; **344 inset,** Englebert Photography, Inc.; **350,** ©2004 Ulrike Welsch Photography; **353 tl and tr,** RFP; **353 bl,** H. Huntly Hersch/DDB; **353 br,** Bonnie Kamin/PhotoEdit; **356,** Robert Frerck/WC; **357,** Thomas R. Fletcher/SB; **359 tl,** SuperStock, Inc.; **359 tm,** San Diego Historical Society; **359 tr,** Richard Pasley/SB; **362,** Joe Viesti/VC; **363,** Robert Frerck/ Woodfin Camp & Associates; **363,** ©Robert Frerck/OP; **364 t,** Spencer Grant/PhotoEdit; **364 m,** Leslye Borden/PhotoEdit; **365 tl,** Richard Carroll/Ambient Images; **365 tr,** Joe Viesti/VC; **366,** Walter Bibikow/SB; **367,** David young-Wolff/PhotoEdit; **372-373,** ©Robert Frerck/OP; **372 inset,** El Greco, *View of Toledo,* Metropolitan Museum of Art, New York/Index/Bridgeman Art Library, London/New York; **377 bl,** Michael Sewell/Peter Arnold; **378,** ©Wolfgang Kaehler/CORBIS; **379,** Robert Fried/DDB; **380 b,** Suzanne Murphy Larronde/DDB; **381,** Art Womack/IS; **382 t,** ©Danny Lehman/CORBIS; **382 (1),** Salatiel Barragan/LF; **382 (2),** Ulrike Welsch/PhotoEdit; **382 (3),** RFP; **382 (4),** Salatiel Barragan/Latin Focus.com; **382 (5),** Russell Gordon/Danita Delimont, Agent; **384,** Mireille Vautier/Woodfin Camp & Associates; **387,** Steve Bly/Bly Photography; **389 t,** ©Robert Frerck/Odyssey/ Chicago; **389 b,** Jimmy Dorantes/LF; **390 tl,** Michele Burgess/SB; **390 m,** Gisela Damm/eStock Photography, LCC; **390 br,** ©Robert Frerck/OP; **391 t,** John Neubauer/PhotoEdit; **391 b,** ©Robert Frerck/OP; **392 t,** Steve Bly/Bly Photography; **393 t,** ©Robert Frerck/OP; **393 b,** DDB; **398-399,** Courtesy of the Peace Corps; **404,** AGE Fotosctock America, Inc.; **405 (1),** David Young-Wolff/PhotoEdit; **405 (2, 3, 4,),** Michael Newman/PhotoEdit; **405 b,** ©2004 Ulrike Welsch Photography; **406 tr,** Jimmy Dorantes/Latin Focus.com; **406 bl,** Courtesy of Interplast; **407,** Gary Braasch/Woodfin Camp & Associates; **409 bl,** Puerto Rican Foundation For Conservation; **410,** Chris Hamilton/CORBIS; **412,** ©Fernando Alda/CORBIS; **413 t,** Steve Raymer/NGS Image Collection; **413 b,** Courtesy of the Mobility Project Organization, www.mobilityproject.org; **414 t,** Marcelo Salinas/LF; **414 b,** SuperStock, Inc.; **415,** W. Lynn Seldon Jr./D.Donne Bryant Stock Photography; **415 t,** Ro De La Harpe/Animals Animals/Earth Scenes; **415 br,** Jeremy Horner/Panos Pictures; **416 b,** Mary Kate Denny/PhotoEdit; **417 t,** A. Ramey/PhotoEdit; **417 b,** SuperStock, Inc.; **418 t,** Bob Daemmrich/SB; **418 b,** Bruce Farnsworth/Chuch Place Photography; **419 t,** Jonathan Nourok/PhotoEdit; **419 b,** Peter Chartrand/DDB; **424-425,** Courtesy of Bizbirije/Primer Impacto; ©Univision Communications Inc. 2002, All rights reserved; **424 inset,** Dalí, Salvador, *Portrait of Luis Buñuel, 1924.* Oil on canvas, .70 x .60 m. Coll. Luis Buñuel, Mexico City, D.F., Mexico./Art Resource, N.Y.; **430,** Reuters NewMedia Inc./CORBIS; **431,** Courtesy *El Juego De La Vida,* ©*Televisa 2002, All rights reserved*; **432 l,** David Young-Wolff/PhotoEdit; **432 r,** Michael Newman/PhotoEdit; **434 b,** REUTERS/David Friedman/CORBIS BETTMAN; **436 b,** Steve Chenn/CORBIS; **439 b,** Noticiero Univision; **440 t,** Scott Barrow/IS; **440 b,** Tony Freeman/PhotoEdit; **441 l,** Russell Gordon; **441 r,** Joe Viesti/The Viesti Collection, Inc.; **443 t,** ©Robert Frerck/ OP; **443 m,** David Young-Wolff/PhotoEdit; **443 b,** Robert Fried/SB; **448-449,** ©Robert Frerck/Odyssey/Chicago; **448 inset,** Picasso, Pablo (1881-1973). *Reading the Letter, 1921.* Oil on canvas, 184 x 105 cm. Photo: J.G. Berizzi. (c) ARS, N.Y. Musee Picasso, Paris. France/Art Resource, N.Y.; **454 b,** ©Robert Frerck/OP; **455 b,** Candida Höfer/Biblioteca de la Real Academia de la Lengua Madrid IV; **461,** ©Robert Frerck/OP; **463 bl,** Jeff Greenberg/IS; **463 br,** ©Robert Frerck/OP; **463,** ©John Vachon/CORBIS; **466 t,** ©2004 Ulrike Welsch Photography; **466 b,** Najlah Feanny/SB; **467 t,** James Davis/IS; **467 b,** ©Robert Frerck/OP

Text 4B, p. 211: Playa Tropicana. **Chapter 6B, p. 307:** "¿Quién hace las tareas?" by Matilde de la Vara from *Muy Interesante.* Marzo 2002, No. 250. Published by G Y J España Ediciones, S.L., S. en C. **Chapter 8B, p. 409:** "Reduce-Reusa-Recicla" from La Fundación Puertorriqueña de Conservación & Logo of Fundación Puertorriqueña de Conservación. Copyright „ 2001. Used by permission of Fundación Puertorriquenna de Conservación. **Chapter 9A, p. 437:** *Cable Mágico Guía de Programación Mensual.* Abril 2002, No. 107. **Chapter 9A, p. 404:** Adapted from *¡Apágala!* from *Time For Kids.* April 12, 2002, Vol. 7, No. 22. Copyright 2002 Time Inc. All rights reserved. **Chapter 9B, p. 456:** Adapted from "A sus teclados, listos...¡anavegar!" from *Image Doc.* Marzo 2002, No. 159, p. 48.

Video "¿Eres tú, María?" is based on the novel *¿Eres tú, María?* (from the "*Lola Lago, Detective*" series) by Lourdes Miguel and Neus Sans, Difusión Centro de Investigación y Publicaciones de Idiomas, S. L. Barcelona, Spain, 1989.

Key D. Donne Bryant Stock Photography = DDB: Image State/international Stock Photography, Ltd. = IS; Latin Focus Photo Agency = LF; Odyssey Productions, In. = OP; The Viesti Collection, Inc. = VC; Woodfin Camp & Associates = WC; Robert Fried Photography = RFP; Stock Boston = SB;

Note: Every effort has been made to locate the copyright owner of material used in this textbook. Omissions brought to our attention will be corrected in subsequent editions.